AF560999

МЕЖДУНАРОДНАЯ
АКАДЕМИЯ
КАББАЛЫ

УДК 296
ББК 86. 33
В48

Винокур Семен
В48 **Каббалист.** Семен Винокур – Издательская группа kabbalah. info, 2010. – 304 с. Напечатано в Израиле

Vinokur Semion
B48 **Kabbalist.** Semion Vinokur – Pablishing Group kabbalah. info, 304 pages. Printed in Israel.

ISBN 978-965-7065-89-1

Этот кинороман о Бааль Суламе – величайшем каббалисте всех времен.
Бааль Сулам прошел все 125 ступеней духовного постижения.
И в полной мере ощутил связь с Силой, управляющей миром.
Он жил в XX веке, предвидел всё произошедшее.
Он страстно желал, чтобы человечество избежало будущих бед и страданий.
Поэтому раскрыл для всех книгу Зоар.

Нам видны действия каббалиста.
Проникнуть в его внутренний мир практически невозможно.
Кинороман – попытка передать хотя бы в какой-то мере его ощущения.
Показать, что нет чудес вне человека.
Чудом является изменение его самого.

УДК 296
ББК 86. 33

ISBN 978-965-7065-89-1

1

Михаэлю Лайтману –
Учителю нашего поколения

СЕМЕН ВИНОКУР

каббалист

кинороман

2010

НОЧНАЯ ВАРШАВА КОНЦА XIX-ГО ВЕКА.
ОДИНОКИЙ ФОНАРЬ.
ДОЖДЬ И ВЕТЕР ГУЛЯЮТ ПО ПУСТЫННЫМ УЛИЦАМ.
И ВДРУГ СЛЫШИТСЯ МУЖСКОЙ ВСКРИК…
И ТУТ ЖЕ ЖЕНСКИЙ ГОЛОС:

– Симха, что случилось?!

ЛИВЕНЬ ЗАЛИВАЕТ ДВУХЭТАЖНЫЙ ДОМ, В КОТОРОМ ТУСКЛО СВЕТИТСЯ ОДНО ОКНО НА ВТОРОМ ЭТАЖЕ.

Женский голос. Не пугай меня… Что тебе приснилось?!
Голос Симхи. Ты родишь мальчика.
Женский голос. Тебе приснился наш мальчик?.. Не молчи!

КОМНАТА. НОЧЬ.
НА СТОЛЕ ЛЕЖИТ РАСКРЫТАЯ КНИГА.

Мужской голос. Шесть букв вышли из этой книги и собрались в одно слово…
Женский голос (*обессиленно*). Фу-у-у, это всё потому, что мы держим эту книгу у нас дома. Рав[1] Фельдман просил тебя убрать её подальше… подальше-подальше…

ЖЕНСКАЯ РУКА ТЯНЕТСЯ К КНИГЕ,
НО МУЖСКАЯ РУКА ДОТРАГИВАЕТСЯ ДО ЖЕНСКОЙ,
ОСТАНАВЛИВАЕТ ЕЕ.

Голос Симхи. Творец пожмёт ему руку…

ВДРУГ СРАЗУ ЖЕ ПОСЛЕ ЭТИХ СЛОВ
СЛЫШИТСЯ ОТЧЕТЛИВЫЙ СТУК В ОКНО.
И ТЕПЕРЬ УЖЕ ВСКРИКИВАЕТ ЖЕНЩИНА.
НА ПОДОКОННИКЕ СИДИТ БЕЛАЯ ПТИЦА.
ОНА ВЗЛЕТАЕТ, ПАРИТ НАД СКАМЕЙКОЙ
И ИСЧЕЗАЕТ В ТЕМНОТЕ НОЧИ.
ВНИЗУ НА СКАМЕЙКЕ ПОД ПРОЛИВНЫМ ДОЖДЕМ
СИДИТ ЧЕЛОВЕК. ОН ОДЕТ В ЧЕРНЫЙ СЮРТУК.
СО ШЛЯПЫ ЕГО СТЕКАЕТ ВОДА НА ОТКРЫТУЮ КНИГУ,
КОТОРУЮ ОН ДЕРЖИТ В РУКАХ.
ЧЕЛОВЕК ПОДНИМАЕТ ГОЛОВУ И СМОТРИТ НАВЕРХ,
НА ОКНА ВТОРОГО ЭТАЖА.

---

1 **Рав** – ивр. «большой, значительный». Равом называют как простого преподавателя Торы, прошедшего для этого экзамен, так и великого мудреца. В каббале слово Рав применяется только к тем, кто постиг духовные корни мироздания.

ОН ОЧЕНЬ ПОХОЖ НА БААЛЬ СУЛАМА,
НА ЕГО ПОСЛЕДНИЕ ФОТОГРАФИИ.

•

ПЯТОГО СЕНТЯБРЯ 1886 ГОДА
В СЕМЬЕ СИМХИ АЛЕВИ АШЛАГА РОЖДАЕТСЯ СЫН.
МАЛЕНЬКОГО, СМОРЩЕННОГО,
ЕГО ПОДНИМАЮТ ЖЕНСКИЕ РУКИ.
РЕБЁНОК ТИХО ВСКРИКИВАЕТ, КАК ВЗДЫХАЕТ,
И БОЛЬШЕ НЕ ИЗДАЕТ НИ ЗВУКА.

Женский голос. Ты посмотри, не плачет. Встряхни-ка его!

ВРАЩАЮТСЯ БЕЛЫЕ СТЕНЫ… БЕЛЫЙ ПОТОЛОК… ОКНА…
РАСПЛЫВЧАТЫЕ ЖЕНСКИЕ ЛИЦА.

Женский голос. Ты куда смотришь?! Куда это он смотрит? Что он там видит, на этой стене?
Другой женский голос (*тихо*). А может быть, за стеной?..

МЛАДЕНЕЦ УЖЕ ЛЕЖИТ В КОЛЫБЕЛИ И МОЛЧА,
СОВСЕМ ПО-ВЗРОСЛОМУ, СМОТРИТ ВВЕРХ.

•

ДЕНЬ. СИНАГОГА[2].
НАД РЕБЁНКОМ СКЛОНЯЕТСЯ РАВ ФЕЛЬДМАН.
НА МГНОВЕНИЕ В ЕГО РУКЕ СВЕРКАЕТ НОЖ ДЛЯ ОБРЕЗАНИЯ[3].
…И ВОТ ОН УЖЕ БРОСАЕТ В ПЕСОК КУСОЧЕК КОЖИ.
ПРИ ЭТОМ НЕДОУМЕННО СМОТРИТ НА МАЛЬЧИКА.
МЛАДЕНЕЦ НЕ ПЛАЧЕТ.
РАВ ФЕЛЬДМАН ПОДНИМАЕТ ЕГО И ПЕРЕДАЕТ ОТЦУ,
ЗАКАНЧИВАЯ МОЛИТВУ СЛОВАМИ СЛОВАМИ:

– «…и будет дано ему имя…» (*Смотрит на Симху.*)
Симха. Юда Лейб.
Рав Фельдман. Юда Лейб бен Симха Леви Ашлаг (*и добавляет от себя*) – неплачущий ребенок…

•

КВАРТИРА СЕМЬИ АШЛАГОВ. УТРО.
ТРЕХЛЕТНИЙ ЮДА СИДИТ ЗА СТОЛОМ.

---

2 **Синагога** – дом молитвы и чтения Торы.

3 **Нож для обрезания** – инструмент для совершения религиозногообряда «брит мила» – отсечение крайней плоти.

ИЗДАЛИ ОТЕЦ НАБЛЮДАЕТ ЗА НИМ.
ПАЛЬЧИК ЮДЫ ДВИГАЕТСЯ ПО СТРОЧКАМ РАСКРЫТОЙ КНИГИ…
СЛЫШИТСЯ ЕГО ГОЛОС:

– «В тех воротах есть один замок и узкое место, чтобы вставить в него ключ… И об этой тайне сказано: «Вначале создал Творец…»

•

ЮДА И ОТЕЦ ИДУТ ПО УЛИЦЕ.
ЮДА ДЕРЖИТ ОТЦА ЗА РУКУ.
ПО-ПРЕЖНЕМУ СЛЫШИТСЯ, ЗАТИХАЯ, ГОЛОС ЮДЫ:

«Шесть ворот включает в себя тот ключ, открывающий и закрывающий… шесть ворот… Вначале создал Творец небо и землю…»

•

ОНИ ВХОДЯТ В СИНАГОГУ.
ПРОХОДЯТ ДЛИННЫЙ РЯД СТАРЫХ КНИГ
И ПРИБЛИЖАЮТСЯ К РАВУ ФЕЛЬДМАНУ,
ПРИСТАЛЬНО СМОТРЯЩЕМУ НА НИХ.

Симха. Я хочу посоветоваться с вами, уважаемый рав… Юда, ты можешь пойти посмотреть книги.

ЮДА ОТХОДИТ К КНИГАМ, И ПОКА ОН ИДЕТ,
СЛЫШЕН ШЕПОТ ОТЦА:

– Мы очень волнуемся за него… Иногда у нас ощущение, что он старше нас…

ЮДА ИДЁТ ВДОЛЬ КНИГ. ВДОЛЬ ЧЕРНЫХ ОБЛОЖЕК.
РАВ ФЕЛЬДМАН СЛЕДИТ ЗА НИМ.

ВДРУГ ЮДА ОСТАНАВЛИВАЕТСЯ
НАПРОТИВ СТАРОЙ ОБТРЕПАННОЙ КНИГИ.

РАВ ФЕЛЬДМАН СОСКАКИВАЕТ С МЕСТА
И БЫСТРО ПРИБЛИЖАЕТСЯ К МАЛЬЧИКУ,
СТАНОВИТСЯ ЗА ЕГО СПИНОЙ.
БОРМОЧЕТ:

– Зоар… Понятно.

ПОВОРАЧИВАЕТСЯ И БЫСТРО ИДЁТ ОБРАТНО.
ОСТАНАВЛИВАЕТСЯ ВОЗЛЕ ОКНА
И ПОДЗЫВАЕТ К СЕБЕ СИМХУ.

Рав Фельдман. Ты подтверждаешь, что в твоём доме есть книга Зоар?
Симха (*под острым взглядом рава*). Да, есть. Подарок отца жены.
Рав Фельдман. Несчастный, спрячь её! И как можно дальше…

РАВ ФЕЛЬДМАН ПРИБЛИЖАЕТ СВОЁ ЛИЦО
БЛИЗКО-БЛИЗКО К ЛИЦУ СИМХИ И ШЕПЧЕТ ЕМУ:

– Я хочу, чтобы сын твой был евреем, а эта книга сбивает его с пути Торы. Он ведь не понимает, о чём там написано? Ведь не понимает? Нет?..
Симха. Мне кажется, что он понимает.

РАВ ФЕЛЬДМАН ОГЛЯДЫВАЕТСЯ НА ЮДУ.
ЮДА С ТРУДОМ ДЕРЖИТ В РУКЕ ТЯЖЕЛУЮ КНИГУ,
РАСКРЫТУЮ НА ПЕРВЫХ СТРАНИЦАХ.
ОН ЧИТАЕТ ЕЕ ПО СЛОГАМ, ШЕВЕЛЯ ГУБАМИ:

– «Каждый день взывает голос ко всем людям в мире: «От вас зависит это. Отделите часть от себя Творцу…»
Рав Фельдман. Глупости, это не по силам взрослым, что он может понять, этот ребенок… ничего он не может понять… Сколько ему лет?
Симха. Три года.

РАВ ФЕЛЬДМАН ВИДИТ,
КАК ЮДА ПЕРЕЛИСТЫВАЕТ СТРАНИЦУ,
И СЛЫШИТ ЕГО ГОЛОС:

– «Есть огонь, вода и воздух… три первых дня творения…»
Рав Фельдман (*выдыхает*). Спрятать книгу… Как можно быстрее! Срочно!

•

ДОМ АШЛАГОВ. КОМНАТА ЮДЫ.
СИМХА СТОИТ НА СТУЛЕ
И ЗАТАЛКИВАЕТ КНИГУ НА САМУЮ ВЕРХНЮЮ ПОЛКУ.
ПОТОМ ОН ОГЛЯДЫВАЕТСЯ, СПРЫГИВАЕТ СО СТУЛА
И ВЫХОДИТ ИЗ КОМНАТЫ.

•

ХЕДЕР[4]. УТРО.
УЧИТЕЛЬ ШМУЭЛЬ ПРОХОДИТ МЕЖДУ РЯДАМИ ДЛИННЫХ СТОЛОВ,
ЗА КОТОРЫМИ СИДЯТ МАЛЕНЬКИЕ ДЕТИ.
НОГИ ИХ НЕ КАСАЮТСЯ ПОЛА,
ГЛАЗА ИХ СЛЕДЯТ ЗА УКАЗКОЙ УЧИТЕЛЯ.

---

4 **Хедер** – с ивр. комната, класс. Еврейская религиозная начальная школа.

ОНИ МОНОТОННО ПОВТОРЯЮТ ЗА НИМ ОТРЫВОК
ИЗ НЕДЕЛЬНОЙ ГЛАВЫ ТОРЫ:

– «Терах жил семьдесят лет и родил Аврама, Нахора и Гарана. А вот родословие Тераха: Терах родил Аврама, Нахора и Гарана, а Гаран родил Лота…»

ЮДА ТАЙКОМ ДОСТАЕТ ЯБЛОКО ИЗ КАРМАНА
И ТУТ ЖЕ ПОЛУЧАЕТ УДАР ПО РУКЕ
ДЛИННОЙ УКАЗКОЙ УЧИТЕЛЯ.
ЮДА ВСКРИКИВАЕТ, ЯБЛОКО ПАДАЕТ НА ПОЛ.
УЧИТЕЛЬ ПРИБЛИЖАЕТ УКАЗКУ К ГУБАМ МАЛЬЧИКА.

Учитель. Найди в себе силы, Юда, поцеловать палку, тебя бьющую.

ЮДА ОТВОРАЧИВАЕТСЯ.

Учитель (*не отступая*). Тогда, Юда, попроси силы у Творца поцеловать эту палку.

УКАЗКА МАЯЧИТ ПЕРЕД ГЛАЗАМИ ЮДЫ.
ЮДА НАКЛОНЯЕТ ГОЛОВУ, НО УЧИТЕЛЬ НЕ ОТСТУПАЕТ.
КОНЕЦ УКАЗКИ СНОВА КАСАЕТСЯ ГУБ ЮДЫ.

– Ну-у-у, – слышится голос учителя, – ну-у!..

И ЮДА СДАЕТСЯ.
ОН ЦЕЛУЕТ УКАЗКУ.
И ТУТ ЖЕ ОНА ВЗЛЕТАЕТ ВВЕРХ НАД ГОЛОВАМИ ДЕТЕЙ.
УЧИТЕЛЬ УДАЛЯЕТСЯ.
ДЕТИ МОНОТОННО ПОВТОРЯЮТ ВСЛУХ:

– «Терах жил семьдесят лет и родил Аврама, Нахора и Гарана…»

РЯДОМ С ЮДОЙ СИДИТ ЕГО ДРУГ ЯНКЕЛЕ.
КОГДА УЧИТЕЛЬ ПОВОРАЧИВАЕТСЯ,
ЯНКЕЛЕ ПОДНИМАЕТ ЯБЛОКО С ПОЛА
И КЛАДЁТ ЕГО В КАРМАН ЮДЕ.

•

ВАРШАВА. ЕВРЕЙСКИЙ КВАРТАЛ.
ЮДА И ЯНКЕЛЕ ИДУТ ПО УЛИЦЕ
И ПО ОЧЕРЕДИ ГРЫЗУТ ЯБЛОКО.
ЮДА ТЯНЕТ ЯНКЕЛЕ ЗА УГОЛ.
ЧЕРЕЗ НЕСКОЛЬКО ШАГОВ ОНИ ОКАЗЫВАЮТСЯ
У ВХОДА В СТРАННЫЙ МАГАЗИН.

В ТЕМНОТЕ ОТ ПОЛА ДО ПОТОЛКА
ГРОМОЗДЯТСЯ ПОЛКИ С КНИГАМИ.

ЮДА НЫРЯЕТ ВНУТРЬ,
ОБХОДИТ СПЯЩЕГО У СТЕНЫ СТАРИКА
И УСТРАИВАЕТСЯ ЗА БОЛЬШИМ ДЕРЕВЯННЫМ СТОЛОМ
ПЕРЕД СТОПКОЙ КНИГ.
ЮДА ПРОЛИСТЫВАЕТ СТРАНИЦЫ КНИГ,
СЛОВНО ФОТОГРАФИРУЯ ИХ.
ЯНКЕЛЕ С ПОЧТЕНИЕМ И СТРАХОМ СМОТРИТ НА НЕГО.

Янкеле. Бог дал тебе такие силы, Юда.

СТОПКА КНИГ ПЕРЕД ЮДОЙ УМЕНЬШАЕТСЯ,
ОСТАЕТСЯ ПОСЛЕДНЯЯ.

– Не знаю, кто мне их дал, – бормочет Юда.
Янкеле. Творец хочет, чтобы ты стал большим раввином. Чтобы учил других.
Юда (*откладывает книгу*). Чему я должен учить их?
Янкеле. Любить Бога. Выполнять заповеди, молиться со всей душой и быть евреем…
Юда. Кто сказал тебе всё это?
Янкеле. Это написано во всех наших книгах.
Юда (*раздраженно*). Не знаю. Не знаю я, что написано в этих книгах!

И ТУТ ЖЕ ИЗ-ЗА СПИНЫ ЮДЫ
СЛЫШИТСЯ СТАРЧЕСКИЙ СКРИПУЧИЙ ГОЛОС:

– Старый Соломон приготовил тебе хорошую порцию.

СТАРЫЙ СОЛОМОН, ХОЗЯИН ЛАВКИ,
ШАРКАЯ РВАНЫМИ ТАПКАМИ, ПРИБЛИЖАЕТСЯ К ДЕТЯМ.

Соломон (*восхищенно*). Как, ты все уже прочитал?!
Юда. Соломон, а где же…
Соломон (*разводит руками*). У старого Соломона нет этой книги. Соломон обыскал всё, он был там, где не был никогда. (*Он указывает пальцем вверх.*) Вон там, на самой шаткой полке, Соломон нашел письма Рамака[5], а вон там… (*резко поворачивается*) во-он там, в паучьем углу, он нашел великого Рамхаля[6].

---

5 **Рамак** – рав Моше Кордоверо (1522 – 1570 гг.), выдающийся каббалист, выходец из Испании. Жил и преподавал в Цфате.

6 **Рамхаль** – рав Моше Хаим Луцато (1707 – 1747 гг.), один из крупнейших каббалистов. Жил и преподавал в Италии и Голландии.

СОЛОМОН ОСТАНАВЛИВАЕТСЯ ПЕРЕД ЮДОЙ
И РАЗВОДИТ РУКАМИ.

– Но Зоар он не нашел нигде.

СОЛОМОН РЕЗКО ПОВОРАЧИВАЕТСЯ
И НАЧИНАЕТ ХОДИТЬ ВДОЛЬ ПОЛОК.
ОН СЛОВНО РАССУЖДАЕТ САМ С СОБОЙ.

– Но ведь она была. Её приносил Соломону старый Береле…

ОН САДИТСЯ ЗА СВОЙ СТОЛ
И ХЛОПАЕТ ПО НЕМУ РУКОЙ.

– Береле сказал Соломону: «Сохрани эту книгу для маленького Юдале».

ГОЛОС СОЛОМОНА СТАНОВИТСЯ ТИШЕ И ТИШЕ.

– И где она, я спрашиваю тебя, Соломон, старый болван?!

СОЛОМОН СМОЛКАЕТ.
ЯНКЕЛЕ ОГЛЯДЫВАЕТСЯ.
СТАРИК СПИТ НА СВОЕМ МЕСТЕ.

ЮДА УГЛУБЛЕН В КНИГУ.
ВСЁ ИСЧЕЗАЕТ ДЛЯ НЕГО.

Янкеле. У меня тоже много всяких мыслей о Боге, Юда… Я тоже кое-что думаю.

ЮДА НЕ ОТВЕЧАЕТ.

Янкеле. Не только ты такой…

ЮДА МОЛЧИТ.
ОН НЕ ЗДЕСЬ.

•

ЯНКЕЛЕ ВЫХОДИТ ИЗ ЛАВКИ.
ЕВРЕЙСКИЙ КВАРТАЛ. ДЕНЬ.
ЯНКЕЛЕ НЕ УСПЕВАЕТ ПРОЙТИ И НЕСКОЛЬКИХ МЕТРОВ,
КАК СЛЫШИТ ГОЛОС СИМХИ.
СИМХА ЗОВЁТ ЕГО С ДРУГОЙ СТОРОНЫ УЛИЦЫ.

Симха. Где Юда? Ты знаешь, где он, Янкеле?

ЯНКЕЛЕ НАЧИНАЕТ БЫСТРО УДАЛЯТЬСЯ.
СИМХА БЕЖИТ ЗА НИМ, ПЕРЕСЕКАЕТ ДОРОГУ.

– Где Юда? – спрашивает он. – Он не вернулся домой из школы.
– Ваш Юда, – вдруг зло отвечает Янкеле, – сидит в книжной лавке со старым слюнявым стариком, говорящим сам с собой, и читает запрещенные книги…

•

КНИЖНАЯ ЛАВКА.
ТЕНЬ СКЛОНЯЕТСЯ НАД ЧИТАЮЩИМ ЮДОЙ.

Голос отца. Пойдем, Юда. Хватит.

ЮДА ПОДНИМАЕТ ГОЛОВУ НА СЛОВА ОТЦА.

Симха. Мы ведь волнуемся с мамой, куда пропал наш мальчик!

ИЗ УГЛА ДОНОСИТСЯ ГОЛОС СОЛОМОНА:

– Оставьте его в покое с вашей дурацкой заботой. О нем давно уже заботится Творец.

СИМХА РЕЗКО БЕРЕТ ЮДУ ЗА РУКУ И ТЯНЕТ ЗА СОБОЙ.
ОНИ ПРОХОДЯТ МИМО СОЛОМОНА.
СОЛОМОН НЕЗАМЕТНО КАСАЕТСЯ РУКОЙ ОДЕЖДЫ ЮДЫ…
И ЗАТЕМ ЦЕЛУЕТ РУКУ.

•

ХЕДЕР. УТРЕННЕЕ СОЛНЦЕ ГУЛЯЕТ ПО СТОЛАМ.
ВОКРУГ ЮДЫ СГРУДИЛИСЬ ДЕТИ.
У ЮДЫ ЧЕРНЫМ ПЛАТКОМ ЗАВЯЗАНЫ ГЛАЗА.

Детский голос. Страница девятая, тринадцатая строчка сверху.

ЮДА, НЕ ЗАДУМЫВАЯСЬ НИ НА МГНОВЕНИЕ,
НАИЗУСТЬ ЧИТАЕТ ТЕКСТ ИЗ ТОРЫ:

– «И увидел Бог, что велико зло человека на земле…»

ДЕТСКИЙ ПАЛЬЧИК ДВИГАЕТСЯ ВДОЛЬ СТРОЧКИ.

Восхищенный голос. Точно!

ПЕРЕЛИСТЫВАЮТСЯ СТРАНИЦЫ КНИГИ.
ДРУГОЙ ДЕТСКИЙ ГОЛОС ПРОДОЛЖАЕТ:

– Страница пятнадцатая, третья строчка снизу.
Юда (*мгновенно*). И сказали они: «Давайте построим себе город и башню, главою до небес…»
Несколько детей (*восхищенно*). У-у-ух ты-ы!

И ВДРУГ ЯНКЕЛЕ ЗАНОСИТ ДЛИННУЮ ИГЛУ НАД ГОЛОВОЙ ЮДЫ
И С РАЗМАХУ ВТЫКАЕТ ЕЕ В КНИГУ –
ТОЧНО В БУКВУ «ХАВ».
ИГЛА ПРОХОДИТ ВНУТРЬ,
НАНИЗЫВАЯ СТРАНИЦУ ЗА СТРАНИЦЕЙ.

Янкеле. Снимай повязку!

ЮДА СНИМАЕТ ПОВЯЗКУ И СМОТРИТ НА БУКВУ «ХАВ».

Янкеле. Ну-у?!
Юда. Самех.

ЯНКЕЛЕ ПЕРЕВОРАЧИВАЕТ ЛИСТ.
БУКВА «САМЕХ» ПРОКОЛОТА ОСТРИЁМ ИГОЛКИ…

Восхищенный шепот. Точно!
Дети. (*в один голос*) Ух ты-ы!
Янкеле. Следующая!
Юда. Хет..

ЯНКЕЛЕ ПЕРЕВОРАЧИВАЕТ СТРАНИЦУ…
И ВСЕ ВИДЯТ: ИГЛА ПРОТКНУЛА БУКВУ «ХЕТ».

– У-у-ух! – «стонут» дети.
Янкеле. Дальше!
Юда. Пэй…

ПЕРЕВОРАЧИВАЕТСЯ ЕЩЁ ОДНА СТРАНИЦА…
ТОЧНО – «ПЭЙ»…

Голоса детей (*уже не сдерживаясь, во весь голос*). У-у-ух-х!

А ЮДА ПРОДОЛЖАЕТ:

– Мем… далет… алеф… бет…

И ВДРУГ СЛЫШИТСЯ ГОЛОС УЧИТЕЛЯ ШМУЭЛЯ.

– Молодец, Юда…

УЧИТЕЛЬ СТОИТ В ДВЕРЯХ.
СВЕРХУ ВНИЗ ОН СМОТРИТ НА ЮДУ.

Учитель. Многие великие хасиды[7] знали Тору так, что она снилась им строчка за строчкой, буква за буквой. Ты будешь хорошим хасидом, Юда, если справишься со своим большим «я».

УЧИТЕЛЬ ПОДХОДИТ К ЮДЕ И ГЛАДИТ ЕГО ПО ГОЛОВЕ.

– Вот так, Юда, и Творец ведет нас. Вчера – палка, сегодня – леденец.

УЧИТЕЛЬ ДОСТАЕТ ИЗ КАРМАНА ЛЕДЕНЕЦ,
ОБЛЕПЛЕННЫЙ КРОШКАМИ МАХОРКИ,
И ДАЕТ ЕГО ЮДЕ.
ВЗГЛЯДЫ ВСЕХ ДЕТЕЙ ОБРАЩЕНЫ
НА ЭТУ САМУЮ ВКУСНУЮ ВЕЩЬ В МИРЕ…

Учитель. И всё, всё Он делает только из любви к нам.

УЧИТЕЛЬ ОГЛЯДЫВАЕТ КЛАСС.

– Научитесь любить Его, дети, и поймете, что наш Бог всегда с вами, какими бы вы ни были.

ЮДА ВИДИТ ГОРЯЩИЕ ОТ ЖАДНОСТИ ГЛАЗА ЕГО ДРУЗЕЙ
И КЛАДЕТ ЛЕДЕНЕЦ НА ПАРТУ,
В СТОРОНЕ ОТ СЕБЯ.

Учитель. Нет, нет, нет, Юда, съешь его. Ты заслужил леденец. А все заслужили увидеть, как ты его съешь. Может быть, зависть заставит их знать Тору, как знаешь её ты.
Юда. А зачем ее знать так?
Учитель. Не понял?..
Юда. Я знаю её наизусть, каждую строчку, каждую букву… Ну и что?
Учитель. Ну-у, Юда, странно от тебя слышать такой вопрос. (*Подозрительно.*) Ты специально мне его задаешь? У меня такое ощущение, что ты хочешь проверить мои знания, Юда? Не надо этого делать.
Юда (*очень отчетливо*). Я действительно не понимаю, для чего мне знать её наизусть… эту книгу…
Учитель. Для того, чтобы выполнять, надо знать наизусть!
Юда. Для чего… выполнять?!

---

7 **Хасиды** – так называли последователей каббалиста рабби Бааль Шем Това (1698 – 1760), развившего учение как почувствовать Творца сердцем.

ВСЕ ДЕТИ В ИСПУГЕ ПЕРЕВОДЯТ ВЗГЛЯД С УЧИТЕЛЯ НА ЮДУ, С ЮДЫ НА УЧИТЕЛЯ.

Учитель (*жестко*). Чтобы быть избранным народом (*цитирует, подняв указку над собой*): «И будете вы мне царством священнослужителей и народом святым ... », – так написано ... – «И отвечал народ в один голос: «Всё, что сказал Бог, всё исполним..» Помнишь?
Юда. Помню.

ЮДА БЛЕДЕН. ОН НЕ СВОДИТ ВЗГЛЯДА С УЧИТЕЛЯ.

Учитель. Что тебе еще не понятно, Юда?
Юда (*тихо*). Мне не понятно... для чего я родился.

ПАУЗА. УЧИТЕЛЬ ШМУЭЛЬ СМОТРИТ НА ЮДУ.

Учитель. Ты родился для того, чтобы выполнять законы Бога Всесильного...
Юда. Мне не понятно. Кто Он такой... Бог?
Учитель. Я не понимаю твоего вопроса.
Юда. Я ведь не видел Его, какой Он...
Учитель. Его видели твои праотцы и Моше на горе Синай.

СНОВА ЦИТИРУЕТ, ДИРИЖИРУЯ УКАЗКОЙ:

– « ... и взошли Моше и Аарон, Надав и Шимон, и семьдесят старейшин Израиля. И увидели! они всесильного Бога Израиля ... »

ВДРУГ УКАЗЫВАЕТ НА ЮДУ:

– Продолжай!
Юда. « ... и видели они Всесильного, и ели, и пили ... »
Учитель. Ну вот, ты все знаешь. Почему же тогда спрашиваешь?!
Юда. Я не знаю ничего. Я не хочу знать. Потому что я хочу...

ОН СМОЛКАЕТ. У НЕГО СБИВАЕТСЯ ДЫХАНИЕ.

Учитель (*нетерпеливо*). Ну?!
Юда. Я хочу... почувствовать!.. Я хочу... встретиться с Ним. Увидеть! Я хочу знать, кто Он, наш Бог. Если Он есть. И что стоит за всеми этими словами.

УЧИТЕЛЬ, ПРИОТКРЫВ РОТ, СМОТРИТ НА ЮДУ.
ВСЕ ДЕТИ ОШЕЛОМЛЕНЫ.

Учитель (*едва опомнившись, очень медленно*). Мне кажется, что тебе надо выйти из класса. (*И вдруг кричит.*)Выйди во-о-о-н!

•

УЛИЦА ЕВРЕЙСКОГО КВАРТАЛА В ВАРШАВЕ.
ЮДА ИДЕТ ПО УЛИЦЕ.
ОН НЕ ЗАМЕЧАЕТ ЛОТОЧНИКОВ,
РАСКЛАДЫВАЮЩИХ ТОВАР,
СТАРОГО НИЩЕГО, СПЯЩЕГО В ЛУЖЕ,
БЕЗУМНОГО СКРИПАЧА, ИГРАЮЩЕГО НА ОДНОЙ СТРУНЕ.
ЮДА ПОЛОН СВОИХ МЫСЛЕЙ.
ОН ПЕРЕХОДИТ ДОРОГУ И ВДРУГ СЛЫШИТ КРИК:

– Тпру-у-у-у!

НАД НИМ ЗАВИСАЕТ ГОЛОВА ЛОШАДИ,
ЗА КОТОРОЙ ПОЯВЛЯЕТСЯ ФИЗИОНОМИЯ РЫЖЕГО ИЗВОЗЧИКА.

Извозчик. Тебе что, жить надоело?!

ЮДА ИСПУГАННО ПОВОРАЧИВАЕТСЯ И БЕЖИТ ПО УЛИЦЕ.
МЕЛЬКАЮТ ВЫВЕСКИ МАГАЗИНОВ,
ЛЮДИ ОГЛЯДЫВАЮТСЯ ЕМУ ВСЛЕД.
ОН ПОВОРАЧИВАЕТ ЗА УГОЛ
И ВДРУГ СТАЛКИВАЕТСЯ С ЯНКЕЛЕ.
ОНИ ОБА ПАДАЮТ НА ЗЕМЛЮ.
И ЕЩЕ НЕ ПОДНЯВШИСЬ, ЯНКЕЛЕ ШЕПЧЕТ ЕМУ:

– Не ходи домой! Учитель сидит у вас.

ЮДА ВСКАКИВАЕТ НА НОГИ, ЯНКЕЛЕ ЗА НИМ.
ЮДА ПЫТАЕТСЯ ОБОЙТИ ЕГО.
ЯНКЕЛЕ ДЕРЖИТ ЕГО ЗА РУКАВ РУБАШКИ.

– Я знаю здесь одно место, можем переждать там.

ЮДА ВЫДЕРГИВАЕТ РУКУ И НАПРАВЛЯЕТСЯ К ДОМУ.
ЯНКЕЛЕ БЕЖИТ ВСЛЕД ЗА НИМ.
ОН ОГЛЯДЫВАЕТСЯ ПО СТОРОНАМ
И ШЕПЧЕТ, ПРИЖИМАЯСЬ К ЮДЕ.

– Нет Бога… Я с тобой, Юда.

•

КВАРТИРА АШЛАГОВ.
ЮДА ОТКРЫВАЕТ ДВЕРЬ.
В ГЛУБИНЕ КОМНАТЫ ЗА СТОЛОМ СИДЯТ ЕГО РОДИТЕЛИ
И УЧИТЕЛЬ ШМУЭЛЬ.

УЧИТЕЛЬ РАЗМАХИВАЕТ РУКАМИ.
РУКИ ЕГО ЗАМИРАЮТ В ВОЗДУХЕ, КОГДА ОН ВИДИТ ЮДУ.
ЮДА ПРОХОДИТ В СВОЮ КОМНАТУ,
ОТДЕЛЕННУЮ ТОНКОЙ ФАНЕРНОЙ ПЕРЕГОРОДКОЙ.
ОН САДИТСЯ НА КРОВАТЬ.
СЛЫШИТ ПРИГЛУШЕННЫЙ ШЕПОТ УЧИТЕЛЯ:

– Да, я обвиняю вас, а кого мне еще обвинять!..

ЮДА ЛОЖИТСЯ И НАКРЫВАЕТ ГОЛОВУ ПОДУШКОЙ.
ТУТ ЖЕ НАСТУПАЕТ ТИШИНА.
ОН СМОТРИТ НА ПУШИНКУ,
КОТОРАЯ КОЛЫШИТСЯ ПОД ЕГО ДЫХАНИЕМ…
СЛЫШАТСЯ ЛЕГКИЕ ШАГИ.
КТО-ТО САДИТСЯ РЯДОМ С НИМ НА КРОВАТЬ,
ЧЬИ-ТО РУКИ СНИМАЮТ ПОДУШКУ С ЕГО ГОЛОВЫ.
ЮДА ВИДИТ ОТЦА. МАМА СТОИТ РЯДОМ.
ОТЕЦ ПОПРАВЛЯЕТ ЕГО ОДЕЯЛО.
МАМА СКЛОНЯЕТСЯ И ЦЕЛУЕТ ЕГО.
ГЛАЗА ЮДЫ НАПОЛНЯЮТСЯ МОЛЬБОЙ,
И ОН ПРОИЗНОСИТ ЕЛЕ СЛЫШНО:

– Я не знаю, для чего я живу.

ОТЕЦ ИСПУГАННО СМОТРИТ НА НЕГО.

– Ты наш сын. Тебе только 5 лет, Юда! Ты для нас всегда маленький, любимый сын! В твоем возрасте не думают об этом!

ЮДА ВДРУГ ПОРЫВИСТО ПРИПОДНИМАЕТСЯ,
ТЯНЕТСЯ К СИМХЕ И ШЕПЧЕТ, ГЛЯДЯ ЕМУ ПРЯМО В ГЛАЗА:

– Я не хочу жить.

СИМХА ОГЛЯДЫВАЕТСЯ НА ЖЕНУ.
ОНА МОЛЧИТ, ПРИЖИМАЯ РУКИ КО РТУ.
СИМХА СНОВА ПОВОРАЧИВАЕТСЯ К СЫНУ.

– Нет большего греха, мой бедный, бедный мальчик, – говорит он. – Мир этот не простой, особенно для нас, для евреев, но такой мир дал нам Творец. В детстве радуются этому миру. (*Со страданием.*)Почему у тебя забрали детство?.. Почему ты взрослый такой! Почему?!

МАМА ВЫХОДИТ ИЗ КОМНАТЫ
И СЛЫШНО, КАК ОНА ВСХЛИПЫВАЕТ, ЗАЖИМАЯ РОТ РУКОЙ.

Симха. Мы завтра пойдем к нашему раву, и ты расскажешь ему все. А пока спи. Спи и не думай ни о чем. Кроме Творца, который всегда рядом с тобой.

СИМХА ВСТАЕТ.
ДВЕРЬ ЗА НИМ ЗАКРЫВАЕТСЯ,
И В ПОЛНОЙ ТЕМНОТЕ ОСТАЕТСЯ ТОЛЬКО ЛУНА.
ОНА БЛЕКЛО ОСВЕЩАЕТ ПОДОКОННИК, СТОЛ И БЕЛУЮ ПОСТЕЛЬ.
РУКИ ЮДЫ ЛЕЖАТ НА ОДЕЯЛЕ.

ЮДА ПЕЧАЛЬНО СМОТРИТ НА ХОЛОДНЫЙ СЕРП ЛУНЫ,
ЗАГЛЯДЫВАЮЩИЙ В ОКНО,
ПОТОМ ПЕРЕВОДИТ ВЗГЛЯД НА ПОТОЛОК.
ТАМ ПОДТЁКИ ОТ СЫРОСТИ ОБРАЗОВАЛИ КРУГИ.
В ЦЕНТРЕ КРУГОВ – ЧЕРНАЯ ТОЧКА.

Юда (*считает их*). Один, два, три, четыре…

ЗАКРЫВАЕТ ГЛАЗА…
И ВДРУГ СО СТОНОМ И ОТЧАЯНИЕМ
БЬЁТ КУЛАКОМ ПО СТЕНЕ.
ТОНКАЯ СТЕНКА ДРОЖИТ ОТ УДАРА.
ВЗДРАГИВАЮТ КНИЖНЫЕ ПОЛКИ НАД КРОВАТЬЮ,
И СВЕРХУ НАЧИНАЕТ МЕДЛЕННО ПАДАТЬ КНИГА.
КАК ОГРОМНАЯ ПТИЦА С БЕЛЫМИ КРЫЛЬЯМИ,
КНИГА ПАДАЕТ НА ЮДУ, ШЕВЕЛЯ ЛИСТАМИ.

ЮДА ВЗДЫХАЕТ, И ВПЕРВЫЕ ЗА ДОЛГОЕ ВРЕМЯ
ЕГО ЛИЦО ОСВЕЩАЕТСЯ РАДОСТЬЮ…

МЕДЛЕННО, МЕДЛЕННО ЛЕТИТ НА НЕГО КНИГА.
…И НАКРЫВАЕТ ЕГО.
НАСТУПАЕТ ТЕМНОТА.
СЛЫШНО ТОЛЬКО ДЫХАНИЕ МАЛЬЧИКА.

ЛИЦО ЮДЫ ПОД КНИГОЙ.
ОН ВИДИТ БУКВЫ ОЧЕНЬ БЛИЗКО.
ОНИ РАСПЛЫВАЮТСЯ И КАЖУТСЯ ОЧЕНЬ БОЛЬШИМИ.

ЮДА ОСТОРОЖНО ПРИПОДНИМАЕТ КНИГУ НАД СОБОЙ.
ДЕРЖИТ ЕЁ НА ВЫТЯНУТЫХ РУКАХ.
ГУБЫ ЕГО ШЕВЕЛЯТСЯ, И СЛЫШЕН ЕГО ШЕПОТ:

– «И сказал Он: «Кто пожелает войти ко Мне, пусть будут это первые врата его ко Мне. Кто войдет этими вратами, тот войдет…»

МАЛЬЧИК ЧИТАЕТ.
ЗА ОКНОМ ТЕМНОТА НОЧИ СМЕНЯЕТСЯ РАССВЕТОМ.

•

РАННЕЕ УТРО.
ВЫХОДЯТ НА УЛИЦУ ДВОРНИКИ.
ВИДЕН ОТБЛЕСК СВЕЧИ В ОКНЕ ВТОРОГО ЭТАЖА СТАРОГО ДОМА.
ЭТО ГОРИТ СВЕЧА В КОМНАТЕ ЮДЫ.
СЮДА ПРОНИКАЮТ ЗВУКИ УТРА: СКРИП ТЕЛЕЖКИ,
ВСКРИК ВОЗНИЦЫ, ШУРШАНИЕ МЕТЕЛ ПО АСФАЛЬТУ.
НО ЮДА НЕ СЛЫШИТ ИХ.
ОН СИДИТ НА КРОВАТИ И ЧИТАЕТ КНИГУ.
ОН НЕ ЗАМЕЧАЕТ, КАК ОТКРЫВАЕТСЯ ДВЕРЬ
И В КОМНАТУ ВХОДИТ ОТЕЦ.
ЮДА МЕДЛЕННО ПОДНИМАЕТ ГЛАЗА. И МОЛЧИТ.
СИМХА САДИТСЯ РЯДОМ С СЫНОМ И ОБНИМАЕТ ЕГО.
ОН ВИДИТ НАЗВАНИЕ КНИГИ,
ЛЕЖАЩЕЙ НА КОЛЕНЯХ У МАЛЬЧИКА.

Симха. Ты нашел её?
Юда. Да...
Симха. И прочитал?
Юда. Да.
Симха. Всю книгу?
Юда. Всю.
Симха. И ты что-то понял?
Юда. Я понял, что в ней всё.

ОТЕЦ ПЕРЕВОДИТ ВЗГЛЯД НА КНИГУ,
ЗАТЕМ СНОВА НА ЮДУ, ВЗДЫХАЕТ.

– Я слышал, что можно сойти с ума, прочитав ее, – говорит он. – И что ее нельзя изучать, пока не наполнишься всеми знаниями святой Торы, и что нельзя и приближаться к ней, пока не исполнится тебе сорок лет... Много всякого говорят... Я никогда не пытался ее читать. А ты прочитал и даже что-то понял... Ты открыл эту книгу, когда тебе было 3 года, мне сказали спрятать ее, я спрятал. Но ты нашел ее снова... Ну что ж, видно делать нечего...

•

УТРО. СИНАГОГА.
ПЕРЕД РАВОМ ФЕЛЬДМАНОМ СТОЯТ СИМХА И ЮДА.

Рав Фельдман. Так, значит, он нашел её ? И даже что-то понял?
Юда. Она упала на меня с верхней полки. Я прочитал её и понял только, что это моя книга. Что она написана для меня.

РАВ ФЕЛЬДМАН ДОЛГО СМОТРИТ НА ЮДУ,
ПОТОМ УКАЗЫВАЕТ НА ДВА СТУЛА,
СТОЯЩИХ РЯДОМ С ЕГО СТОЛОМ.
ЮДА САДИТСЯ БЛИЖЕ,
СИМХА ЗА НИМ.

Рав Фельдман. Я хочу сказать тебе, Симха, что есть люди, которых ты силой не удержишь. И ничего от них не скроешь. О таких говорят, что есть у них «точка в сердце»[8]. Есть у Творца особое отношение к этим людям. И у них к Творцу.

РАВ ФЕЛЬДМАН ПЕРЕВОДИТ ВЗГЛЯД НА ЮДУ.

Рав Фельдман. Как они приходят в этот мир, как находит их эта великая Книга, нам не понять.

РАВ ФЕЛЬДМАН ЗАДУМЫВАЕТСЯ.
ВЗГЛЯД ЕГО БРОДИТ ГДЕ-ТО ТАМ,
ЗА СПИНАМИ ЮДЫ И СИМХИ…

Рав Фельдман. В своей жизни я видел только одного такого, и звали его Мендель из Коцка…[9]

РАВ ФЕЛЬДМАН КАЧАЕТ ГОЛОВОЙ,
ГЛАЗА ЕГО ВДРУГ ВЛАЖНЕЮТ,
И ТОСКА ЗВУЧИТ В ГОЛОСЕ:

– Вели-и-и-икая душа горела в нем. Рвался он к Творцу, сметал всё на своем пути. И всех. Бежали за ним его ученики, падали замертво по дороге, не выдерживали они этого горения. Не жалел он никого. Ни себя, ни их. Хотел он только Творца.

ЮДА ВО ВСЕ ГЛАЗА СМОТРИТ НА РАВА ФЕЛЬДМАНА.
ТОТ КАЧАЕТ ГОЛОВОЙ.

Рав Фельдман. Нет, Юда, нету его уже. Рассказывают, последние 20 лет не выходил он из комнаты. Что уж там происходило с ним, никто не знает. Умер молча. Ни слова не сказал своим ученикам.

---

8 **Точка в сердце** – ощущение пустоты и неудовлетворенности, возникающее в сердце человека. Оно заставляет его искать ответы на вопросы о смысле жизни. Так Творец ведет человека к себе.

9 **Ребе из Коцка** – раби Менахем Мендель (1788 – 1859 г.г.), каббалист, создавший одну из самых знаменитых каббалистических групп.

ЗАМОЛКАЕТ РАВ ФЕЛЬДМАН.
СМОТРИТ НА ЮДУ, ПОТОМ НА СИМХУ.

Рав Фельдман. Знаю я одного из них.

ЮДА ВЕСЬ ПОДАЕТСЯ ВПЕРЕД.

Рав Фельдман. Спокойно, Юда, сомневаюсь, что он возьмет тебя. Человек он странный, и мое слово для него ничего не значит. Но прежде чем мы решим что-то, пусть знает твой бедный отец, что посылает он тебя на тяжелую жизнь. Не будет тебе покоя на этом пути. Пусть знает это твой отец, и уж потом решает.

ЮДА УМОЛЯЮЩЕ СМОТРИТ НА ОТЦА.
ТОТ НА РАВА ФЕЛЬДМАНА.
РАВ ФЕЛЬДМАН ВСТАЕТ И ОТХОДИТ В СТОРОНУ К КНИГАМ.
ДЕЛАЕТ ВИД, ЧТО РАССМАТРИВАЕТ ИХ,
А САМ КРАЕМ ГЛАЗА СЛЕДИТ ЗА ОТЦОМ И СЫНОМ.
СИМХА МОЛЧИТ ДОЛГО.
ЮДА ТОЖЕ МОЛЧИТ.
ПРОХОДИТ МИНУТА, ВТОРАЯ, ТРЕТЬЯ…
НАКОНЕЦ СИМХА ПОДНИМАЕТ ГЛАЗА.

Симха. Как его зовут?
Рав Фельдман. Барух.
Симха. Как нам найти его, этого Баруха?

•

ПО УЗКОЙ ПРОСЁЛОЧНОЙ ДОРОГЕ, БЕГУЩЕЙ МЕЖДУ ЛЕСОМ И ПОЛЕМ, ИДУТ СИМХА И ЮДА.
ПТИЦЫ ПОЮТ В ВЫШИНЕ. ВЕСНА.
ДОРОГА ВЕДЁТ В МАЛЕНЬКОЕ МЕСТЕЧКО.
ОНО ОТКРЫВАЕТСЯ ВПЕРЕДИ ЧЕРНЫМИ ОТ ДОЖДЕЙ ДОМИКАМИ.

ОДИНОКИЙ ДОМ, СТОЯЩИЙ ПРЯМО У ЛЕСА,
КАЖЕТСЯ НЕОБИТАЕМЫМ.
ОКНА ЗАКОЛОЧЕНЫ ДОСКАМИ.
СИМХА ПОДХОДИТ К ДВЕРИ, СТУЧИТ,
НО НИКТО НЕ ОТКРЫВАЕТ.
СИМХА ОБХОДИТ ДОМ, ВОЗВРАЩАЕТСЯ К ЮДЕ.
ЮДА СТОИТ, УСТАВИВШИСЬ НА ЗАКОЛОЧЕННОЕ ОКНО.
СИМХА СМОТРИТ ТУДА ЖЕ И ВДРУГ ВИДИТ: СКВОЗЬ ЩЕЛИ В ДОСКАХ СЛЕДИТ ЗА НИМ ПАРА НЕОБЫЧАЙНО ГОЛУБЫХ ГЛАЗ.
ГЛАЗА ВНИМАТЕЛЬНО ИЗУЧАЮТ СИМХУ.

СИМХА ПРИОТКРЫВАЕТ РОТ ОТ УДИВЛЕНИЯ,
ХОЧЕТ ЧТО-ТО СКАЗАТЬ,
НО НЕ УСПЕВАЕТ.
СЛЫШИТСЯ ВЫСОКИЙ ПЕТУШИНЫЙ ГОЛОС НЕЗНАКОМЦА:

– Я буду брать с тебя десяток яиц, два помидора и полбуханки хлеба. Дверь открыта. Пусть маленький еврей заходит, а ты оставайся там.
Симха (*возмущенно*). Нет, я войду с ним.
Голос. Тогда не войдет никто. Разворачивайтесь!

ЮДА СЖИМАЕТ РУКУ ОТЦА И УМОЛЯЮЩЕ СМОТРИТ НА НЕГО.

Симха (*сомневаясь*). Ну, как я могу… тебя одного!..

И ЗАМОЛКАЕТ, УВИДЕВ ГЛАЗА ЮДЫ.
ЮДА ДЕЛАЕТ ШАГ ВПЕРЕД, ОТКРЫВАЕТ ДВЕРЬ
И ИСЧЕЗАЕТ ВНУТРИ.
СИМХА ПРИНИКАЕТ К ОКНУ.
СКВОЗЬ ЩЕЛИ ВИДНА УБОГАЯ КОМНАТА, В ЦЕНТРЕ КОТОРОЙ
СТОИТ БОЛЬШОЙ, ГРУБО СКОЛОЧЕННЫЙ СТОЛ.
СИМХА ВИДИТ ЗА СТОЛОМ ЮДУ
И ВСКЛОКОЧЕННОГО СТАРИКА БАРУХА НАПРОТИВ НЕГО.
ДО СИМХИ ДОНОСИТСЯ ВЫСОКИЙ ГОЛОС СТАРИКА.

– Никому не верь. Все проверяй сам. Все, что они там называют верой, – все это чушь!

СИМХА МУЧЕНИЧЕСКИ КАЧАЕТ ГОЛОВОЙ.

Голос Баруха. Сказали тебе – есть Творец. Не верь!

СИМХА СМОТРИТ СКВОЗЬ ЩЕЛИ,
ГЛАЗА ЕГО НАПОЛНЯЮТСЯ СЛЕЗАМИ БЕССИЛИЯ И СТРАХА.
СИМХА ВИДИТ, КАК БАРУХ СКЛОНЯЕТСЯ НАД ЮДОЙ.

– Сам найди Его, – говорит Барух. – Вера – это знание сердцем. Сам почувствуй! Понял меня?
– Да, – отвечает Юда.

СИМХА ЗАКРЫВАЕТ УШИ РУКАМИ,
ПОВОРАЧИВАЕТСЯ И БЫСТРО ИДЕТ ПРОЧЬ ОТ ДОМА.

А В КОМНАТЕ БАРУХ ВСТАЕТ
И НАЧИНАЕТ НАВОРАЧИВАТЬ КРУГИ ВОКРУГ ЮДЫ.
ВДРУГ ОСТАНАВЛИВАЕТСЯ НАПРОТИВ НЕГО.

Барух. Ты видел, как человек превращается в птицу?
Юда. Нет.
Барух. А веришь?
Юда. Нет.
Барух. Не веришь ты во всякие чудеса? Это хорошо. Это правильно. Не верь.

ЛИЦО БАРУХА СОВСЕМ БЛИЗКО ОТ ЮДЫ.
ВДРУГ ОН РЕЗКО ПОВОРАЧИВАЕТСЯ И ОТХОДИТ К СТЕНЕ.
ОСТАНАВЛИВАЕТСЯ.
ЮДА СЛЕДИТ ЗА НИМ ВО ВСЕ ГЛАЗА.

И ВИДИТ – ПРАВОЕ ПЛЕЧО БАРУХА НАЧИНАЕТ ПОДЕРГИВАТЬСЯ.
СЛЫШИТСЯ ЗВУК РВУЩЕЙСЯ МАТЕРИИ, И НА ГЛАЗАХ У ЮДЫ
РАЗРЫВАЕТСЯ ВЕТХАЯ РУБАШКА СТАРИКА.
И ВДРУГ БЕЛОЕ КРЫЛО ВЫРЫВАЕТСЯ НАРУЖУ И НАЧИНАЕТ
БИТЬСЯ, СЛОВНО ПЫТАЯСЬ ОТОРВАТЬ БАРУХА ОТ ПОЛА.

ЮДА ЗАМИРАЕТ. ОН ЕЛЕ ДЫШИТ ОТ СТРАХА.
НО ВОТ ВТОРОЕ КРЫЛО ПРОРЫВАЕТ РУБАШКУ
И ВЫВАЛИВАЕТСЯ НАРУЖУ, ВЗДРАГИВАЯ, КАК В АГОНИИ.
И ТЕПЕРЬ УЖЕ ОБА ОНИ НЕИСТОВО БЬЮТСЯ, ПОДНИМАЯ ВЕТЕР.
ВЕТЕР СРЫВАЕТ ПАУТИНУ С УГЛОВ,
ПОДНИМАЕТ С ПОЛА ВЕКОВУЮ ПЫЛЬ,
ГДЕ-ТО СО ЗВОНОМ ПАДАЕТ ВЕДРО…

БАРУХ РАЗВОРАЧИВАЕТСЯ К ЮДЕ,
И ОБОМЛЕВШИЙ МАЛЬЧИК ВИДИТ
ДЛИННЫЙ КЛЮВ ВМЕСТО НОСА,
ГЛАЗА-БУРАВЧИКИ, ВПЕРИВШИЕСЯ В НЕГО,
ЖЕЛТО-КРАСНЫЙ ХОХОЛОК ИЗ ПЕРЬЕВ НА ЛБУ…

У ЮДЫ ОТ УЖАСА ХОЛОДЕЕТ СПИНА.
ОН ВИДИТ, КАК НОГИ БАРУХА ПРЕВРАЩАЮТСЯ В СИЛЬНЫЕ
МУСКУЛИСТЫЕ НОГИ БОЛЬШОЙ ПТИЦЫ…
ПТИЦА-БАРУХ ИЗДАЕТ КРИК, РАЗГОНЯЕТСЯ…
И ПРОНОСИТСЯ МИМО ЮДЫ К ОКНУ.
ТРЕЩАТ, РАЗЛЕТАЯСЬ, ДОСКИ, КОТОРЫМИ ЗАБИТО ОКНО.

ЮДА ВИДИТ, КАК БЕЛАЯ БОЛЬШАЯ ПТИЦА
ВЫРЫВАЕТСЯ ИЗ ДОМА НАРУЖУ,
И, МЕДЛЕННО РАЗМАХИВАЯ МОЩНЫМИ КРЫЛЬЯМИ,
НАЧИНАЕТ ПОДНИМАТЬСЯ К ЗАХОДЯЩЕМУ СОЛНЦУ…
ОНА ПРОНОСИТСЯ НАД ИДУЩИМ ПО ПОЛЮ СИМХОЙ.
ЕДВА ЗАДЕВАЯ ВЕРХУШКИ ДЕРЕВЬЕВ, ПТИЦА-БАРУХ

УДАЛЯЕТСЯ ЗА ЛЕС, ТУДА, ГДЕ САДИТСЯ СОЛНЦЕ.
ЮДА НЕ МОЖЕТ ПОШЕВЕЛИТЬСЯ…

•

ДОМА ВСЕ РАЗБРОСАНО.
В УГЛУ ПАУК КАЧАЕТСЯ НА ОБРЫВКЕ ПАУТИНЫ…
СТОИТ ЗВЕНЯЩАЯ ТИШИНА…

ВДРУГ РАСПЛЫВАЕТСЯ ВСЕ ПЕРЕД ГЛАЗАМИ ЮДЫ,
И КОГДА СНОВА ВОЗВРАЩАЕТСЯ ИЗОБРАЖЕНИЕ,
ОН ВИДИТ ЛИЦО БАРУХА,
ПО-ПРЕЖНЕМУ СКЛОНЕННОЕ НАД НИМ.

– Видел? – спрашивает Барух.
– Видел, – шепчет Юда.
– Веришь теперь?

ЮДА ПЫТАЕТСЯ ПРОГЛОТИТЬ КОМОК, ЗАСТРЯВШИЙ В ГОРЛЕ.

– Ве-рю…
Барух. Чему ты веришь?! (*Склоняется еще ниже.*) Этой ерунде?!
Юда (*заикаясь*). Но я… я же… видел…
Барух. Что ты видел?
Юда. Птицу.
Барух. Какую птицу?
Юда. Огромную… птицу.
Барух. А если я скажу тебе, что этого ничего не было, маленький, глупый еврей?!
Юда. Но я… видел… сам. Ты… превратился…
Барух. А если я скажу тебе, что ты видел фокус?!
Юда. Фокус?!
Барух. Да! Простой фокус!.. Дешевый фокус!
Юда. Фокус?!
Барух. Которого хватило, чтобы увести тебя от Творца.

РУКИ ЮДЫ НАЧИНАЮТ ДРОЖАТЬ.

Барух (*словно не замечая этого*). Ты оказался слаб. Ты поддался дешевому фокусу и связал его с великим словом – Вера.

ТЕПЕРЬ УЖЕ И ГУБЫ ЮДЫ ДРОЖАТ.

– Никогда больше не делай этого, слышишь! – вдруг кричит Барух. – Запомни! Ты должен стать сильным!.. И понять – нет чудес в этом мире! Все чудеса этого мира – дешевые фокусы!

БАРУХ НАВИСАЕТ НАД ЮДОЙ.

– Фокусы! Ты слышишь меня!

У ЮДЫ БЕЗЗАЩИТНОЕ, ИСПУГАННОЕ ЛИЦО.
ОН УМОЛЯЮЩЕ СМОТРИТ НА БАРУХА.

БАРУХ СМЯГЧАЕТСЯ…
И УСТАЛО САДИТСЯ ЗА СТОЛ.

ОН ВИДИТ ПЕРЕД СОБОЙ ГЛАЗА ЮДЫ.

– Когда-то я знал их много, этих фокусов, – говорит он. – Я мог крутить людьми, как хотел. И делал это. Они, глупые, замирали и шли за мной туда, куда я их вел. Обо мне шла великая слава. Я зарабатывал большие деньги…

ОН ВЫДЕРЖИВАЕТ ПАУЗУ…
И ВДРУГ ГОВОРИТ ОТЧЕТЛИВО, ТАК,
ЧТОБЫ ЮДА СЛЫШАЛ КАЖДОЕ СЛОВО:

– Но чем больше я погружался в эту мерзость, тем больше раскрывал бездну между собой и Творцом. Он уходил от меня… Ты слышишь меня, Юда?.. Слышишь?
– Да, – шепчет Юда.
– Вера – это когда тебе раскрывается Творец. И ты явно Его чувствуешь, вот как меня. А раскрывается Он тебе, когда перестаешь верить во всю эту чушь. В то, что здесь, на этой земле, может произойти какое-то чудо… Не может…

БАРУХ СМОЛКАЕТ.
ОН РАСКАЧИВАЕТСЯ НА СТУЛЕ
И СМОТРИТ НА ЮДУ.

– Почему ты пришел ко мне? Тебе было плохо?
Юда. Плохо.
Барух. Почему?
Юда. Не знал я, для чего живу.
Барух. А сейчас знаешь?
Юда. Знаю.
Барух. Ну-у?.. Скажи. Для чего?..
Юда (*неуверенно*). Я хочу… (*смолкает*).
Барух. Ну?..
Юда. Я хочу…
Барух (*нетерпеливо*). Ну, чего ты хочешь?!
Юда (*выдыхает*). Я хочу встретиться с Ним…

БАРУХ ПЕРЕСТАЕТ РАСКАЧИВАТЬСЯ НА СТУЛЕ. СПРАШИВАЕТ:

– Что?
Юда. Я хочу встретиться с Ним.
Барух (*тихо*). Ты хочешь встретиться с Ним?
Юда. Да.
Барух (*громче*). С Ним?!.
Юда. Да.
Барух (*презрительно оглядывая Юду*). Ты-ы-ы… хочешь встретиться с Владыкой мира?!
Юда (*лопочет*). Да.
Барух (*уничтожающе*). Ты-ы-ы… букашка… капля грязи, верящая во всю брехню этого мира…

БАРУХ ИЗМЕНЯЕТСЯ В ЛИЦЕ.
ОН СУДОРОЖНО ГЛОТАЕТ ВОЗДУХ

– Ты хочешь встретиться с Ним?! Да ты знаешь, что это такое – встретиться с Ним?! Знаешь?!

ЮДА МОЛЧИТ ТО ЛИ ОТ СТРАХА, ТО ЛИ ОТТОГО,
ЧТО НЕ ЗНАЕТ, ЧТО СКАЗАТЬ.

Барух (*шипит*). Это значит, стать достойным этой встречи! Досто-о-йным!..

БЫСТРО СКЛОНЯЕТСЯ НАД ЮДОЙ
И СПРАШИВАЕТ ЕГО ПРЯМО В ЛИЦО:

– А что значит стать достойным этой встречи?! Которой не смогли удостоиться самые великие, самые мудрые?.. Самые-самые! Знаешь?!

И, НЕ ДОЖИДАЯСЬ ОТВЕТА, ВЫДЫХАЕТ:

– Самых достойных, самых великих… Всю жизнь на это положивших… Не принял Он их!

БАРУХ ВДРУГ ЗАМОЛКАЕТ.
ОН СНОВА ВИДИТ ИСПУГАННОЕ ЛИЦО МАЛЬЧИКА
И ДЕТСКИЕ РУКИ, ПРИПОДНЯТЫЕ, КАК ДЛЯ ЗАЩИТЫ.
БАРУХ МОЛЧИТ, НАВИСНУВ НАД ЮДОЙ.
ШУРШИТ В УГЛУ МЫШЬ.
ЗА ОКНОМ НЕОБЫЧАЙНО ТИХО.

– Испугался? – спрашивает Барух.
– Да, – еле слышно произносит Юда.

– Это хорошо. Первая заповедь – трепет… Не передо мной. Что я такое?! Ничто!. Перед Творцом…

БАРУХ САДИТСЯ И ПЕРЕВОДИТ ВЗГЛЯД С ЮДЫ
НА ГРЯЗНЫЕ ДОСКИ СТОЛА.
ТИХО ВЫДАВЛИВАЕТ:

– Бояться… разочаровать Его…

РУКИ БАРУХА СО ВЗДУВШИМИСЯ ВЕНАМИ
БЕЗВОЛЬНО ЛЕЖАТ НА КОЛЕНЯХ.
БАРУХ ВЗДЫХАЕТ:

– Ты даже не представляешь, как ты прав, Юда! Ты разгадал его замысел. Больше всего на свете Он хочет, чтобы все мы сказали так, как сказал ты: «Хотим встретиться с Тобой», «Не можем жить без Тебя» … Сказали бы и сделали все, чтобы это произошло!

ЧЕРЕЗ ЩЕЛИ В ДОСКАХ ВИДНО,
КАК СИМХА ВОЗВРАЩАЕТСЯ К ДОМУ.
ПОДХОДИТ И ЗАГЛЯДЫВАЕТ ВНУТРЬ.
ОН ВИДИТ МИРНО СИДЯЩИХ ДРУГ НАПРОТИВ ДРУГА
ЮДУ И БАРУХА
И САМ ОПУСКАЕТСЯ НА ВЯЗАНКУ ДРОВ ПОД ОКНОМ.
МОЛЧА РАСКАЧИВАЕТСЯ, КАК НА МОЛИТВЕ.
СОЛНЦЕ СКРЫВАЕТСЯ ЗА ЛЕСОМ.

А ВНУТРИ ДОМА БАРУХ, ТИХИЙ И ПОСТАРЕВШИЙ,
ВЫТАСКИВАЕТ ОТКУДА-ТО ИЗ-ПОД СТОЛА СТАРУЮ
ЗАСАЛЕНУЮ КНИГУ, КЛАДЕТ ЕЕ НА СТОЛ,
НАКРЫВАЕТ СВОЕЙ РУКОЙ.

Барух. Знаешь, что это за книга?
Юда. Это книга Зоар.
Барух. Читал ее?
Юда. Читал.
Барух. Понял?
Юда. Нет.
Барух. Почувствовал?
Юда Да.
Барух. Что почувствовал?
Юда. Тепло.
Барух. Это хорошо… тепло – это очень хорошо. Книга Зоар – самая великая книга всего-всего человечества. А они, глупцы, пока не понимают этого. (*Барух сейчас мягкий, сдержанный, ему важно, чтобы Юда его услышал и понял.)*Все святые

книги, Юда, написаны каббалистами. Они, кабалисты, поднялись и живут там, в духовных мирах, а ты, Юда, – здесь. Они пишут лично для тебя, маленького Юды, оттуда. Там Свет, а здесь тьма. Они описывают тебе дорогу к Свету.

БАРУХ ПРИБЛИЖАЕТ СВОЕ ЛИЦО К ЛИЦУ ЮДЫ,
ГРОМКО ШЕПЧЕТ:

– Всё время хотеть оказаться рядом с ними, – ты слышишь меня, Юда?
– понять, что если не получится – то незачем и жить.

БАРУХ ВДРУГ РАЗВОДИТ РУКАМИ
И ТАИНСТВЕННО ПРОИЗНОСИТ:

– Второй век. Иудея под властью римлян. Они, как собаки, рыщут по всем дорогам, обнюхивают тропинки, потрошат всех встречных…

•

И ВДРУГ САМА СОБОЙ ВОЗНИКАЕТ КАРТИНА.
ВТОРОЙ ВЕК.
БЕГУТ РИМЛЯНЕ, БРЯЦАЯ ДОСПЕХАМИ.
ВОТ ОНИ ИДУТ ПО ЛЕСУ,
ПОДНИМАЯ КАЖДЫЙ КУСТИК…
ВОТ ПРИЖАЛИ КОПЬЯМИ К СТЕНЕ ДВУХ СТАРИКОВ ИУДЕЕВ,
И КОПЬЯ ПРОНИКАЮТ ВСЕ ГЛУБЖЕ И ГЛУБЖЕ В ИХ ТЕЛА…

Голос Баруха. Чего они ищут, эти собаки?.. Они ищут раби Шимона[10], первого ученика великого каббалиста раби Акивы[11].

ЮДА ЗАВОРОЖЕННО СМОТРИТ НА БАРУХА:
ВЕЛИКИЙ АРТИСТ, ТОТ В ЛИЦАХ ИЗОБРАЖАЕТ ВСЕХ.

Барух (*изменяя голос*). Уже страшной казнью казнен великий Акива, очередь за его лучшим учеником, раби Шимоном. «Казни-и-ить! Казнить его на площади! – ревут недоумки!.. – Содрать с него кожу, и пусть все видят, как стонет, как просит пощады их вели-и-кий мудрец!» …

БЕЖИТ ТРОПИНКА, ПЕТЛЯЕТ ПО ЛЕСУ,
ВЫСКАКИВАЕТ К СКАЛАМ, УВОДИТ ВВЕРХ…
ИЗВИВАЕТСЯ МЕЖ КАМНЕЙ. ВВЕРХ, ВВЕРХ!..

---

10 **Раби Шимон** – раби Шимон бар Йохай (РАШБИ), II век н. э., великий каббалист, ученик раби Акивы, сумевший передать в книге Зоар полученное им высшее Знание.

11 **Раби Акива** – величайший каббалист, включивший в себя всех предыдущих и осветивший путь всем последующим поколениям каббалистов (50 – 135 г. н. э.).

Голос Баруха. Коне-е-ечно, доло-о-о-жено им, что великий он – раби Шимон. Что вместе с великим сыном своим Элиэзером подтачивают они римскую власть. Не понимают римские псы, железные головы, что это такое: как могут два жалких иудея подточить глыбу, империю, мощь?! Не понимают… но чувствуют!

ТРОПИНКА ТЕРЯЕТСЯ В ТРАВЕ
И ВДРУГ ВЫНЫРИВАЕТ ПЕРЕД ВХОДОМ В ПЕЩЕРУ.

– Но правильно они боятся. Правильно. Именно сейчас в тесной, сырой пещере на севере Эрэц Исраэль творится ужас для всего зла, которое только есть и будет в этом мире.

В ГЛУБИНЕ ПЕЩЕРЫ МИГАЕТ СВЕЧА,
ЕДВА ОСВЕЩАЕТ БОРОДАТЫЕ ЛИЦА…
ЮДА СЛЫШИТ ГОЛОС БАРУХА:

– Ты видишь пещеру?
Юда. Вижу.
Голос Баруха. Там кто-то есть?
Юда. Да. Их десять человек. Я их вижу.
Голос Баруха. Как ты думаешь, что они там делают?
Юда. Скрываются от римлян.
Голос Баруха. Правильно. А почему?
Юда. Не знаю.
– Они пишут великую книгу Зоар, вот почему они там, – голос Баруха, уверенный и спокойный. – Они пишут книгу о том, как всем людям и маленькому отдельному человеку выйти из грязи этого мира, из ненависти друг к другу. И научиться по-настоящему, не ради себя, Юда, а по-настоящему – любить!

БАРУХ КИВАЕТ ГОЛОВОЙ
И ЖЕСТАМИ ПЫТАЕТСЯ ПОМОЧЬ ОБЪЯСНЕНИЮ.

– Любить ближнего, любить весь ми-и-и-р, любить всех… любить! И знать, что любовь – это, Юда, не просто так любо-о-о-вь. Любовь – это когда не думаешь о себе… А о других!.. Живешь не ради себя, а ради других!.. Вот что такое любовь.

ГОРЯТ ГЛАЗА БАРУХА. ЗАХВАТЫВАЕТ ДУХ ОТ ВОСТОРГА.

– Ты понимаешь, как это высоко, Юда?! Это такая высота, сынок!.. Голова кружится от такой высоты!.. И это, ты только представь себе, это происходит во втором веке! Когда мир тонет в крови, когда болезни косят людей, как траву, когда власть, слава и деньги становятся самым важным для людей… Вот в это гнилое время десять худых, полуголодных мудрецов пишут книгу о

Любви… О том, что постигли они… О твоей, Юда, связи с Творцом они пишут книгу.

БАРУХ РАСКАЧИВАЕТ ГОЛОВОЙ,
СЛОВНО ПОТРЯСЕННЫЙ СВОЕЙ ЖЕ РЕЧЬЮ.

– Ну, что ты на это скажешь, сынок?!

ЮДА МОЛЧИТ. ЧТО МОЖНО НА ЭТО СКАЗАТЬ?!
ОН ВОСТОРЖЕННО СМОТРИТ НА БАРУХА,
А БАРУХ ПРОДОЛЖАЕТ:

– Чего же они так испугались, все эти римляне, всего-то книга, всего-то о любви… Они почувствовали, почувствовали, Юда! что в нее вкладывается такая сила!.. Такая великая сила, которая способна перевернуть весь этот грязный, несправедливый мир. Превратить в ничто пустые его ценности.

БАРУХ ПРИДВИГАЕТСЯ К ЮДЕ.

– А теперь ответь мне, Юда, почему в ней, в этой книге, такая сила?..
Юда (*тихо*). Потому что они… не одни ее пишут…
Барух (*указывает на него пальцем*). Умница!..
Юда. Потому что вместе с ними пишет её… Творец.

БАРУХ СМОТРИТ НА ЮДУ.
ИЗ-ЗА ОКНА СМОТРИТ НА ЮДУ И СИМХА.
БАРУХ БОРМОЧЕТ:

– Урок закончен. Забирай его.

•
ПРОСЕЛОЧНАЯ ДОРОГА.
ЮДА И СИМХА УДАЛЯЮТСЯ ПО НЕЙ К ГОЛУБОМУ ДАЛЬНЕМУ ЛЕСУ.
СИМХА ВСЁ ВРЕМЯ НАКЛОНЯЕТСЯ
И О ЧЕМ-ТО СПРАШИВАЕТ ЮДУ.
ТОТ КОРОТКО ОТВЕЧАЕТ, ПОГРУЖЕННЫЙ В СЕБЯ.
ХОЛОДНО.
СИМХА СНИМАЕТ С СЕБЯ ЧЕРНЫЙ СЮРТУК
И НАБРАСЫВАЕТ НА ХУДЫЕ ПЛЕЧИ СЫНА.
ЮДА НЕ СОПРОТИВЛЯЕТСЯ.
ВОЛОЧАТСЯ ПОЛЫ СЮРТУКА ПО МОКРОЙ ДОРОГЕ.

ЧЕРЕЗ ОКОННЫЕ ЩЕЛИ СМОТРИТ ИМ ВСЛЕД БАРУХ.
ЮДА ОБОРАЧИВАЕТСЯ И ВИДИТ, КАК РАСКАЧИВАЕТСЯ,
ПОСКРИПЫВАЯ ОТ ВЕТРА, ВЕТХИЙ ДОМИК.

•

ДОМ АШЛАГОВ.
ЮДА ЛОЖИТСЯ В ПОСТЕЛЬ.
СИМХА НАКРЫВАЕТ ЕГО ОДЕЯЛОМ.
И КАК ТОЛЬКО ЗА СИМХОЙ ЗАКРЫВАЕТСЯ ДВЕРЬ,
ЮДА СРАЗУ ЖЕ ВЫСКАЛЬЗЫВАЕТ ИЗ КРОВАТИ,
БОСИКОМ ПРОБЕГАЕТ ПО ХОЛОДНОМУ ПОЛУ К СТОЛУ
И БЕРЕТ КНИГУ...
ТУТ ЖЕ ОТКРЫВАЕТСЯ ДВЕРЬ.
СИМХА СТОИТ НА ПОРОГЕ.
ЗА НИМ ЗАГЛЯДЫВАЕТ В КОМНАТУ МАМА.

Симха. Мы договорились, что ты спишь. Мы же договорились, Юда!

ЮДА ОСТАВЛЯЕТ КНИГУ НА СТОЛЕ
И, НИ СЛОВА НЕ ГОВОРЯ, ВОЗВРАЩАЕТСЯ В ПОСТЕЛЬ.

Симха. Если ты сойдешь с ума, мы с мамой не переживем этого.

ЮДА ЗАКРЫВАЕТ ГЛАЗА...
И ВИДИТ...

•

II-Й ВЕК. ЭРЕЦ ИСРАЭЛЬ. ПЕЩЕРА.
ОСВЕЩЕННОЕ ЛИЦО ЧЕЛОВЕКА.
ИЗ-ЗА БОРОДЫ НЕ ПОНЯТЬ, СТАР ОН ИЛИ МОЛОД.
ОН ДИКТУЕТ ЧТО-ТО ДРУГОМУ, ЯВНО МОЛОЖЕ ЕГО.

Голос Баруха. Раби Шимон диктовал, а раби Аба записывал. Потому что только он, раби Аба, мог зашифровать все сказанное раби Шимоном. Ты спрашиваешь, для чего он это делал?.. Чтобы не воспользовались этой книгой во зло какие-нибудь умные дальновидные людишки. Огромная сила была заложена в ней. Огромная!.. И вдруг исчезла эта книга. На долгие, долгие годы...

•

УТРО ВОЗЛЕ ДОМА БАРУХА.
ПОД ОКНОМ НА ПОЛЕНИЦЕ ДРОВ СИДИТ СИМХА.
ОН СЛЫШИТ ВСЕ, ЧТО ПРОИСХОДИТ В ДОМЕ.

КНИГА ЗОАР ЛЕЖИТ НА СТОЛЕ МЕЖДУ БАРУХОМ И ЮДОЙ.
ЮДА, ЗАМЕРЕВ, С ПОЛУОТКРЫТЫМ РТОМ, СЛУШАЕТ БАРУХА.

Барух. Интересно тебе?
Юда. Очень.

Барух. Нет, не то это слово. Не то-о-о! «Интересно», что это за слово такое?! (*Передразнивает сам себя.*) Интере-есно!.. Для тебя – это жизнь, Юда! Здесь, Юда, расписано, как тебе жить. Как тебе, Юда, прийти к Творцу, прийти и сказать Ему: «Вот он я, пришел к Тебе! И привела меня к Тебе великая книга Зоар.»

X ВЕК. ПЕСТРЫЙ ВОСТОЧНЫЙ РЫНОК.
СЛЫШНЫ ГОРТАННЫЕ ВЫКРИКИ ПРОДАВЦОВ.
МНОЖЕСТВО ЛЮДЕЙ ЛЕНИВО ДВИГАЮТСЯ ПО РЫНКУ...

Голос Баруха. Исчезала эта книга на долгие, долгие века, забыли о ней, будто и не было ее никогда... Появлялась она только тогда, когда возникала в ней нужда.

•

ВДРУГ РАССТУПАЕТСЯ ТОЛПА.
МЧИТСЯ ПО РЫНКУ БОСОЙ АРАБСКИЙ МАЛЬЧИШКА.
ЗА НИМ С ОДЫШКОЙ И ВИЗГОМ ГОНИТСЯ КУПЕЦ.
ОН КРИЧИТ, ЗАДЫХАЯСЬ:

– Держите! Держите его!

КТО-ТО ПОДСТАВЛЯЕТ НОГУ МАЛЬЧИШКЕ,
И ТОТ ПАДАЕТ В ПЫЛЬ.
КУПЕЦ ХВАТАЕТ ЕГО ЗА ШКИРКУ, ПОДНИМАЕТ...
ИЗ-ПОД ОДЕЖДЫ МАЛЬЧИШКИ СЫПЯТСЯ ЛИСТЫ.

Голос Баруха. В X веке появилась она на рынке в Цфате. Мальчишка продавал какие-то исписанные листы купцам. Они заворачивали в них пряности. Так исчезло много листов... Пока не нашелся один мудрец и не распознал в них самую драгоценную вещь в мире.

•

ДОМ БАРУХА.

Барух. Вот так, Юда, в книгу Зоар! (*поднимает палец*) заворачивали финики и лукум... (*Восхищенно.*)А?.. Так все в нашей жизни, Юда, всё внешнее – ложь. За красотой – пустота. За грязью – мудрость, за бедностью – драгоценная душа... Не смотри на красоту, Юда, не слушай лестные речи, ищи за всем внутреннее. Так живи...

БАРУХ НЕ ДАЕТ ЮДЕ И ЗАДУМАТЬСЯ.
ОН РАСКРЫВАЕТ КНИГУ.
ОНА ИЗМУСОЛЕНА ВНУТРИ
И ДАЖЕ ПОРВАНА В НЕСКОЛЬКИХ МЕСТАХ.
ОН НЕЖНО ГЛАДИТ ЕЕ.

Барух (*ласково*). Многие пытались ее раскусить. Самые умные ломали на ней зубы. Пока однажды, 400 лет назад, не родился мальчик, которого потом назовут великий Ари[12].

БАРУХ СМОЛКАЕТ И ПРИСТАЛЬНО СМОТРИТ НА ЮДУ.
ПРОХОДИТ МИНУТА.
БАРУХ НЕ СВОДИТ ВЗГЛЯДА С МАЛЬЧИКА И МОЛЧИТ.

Юда. Что ты на меня так смотришь?
Барух. Вот он-то все и перевернул… Мальчик этот…

•

XV ВЕК. СТАРАЯ СИНАГОГА В КАИРЕ.
МОЛИТСЯ 15-ТИ ЛЕТНИЙ МАЛЬЧИК,
ОДЕТЫЙ В ДЛИННЫЙ БЕЛЫЙ ХАЛАТ.

МОЛЯТСЯ В СИНАГОГЕ ЕЩЕ 10 ЧЕЛОВЕК.
СРЕДИ НИХ У ОКНА – СТРАННЫЙ, В ЛОХМОТЬЯХ, СТАРИК.
ОН СТОИТ, РАСКАЧИВАЯСЬ,
ВСЕ ВРЕМЯ СКЛОНЕННЫЙ НАД КНИГОЙ.

Голос Баруха. Ари было три года, когда он со своей матерью оказался в Египте. В 15 лет в синагоге он увидел нищего. Ари был молод и о-о-очень любопытен.

АРИ ПРИБЛИЖАЕТСЯ К НИЩЕМУ,
СТАНОВИТСЯ ЗА ЕГО СПИНОЙ И ЗАГЛЯДЫВАЕТ В КНИГУ,
КОТОРУЮ ТОТ ЧИТАЕТ.
ОН ВИДИТ, ЧТО НИЩИЙ ДЕРЖИТ ЕЕ ВВЕРХ НОГАМИ.
И ЭТО НЕ МОЛИТВЕННИК И НЕ ТОРА,
А КАКАЯ-ТО ДРУГАЯ КНИГА,
НАПИСАННАЯ НА АРАМЕЙСКОМ[13].

НИЩИЙ ОБОРАЧИВАЕТСЯ К АРИ.
АРИ В СТРАХЕ ОТСТУПАЕТ НАЗАД.
ДВА ШРАМА ВМЕСТО ГЛАЗ СМОТРЯТ НА НЕГО.

---

12 **Ари** – аббревиатура от Ашкенази Раби Ицхак (1534– 1572, Иерусалим, Цфат), великий каббалист, последователь Рашби, положил начало новому подходу в изучении каббалы, раскрытию науки Истины в массы.

13 Арамит - арамейский язык. Каббалисты использовали его, чтобы скрыть часть информации. Поэтому и Зоар записан на арамите. В XX веке каббалист Бааль Сулам создал комментарий к книге Зоар на иврите, пояснив каждое слово в его внутреннем значении.

•

ДОМ БАРУХА.

Барух. Так Ари получил книгу Зоар. От марана[14], которому инквизиция выколола глаза и который нес ее Ари через всю Европу и Африку, слепой, умирающий от жажды и голода, но нес, только чтобы донести ее до Ари. В общем-то, он не мог ее не донести. В этом мире, Юда, все определено заранее.

•

XV ВЕК. СИНАГОГА.
АРИ РАСКРЫВАЕТ КНИГУ И, НЕ ОТРЫВАЯСЬ, ЧИТАЕТ ЕЕ.
РЯДОМ С НИМ НА ЛАВКЕ СПИТ СЛЕПОЙ НИЩИЙ.
СПИТ И УЛЫБАЕТСЯ ВО СНЕ,
ОТСЫПАЯСЬ ЗА ВСЕ БЕССОННЫЕ НОЧИ.

Голос Баруха. Когда ты открыл книгу Зоар?
Голос Юды. Она упала на меня, когда мне было пять лет.
Голос Баруха. На Ари она «упала» в пятнадцать…

•

ДОМ БАРУХА.
БАРУХ СНОВА ПРИСТАЛЬНО СМОТРИТ НА ЮДУ.

Юда. Почему ты на меня так смотришь?..
Барух. Думаю я тут одну мысль.
Юда. Какую?
Барух. Может, потом расскажу тебе, … а может, и сам поймешь…

•

XV ВЕК. АРИ ИДЕТ ПО УЛИЦЕ С РАСКРЫТОЙ КНИГОЙ В РУКАХ.
ОН НЕ МОЖЕТ ОТОРВАТЬСЯ ОТ ЧТЕНИЯ.
НЕ ЗАМЕЧАЕТ НИКОГО.
НЕ ОСТАНАВЛИВАЯСЬ, ПРОХОДИТ ВЕСЬ ГОРОД
И УГЛУБЛЯЕТСЯ В ЛЕС.

Голос Баруха. Он стал самым великим каббалистом – Ари. Самым великим! Величайшим!.. Он знал всё про нас с тобой, Юда, про весь наш несчастный мир. Он знал, что грядут новые времена, что в мир начинают спускаться низкие души… и к нашему времени проявится вся мерзость, которая только есть в человеке. Он приготовил нам лекарство для очистки – каббалу Ари – и замешал его вот на этой книге – Зоар.

---

14 **Мараны** – испанские евреи, внешне принявшие христианство во времена испанской инквизиции, но тайно соблюдающие традиции.

•

ВОЗВРАЩАЕТСЯ ДОМ БАРУХА.
БАРУХ С НЕЖНОСТЬЮ ПРОВОДИТ РУКОЙ ПО КНИГЕ.

– Она больше не исчезнет, нет. Потому что наступило ее время – время отчаяния. Теперь не ошибешься, кто же он такой, – человек! Себялюбивое животное – вот кто он такой!..

БАРУХ КАЧАЕТ ГОЛОВОЙ. СМОТРИТ НА ЮДУ.

– Да-да, все мы живем только для себя, Юда, и только поэтому… – понимаешь ты это или нет?.. – только поэтому развязываются войны, а будут еще страшнее. Болезни не отступят, а отступят врачи, страдания изведут, и будет вопль о помощи!

БАРУХ ВЫПРЯМЛЯЕТСЯ, РАЗВОДИТ РУКАМИ…

– И помощь не придет…

ОН ВСТАЕТ. ВСТАЕТ, ПОДХОДИТ К СТЕНЕ
И ПОДНИМАЕТ ГОЛОВУ К ПОТОЛКУ.
РАЗГЛЯДЫВАЕТ, КАК МЕДЛЕННО ДВИЖЕТСЯ ПАУК В ПАУТИНЕ.
ПОКАЗЫВАЕТ НА НЕГО ПАЛЬЦЕМ.

Барух. Ему столько же лет, сколько и мне. Я зову его Барух…

ОН ОБОРАЧИВАЕТСЯ К ЮДЕ.
И ВСТРЕЧАЕТСЯ С НИМ ВЗГЛЯДОМ…
И ПОНИМАЕТ, ЧТО ДОЛЖЕН ВЕРНУТЬСЯ.
ОН ВОЗВРАЩАЕТСЯ.

– Как помочь им, ты спрашиваешь?..

ЮДА КИВАЕТ.

– Когда они разуверятся в себе, Юда… только тогда запросят помощи…

ОН СТУЧИТ ПАЛЬЦЕМ, УКАЗЫВАЯ НА КНИГУ.

– И найдут её здесь.

СНОВА СМОТРИТ НА ЮДУ ПРИСТАЛЬНО.

– Послали её нам мудрые предки давным давно… Всё они видели, всё знали… Знали они, Юда, что найдет тебя эта книжка…

СНОВА ДОЛГАЯ ПАУЗА И ДОЛГАЯ ТИШИНА.
УЖЕ В КОТОРЫЙ РАЗ.
ДАЖЕ ПАУК «БАРУХ» ЗАМИРАЕТ В СВОЕЙ ПАУТИНЕ ПОД ПОТОЛКОМ.

СИМХА СИДИТ ПОД ОКНОМ.
ЕГО ПОРАЖАЕТ ТИШИНА, НАСТУПИВШАЯ В ДОМЕ.
ОН ПРИСЛУШИВАЕТСЯ.
ПОТОМ ПРИПОДНИМАЕТСЯ
И ПЫТАЕТСЯ ЗАГЛЯНУТЬ ВНУТРЬ ЧЕРЕЗ ОКОННЫЕ ЩЕЛИ.
ВГЛЯДЫВАЕТСЯ В КОМНАТУ...
И НИКОГО НЕ ВИДИТ.
В ПАНИКЕ ОН БЕЖИТ К ДВЕРИ, РАСПАХИВАЕТ ЕЕ...
В ДОМЕ НИКОГО НЕТ.

– Юда!

СИМХА ЗАБЕГАЕТ В ДОМ, НАЧИНАЕТ МЕТАТЬСЯ ПО КОМНАТЕ, ЗАГЛЯДЫВАЯ ВО ВСЕ УГЛЫ...

– Юда, сынок!

И ВДРУГ СЛЫШИТ У СЕБЯ ЗА СПИНОЙ
СПОКОЙНЫЙ ГОЛОС БАРУХА:

– Чего ты мечешься, Симха?

ОБОРАЧИВАЕТСЯ.
ЗА СТОЛОМ ПО-ПРЕЖНЕМУ, В ТЕХ ЖЕ ПОЗАХ,
ДРУГ НАПРОТИВ ДРУГА СИДЯТ БАРУХ И ЮДА.

– Что случилось, папа? – как ни в чем не бывало спрашивает Юда.
– Я... я смотрел... я стучал, – лопочет Симха... – вас здесь не было!.. Было тихо... я испугался...
Барух. Не пугайся, Симха. Ничего ты уже сделать не сможешь. Выйди, посиди там немного, я хочу задать очень важный вопрос твоему сыну.
Симха. Но здесь никого не было.
Барух. Да? А по-твоему весь этот мир существует?..
Симха (*раздраженно*). Я не хочу слушать твои глупости! – Он направляется к Юде, берет его за руку, – Юда, уже поздно. Пойдем!
Барух (*резко*). Выйди!

СИМХА ОТПУСКАЕТ РУКУ ЮДЫ,
ПОВОРАЧИВАЕТСЯ И ПОСЛУШНО ИДЕТ К ДВЕРИ.
ОТКРЫВАЕТ ЕЕ. ВЫХОДИТ.

ОН САДИТСЯ НА СВОЕ МЕСТО ПОД ОКНОМ
И СЛЫШИТ ГОЛОС БАРУХА:

– Итак, Юда, ответь мне, знаешь ли ты, какую тяжесть взваливаешь на себя?!

СИМХА, КАК ПРИКОВАННЫЙ, СИДИТ НА ПОЛЕНЬЯХ.
ОН ВСЕ СЛЫШИТ, НО НЕ МОЖЕТ ПОШЕВЕЛЬНУТЬСЯ.

Барух. На тебе будет ответственность не за себя – что ты такое?! За весь мир… И страдать ты будешь не за себя… А за весь мир… Ты думал об этом, Юда? Ты сейчас решаешься на такой шаг… на такой шаг!!! Лучше подумай сто раз.

СИМХА ПЫТАЕТСЯ ВСТАТЬ И НЕ МОЖЕТ.
ИЗВЕРНУВШИСЬ, ОН РУКОЙ ПОДТЯГИВАЕТСЯ К ПОДОКОННИКУ.
ЕМУ ХОЧЕТСЯ КРИКНУТЬ СЫНУ:
«ПОДОЖДИ! ОБДУМАЙ ВСЕ! НЕ ТОРОПИСЬ!..»
НО ОН НЕ УСПЕВАЕТ.

– Я подумал. Я хочу этого, – слышит он ответ Юды.

И ОБЕССИЛЕННО СПОЛЗАЕТ СО СКАМЕЙКИ
НА МОКРУЮ ТРАВУ.

А В ДОМЕ БАРУХ СУРОВО СМОТРИТ НА ЮДУ.

Барух (*жестко*). Ну тогда так… получай задание на дом. Возьми песню Ари… Это не простая песня… В ней рассказывается о начале начал. Вот она.

БАРУХ, НЕ ГЛЯДЯ,
РАЗВОРАЧИВАЕТ КНИГУ ТОЧНО НА ТОМ МЕСТЕ.

Барух. Войди в нее. Весь погрузись. Пытайся услышать Учителя, великого Ари… Иди за ним.

БАРУХ ПОДНИМАЕТ РУКУ.
ГЛАЗА ЮДЫ СЛЕДЯТ ЗА НЕЙ…

БАРУХ ПЛАВНО ВЕДЕТ РУКОЙ ПЕРЕД СОБОЙ,
СЛОВНО РИСУЯ ОКРУЖНОСТИ.

Барух (*распевно*). «Знай, до начала творения был лишь высший все собой заполняющий свет. И не было свободного незаполненного пространства – лишь бесконечный, ровный свет все собой заливал…»

•

ИДУТ МОЛЧА ВДОЛЬ ОЗЕРА СИМХА И ЮДА.
СОЛНЦЕ УЖЕ СКРЫЛОСЬ.
ВПЕРЕДИ ОТКРЫВАЕТСЯ ВАРШАВА.
И СЛЫШИТСЯ УЖЕ ДЕТСКИЙ ГОЛОС ЮДЫ,
ПРОДОЛЖАЮЩИЙ:

– «И когда решил Он сотворить миры и создания, их населяющие,
Этим раскрыв совершенство Свое,
Что явилось причиной творения миров,
Сократил Он себя в точке центральной своей –
И сжался свет и удалился,
Оставив свободное, ничем не заполненное пространство…»

•

ДОМ АШЛАГОВ. НОЧЬ.
ЮДА СПИТ В КРОВАТИ.
ОТЕЦ СМОТРИТ НА НЕГО ОТ ДВЕРИ, ПОДХОДИТ БЛИЖЕ,
ПРИСЛУШИВАЕТСЯ К ЕГО ДЫХАНИЮ,
ПОПРАВЛЯЕТ ОДЕЯЛО НА НЕМ
И ТИХО ВЫХОДИТ ИЗ КОМНАТЫ.
КАК ТОЛЬКО ЗА НИМ ЗАКРЫВАЕТСЯ ДВЕРЬ,
ЮДА ОТКРЫВАЕТ ГЛАЗА, БЫСТРО ВСТАЕТ,
ПОДХВАТЫВАЕТ С ПОЛКИ КНИГУ, С ПОДОКОННИКА ЛАМПУ
И НЫРЯЕТ ПОД СТОЛ, ДО ПОЛА ЗАКРЫТЫЙ СКАТЕРТЬЮ.

ГОРИТ ЛАМПА ПОД СТОЛОМ.
ЮДА ЧИТАЕТ КНИГУ. И СЛЫШЕН ЕГО ГОЛОС:

– «И равномерным было сжатие света вокруг центральной точки.
Так, что место пустое форму окружности приобрело,
Поскольку таковым было сокращение света.
И вот после сжатия этого в центре заполненного светом пространства
Образовалась круглая пустота, лишь тогда
Появилось место, где могут создания и творения существовать…»

ЗА ОКНОМ ГАСНЕТ ЛУНА, ЗАГОРАЕТСЯ НОВЫЙ ДЕНЬ.
ДВОРНИКИ ВЫХОДЯТ НА УЛИЦЫ.
МОЛОЧНИК ПРОЕЗЖАЕТ МИМО ДОМА, ДРЕБЕЗЖА БИДОНАМИ.
ПРОНЗИТЕЛЬНО КРИЧИТ ПЕТУХ…

ГЛАЗА ЮДЫ ПРИКОВАНЫ К СТРОЧКАМ КНИГИ.

– «И вот протянулся от бесконечного света луч прямой,
Сверху вниз спустился внутрь пространства пустого того.

Протянулся, спускаясь по лучу, свет бесконечный вниз,
И в пространстве пустом том сотворил все совершенно миры… »

•

ХЕДЕР (КЛАСС).
ДЕТИ СИДЯТ, СОГНУВШИСЬ НАД КНИГАМИ.
СКВОЗЬ КРОШЕЧНЫЕ ОКНА ПРОБИВАЕТСЯ СВЕТ,
ИГРАЯ ПЫЛЬЮ, КАК ДРАГОЦЕННЫМ ПЕСКОМ.

ЮДА, КАЗАЛОСЬ БЫ, КАК И ВСЕ, ПОГРУЖЕН В ИЗУЧЕНИЕ ТОРЫ.
НО НЕТ, ОН НЕ КАК ВСЕ.
ЗА СПИНОЙ ЕГО ТИХО ПРОХОДИТ УЧИТЕЛЬ ШМУЭЛЬ.
ОН ВИДИТ, ЧТО У ЮДЫ МЕЖДУ СТРАНИЦАМИ КНИГИ
ЗАЛОЖЕНЫ ДРУГИЕ СТРАНИЦЫ…
ЭТО СТИХ АРИ,
АККУРАТНО ПЕРЕПИСАННЫЙ ДЕТСКОЙ РУКОЙ.

ЮДА ПОГРУЖЕН В ЧТЕНИЕ И НИЧЕГО НЕ СЛЫШИТ.
ОН ШЕПЧЕТ:

– «И лучом спустился свет
К мирам, в черном пространстве пустом находящимся.
И круг каждый от каждого мира и близкие к свету – важны,
Пока не находим мир материи наш в точке центральной,
Внутри всех окружностей в центре зияющей пустоты… »

ВДРУГ ПЕРЕД ЛИЦОМ ЮДЫ МЕЛЬКАЕТ РУКА,
И ЛИСТЫ ИСЧЕЗАЮТ.
ЮДА ПОДНИМАЕТ ВЗГЛЯД.
ЛИСТЫ ТРЕПЕЩУТ В РУКАХ УЧИТЕЛЯ.
ТОТ БЛИЗОРУКО ВГЛЯДЫВАЕТСЯ В НИХ
И ПОДОЗРИТЕЛЬНО ЧИТАЕТ:

– «И так удален от Бесконечного – далее всех миров
И потому материально так окончательно низок –
Ведь внутри окружностей всех находится он
В самом центре зияющей пустоты… »

Учитель. Стих Ари. Так-так.

ЮДА ВСТАЕТ.

Учитель. И ты можешь объяснить его?

ЮДА МОЛЧИТ.

Учитель. Кто дал тебе его?

ЮДА МОЛЧИТ.
МОЛЧИТ И ВЕСЬ КЛАСС,
ЗАМЕРШИЙ В ОЖИДАНИИ НАКАЗАНИЯ.

Учитель (*громко*). Я не хочу, чтобы эти тексты бродили по классу. Ты пропал, твои родители сдались, моя цель – спасти остальных. Иди, Юда (взмахивает рукой). Вон отсюда!

УЧИТЕЛЬ ПОВОРАЧИВАЕТСЯ СПИНОЙ К ЮДЕ
И СЛЫШИТ ГОЛОС МАЛЬЧИКА:

– Отдайте листы.

УЧИТЕЛЬ ЗАМИРАЕТ, ОБВОДИТ ВЗГЛЯДОМ КЛАСС И,
НЕ ОБОРАЧИВАЯСЬ, ПРОИЗНОСИТ:

– Ты говоришь это мне?
Юда. Тебе.
Учитель. Что-о-о?

ОН СТРЕМИТЕЛЬНО РАЗВОРАЧИВАЕТСЯ,
И ЕГО УКАЗКА УПИРАЕТСЯ В НОС ЮДЕ.

Учитель. Как ты сказал?!
Юда (*упрямо*). Листы!
Учитель (*подозрительно*). Это просьба?.. Или приказ?

В КЛАССЕ БОЯТСЯ ДЫШАТЬ ОТ СТРАХА.

Юда. Отдайте мне мои листы. Это мои листы.

СНОВА ПАУЗА И ДОЛГАЯ ТИШИНА.

Учитель. Я предупреждал твоих родителей – от этого сходят с ума. Ну вот, это и произошло. Они будут рыдать кровавыми слезами, твои родители. Когда изо рта твоего будет бить пена, а в глазах навечно поселится страх и тоска. Когда этот мир станет для тебя адом…

ЮДА ПРОТЯГИВАЕТ РУКУ К УЧИТЕЛЮ.
ТОТ СМОЛКАЕТ.

ЮДА БЕРЕТ ЛИСТЫ ИЗ ЕГО РУКИ, ПОВОРАЧИВАЕТСЯ
И БЫСТРО ВЫХОДИТ ИЗ КЛАССА.

•

ДОМ БАРУХА.
БАРУХ ХОДИТ ПО КОМНАТЕ.
ЮДА СЛЕДИТ ЗА НИМ ВЗГЛЯДОМ.
ЧЕРЕЗ ЗАБИТЫЕ ДОСКАМИ ОКНА ПРОНИКАЕТ В ДОМ ВЕЧЕРНИЙ СВЕТ.

Голос Баруха. 5 миров, 125 ступеней от тебя и до Него. Оттуда Он зовет тебя. Из мира Ацилут[15], призыв Его… Вернись, сынок, прорвись! Прорвись ко мне сквозь сомнения, боль, падения и подъемы. Я жду тебя! Я люблю тебя! Только услышь меня!.. Но гаснет призыв Его, все тише и тише голос Его, стоит на пути Его гордыня человеческая… Услышать Его может лишь человек… с разбитым сердцем…

БАРУХ СТОИТ СПИНОЙ К ЮДЕ И СМОТРИТ ЧЕРЕЗ ЩЕЛИ НА ЗАХОДЯЩЕЕ СОЛНЦЕ.

Голос Баруха. Почему разбито оно? Потому что нет Творца в нашем мире. Замкнул Он нас в мире низких желаний. Страдаем мы, мучаемся, льется кровь наша веками по грязной земле этой. Почему же Он сделал так?! Где была Его любовь к нам?! Где было сострадание к этим маленьким ничего не понимающим существам?!

БАРУХ ОБОРАЧИВАЕТСЯ К ЮДЕ, СМОТРИТ НА НЕГО.

Юда. Он любит нас.
Барух. Кто сказал тебе это?
Юда. Я чувствую.
Барух. Что ты там чувствуешь, капля грязи?!
Юда. Чувствую, что я – капля грязи. А Он… Он – Свет, Он – Любовь!.. Он – всё.
Барух. Но как мог Свет создать тьму? Как могла любовь создать ненависть? Как Он?.. Он?!!! Мог создать каплю грязи… Столько капель грязи?! Все это низкое человечество… Где были Его глаза? Ответь. Защити-ка Его, Юда?..

ЮДА ДУМАЕТ И ВИДНО, ЧТО НЕПРОСТО ДАЮТСЯ ЕМУ ВСЕ ЭТИ ВОПРОСЫ.

Юда. Не знаю… я пока не знаю… потому что я пока не встретился с Ним… я только чувствую…

БАРУХ САДИТСЯ НАПРОТИВ ЮДЫ.

---

15 **Ацилут** – от ивр. слова «эцло» – в Творце, мир духовных программ – один из пяти миров, составляющих в целом мироздание.

Барух. Не знаешь?
Юда. Не знаю.
Барух (*с большим нажимом*). Не знаешь?!
Юда. Не знаю.
Барух. Правильно… Не мог Он – чистый создать грязь. Не может лев родить мышь, не может Совершенство создать несовершенство.

МОЛЧИТ.
РАЗГЛЯДЫВАЕТ ЮДУ.
ЖДЕТ ВОПРОСА.
НО ЮДА НЕ СПРАШИВАЕТ.

Барух. Ну, спрашивай?.. Спроси меня, почему Он тогда всё это создал?
Юда. Почему?..
Барух. Да потому что… ну ты ведь сам ответил на этот вопрос… ты ведь сам ответил… Ну?!
Юда. Не знаю…
Барух. Чтобы это ты, ты, Юда, сам, решил своей собственной волей, сам понял бы, что невыносимо тебе жить в этой грязи, невыносимо тебе быть так далеко от Творца. И взмолился бы ты к Нему из самой глубины своего маленького сердечка… Только такую молитву и слышит Он… Он хочет, чтобы ты сам пришел к Нему, сам. И сказал бы Ему: Вот я, пришел к Тебе, сам пришел… потому что хочу быть Твоим другом… Чтобы сам ты это сделал. Своей волей, Юда!
Юда. Что мне надо сделать, чтобы так сказать?

БАРУХ ГОВОРИТ ОТЧЕТЛИВО И ЖЕСТКО, КАК РУБИТ.

Барух. Если не добился связи с Творцом в этой жизни, – ничто ты.
Юда. Как добиться? Я пришел к тебе добиться её.

ЮДА ВСТАЕТ И ВДРУГ НАВИСАЕТ НАД БАРУХОМ.
ОНИ СЛОВНО МЕНЯЮТСЯ РОЛЯМИ.

И ТЕПЕРЬ МАЛЕНЬКИЙ ЮДА ГОВОРИТ ВЕСКО И СЕРДИТО:

– Хватит всех этих пустых разговоров. У меня нет времени на них.

БАРУХ ВОСХИЩЕННО СМОТРИТ НА НЕГО.

Барух. Ах, как напоминаешь ты мне одного человека!.. Только было ему не 8 лет, а сорок восемь…
Юда. Не надо мне всех этих историй. Ты должен привести меня к Нему!
Барух (*смеется и указывает пальцем на Юду*). Вот-вот-вот!.. Он был такой же, Мендель из Коцка, неугомонный, непримиримый.

И ВДРУГ ПРЕРЫВАЕТ СМЕХ.
ОН ВИДИТ, ЧТО ЮДЕ НЕ ДО СМЕХА.

Барух. Мы жили тихо. Мы верили в Бога. Нам говорили, что Он есть, мы и верили. Мы выполняли его законы, учили Тору… Пришел Мендель и сломал нашу тихую жизнь. Он увел нас из наших семей, он заставил нас оставить этот мир и требовать мир другой. Орал он на нас, бил кулаками, проклинал… ничего из нас не вышло… остались мы теми же животными, какими и были. (*Вздыхает и приказывает резко*). Садись, Юда.

ЮДА САДИТСЯ.

Барух. Открывай!

ЮДА ОТКРЫВАЕТ КНИГУ.
БАРУХ КЛАДЕТ РУКУ НА ПЕРВУЮ СТРАНИЦУ.
ОН ТЫКАЕТ ПАЛЬЦЕМ В ПЕРВУЮ СТРОЧКУ.

Барух. Здесь лекарство, Юда! Только здесь! Здесь жизнь… Понял?
Юда. Да.
Барух. Ну, если понял, то начинай. Начинай искать это в себе, сынок.

ЮДА МЕДЛЕННО ЧИТАЕТ.
ДЕТСКИЙ ПАЛЬЧИК ДВИЖЕТСЯ ПО СТРОЧКАМ КНИГИ.

Голос Юды. «И река вышла из райского сада…» Что такое река?
Барух. Река – это когда ты готов всё отдать другому. Всё, что есть у тебя…
Юда. А райский сад? (*Улыбается.*) Это что-то очень, очень хорошее…
Барух. Правильно, сынок. Райский сад – это собрание твоих самых лучших желаний. Самых лучших! Дружбы, любви, отдачи… Эти желания проживают в тебе, сынок. Как деревья в земле. И называются райским садом. Они приносят самые вкусные плоды.

ВЕЧЕР ЗА ОКНОМ.
СКРИПИТ ПОД ВЕТРОМ СТАРЫЙ ДЕРЕВЯННЫЙ ДОМ.
СВЕЧА НА СТОЛЕ ОСВЕЩАЕТ ЛИЦА ЮДЫ И БАРУХА…

Голос Юды. «И входит река в нижний сад, и поливает его орошением свыше, и доставляет ему радость, и производит плоды, и взращивает семена…»

ТЕНИ ГУЛЯЮТ ПО УГЛАМ.

РУКИ БАРУХА, СЖАТЫЕ В КУЛАКИ,
ПАЛЕЦ ЮДЫ, ДВИГАЮЩИЙСЯ ПО СТРОЧКАМ КНИГИ…

•

ТАК ПРОХОДЯТ СЕМЬ ЛЕТ.
СЕМЬ ЛЕТ УЧЕБЫ, ПОИСКА И ОЖИДАНИЙ ОТВЕТА.

И ВОТ УЖЕ ПОСТАРЕВШИЙ БАРУХ И ПЯТНАДЦАТИЛЕТНИЙ
ЮДА СИДЯТ ЗА ТЕМ ЖЕ СТОЛОМ, В ТЕХ ЖЕ ПОЗАХ.
ЮДА ЧИТАЕТ, ВЕДЯ ПАЛЬЦЕМ ПО СТРОЧКАМ КНИГИ,
БАРУХ СЛУШАЕТ И КИВАЕТ ГОЛОВОЙ.
ЗА ОКНОМ ПАДАЕТ СНЕГ.
СНЕГ ЗАСЫПАЕТ СТАРЫЙ ДОМ БАРУХА.

•

И ВДРУГ ВОЗНИКАЮТ ДОКУМЕНТАЛЬНЫЕ КАДРЫ
ПРАЗДНОВАНИЯ НОВОГО 1900 ГОДА.
ОГРОМНЫЕ ЕЛКИ В САНКТ-ПЕТЕРБУРГЕ, ПАРИЖЕ,
НЬЮ-ЙОРКЕ, ВАРШАВЕ,
СВЕТЯТСЯ ВИТРИНЫ ВЕЧЕРНИХ ГОРОДОВ.
ИДУТ ПО УЛИЦАМ НАГРУЖЕННЫЕ ПОКУПКАМИ,
СЧАСТЛИВЫЕ ЛЮДИ.
ДЕРЖАСЬ ЗА РУКИ, СКОЛЬЗЯТ ПО ЛЬДУ
И СМЕЮТСЯ ДЕВОЧКА И МАЛЬЧИК.
НАД ЛЕДОВЫМ КАТКОМ МИГАЕТ РАЗНОЦВЕТНЫМИ
КРАСКАМИ ЦИФРА – 1900.

НАЧИНАЕТСЯ НОВЫЙ ВЕК, И НИКТО НЕ ЗНАЕТ,
СКОЛЬКО БЕД ОН ПРИНЕСЕТ МИРУ.

•

ПО РАЗБИТОЙ ПРОСЕЛОЧНОЙ ДОРОГЕ,
ДРЕБЕЗЖА КОЛЕСАМИ, ЕДЕТ ТЕЛЕГА.
НАКРАПЫВАЕТ ДОЖДЬ.
ХУДАЯ КЛЯЧА ЕЛЕ ТЯНЕТ, ЗАВЯЗАЯ ЖИЛИСТЫМИ НОГАМИ
В ОСЕННЕЙ ГРЯЗИ. ВОЗНИЦА СПИТ.

БОСОЙ ПЯТНАДЦАТИЛЕТНИЙ ЮДА СИДИТ НА КРАЮ ТЕЛЕГИ,
С ГОЛОВОЙ НАКРЫТЫЙ ВЕТХОЙ ТРЯПКОЙ.
В РУКАХ У НЕГО КНИГА.
РЯДОМ С НИМ НА МОКРОМ СЕНЕ СТОЯТ ЕГО ГРЯЗНЫЕ БОТИНКИ.

ЮДА ПОДНИМАЕТ ГЛАЗА И ВИДИТ, КАК КАПЛИ ДОЖДЯ
СТЕКАЮТ ПО МОКРЫМ ЛИСТЬЯМ ДЕРЕВЬЕВ,
КАК ВЫГЛЯДЫВАЮТ ГРИБЫ ИЗ-ПОД ПРЕЛОЙ ЛИСТВЫ,
КАК ПОКАЧИВАЮТСЯ ПОД ТЯЖЕСТЬЮ ВОДЫ ЯГОДЫ МАЛИНЫ…
ЮДА УЛЫБАЕТСЯ. ТАК И ЕДЕТ.

ПРИБЛИЖАЕТСЯ ДОМ БАРУХА.

ЮДА СОСКАКИВАЕТ С ТЕЛЕГИ И, ПОДХВАТИВ БОТИНКИ, БЕЖИТ К ДОМУ.

БАРУХ СИДИТ СПИНОЙ КО ВХОДУ
И НЕ ПОВОРАЧИВАЕТСЯ НА СКРИП ДВЕРИ.

ЮДА ОБХОДИТ ЕГО И ОСТАНАВЛИВАЕТСЯ НАПРОТИВ.
БАРУХ НЕ ВИДИТ ЕГО.

ЮДА ПРИСАЖИВАЕТСЯ ПЕРЕД НИМ.
БАРУХ ВГЛЯДЫВАЕТСЯ В ЛИЦО ЮДЫ.

Юда (*шепчет*). Это я, Барух… я.

БАРУХ ДОТРАГИВАЕТСЯ ДО ЕГО РУКИ.

– Это я, Юда. Ты не узнаешь меня?
– Юда, – повторяет Барух.

ВЗГЛЯД ЕГО СТАНОВИТСЯ ОСМЫСЛЕННЫМ.

– А-а-а-а, пришел…
Юда (*торопливо*). Ты здоров, Барух?
Барух (*тихо*). Здоров. Что со мной станется.
Юда (*неожиданно привстает*). Ты, наверное, хочешь побыть один?
Барух. Садись.

ЮДА САДИТСЯ.

Барух. Сегодня я тоскую, Юда. По моему учителю, Менделю из Коцка. Потоскуй со мной.

БАРУХ ТИХО КАЧАЕТ ГОЛОВОЙ.
РАЗВОДИТ РУКАМИ.

– Он хотел пройти все ступени от нас и до Царя за одну жизнь. Чтобы больше никогда не возвращаться в это вонючее болото.

БАРУХ РАЗВОДИТ РУКАМИ.

– Мы поверили ему!.. Мы ушли за ним. Мы бросили всё. Там, дома, выли наши жены и дети, которых мы оставили. А здесь был он – Мендель! И наша группа! Наш Коцк!

•

КОЦК[16]. ВЕЧЕР.
ДОМ ЧЕРНЫЙ ОТ ДОЖДЕЙ.
В ОКНАХ СВЕТ КЕРОСИНОВОЙ ЛАМПЫ.

ЛАМПА СТОИТ НА ДЛИННОМ СТОЛЕ.
ВОКРУГ СТОЛА СГРУДИЛИСЬ ХУДЫЕ, БЕДНО ОДЕТЫЕ УЧЕНИКИ-ХАСИДЫ С ГОРЯЩИМИ ГЛАЗАМИ.
ОНИ ВСЕ СМОТРЯТ НА СВОЕГО СОРОКАЛЕТНЕГО УЧИТЕЛЯ – МЕНДЕЛЯ.
РАЗОРВАН ВОРОТ ЕГО РУБАШКИ, ВСКЛОКОЧЕНЫ ВОЛОСЫ, ПЯТНА ОТ ЕДЫ НА ОДЕЖДЕ,
КРОШКИ ХЛЕБА ЗАСТРЯЛИ В НЕЧЕСАНОЙ БОРОДЕ.
ОН ГОВОРИТ СТРАСТНО,
СОВСЕМ КАК БАРУХ РАЗМАХИВАЕТ РУКАМИ.
ОНИ ОЧЕНЬ ПОХОЖИ…

Голос Баруха. Мы решили взять Творца штурмом. Долгими голодными вечерами мы замирали перед нашим учителем, а он перед Творцом.

ВОТ ОН, МОЛОДОЙ УЧЕНИК – БАРУХ ЗА СТОЛОМ.
ОН ТАК ЖЕ, КАК И ВСЕ, НЕ СВОДИТ ГЛАЗ С МЕНДЕЛЯ.

Голос Баруха. Бутылка водки, три луковицы, немного хлеба и Творец! – Великий и Истинный… где-то здесь!.. Рядом с нами!.. Увидеть Его!.. Ощутить!

ХАСИДЫ ПОДХВАТЫВАЮТ ГРЯЗНЫЕ СТАКАНЫ С МУТНОЙ ЖИДКОСТЬЮ, ПОРЫВИСТО ВОЗНОСЯТ ИХ ВВЕРХ.
И ОДНОВРЕМЕННО ПЬЮТ.

Голос Баруха. Мы дрожали от холода и от счастья, мы ждали, что вот-вот Он раскроется нам. А Он испытывал нас на прочность. Сколько это ещё могло продолжаться?! Мы держались из последних сил…

ПОРТРЕТЫ ГОЛОДНЫХ ИЗМУЧЕННЫХ ХАСИДОВ.
МЕНДЕЛЬ ГОВОРИТ И ВДРУГ
НАЧИНАЕТ РИТМИЧНО СТУЧАТЬ КУЛАКОМ ПО СТОЛУ…

Голос Баруха. Я помню тот вечер. Было так холодно, что птицы замерзали на лету. Мендель сказал: «Есть возможность прорваться. Приготовьтесь к атаке…»

---

16 **Коцк** – небольшой город в Польше. Здесь обосновалась каббалистическая группа раби Менделя

И ВОТ УЖЕ ВСЕ НАЧИНАЮТ СТУЧАТЬ КУЛАКАМИ ПО СТОЛУ,
ВСЛЕД ЗА МЕНДЕЛЕМ, В ТАКТ.
ВСЕ УДАРЫ, КАК ОДИН УДАР.
В ТАКТ! В ТАКТ!

С УЛИЦЫ ЧЕРЕЗ ПОЛУТЕМНЫЕ ОКНА ВИДНО,
КАК ВЗЛЕТАЮТ КУЛАКИ ХАСИДОВ, СЛЫШЕН ОДИН УДАР,
КАК РАСКАТ ГРОМА.
ВЗДРАГИВАЕТ ВЕТХИЙ ДОМ ОТ УДАРОВ.

•

ДОМ БАРУХА.
БАРУХ ОДНИМ ГЛОТКОМ ОПОРОЖНЯЕТ БУТЫЛКУ.
ЮДА СЛЕДИТ, КАК ПРЫГАЕТ НА ШЕЕ ЕГО ХУДОЙ КАДЫК.

Барух. Лучше бы он этого не говорил, наш Мендель. Мы не выдержали испытания. Нам вдруг захотелось домой. К теплу, к женам, к сопливым детям, к простой жизни без подвигов и атак. Мы сломались… Нам не хватило последнего рывка… Одной атаки!

БАРУХ ПОДНИМАЕТ НА ЮДУ ГЛАЗА, ПОЛНЫЕ СЛЕЗ.
ЛИЦО ЕГО ИСКАЖЕНО, И ОН ВЫДАВЛИВАЕТ:

– Нам не хватило одной мысли! Одно-о-ой мысли!.. Что мы вместе, что мы одно целое… Что нет этих грязных уставших тел, а есть одна наша общая душа (*срывается в плаче*)… Одна душа!.. направленная к Творцу…

ВЗГЛЯД БАРУХА НАЧИНАЕТ БЛУЖДАТЬ ПО СТЕНЕ,
ПОДНИМАЕТСЯ К ПОТОЛКУ. СНОВА ОПУСКАЕТСЯ К СТОЛУ.

Барух (*плачет*). Мы стоим перед Тобой и просим: «Дай силы!.. помоги нам!.. прими нас!..»

•

ДОМ В КОЦКЕ.
НЕИСТОВО СТУЧАТ КУЛАКАМИ В ОДИН ТАКТ
ВСЕ СИДЯЩИЕ ЗА СТОЛОМ.
ДРОЖИТ СТОЛ ОТ УДАРОВ.
И ВДРУГ ПОДКАШИВАЮТСЯ НОЖКИ СТОЛА
И ОН ВАЛИТСЯ НАБОК, ПОДМИНАЯ ПОД СЕБЯ ХАСИДОВ.
НАСТУПАЕТ ТИШИНА.

•

ДОМ БАРУХА.
ПАУЗА… ТИШИНА…

ЮДА ЗАВОРОЖЕННО СМОТРИТ НА БАРУХА.
БАРУХ ОТРИЦАТЕЛЬНО КАЧАЕТ ГОЛОВОЙ.

– Не смогли мы, нет, – он закрывает глаза. – О-о-о, если бы ты слышал, как смеялся над нами Мендель!.. Как он издевался над нами!..

•

КОЦК. ВОЗВЫШАЕТСЯ НАД ВСЕМИ РАВ МЕНДЕЛЬ.
СМЕЕТСЯ, УКАЗЫВАЯ ПАЛЬЦЕМ НА ВСЕХ.

Голос Баруха. Он сказал нам: «Вы все ничтожества, недостойные Его раскрытия. Идите по домам, нули, спрячьтесь под юбками ваших жен, утирайте сопли вашим детям и забудьте о том, что есть Вечность… Её нет для вас.»

•

ДОМ БАРУХА.
БАРУХ ПЛАЧЕТ…
РЫДАЕТ В ГОЛОС,
НЕ ОБРАЩАЯ ВНИМАНИЯ НА ЮДУ…
ТАК ПРОХОДИТ МИНУТА…
ОН ВЫТИРАЕТ СЛЕЗЫ,
РАЗМАЗЫВАЕТ ГРЯЗЬ ПО ЛИЦУ.

Барух. Наш великий учитель Мендель закрылся у себя в комнате. 20 лет не выходил из нее.

•

КОЦК.
МЕНДЕЛЬ РЕЗКО ПОВОРАЧИВАЕТСЯ
И ИДЕТ К СВОЕЙ КОМНАТЕ.
ВСЕ УПИРАЮТСЯ ВЗГЛЯДОМ
В ЕГО НЕОЖИДАННО ССУТУЛИВШУЮСЯ СПИНУ.
ОН ИСЧЕЗАЕТ ЗА ДВЕРЬЮ.
ЗАХЛОПЫВАЕТ ЕЕ С ТРЕСКОМ.

Голос Баруха. Он пошел в свою атаку, а мы – нет.

КОЦК.
ДРОЖИТ ОГОНЬ В КЕРОСИНОВОЙ ЛАМПЕ.
И ГАСНЕТ.
НАСТУПАЕТ ПОЛНАЯ ТЕМНОТА.

•

ДОМ БАРУХА.
ТЕМНЕЕТ ЗА ОКНОМ.

БАРУХ КЛАДЕТ СВОЮ РУКУ НА РУКУ ЮДЫ
И НЕОЖИДАННО МЯГКО ГОВОРИТ:

– Стражники стоят на пути к Нему, Юдале, отталкивают стражники всех, кто приближается к дворцу Его, бьют они тебя палками… до боли! До крови! А ты иди! Это так проверяет тебя Он. Хочешь ли действительно, больше всего на свете, встретиться с Ним или просто заблудился ты. Сжег ли все мосты за собой, или еще не сжег. Если действительно хочешь, если сжег, то пропустят тебя, если же нет… лучше не иди туда.
Юда. Для чего ты мне это рассказываешь?
Барух. Есть у меня ощущение, что скоро тебе пригодится мой рассказ.
Юда. Я сжег мосты. Меня ничего больше не интересует. Только Он.

И ВДРУГ ЮДА ЗАМИРАЕТ.
ОН СИДИТ, ВЫПРЯМИВШИСЬ,
И СМОТРИТ В СТОРОНУ ЗАКОЛОЧЕННОГО ОКНА.
ЗАТЕМ ВДРУГ ВСТАЕТ
И ПОДХОДИТ К СТЕНЕ.
ПЕРЕД НИМ НЕСТРУГАННЫЕ ДОСКИ,
РЖАВАЯ ШЛЯПКА ГВОЗДЯ.
ОН СТОИТ, НЕ ПОВОРАЧИВАЯСЬ К БАРУХУ.

ЗА СПИНОЙ ЕГО РАЗДАЕТСЯ ГОЛОС БАРУХА –
СПОКОЙНЫЙ, ТРЕЗВЫЙ, РОВНЫЙ:

– Я верил, что это вот-вот произойдет.

ЮДА МОЛЧИТ.
ОН СМОТРИТ В СТЕНУ.
ОТ ЕГО ДЫХАНИЯ КОЛЫШИТСЯ КЛОЧОК ПАУТИНЫ.

Барух. Ты будешь очень большим, Юда. Юда Лейб Ашлаг…

ЮДА МОЛЧИТ.

Барух. Это и есть Он. Не пугайся.

ЮДА МОЛЧИТ.

Барух. В этом поле 5 кругов… Вся Мысль Его здесь.

ЮДА ЗАКРЫВАЕТ ГЛАЗА.
БАРУХ ПОДХОДИТ К НЕМУ.

Барух. Ты слышишь меня?

ЮДА СДВИГАЕТСЯ С МЕСТА
И МЕДЛЕННО ИДЕТ ВДОЛЬ СТЕНЫ.

Барух. Ни одной мысли о себе, слышишь?! Ни одной мысли…

ЮДА ИДЕТ ВДОЛЬ СТЕНЫ…
БАРУХ ЗА НИМ.

– Приготовься… – шепчет Барух, – Ты на пути к Нему. Он взял тебя за руку… Ведет… Ты оставляешь тело[17].

И ВДРУГ СТЕНА ИСЧЕЗАЕТ.
СЛЫШИТСЯ ЗАТИХАЮЩИЙ ГОЛОС БАРУХА.

– Всё это в тебе, сынок. В тебе[18].

•
ВСПЫШКА!
ПЕРЕД ЮДОЙ БЕЛОЕ БЕСКОНЕЧНОЕ ПРОСТРАНСТВО.
ПРОЯВЛЯЮТСЯ ОЧЕРТАНИЯ ДЕРЕВЬЕВ.
УХОДИТ В БЕСКОНЕЧНОСТЬ ЦВЕТУЩИЙ САД[19].

Голос Баруха. Что?.. Что ты чувствуешь?
Голос Юды. Покой.
Голос Баруха. Это Он, Юда.
Голос Юды. Тепло.
Голос Баруха. Это Он, Юда, Он.
Голос Юды. Я чувствую… любовь…

•
ДОМ БАРУХА.
БАРУХ СЛЕДИТ ЗА ЮДОЙ…
ЮДА ИДЕТ ВДОЛЬ СТЕНЫ ДОМА.
БАРУХ ВДРУГ НАЧИНАЕТ НАПЕВАТЬ КАКУЮ-ТО МЕЛОДИЮ…
ЗАМОЛКАЕТ, СЛОВНО ПРОВЕРЯЕТ ЮДУ.

---

17 **Оставить тело** - подняться над своим эгоистическим желанием и следовать желаниям души. Телом в каббале называется не биологическое тело, а желание насладиться, управляющее человеком.

18 **В тебе** – «человек является малым миром, и все миры – внутри него», это основное каббалистическое понятие, согласно которому всё постижение происходит внутри человека. Если желания человека начинают меняться с эгоистических на альтруистические, то и окружающий его мир меняется. Человек начинает ощущать единство, покой, любовь… Творца в себе.

19 **Сад внутри человека** – свойства отдачи и любви к другим.

ЖДЕТ…
ЮДА ПОДХВАТЫВАЕТ МЕЛОДИЮ.
ГОЛОС У НЕГО ОКАЗЫВАЕТСЯ ГЛУБОКИЙ, ЧУВСТВЕННЫЙ.

Барух (*взволнованно*). Юда…

ЮДА ВСЁ ЕЩЕ ТАМ, В ТОМ ОЩУЩЕНИИ.
ОН ПРОДОЛЖАЕТ ПЕТЬ, НЕ СЛЫША БАРУХА.

•
ЦВЕТУЩИЙ САД.
ДОЛИНА НАПОЛНЕНА ПРОЗРАЧНЫМ ВОЗДУХОМ…
НАД ВСЕМ ЭТИМ ЗВУЧИТ МЕЛОДИЯ «МОРДКЕ ЙОСЕФ»[20].

– Как хорошо… Мне, – произносит Юда.

И ТУТ ЖЕ ЕГО СЕРДЦЕ СЖИМАЕТСЯ ОТ СТРАХА.
КАК БУДТО ЗМЕЯ ПРИБЛИЖАЕТСЯ…
ВЕТЕР ПРОНОСИТСЯ НАД ДЕРЕВЬЯМИ.
СКЛОНЯЮТСЯ ИХ ВЕРХУШКИ…
ИЗ ТРАВЫ ПОЯВЛЯЕТСЯ ГОЛОВА
ГИГАНТСКОЙ ЗМЕИ[21].

– О чем ты думаешь?! – слышится голос Баруха.

ЗМЕЯ НЕСЕТСЯ НАВСТРЕЧУ ЮДЕ.

– О чем ты думаешь, Юда!? – голос становится громче.

ДВА КРАСНЫХ ГЛАЗА НАПРАВЛЕНЫ НА ЮДУ.
РАЗДВОЕННОЕ ЖАЛО ВЫСКАКИВАЕТ ИЗ ПАСТИ ЕМУ НАВСТРЕЧУ.
РАССТОЯНИЕ БЫСТРО СОКРАЩАЕТСЯ.

– О чем ты думаешь?! – уже кричит Барух, – Только не о себе!

ЗМЕЯ СТРЕМИТЕЛЬНО ПРИБЛИЖАЕТСЯ…
ИХ УЖЕ ОТДЕЛЯЕТ МЕТР…
НЕСКОЛЬКО САНТИМЕТРОВ…
ПОМЕШАТЬ УДАРУ НЕВОЗМОЖНО…
ЖАЛО КАСАЕТСЯ ЛИЦА ЮДЫ…

---

20 **Мордке Йосэф** – так названа мелодия, услышанная великим каббалистом раби Менделем из Коцка в момент огромного духовного подъёма.

21 **Змей** – эгоистическая мысль, вдруг проникшая в чистое альтруистическое желание.

•

НА МГНОВЕНИЕ ВОЗВРАЩАЕТСЯ ДОМ БАРУХА.
БАРУХ ВИДИТ, КАК ЮДА СУДОРОЖНО ЗАКРЫВАЕТ ЛИЦО РУКАМИ…

•

И ЗМЕЯ ПРОНОСИТСЯ МИМО.
НЕ ОСТАНАВЛИВАЯСЬ.
ОНА ВРЕЗАЕТСЯ ГОЛОВОЙ В ДЕРЕВО
И РАССЫПАЕТСЯ НА МАССУ ЧЕРНЫХ ЗМЕЕК,
ИСЧЕЗАЮЩИХ В ТРАВЕ.

•

ДОМ БАРУХА.
ЮДА МОЛЧИТ.

– Это была граница, – голос Баруха спокойный, ровный. – Тебе было страшно, но ты не отступил. Молодец, Юда.

ЮДА, ПОШАТНУВШИСЬ, ОПИРАЕТСЯ РУКОЙ О СТЕНУ.

Барух. Мне для этого потребовалось много лет. А тебя Он отметил сразу.
Юда (*он все еще там*). Невозможно это описать.
Барух. И не надо.

ЮДА ПОВОРАЧИВАЕТ СВОЕ ЛИЦО К БАРУХУ.

Барух. И не надо никому рассказывать это.

ЮДА ВДРУГ ТЯНЕТСЯ НАВСТРЕЧУ БАРУХУ.

– Я почувствовал Его… вот так… как тебя.

БАРУХ МГНОВЕНИЕ МОЛЧИТ.
ПЕРЕД НИМ ГЛАЗА ЮДЫ, ПОЛНЫЕ ТОСКИ И ВОСТОРГА.

Барух (*тихо*). Ну я же говорил тебе, сынок!… Вот видишь!..
Юда. Он был вокруг… и внутри меня…

НЕОЖИДАННО В ГЛАЗАХ БАРУХА ПОЯВЛЯЮТСЯ СЛЕЗЫ.

Барух. Это был Он, сынок!
Юда. Он окутывал меня!.. Как мать ребенка…

БАРУХ УЖЕ ПЛАЧЕТ,
СОВСЕМ НЕ СТЕСНЯЯСЬ СЛЕЗ.

ПЛАЧЕТ, НЕ ВЫТИРАЯ ИХ.
И ВОСХИЩЕННО ПОВТОРЯЕТ:

– Да, да! Он такой, Юда! Он такой!
– Я был окутан Его любовью!.. – восклицает Юда.
– Окутан!.. – повторяет сквозь слёзы Барух. – Как ты точно сказал, сынок!.. Окутан любовью!.. Потому что Он – Любовь, сынок, – Он всё Добро, которое только есть… Всё Он отдаёт нам. И ничего не требует взамен…

ЮДА ВДРУГ ТОЖЕ НАЧИНАЕТ ПЛАКАТЬ ВСЛЕД ЗА БАРУХОМ.
ОН РАЗМАЗЫВАЕТ СЛЕЗЫ ПО ЛИЦУ,
СИЛИТСЯ ЧТО-ТО СКАЗАТЬ, НО НЕ МОЖЕТ.
И МЫЧИТ, МЫЧИТ…
И ВДРУГ ПРОРЫВАЕТСЯ ЕГО СТОН:

– Но почему-у-у!.. Почему-у-у я вышел из Него… Почему-у-у!..

•
КОРОТКАЯ ВСПЫШКА ВОСПОМИНАНИЯ!
ГОЛОВА ЗМЕИ ВЫСКАКИВАЕТ ИЗ ТРАВЫ.
ЗМЕЯ НЕСЕТСЯ НАВСТРЕЧУ ЮДЕ.

Голос Баруха. Ты подумал о себе.
– Но почему-у-у, почему я подумал о себе?!
– Ты не мог не подумать о себе, успокойся.
– Но почему-у-у!.. Почему-у-у! Ведь я знал – этого нельзя делать!

БАРУХ ОСТОРОЖНО КЛАДЕТ РУКУ НА ОСТРОЕ ПЛЕЧО ЮДЫ.

– Кто тебе сказал, что это просто – заглянуть в себя? – спрашивает он.
– Но… Он же пропустил меня… – лопочет Юда.
– Он проверял тебя.

ЮДА ПОДНИМАЕТ ГЛАЗА НА БАРУХА.

– И я не выдержал проверки?!
– Выдержал!
– Но ведь Он… исчез.
– Нет, куда Он исчезнет… Он с тобой всегда. Это ты перестал Его чувствовать. А Он здесь. Постоянно…

ЮДА ОГЛЯДЫВАЕТСЯ.
– Где Он?
Барух. Здесь.
Юда. Где?.. Почему же я не чувствую Его?.. Почему?!

Барух. Ты будешь работать над собой. И однажды Он не исчезнет. Потому что ты станешь таким, как Он.

БАРУХ ЗАГЛЯДЫВАЕТ В ЛИЦО ЮДЕ:

– Отдающим и Любящим… Ты ведь хочешь этого?
Юда (*выдыхает*). Очень!
Барух. И ты не отступишься?..
Юда. Ни на шаг!

БАРУХ МОЛЧИТ.
КАЧАЕТ ГОЛОВОЙ.

– Ты будешь великим, Юда, – наконец говорит он. – Я вижу это. Только помни всегда этот свой вывод – он очень точный… Ты всегда, Юда, окутан Его любовью! Как зародыш в матери! Слышишь?
Юда. Слышу.
Барух. Зародыш не думает о себе. И ты не думай… Не думать о себе, сынок, вот, что главное.

БАРУХ ВСМАТРИВАЕТСЯ В ЮДУ…
И ВДРУГ ГРОМКО ВЗДЫХАЕТ:

– Э-э-х, выпил бы я сейчас! Ой, напился бы!.. И станцевал бы тебе, и спел!..
Юда. Какую песню ты пел? Я слышал песню. И я знал её.
Барух. О-о, это великая песня. «Мордке Йосеф»… мы пели ее, голодные и холодные, – тогда, в Коцке…

ЮДА ПЫТАЕТСЯ ВСПОМНИТЬ ЕЕ И НЕ МОЖЕТ.

Юда. Я знал ее… а сейчас забыл.

БАРУХ НАЧИНАЕТ НАПЕВАТЬ.
ЮДА ОСТОРОЖНО ПОДХВАТЫВАЕТ…

И ВОТ УЖЕ ДВА ИХ ГОЛОСА ЗВУЧАТ НАД ДЕРЕВНЕЙ,
НАД ЛЕСОМ, НАД РАЗБИТОЙ ДОРОГОЙ,
НАД ОДИНОКО ИДУЩИМ ПО НЕЙ ЮДОЙ,
НАД ВАРШАВОЙ, НАД ЕВРЕЙСКИМ КВАРТАЛОМ…

•
ВАРШАВА. ЕВРЕЙСКИЙ КВАРТАЛ.
ЛИЦА ПРОХОЖИХ…
ЛЮДИ ИДУТ ПО МОКРОЙ МОСТОВОЙ.
ВСЕ ТОТ ЖЕ БЕЗУМНЫЙ СКРИПАЧ

ИГРАЕТ НА ОДНОЙ СТРУНЕ,
ТОЛЬКО ОН ПОСТАРЕЛ И СМОРЩИЛСЯ.
ВСЕ ТОТ ЖЕ ЛАВОЧНИК ТОРГУЕТ КОЛБАСОЙ,
ЛЕНИВО ОТГОНЯЯ МУХ...
НИЧЕГО НЕ МЕНЯЕТСЯ В ЕВРЕЙСКОМ КВАРТАЛЕ.
НИЧЕГО НЕ ПРЕДВЕЩАЕТ БЕДЫ...

ЮДА ВЫХОДИТ ИЗ-ЗА ПОВОРОТА.
ОН ИДЕТ, ГЛЯДЯ СЕБЕ ПОД НОГИ, НО НЕ ВИДЯ,
ЧТО НАСТУПАЕТ В ЛУЖИ И ГРЯЗЬ...
ОН СЛЫШИТ МЕЛОДИЮ.
НО ВОТ ОНА СМОЛКАЕТ.
ОН СВОРАЧИВАЕТ ЗА УГОЛ...

И ВДРУГ ЧЬЯ-ТО ВЫТЯНУТАЯ РУКА ОСТАНАВЛИВАЕТ ЕГО...
ЮДА ПОДНИМАЕТ ГЛАЗА.
ПЕРЕД НИМ СТОИТ МОЛОДОЙ СВЕТСКИЙ ПАРЕНЬ.

– Узнаешь?.. – спрашивает он.
Юда (*приглядывается*). Янкеле?..
Янкеле. Он самый. Но не Янкеле, нет, а Ян. Ян Терлецкий, свободный гражданин Великой Польши. Не одурманенный никакой религией...
Юда (*улыбается*). Здравствуй, свободный гражданин Польши.
Ян. Узнаю тебя, такой же умный, язвительный... (*оглядывает Юду*). Ну, вот такой ты нам и нужен... (*обнимает его за плечи*), Юда, я прошу час твоего времени.
Юда. У меня нет его (*торопливо*). Мне надо кое-что записать. Срочно!..
Ян. Ну полчаса...
Юда. Извини, я должен идти.

ПЫТАЕТСЯ ИДТИ, НО ЯН ОСТАНАВЛИВАЕТ ЕГО.

Ян. Даже во имя прежней дружбы?
Юда. Даже во имя неё.
Ян (*чуть придерживая его рукой*). Тогда я скажу тебе быстро и просто. Мы – социал-демократическая партия Польши – ждем тебя у себя. Равенство всех людей на земле – вот наши принципы!

ЮДА ВДРУГ С ИНТЕРЕСОМ СМОТРИТ НА ЯНА.

Ян. Мы – партия молодых, горящих людей, среди нас нет ни евреев, ни поляков – нет! Мы связаны не узкими национальными интересами, а великой целью объединения мира... Как тебе это?
Юда. Это великая идея.
Ян. Я знал, что ты это скажешь... Я всегда чувствовал тебя.

Юда (*вдруг возбужденно*). Это великая идея, потому что она имеет великий корень, Янкеле…
Ян. Конечно!.. Любовь и равенство объединят всех! (*Радостно.)* Я знал, что ты будешь с нами! Я так счастлив! (*Обнимает Юду.)*
Юда. Потому что Творец, Янкеле, – это равенство и любовь!
Ян. Юда, давай оставим этот вопрос.
Юда (*еще более возбужденно*). Но это так, Янкеле! Поверь мне! И это самое главное!
Ян. Это самое не!.. главное! (*Повышает голос.*) Оставь все эти свои фантазии. Он, твой Бог, – это придумка, психологический трюк наших пройдох-предков!.. Все в руках человека, Юда. И никакого Бога!
Юда. Ян, послушай меня…
Ян. Нет, это ты меня послушай. Знаешь, почему я пришел к тебе?.. Потому что я помню то мгновение, когда возникла в моей голове эта крамольная мысль. И её мне подал ты, Юда. Помнишь, тогда, в классе, ты спросил учителя: «Где Он?» Помнишь, как ты сказал: «Если я не могу его почувствовать, значит, Его нет…» Помнишь?
Юда. Помню… Творца действительно надо почувствовать, и это можно сделать… можно и необходимо!
Ян. Стой! Дай я договорю!.. Так вот – это ты разрушил мой маленький еврейский мирок. И спасибо тебе за это. Именно поэтому я и пришел к тебе с предложением присоединиться к нам.
Юда. Но пойми!..
Ян. Всё! Я не хочу тебя слушать. Ты с нами или нет?

ЮДА МОЛЧИТ.

Ян. Чего ты молчишь? Я жду ответа.
Юда. У вас ничего не получится…
Ян. Вот как.
Юда. Без Творца, Янкеле, не получится ничего.
Ян (*пауза, вздыхает, смотрит на Юду*). Жаль. Очень жаль. Я думал, что ты меня поймешь… (*Решительно.*) Извини, теперь уже я тороплюсь.

ЯН РЕЗКО ПОВОРАЧИВАЕТСЯ
И НАЧИНАЕТ УДАЛЯТЬСЯ.
ЮДА СМОТРИТ ЕМУ ВСЛЕД.
И ВДРУГ БЕЖИТ ЗА НИМ. НАГОНЯЕТ, ИДЕТ РЯДОМ,
ПЫТАЕТСЯ ОБЪЯСНИТЬ ЕМУ ЧТО-ТО,
НО НЕ СЛЫШНО, ЧТО…
ЮДА РАЗМАХИВАЕТ РУКАМИ, ГОВОРИТ И ГОВОРИТ.
ЯН, НЕ СБАВЛЯЯ ШАГА,
УВЕРЕННО ИДЕТ К ЦЕНТРАЛЬНОЙ УЛИЦЕ.
ЮДА ОТСТАЕТ.
ЯН НЫРЯЕТ В ШУМНУЮ УЛИЦУ, ЗАБИТУЮ ЛЮДЬМИ.

•

КОМНАТА ЮДЫ. НОЧЬ.
ГОРИТ ЛАМПА НА СТОЛЕ.
РАСКРЫТАЯ КНИГА ПЕРЕД ЮДОЙ.
ЮДА ВСТАЕТ И ПОДХОДИТ К ОКНУ.
СВЕТЯТСЯ РЕДКИЕ ОГОНЬКИ В ОКНАХ ДОМОВ.
В КОМНАТУ ТИХО ВХОДИТ ОТЕЦ. САДИТСЯ В УГЛУ.

Симха. Не помешаю?

ЮДА ПОВОРАЧИВАЕТСЯ К НЕМУ.

Симха. Ты очень повзрослел, Юда, особенно за последние недели…

ЮДА СМОТРИТ НА ОТЦА,
НЕ ОТВЕЧАЯ, ПОДХОДИТ К СТОЛУ, САДИТСЯ
И НАЧИНАЕТ ЧТО-ТО БЫСТРО ПИСАТЬ.

Симха. Вот-вот… повзрослел и стал дальше от нас. Ты меня слышишь, Юда?
Юда (*продолжая писать*). Извини, отец, у меня очень мало времени.
Симха. Юда, мы все-таки близкие тебе люди… И я хотел бы сказать тебе…
Юда (*быстро поднимает голову*). Отец, ты даже не представляешь, насколько неважно всё, что ты сейчас скажешь. Каждое мгновение этой ночи на вес жизни…
Симха. Рав Фельдман предупреждал нас, что так случится. Ты перестаешь быть нашим сыном, ты перестаешь быть евреем…

ЮДА С СОЖАЛЕНИЕМ ПРЕКРАЩАЕТ ПИСАТЬ
И ПОВОРАЧИВАЕТСЯ К ОТЦУ.

Юда. Для Творца все едины.
Симха. Я не пущу тебя завтра к твоему Баруху.
Юда. Ты уже ничего не сможешь сделать, отец.

СИМХА ПОРЫВИСТО ВСТАЕТ
И ВЫХОДИТ ИЗ КОМНАТЫ,
ГРОМКО ХЛОПАЕТ ДВЕРЬ.
ДРОЖИТ ФАНЕРНАЯ СТЕНА.
ЮДА СМОТРИТ ЕМУ ВСЛЕД.

•

И ВДРУГ ОКАЗЫВАЕТСЯ ПОСРЕДИ ЦВЕТУЩЕГО САДА.
ТОЛЬКО НА ОДНО МГНОВЕНИЕ.
И В ЭТО МГНОВЕНИЕ ОН СЛЫШИТ
СПОКОЙНЫЙ ГОЛОС БАРУХА:

– Он в тебе, этот сад… Ты уже понимаешь это, сынок?.. Это сад твоих желаний…

ВЕТКИ ПОКАЧИВАЮТСЯ.
ДРОЖАТ ЛЕПЕСКИ ЦВЕТОВ.

– И все они – к Творцу.

ПОКОЙ ОКУТЫВАЕТ ЮДУ…
ТАКОГО ОН НЕ ИСПЫТЫВАЛ НИКОГДА.

•

ОН СИДИТ В КОМНАТЕ.
ЧАДИТ ЛАМПА. РАСКРЫТА КНИГА.
ИЗ ОТКРЫТОГО ОКНА ПРОНИКАЕТ В КОМНАТУ
ВЕЧЕРНИЙ СВЕТ.

•

УТРО.
ПО ПРОСЕЛОЧНОЙ ДОРОГЕ ИДЕТ ЮДА.
ДОРОГА ВЕДЕТ ЕГО К ДОМУ БАРУХА.
УЖЕ ИЗДАЛИ ЮДА ВИДИТ СВОЕГО УЧИТЕЛЯ,
ОДИНОКО СИДЯЩЕГО НА ПОРОГЕ ДОМА.

БАРУХ ЩУРИТСЯ ПОД ЛУЧАМИ ЗАХОДЯЩЕГО СОЛНЦА,
КАКОЙ-ТО ПОСТАРЕВШИЙ И УСПОКОИВШИЙСЯ.
ЮДА ПРИСАЖИВАЕТСЯ РЯДОМ С НИМ.

– А почему ты никогда не выходишь на свет?
– Ты называешь это светом? – отвечает Барух. – Какой же это свет? Для нас свет – это ночь. Ночь, книги, спят все глупцы этого мира, и никто тебе не мешает думать о Свете. И вот приходит Свет…

БАРУХ ПЫТАТЕСЯ ВСТАТЬ И НЕ МОЖЕТ.
ПОДГИБАЮТСЯ ЕГО ТОНКИЕ НОГИ.

Барух. Всё-таки у меня в норе лучше. Дай руку.

ЮДА ОСТРОЖНО ПОМОГАЕТ БАРУХУ,
ПОДДЕРЖИВАЯ ПОД РУКУ.

ОНИ ИДУТ МЕДЛЕННО К ЛЕСУ.
ВХОДЯТ ПОД СВОДЫ ВЫСОКИХ СОСЕН
И ПОПАДАЮТ В ТИШИНУ.
ОНА НАПОЛНЕНА ШУРШАНИЕМ ТРАВЫ,

ПОЩЕЛКИВАНИЕМ КАКОЙ-ТО ПТИЦЫ…
ВОТ ПОЛЗЕТ ЖУЧОК, ВОТ КАЧАЕТСЯ НА КАПЛЕ ВОДЫ МАЛЕНЬКАЯ БЛОШКА, ВОТ ГРИБ ВЫГЛЯДЫВАЕТ ИЗ-ПОД МОКРЫХ ИГОЛОК…

Барух (*глядя на всё это, вздыхает*). Если бы можно было так жить?.. Без ненависти.
Юда. Хорошо здесь…
Барух (*вдруг резко*). Как ты сказал?! Хорошо?!.. Хорошо, это когда плохо! Только из «плохо» ты взываешь к Творцу! Когда тебе хорошо, тебе Творец не нужен.
Юда (*задумчиво*). Как я могу это объяснить людям, тем, кому плохо? Что плохо – это хорошо?..
Барух. Не можешь. Подумают – сумасшедший.
Юда. Как объяснить, что плохо – только потому, что потерял связь с Творцом?
Барух (*презрительно*). Что? Что ты сказал?!.. Ты хочешь объяснить это им, этим двуногим животным?! Да они даже не услышат тебя (*стучит пальцем по уху*). Им нечем тебя слышать!.. Они живут по другому закону! Их закон человеческий – хапать! А ты им говоришь о каком-то Творце, о каком-то Его законе?! Отдава-а-ть?! Нет. Не-е-т, Юда… Только битьем они поймут, что жить должны иначе. Страданий, Юда, избежать нельзя.
Юда. Можно.
Барух. А я говорю, нельзя!
Юда. А я говорю, можно!
Барух (*громче*). А я говорю, нельзя!
Юда (*еще громче*). А я говорю, можно! Можно без боли и страданий, можно! Можно объяснить, что это Он ждет нас там… в великом счастье, что к счастью ведет всех нас… Можно!..

БАРУХ НЕ ОТВЕЧАЕТ.
ОН УСТАЛО СМОТРИТ НА ЮДУ.

Юда. Вот, послушай… (*Он расхаживает перед Барухом туда-сюда.*) Если объяснить им так, очень просто, что есть одна только сила в мире, один только Закон. Его Закон. Закон любви к другим. И это великое добро! Но на пути к этому добру стоит зло – любовь к себе. Все наши беды только от этого… Если это исправить, беды прекратятся!
Барух (*вздыхает*). Не услышат!.. Все мои попытки…
Юда (*останавливается перед ним*). Надо пытаться снова и снова…
Барух. Не услышат!..

БАРУХ СТАРЧЕСКИ РАСКАЧИВАЕТСЯ НА СВОИХ ТОНКИХ НОГАХ.
ОН КРУТИТ СВОЕЙ БОЛЬШОЙ ГОЛОВОЙ:

– Ему не важны тела, Юда!.. Ты что, не понимаешь!? Творец говорит с душой. А не с телом! Что Ему твое тело, забитое твоими пустыми желаниями! Ты

хочешь стать большим раввином, знать Тору назубок! Прославиться… заработать денег… Вкусно жрать! Сладко спать! Мы живем для себя, Юда, а Он для всех! Мы любим только себя, а Он – всех!.. (*Устало и с болью.*) Ты понимаешь, что нет никакой связи между нами! (*Разводит руками.*) Нет её!..
Юда. А как же она появляется, эта связь!? Она же появляется!
Барух (*очень тихо, очень устало*). Когда понимаем, что её нет. И быть не может. Вот тогда она и появляется!..

БАРУХ ВЗДЫХАЕТ, РАЗВОДИТ РУКАМИ…

– Когда приходим в отчаяние… Когда заливаем сердце слезами и просим, просим, чтобы она пришла, эта связь… ну хоть на чуть-чуть… ну хоть на вот столько!.. Потому что нет нам иначе никакой жизни! Когда из последних сил умоляем…

СМОЛКАЕТ. СМОТРИТ НА ЮДУ ОБЕССИЛЕННО.

– Вот тогда-то и приходит молитва (*он вздыхает*). Из глубины сердца. И в ответ на эту молитву открываются врата слез. И ты начинаешь чувствовать Его… И понимаешь, наконец, что это такое. И плачешь, пла-а-а-чешь… но теперь уже от счастья. И тогда все становится на свои места.
Юда (*восторженно*). Вот это я и объясню им! И они поймут. Я знаю, что они поймут меня. Я уверен. Ведь никто не хочет страдать.

БАРУХ СМОТРИТ НА ЮДУ.
НОГИ ЕГО ПОДГИБАЮТСЯ,
ЮДА УСПЕВАЕТ ПОДХВАТИТЬ ЕГО.
БАРУХ УСТАЛО ОПУСКАЕТСЯ НА ПЕНЕК.

Юда (*испуганно*). Тебе плохо? Отвести тебя домой?
Барух. Нет. Мне хорошо.

ЮДА ПРИСАЖИВАЕТСЯ НА КОРТОЧКИ РЯДОМ С БАРУХОМ.
ГЛАДИТ ЕГО РУКОЙ ПО СПИНЕ, КАК РЕБЕНКА.

Барух. Юда…
Юда. Что, Барух?
Барух. Я соглашусь с тобой только в одном случае (*внимательно смотрит на него*)… Если ты мне скажешь сейчас, что говорил с Ним об этом… Говорил?
Юда. Говорил…
Барух (*вдруг радостно улыбается*). И Он благословил тебя.
Юда. Да. Сегодня ночью.

ЮДА СКАЗАЛ ЭТО… И СНОВА ПОЧУВСТВОВАЛ…
ЦВЕТУЩИЙ САД…

ОН ЗАПОЛНЯЛ ВЕСЬ ГОРИЗОНТ
ВПЛОТЬ ДО ДАЛЬНИХ ГОР.

– Вот Он! – шепчет Юда.

ОН СТОИТ, БОЯСЬ СТРОНУТЬСЯ С МЕСТА.

– Ты помнишь правило, – вдруг слышит он голос Баруха.
– Да, – шепчет в ответ.
– Ну и молодец, – голос старика спокоен. – Здесь никто не думает о себе…
– И я… не думаю…

ИГРАЕТ ЛУЧ СВЕТА НА СТВОЛЕ ОГРОМНОГО ДЕРЕВА[22].
ОНО СПРАВА ОТ ЮДЫ.
ВДРУГ ЧТО-ТО ПРИВЛЕКАЕТ ВНИМАНИЕ ЮДЫ.
ОН ВГЛЯДЫВАЕТСЯ В ЛИСТВУ.

– Не надо, – слышит он голос Баруха.

НО ОН УЖЕ ДЕЛАЕТ ШАГ… К ДЕРЕВУ.

– Юда… – голос Баруха.

НО ОН УЖЕ РАЗЛИЧАЕТ КАКОЙ-ТО БЛЕСТЯЩИЙ ПРЕДМЕТ,
ТАМ, В ЛИСТВЕ…
ОН КАСАЕТСЯ РУКОЙ СТВОЛА ДЕРЕВА…

– Ты не слышишь меня, сынок…

ЮДА СТАВИТ НОГУ НА НИЖНЮЮ ВЕТКУ.

– Ну что ж, ничего не поделаешь. – голос Баруха отдаляется. – Видно, ты всё должен пройти. Сам.

ВЕТЕР ПРОКАТЫВАЕТСЯ ПО ТРАВЕ, ПРИЖИМАЯ ЕЁ К ЗЕМЛЕ.
ЮДА ПОДТЯГИВАЕТСЯ ВВЕРХ, ДВИГАЕТСЯ ПО ВЕТКАМ,
КАК ПО ЛЕСТНИЦЕ…
ВЕТЕР УСИЛИВАЕТСЯ.
ЮДА ТЯНЕТСЯ К БЛЕСТЯЩЕМУ ПРЕДМЕТУ В ЛИСТВЕ…
ВЕТЕР ПРЕВРАЩАЕТСЯ В БУРЮ.

---

22 **Дерево** – свойство отдачи и любви в человеке. Если это свойство используется для других, то говорится, что человек находится в райском саду, если же человек использует его для себя, то нарушается закон райского сада и человек изгоняется из него.

ПТИЦЫ СРЫВАЮТСЯ ВВЫСЬ…
ТУЧИ СТРЕМИТЕЛЬНО ЗАКРЫВАЮТ НЕБО…
И ЮДА, НЕ УДЕРЖАВШИСЬ ЗА ВЕТКУ, ПАДАЕТ ВНИЗ, В ТРАВУ.

ВСПЫШКА.
И ВОТ ОН УЖЕ БЕЖИТ ПО ПОЛЮ.
ПОЗАДИ СЛЫШЕН РЕВ БУРИ И ВОДЫ.
ЮДА НА ХОДУ ОБОРАЧИВАЕТСЯ И ВИДИТ СТОЛБЫ ВОДЫ,
СМЕТАЮЩИЕ РАЙСКИЙ САД.
ВПЕРЕДИ ПРИБЛИЖАЕТСЯ РАСЩЕЛИНА МЕЖДУ СКАЛАМИ,
ДОЖДЬ ОБРУШИВАЕТСЯ ВНИЗ СПЛОШНЫМ ПОТОКОМ…[23]

•

ЛЕС ВОЗЛЕ ДОМА БАРУХА.
ЮДА БЫСТРО ИДЕТ ВДОЛЬ СОСЕН, НАКРУЧИВАЕТ КРУГИ…
И ВОТ ОН УЖЕ БЕЖИТ.
БАРУХ ПРИСТАЛЬНО СЛЕДИТ ЗА НИМ.

– Держись, сынок… держись!.. – повторяет он.

•

ВСПЫШКА!
ПОТОК ВОДЫ ВЫРЫВАЕТ С КОРНЕМ ВЕКОВОЕ ДЕРЕВО,
СТОЯЩЕЕ ПОСРЕДИ САДА. ПЕРЕВОРАЧИВАЕТ ЕГО В ВОЗДУХЕ
И НЕСЕТ НА СЕБЕ ВСЛЕД ЗА ЮДОЙ.
ЮДА В ПОСЛЕДНЕЕ МГНОВЕНИЕ НЫРЯЕТ В РАСЩЕЛИНУ
МЕЖДУ СКАЛАМИ.
И СЛЫШИТ ВОСТОРЖЕННЫЙ ГОЛОС БАРУХА:

– Рождаешься!

ВОДА УДАРЯЕТСЯ О СКАЛУ… ПОДХВАТЫВАЕТ ЮДУ,
ПЕРЕВОРАЧИВАЕТ ЕГО, БЬЕТ О КАМНИ И НЕСЕТ, НЕСЕТ ВПЕРЕД…

•

ВОЗВРАЩАЕТСЯ ЛЕС.
ЮДА БЕЖИТ ПО ЛЕСУ, КАСАЯСЬ РУКОЙ СТВОЛОВ…
БАРУХ СЛЕДИТ ЗА НИМ И ШЕПЧЕТ,
СЛЫШНОЕ ТОЛЬКО ЕМУ.

– Рождаешься, сынок… рождаешься…

---

23 **Дождь, превращающийся в потоп**. Дождь – это желание отдачи в человеке, свойство Творца в нем. Оно превращается в потоп, когда человек хочет использовать его для наполнения себя, а не других.

•

ВСПЫШКА.
ЮДА ОКАЗЫВАЕТСЯ ПОД ВОДОЙ.
НА НЕГО, ВРАЩАЯСЬ, ЛЕТИТ СТВОЛ ДЕРЕВА.
ОН НАПРАВЛЕН ОСТРОЙ ВЕРШИНОЙ ТОЧНО НА ЮДУ.
ЮДА ЗАКРЫВАЕТ ГЛАЗА ОТ УЖАСА.
ДЕРЕВО РАЗВОРАЧИВАЕТСЯ К НЕМУ ЧЕРНОЙ ПАСТЬЮ ДУПЛА РАЗМЕРОМ В ЧЕЛОВЕЧЕСКИЙ РОСТ…
И ПРОГЛАТЫВАЕТ ЕГО.

•

ЛЕС. ЮДА ВДРУГ РЕЗКО ЗАМИРАЕТ НА БЕГУ.
БАРУХ ПРИПОДНИМАЕТ РУКУ,
НО НЕ МОЖЕТ ВЫМОЛВИТЬ И СЛОВА.

•

ВСПЫШКА!
ИЗ МУТНОЙ ВОДЫ ВДРУГ ПОЯВЛЯЕТСЯ ВТОРОЕ ДЕРЕВО
И КЛИНОМ ВХОДИТ В ДУПЛО, ЗАКУПОРИВАЯ ЕГО…
НАСТУПАЕТ ТИШИНА…
И ТЕМНОТА.

•

ЛЕС.
ЮДА СТОИТ, УТКНУВШИСЬ ЛИЦОМ В СТВОЛ ВЕКОВОГО ДУБА.
ИЗ ДУПЛА ВВЕРХУ ВЫГЛЯДЫВАЕТ БЕЛКА.
БАРУХ СТОИТ РЯДОМ. И ГЛАДИТ ЮДУ ПО СПИНЕ, КАК РЕБЕНКА.
ОНИ ДОЛГО МОЛЧАТ.
ЮДА НИКАК НЕ МОЖЕТ ПРИЙТИ В СЕБЯ.

– Я знаю, сынок, ты всё выдержишь, – наконец говорит Барух. Его голос успокаивает.
– Я постараюсь, – отвечает Юда.
– Не постараешься, а выдержишь!

БАРУХ ЗАГЛЯДЫВАЕТ В ЛИЦО ЮДЕ.
ТОТ ЕЩЕ ПОЛОН ОЩУЩЕНИЙ, КОТОРЫЕ ПЕРЕЖИЛ.

– Ты будешь падать и подниматься[24] – это необходимо, – говорит Барух. – Без тьмы нет света[25]. Без ночи не приходит день.

---

24 **Падение** – когда человеку, стремящемуся к духовному, прибавляется эгоистическое желание, с которым он не может справиться. Тогда он падает в него и начинает жить для себя. **Подъем** – когда он исправляет это эгоистическое желание и поднимается над ним.

25 **Тьма** – власть эгоизма над человеком, которая скрывает от него Творца и

– Я понимаю. Но мне очень тяжело, – отвечает Юда.
– Первый этап пройден. Это самый важный этап. – говорит Барух. – Сейчас идет подчистка грязи[26]. Ты же понимаешь, сынок, что это необходимо.
– Понимаю.
– Ты же понимаешь, что не можешь жить для себя, когда Он «живет» для всех…

БАРУХ ДАЖЕ УЛЫБАЕТСЯ, ЗАГЛЯДЫВАЯ В ЛИЦО ЮДЕ.

– Что это такая грязь – жить для себя.
– Я понимаю, Барух, – отвечает Юда. – Понимаю…
– Вот от неё, сынок, и надо нам очиститься.
Юда (*вздыхает*). Если бы можно было сразу… сразу содрать с себя всё!
Барух. Сразу нельзя. Утро наступает не сразу. Рассветает медленно, сынок… Но вот увидишь, у тебя все получится.
Юда. И сколько это…
Барух. Продлится?.. Пока не станешь, как Он… В Нём нет и мысли о Себе. Ты уже понял это!.. Вот и ты таким станешь. Ты выдержишь, сынок, я знаю, ты выдержишь!
Юда (*решительно*). Я выдержу, Барух.

БАРУХ УЛЫБАЕТСЯ.

– Молодец! – говорит он. – Посмел бы ты сказать что-то другое?! Тысячи и тысячи величайших! Величайших мудрецов, Юда! Они смотрят на тебя с любовью и надеждой. Они были готовы, чтобы их резали на куски, рвали на части! Только бы ощутить то, что ощутил ты. А Он выбрал тебя, а не их. Иди к Нему, сынок, иди, рвись, молись, ломай, ори, только не останавливайся!
Юда. Я иду к Нему, Барух! Я несусь к Нему.

•
ВСПЫШКА.
ПОТОК ВОДЫ МЧИТ,
ПЕРЕВОРАЧИВАЕТ ЗАКУПОРЕННЫЙ СТВОЛ ОГРОМНОГО ДЕРЕВА.
ВНУТРИ НЕГО – ЮДА.

– Ты вошел в ковчег[27], сынок, – сквозь шум воды слышится голос Баруха. – Ковчег… который в тебе!

духовный мир. **Свет** – проявление свойства отдачи и любви в человеке, которое снова раскрывает для него высший мир, Творца.

26 **Подчистка грязи** – работа по исправлению эгоистических желаний. Получение намерения доставлять наслаждение другим, Творцу.

27 **Ковчег** – замкнутая система желаний внутри человека, направленых только на отдачу. С ними человек остается. Он как бы поднимается над эгоизмом и на время «топит» все свои остальные желания, то есть не использует их. Так он и «плывет» в своем ковчеге, закрытый в своих очищающих мыслях.

ОГРОМНОЕ ДЕРЕВО СО ВСТАВЛЕННЫМ В НЕГО,
КАК МАЧТА, СТВОЛОМ НЕСЕТСЯ ПО РАСЩЕЛИНЕ.

– Теперь держись, сынок!.. И сохрани себя… и нас всех.

•

И СНОВА ЛЕС ШУРШИТ ЛИСТВОЙ.
КОЛЫШИТСЯ ТРАВА.
БАРУХ МОЛЧИТ, ЩУРИТСЯ И ПЕРЕВОДИТ ВЗГЛЯД С ЮДЫ
В ГЛУБИНУ ЛЕСА.
ОН СМОТРИТ НА ПЧЕЛУ,
ПЕРЕЛЕТАЮЩУЮ С ЦВЕТКА НА ЦВЕТОК.

Барух. Хорошо здесь… чисто… Ищи себе другого учителя, Юда.

ЮДА ПОДНИМАЕТ НА НЕГО ГЛАЗА.
НЕ ОТВЕЧАЕТ.

Барух. Нечему мне тебя больше научить. Дальше будет тебя учить твоя душа.
Юда. Где мне найти другого учителя?
Барух. Ищи. Проси. Будешь просить – откроется тебе… Творец тебя не оставит теперь. Он тобой занимается серьезно. Грядут новые времена. К этим временам такие, как я, уже не подходят.
Юда. Отвести тебя домой?
Барух. Нет, я посижу здесь на пенечке. Послушаю тишину. Может, что-то и пойму.

ЮДА ВСТАЕТ.

Юда. Мне надо идти.
Барух. Иди.

ЮДА ПОВОРАЧИВАЕТСЯ И БЫСТРО ИДЕТ К ДОРОГЕ.
БАРУХ СМОТРИТ ЕМУ ВСЛЕД,
ОКЛИКАЕТ ЕГО:

– Юда!..

ЮДА НЕ СЛЫШИТ ЕГО.

– Не приходи сюда больше, Юда!.. Нельзя тебе больше сюда приходить.

ЮДА УСКОРЯЕТ ШАГ, ПОЧТИ БЕЖИТ.

– Но я буду ждать тебя, – шепчет Барух. – Мой великий ученик… и учитель…

•

ВАРШАВА. ЦЕНТРАЛЬНАЯ УЛИЦА.
ЮДА БЫСТРО ИДЕТ ПО УЛИЦЕ, ГЛЯДЯ СЕБЕ ПОД НОГИ,
ПОЛНЫЙ СВОИХ МЫСЛЕЙ, НЕ РЕАГИРУЯ НИ НА ЧТО.

•

ДОКУМЕНТАЛЬНЫЕ КАДРЫ ХРОНИКИ.
ГРАНДИОЗНЫЙ КОСТЮМИРОВАННЫЙ БАЛ В ЗИМНЕМ
ДВОРЦЕ САНКТ-ПЕТЕРБУРГА.
ПЕРВАЯ ВЕЛОГОНКА ТУР-ДЕ-ФРАНС.
АМЕРИКА ПРИЗНАЕТ НЕЗАВИСИМОСТЬ ПАНАМЫ.
ПЕРВЫЕ КОММУНИСТИЧЕСКИЕ ДЕМОНСТРАЦИИ В ПОЛЬШЕ.

•

ВАРШАВА. ЦЕНТРАЛЬНАЯ УЛИЦА.
ОТКУДА-ТО ПРИБЛИЖАЕТСЯ И НАРАСТАЕТ ГУЛ.
ЮДА ПОДНИМАЕТ ГОЛОВУ.
ОКАЗЫВАЕТСЯ, ЧТО ОН СТОИТ НА ДОРОГЕ,
И НА НЕГО ДВИЖЕТСЯ ТОЛПА ЛЮДЕЙ.

РАЗВЕВАЮТСЯ НАД НИМИ КРАСНЫЕ ФЛАГИ.
ЗВУЧИТ «ИНТЕРНАЦИОНАЛ».
ЮДА И НЕ ЗАМЕЧАЕТ, КАК ОКАЗЫВАЕТСЯ В ЦЕНТРЕ ТОЛПЫ
И УЖЕ ИДЕТ ВМЕСТЕ С НИМИ В ПЕРВЫХ РЯДАХ.
НАД НИМ ФЛАГИ...
РЯДОМ МОЛОДЫЕ МУЖЧИНЫ, ЖЕНЩИНЫ...
ЧЬЯ-ТО РУКА СЖИМАЕТ ЕГО ЛОКОТЬ.
ИЗ ТОЛПЫ ПРОЯВЛЯЕТСЯ ЛИЦО ЯНА.

Ян (*пытается перекричать толпу*). Я так и знал, что ты не останешься в стороне.

В РУКУ ЮДЕ ПЕРЕДАЮТ КРАСНЫЙ ФЛАГ.
ТОЛПА СКАНДИРУЕТ:

– Братство! Равенство! Свобода!

ЮДА НАЧИНАЕТ СКАНДИРОВАТЬ ВМЕСТЕ С НИМИ.

ЛЮДИ С ТРОТУАРА УДИВЛЕННО СМОТРЯТ
НА РЕЛИГИОЗНОГО ЕВРЕЯ С КРАСНЫМ ФЛАГОМ В РУКЕ,
ПОВТОРЯЮЩЕГО ВМЕСТЕ СО ВСЕМИ ЭТИ ЛОЗУНГИ...
КРАСИВАЯ ЖЕНЩИНА БЕРЕТ ЕГО ПОД РУКУ С ОДНОЙ
СТОРОНЫ, ЯН С ДРУГОЙ. ЮДА УЛЫБАЕТСЯ...
У ВСЕХ СЧАСТЛИВЫЕ ОДУХОТВОРЕННЫЕ ЛИЦА.

ENNIK POLSKI

THE POLISH DAILY NEWS.

Detroit, Mich., Piatek 2-go Stycznia, 1920.

Single Copy 2 cents.

ański byznes
kojony o swo-
zyszłość.

Preliminarya pokojo-
we rządu sowietów
z Estonia.

Papież wstawia się
za 200,000 jeńców
wojenn

PIĘDZIESIĘCIOLE
LEUSZ

И ВДРУГ ИЗ ДВУХ БОКОВЫХ УЛИЦ НЕОЖИДАННО
ВЫВОРАЧИВАЕТ ТОЛПА ПОЛИЦЕЙСКИХ.

Крики. Молчать, с-суки!

РАЗМАХИВАЯ ДУБИНКАМИ,
ПОЛИЦЕЙСКИЕ НЕСУТСЯ НА ТОЛПУ.
УДАРЫ ОБРУШИВАЮТСЯ НА ГОЛОВЫ ЛЮДЕЙ…
ТОЛПА СМЕШИВАЕТСЯ, ВЗДРАГИВАЕТ.

Крики из толпы. Сволочи, что вы делаете!

ПАДАЮТ ЛЮДИ НА ТРОТУАР, СЖИМАЯ ГОЛОВУ РУКАМИ.
СКВОЗЬ ПАЛЬЦЫ СОЧИТСЯ КРОВЬ.
НАД ЮДОЙ ВЗМЕТАЕТСЯ ДУБИНКА.
ИСКАЖЕННОЕ ЛИЦО ПОЛИЦЕЙСКОГО И КРИК:

– А-а-а-а, жидяра! Равенства захотел?!..

И ТУТ ЖЕ СИЛЬНАЯ РУКА ОТТАЛКИВАЕТ ПОЛИЦЕЙСКОГО,
ХВАТАЕТ ЮДУ ЗА ПОЛЫ ПАЛЬТО И БРОСАЕТ ЕГО В СТОРОНУ.
ЮДА ОКАЗЫВАЕТСЯ ПРИЖАТ К СТЕНЕ ДОМА.
РЯДОМ С НИМ ЯН. ЯН ВТАЛКИВАЕТ ЕГО В ПОДЪЕЗД.

Ян. Жив? Ну, вызывай тогда своего Бога!

ЧЕРЕЗ ПОЛУОТКРЫТУЮ ДВЕРЬ ПОДЪЕЗДА
ВИДНО БЕГУЩИХ ЛЮДЕЙ…
ЗА НИМИ ЛЕТЯТ ПОЛИЦЕЙСКИЕ НА ЛОШАДЯХ…
НАОТМАШЬ БЬЮТ ИХ ДУБИНКАМИ.

Ян. Некого вызывать, а?! Некого! Потому что не может Его быть! Посмотри, что Он делает, твой Бог!

ЮДА ПЫТАЕТСЯ ЧТО-ТО СКАЗАТЬ,
НО ЯН НАСКАКИВАЕТ НА НЕГО,
НЕ ДАВАЯ ВЫМОЛВИТЬ И СЛОВА.

Ян. Нет Его?! Нет! А если и есть, то никому Он такой не нужен, потому что Он весь в нашей крови!..

ДВОЕ ПОЛИЦЕЙСКИХ ИЗБИВАЮТ МОЛОДОГО ПАРЕНЬКА,
А ТОТ ПОВТОРЯЕТ:

– Я больше не буду, я больше не буду…

ВОТ ПОЛИЦЕЙСКИЙ ОФИЦЕР ТЯНЕТ ЗА ВОЛОСЫ ТУ САМУЮ КРАСИВУЮ ЖЕНЩИНУ,
КОТОРАЯ ШЛА РЯДОМ С ЮДОЙ.

Ян (*шепчет*). Ты не сможешь мне это объяснить, не сможешь!..

СРЫВАЕТ С ЮДЫ ШЛЯПУ И ШВЫРЯЕТ ЕЁ НА ЗЕМЛЮ.
ЗАТЕМ ОН ВЫБЕГАЕТ НА УЛИЦУ,
БРОСАЕТСЯ НАПЕРЕРЕЗ ЛОШАДИ,
ПОДПРЫГИВАЕТ И НА ХОДУ СТАСКИВАЕТ ПОЛИЦЕЙСКОГО ОФИЦЕРА ВНИЗ.
ПОДХВАТЫВАЕТ ЖЕНЩИНУ И БЕЖИТ С НЕЙ К ПОВОРОТУ.

•

ВЕЧЕР. ЕВРЕЙСКИЙ КВАРТАЛ ВАРШАВЫ.
ИДЕТ ПОЖИЛАЯ ПАРА.
ОБХОДИТ ЮДУ, СИДЯЩЕГО НА СТУПЕНЬКАХ ДОМА.
ОН В ГРЯЗНОМ ПОРВАННОМ ПАЛЬТО,
НА РУКАХ ССАДИНЫ.

Женщина. Вы себя плохо чувствуете?
Юда (*поднимает голову*). Да, очень.
Женщина. Я могу вам помочь?
Юда. Не знаю.

ОН ВСТАЕТ И БРЕДЕТ ПО УЛИЦЕ.
ЮДА СВОРАЧИВАЕТ В СВОЙ ПЕРЕУЛОК.
МЕДЛЕННО ПОДНИМАЕТСЯ ПО СТУПЕНЬКАМ К КВАРТИРЕ,
ОТКРЫВАЕТ ДВЕРЬ.

ОН ИДЕТ СРАЗУ ЖЕ К СВОЕЙ КОМНАТЕ.
МАМА ДЕЛАЕТ К НЕМУ ШАГ,
ИСПУГАННО ОГЛЯДЫВАЕТ ЕГО.

Юда. Упал. Ничего страшного.
Мама. Там, у тебя в комнате…

ОНА НЕ УСПЕВАЕТ ДОГОВОРИТЬ,
ЮДА ОТКРЫВАЕТ ДВЕРЬ КОМНАТЫ
И ОСТАНАВЛИВАЕТСЯ НА ПОРОГЕ.

•

ЗА ЕГО СТОЛОМ СИДЯТ РАВ ФЕЛЬДМАН
И ШКОЛЬНЫЙ УЧИТЕЛЬ ШМУЭЛЬ.
ОТЕЦ СТОИТ В СТОРОНЕ У СТЕНЫ.

Юда (*сразу*). Не волнуйся, отец, я просто поскользнулся. (*Поворачивается к гостям.*)Здравствуйте, рав Шмуэль, что-то случилось?
Рав Фельдман (*оглядывая его*). Не удивляйся, Юда. Мы пришли по просьбе твоего отца Симхи… Не стой, садись.

ЮДА СМОТРИТ НА ОТЦА, ПРОДОЛЖАЕТ СТОЯТЬ.

Рав Фельдман. Ты изучаешь каббалу, и тут уже ничего не поделаешь.
Учитель Шмуэль (*жестко*). Запретить ему изучать каббалу! Я повторял и повторяю это!
Рав Фельдман. Ну… это уже не просто…
Учитель (*Юде*). Ты перешел границу дозволенного. То, что рассказывает нам твой отец, Симха…

СИМХА СТАРАЕТСЯ НЕ СМОТРЕТЬ НА ЮДУ.

Учитель. Симха говорит, что ты гоев приравниваешь к евреям.
Юда. Самое важное, есть ли в человеке стремление к Творцу.
Учитель. А гой он или еврей – это неважно?
Юда. Неважно.

УЧИТЕЛЬ БЫСТРО ОГЛЯДЫВАЕТ ВСЕХ.

Учитель. Надо категорически, прямо сейчас остановить все это (*показывает пальцем на Юду*). Этот человек пришел разрушить то, что скрепляло нас веками. Он смертельно опасен для нас. Юда, мы запрещаем тебе заниматься каббалой (*вспыхивает*). Этот сумасшедший Барух, этот негодяй и недоумок!
Рав Фельдман. Шмуэль, я прошу тебя…
Учитель. Но посмотри, во что он превращает своих учеников… (*Юде*). Я повторяю, мы запрещаем тебе заниматься каббалой.
Юда. Я не могу вас послушаться, рав Шмуэль Вы сейчас говорите мне – перестань дышать… отдай свою жизнь… Я этого сделать не могу.
Учитель (*раву Фельдману*). Так наложить запрет на общение с ним. Всем евреям Польши.
Рав Фельдман. Мне кажется, что ты подавал прошение… стать раввином?
Юда. Да, я хотел бы сдать экзамены на звание раввина и преподавать.
Учитель. Что-о?! И ты считаешь, что это возможно после всего, что мы слышали?..
Юда. Я прошу у вас каплю терпения, и я смогу объяснить вам всё.
Учитель. Почему мы должны тебя слушать?!
Рав Фельдман. Подожди, Шмуэль. Мы слушаем тебя, Юда.
Юда. Как можно быстрее ввести во все наши учебные заведения… изучение книги Зоар. Начать обязательное обучение каббале с самого раннего возраста. Так мы притянем Свет в мир и остановим страдания… Я могу разработать учебный план… я могу начать преподавать.
Учитель. Гой не может преподавать евреям. А ты – гой!

ПАУЗА. УЧИТЕЛЬ ПЕРЕВОДИТ ВЗГЛЯД С ЮДЫ НА РАВА ФЕЛЬДМАНА, ПОТОМ НА СИМХУ… СНОВА НА ЮДУ.

Учитель (*жестко*). Я как один из членов совета сделаю все возможное, чтобы ты не сдал этот экзамен. Ты не станешь раввином!.. Я не могу позволить, чтобы зараза эта, то, чем заболел ты, распространилась и разрушила наш народ.

ВСТАЕТ И РЕЗКО ВЫХОДИТ ИЗ КОМНАТЫ.
ЗА НИМ С ТРЕСКОМ ЗАХЛОПЫВАЕТСЯ ДВЕРЬ.
РАВ ФЕЛЬДМАН КАЧАЕТ ГОЛОВОЙ, ГЛЯДЯ ЕМУ ВСЛЕД.

Рав Фельдман. Почему тебе обязательно надо идти на конфликт со всеми, Юда?.. Ну почему?..

ЮДА САДИТСЯ.
СМОТРИТ НА РАВА ФЕЛЬДМАНА, НА ОТЦА.
СИМХА НЕ ЗНАЕТ, КУДА ДЕТЬ ГЛАЗА. ОТВОРАЧИВАЕТСЯ.

Рав Фельдман (*Юде*). Ну, объясни мне, почему ты, светлая голова, не можешь в нужный момент не договорить, промолчать? Ты же умница! Ты хочешь стать раввином?
Юда. Да.
Рав Фельдман. Ты хочешь учить народ?
Юда. Только для этого я хочу стать раввином.
Рав Фельдман. Ну так схитри! Посмотри, что ты сделал с учителем!.. Он уже весь трясется при виде тебя. Он сейчас чуть в обморок не упал. А в чем он виноват? Его так учили, он ни в чем не виноват… Ему надо объяснять все совсем по-другому.

ЮДА МОЛЧИТ, ГЛЯДЯ В ПОЛ.

Юда. Я пытаюсь… но у меня не получается.
Рав Фельдман. Ну вот. Осознание – это уже продвижение. Молодец. А теперь (*усаживается поудобнее*) расскажи мне то, что ты не договорил ему.

ЮДА ПОДОЗРИТЕЛЬНО СМОТРИТ НА РАВА ФЕЛЬДМАНА.

Юда. Все рассказать?
Рав Фельдман. Ну руби правду-матку!.. Мы, евреи, плохие, да?

ЮДА МНЕТСЯ НА МЕСТЕ.

Рав Фельдман. Я сказал, не бойся, значит, не бойся, говори!
Юда (*решается*). Глаза всего мира… направлены только на нас.
Рав. Всегда так было.

Юда. Сейчас это будет особенно остро. Послаблений нам не будет.
Рав. Почему?.. Почему именно сейчас?!
Юда. Начинается страшный век. Огромных страданий, огромной ненависти, высочайшего эгоизма. Такого не было никогда… И мы будем виноваты во всех страданиях мира.
Рав. Так считают гои?
Юда. Так считает каббала. Книга Зоар. Я… Так считает Творец.

РАВ ФЕЛЬДМАН МОЛЧИТ, ВИДНО,
ЧТО В НЕМ БОРЯТСЯ МНОГО РАЗНЫХ ЧУВСТВ.

Юда (*страстно*). Именно мы не даем Творцу проявиться в этом мире.
Рав Фельдман. Мы – народ Творца, мы выполняем Тору и заповеди…
Юда. Не кичиться этим, не наполнять себя знаниями, не становиться гордецами, выполняющими заповеди в точности так, как они написаны, нет!
Симха. Юда, замолчи!
Рав Фельдман. Пусть говорит!
Юда. Выполнять их для того, чтобы раскрыть Творца. Свет. Любовь. Всему миру. Стать проводниками Света. А не тьмы…

СИМХА ЗАВОРОЖЕННО И ИСПУГАННО СМОТРИТ НА СЫНА.

Рав Фельдман. Вот если ты так будешь говорить, тебя никто не поймет. Ты категоричен, резок.
Юда. Ну вы же просили правду.
Рав Фельдман. Но не до такой же степени.
Юда. Я буду стараться, чтобы меня поняли. Я буду искать возможности объяснить это проще, чтобы поняли… Я приложу все силы. Для чего мне дана жизнь?! Иначе… иначе нас всех, весь мир ждут огромные страдания.
Рав Фельдман. Откуда ты это знаешь?
Юда. Знаю.
Рав Фельдман. Откуда?!
Юда. Я вижу.

РАВ ФЕЛЬДМАН СМОТРИТ НА НЕГО И МОЛЧИТ.
В КОМНАТЕ ТИШИНА. ЗА ОКНОМ МОРОСИТ ДОЖДЬ.

Рав Фельдман. Ты, конечно, знаешь – чтобы тебя допустили до экзаменов, ты должен заручиться тремя рекомендациями.
Юда. Знаю.
Рав Фельдман. Кто согласится?

ЮДА МОЛЧИТ.
РАВ ФЕЛЬДМАН ВСТАЕТ И ИДЕТ К ДВЕРИ.
ВОЗЛЕ ДВЕРИ ОСТАНАВЛИВАЕТСЯ.

Рав Фельдман. Я дам тебе рекомендацию. И попрошу рава Зильбера и рава Апштейна поручиться за тебя. Они тебя любят за усердие и знания. Я не буду, конечно, им рассказывать о нашей сегодняшней беседе.
Юда. Я благодарю вас, уважаемый рав.

•

РАВВИНАТ[28]. ДЛИННЫЙ КОРИДОР.
ВДОЛЬ СТЕН СИДЯТ ЕВРЕИ В ТРАДИЦИОННЫХ ОДЕЖДАХ.
МНОГИЕ ИЗ НИХ СГРУДИЛИСЬ ВОЗЛЕ ДВЕРИ.
ДВОЕ ПРИЖАЛИСЬ К НЕЙ И ПРИСЛУШИВАЮТСЯ К ТОМУ, ЧТО ПРОИСХОДИТ ВНУТРИ.
ШЕПОТОМ СООБЩАЮТ ДРУГИМ.

Первый. Отвечает сразу!
Второй (*восхищенно*). Он не задумывается совсем…
Первый. Ох, какой ответ!
Кто-то из толпы. Четвертый час пошел.
Первый. Молчат…
Второй. Молчат…
Кто-то еще из толпы. Ну-у-у?
Первый. Молчат, ну!.. Ни слова никто не говорит.
Второй. Т-с-с-с, рав Зильбер говорит… Поздравляет… Прошел… Великолепные знания… Надеется, что…

РАСПАХИВАЕТСЯ ДВЕРЬ,
ЧУТЬ НЕ СШИБАЯ С НОГ ДВУХ ЗАЗЕВАВШИХСЯ ЕВРЕЕВ.
ВЫХОДИТ УЧИТЕЛЬ.
ОН ДЕЛАЕТ НЕСКОЛЬКО ШАГОВ ПО КОРИДОРУ…
ЗА НИМ ИДЕТ РАВ ФЕЛЬДМАН И ДРУГИЕ ЧЛЕНЫ КОМИССИИ,
ПЕРЕГОВАРИВАЮТСЯ, КИВАЮТ ГОЛОВАМИ…
УЧИТЕЛЬ РЕЗКО ОСТАНАВЛИВАЕТСЯ,
ПОДОЖДАВ РАВА ФЕЛЬДМАНА.
ОН ГРОМКО ШЕПЧЕТ ЕМУ, ТАК, ЧТО СЛЫШАТ ВСЕ…

Учитель Шмуэль. Вы делаете огромную ошибку.

РАВ ФЕЛЬДМАН ИДЕТ МИМО НЕГО.

Учитель (*переходит к пожилому раввину, идущему за равом Фельдманом*). Рав Зильбер, его надо было остановить. (*Поворачивается к другому пожилому раввину.)* Рав Апштейн!

---

28 **Раввинат** – на иврит. «рабанут» от слова «рав» – религиозное учреждение, руководимое раввинами, получившими право трактовать споры, проверять знания учеников, претендующих на преподавание, и так далее.

Рав Апштейн. Я делал все возможное, чтобы остановить его, вы же видели. Но это невозможно.
Рав Зильбер. Я не помню людей с такими феноменальными знаниями… (*Помедлил.*) И ощущением…

РАВВИНЫ ПРОХОДЯТ, ПЕРЕГОВАРИВАЯСЬ.
ИЗ КОМНАТЫ ВЫХОДИТ ЮДА.
К НЕМУ БРОСАЕТСЯ СИМХА.
В РАДОСТИ СВОЕЙ ОН ПОХОЖ НА РЕБЕНКА.
ИХ ОКРУЖАЮТ ЕВРЕИ, ЖМУТ РУКИ ЮДЕ.
ВДАЛЕКЕ, В КОНЦЕ КОРИДОРА, СТОИТ УЧИТЕЛЬ ШМУЭЛЬ, НАБЛЮДАЯ ЭТУ СЦЕНУ.

•
ЕВРЕЙСКИЙ КВАРТАЛ ВАРШАВЫ.
СИМХА И ЮДА ИДУТ ПО УЛИЦЕ.
СВЕТЛЫЙ ДЕНЬ.
СИМХА БЕЗОСТАНОВОЧНО ГОВОРИТ,
НЕ СДЕРЖИВАЯ СВОЕЙ РАДОСТИ…
НАВСТРЕЧУ ИМ ИДУТ ДВЕ ДЕВУШКИ ЛЕТ 16-ТИ.
ОДНА ИЗ НИХ ПОДНИМАЕТ ГЛАЗА
И ЗАСТЕНЧИВО КИВАЕТ СИМХЕ.
СИМХА ОТВЕЧАЕТ ЕЙ.
ДЕВУШКИ ПРОХОДЯТ МИМО.
ЮДА ОГЛЯДЫВАЕТСЯ.

Юда. Кто эта девушка, отец?
Симха. Ривка, наша дальняя родственница.
Юда. Сколько ей лет?
Симха. Шестнадцать.
Юда. Я хотел бы, чтобы она стала моей женой.

СИМХА СМОТРИТ НА ЮДУ.
ЮДА КИВАЕТ ЕМУ.

Юда. Каббалист должен быть женат.

•
НОГА В ЧЕРНОМ БОТИНКЕ РАЗБИВАЕТ СТАКАН,
И ТУТ ЖЕ ВРЫВАЕТСЯ МУЗЫКА.
ИДЁТ ХАСИДСКАЯ СВАДЬБА.

ЖЕНИХА ЮДУ ПОДБРАСЫВАЮТ К ПОТОЛКУ ВМЕСТЕ СО СТУЛОМ.
ВЗЛЕТАЮТ ВВЕРХ ШЛЯПЫ,
ЛИХО ПОДПРЫГИВАЮТ ВЕСЕЛЫЕ ХАСИДЫ.

ИЗВИВАЯСЬ, ИГРАЮТ КЛЯЙЗМЕРЫ.
СВАДЬБА! НА НЕЙ ЗАБЫВАЮТ ОБО ВСЕХ БЕДАХ!
ХАСИДЫ СЛОВНО ПАРЯТ НАД ПОЛОМ.

БАРУХ СМОТРИТ НА ВСЕ ЭТО ИЗ УГЛА ЗАЛА.
ЕГО ОКРУЖАЕТ ТОЛПА ДЕТЕЙ.
ПЕРЕД НИМ ПОЧТИ ПУСТАЯ БУТЫЛКА ВОДКИ.
БАРУХ СЛЕДИТ ГЛАЗАМИ ЗА ЮДОЙ.
ТАНЦУЮЩИЙ ЮДА ВСТРЕЧАЕТ ЕГО ВЗГЛЯД.

БАРУХ КИВАЕТ ЕМУ, ПОДНИМАЕТ СТАКАН, ВЫПИВАЕТ,
И ВДРУГ СТАКАН ИСЧЕЗАЕТ У НЕГО ИЗ РУКИ.
БАРУХ УЛЫБАЕТСЯ И ОСТОРОЖНО ДОСТАЕТ СТАКАН,
ПОЛНЫЙ ВОДКИ, ИЗ ЗАСАЛЕННОГО РУКАВА СВОЕГО ХАЛАТА.
СМЕЮТСЯ ДЕТИ.
СМЕЕТСЯ ЮДА.
ЧТО ТАМ ЖДЁТ ЕГО ВПЕРЕДИ?..

•

СРАЗУ ПОСЛЕ СВАДЬБЫ МОЛОДЫЕ
ПЕРЕЕЗЖАЮТ ИЗ ВАРШАВЫ В МАЛЕНЬКИЙ ГОРОДОК ПУРСОВ.
ОНИ СНИМАЮТ КВАРТИРУ ПРЯМО НАПРОТИВ ДОМА
РОДИТЕЛЕЙ РИВКИ – ЖЕНЫ ЮДЫ.

•

СЕРЕДИНА НОЧИ. ТИШИНА.
СПИТ МАЛЕНЬКИЙ ГОРОДОК.
ВСЕ ОКНА ДЕРЕВЯННОГО ДВУХЭТАЖНОГО ДОМА ТЕМНЫ.
ЛУНА КАЧАЕТСЯ НА ЗВЕЗДНОМ НЕБЕ.
В ОДНОМ ИЗ ОКОН ЗАЖИГАЕТСЯ СВЕТ.
НЕРОВНЫЙ, КОЛЕБЛЮЩИЙСЯ СВЕТ ЛАМПЫ.

•

И ВДРУГ В НОЧИ СЛЫШИТСЯ ХРУСТ ЛЬДА.
БОСЫЕ НОГИ РАЗЛАМЫВАЮТ ТОНКУЮ ПРОСЛОЙКУ ЛЬДА
И ОПУСКАЮТСЯ В ТАЗИК С ХОЛОДНОЙ ВОДОЙ.

ПОЛУОСВЕЩЕННАЯ КОМНАТА.
ЮДА ВСТРЯХИВАЕТ ГОЛОВОЙ
И ЕЩЕ НИЖЕ СКЛОНЯЕТСЯ НАД КНИГОЙ.
НОГИ ЕГО – В ЛЕДЯНОЙ ВОДЕ.

ИЗ-ЗА ЗАНАВЕСКИ СМОТРИТ НА НЕГО С ИСПУГОМ
ЕГО МОЛОДАЯ ЖЕНА – РИВКА.

•

СО СТОРОНЫ УЛИЦЫ,
В ТУСКЛО ОСВЕЩЕННОМ ОКНЕ, ВИДЕН ПРОФИЛЬ ЮДЫ.
НА ЭТОТ ПРОФИЛЬ СМОТРИТ ЖЕНЩИНА ИЗ ДОМА НАПРОТИВ.
ЭТО ДВОРА – МАТЬ РИВКИ.
ОНА ПОВОРАЧИВАЕТСЯ И ГОВОРИТ ЧТО-ТО ВГЛУБЬ КОМНАТЫ.
В ОКНЕ, РЯДОМ С НЕЙ,
ПОЯВЛЯЕТСЯ ЗАСПАННОЕ ЛИЦО ЕЕ МУЖА.
ОНИ ОБА ПРИНИКАЮТ К ОКНУ.
СМОТРЯТ НА ЗАМЕРШИЙ В СОСРЕДОТОЧЕНИИ
ОСТРЫЙ ПРОФИЛЬ ЮДЫ.

•

КВАРТИРА ЮДЫ И РИВКИ. УТРО.
ЮДА СИДИТ НАД КНИГОЙ.
ЧАДИТ ЛАМПА.
ЧАСЫ ПОКАЗЫВАЮТ 5 УТРА.
РИВКА УЖЕ ВСТАЛА И ГОТОВИТ ЗАВТРАК.
ТОЛЬКО СЕЙЧАС ВИДНО, ЧТО ОНА БЕРЕМЕННА.

СЛЫШИТСЯ ТИХИЙ СТУК В ДВЕРЬ.
РИВКА ОТКРЫВАЕТ.
НА ПОРОГЕ СТОЯТ ЕЕ РОДИТЕЛИ.
ОНИ ВХОДЯТ В ДОМ.
ЮДА ЗДОРОВАЕТСЯ С ОТЦОМ.
ОТЕЦ УЖЕ В БЕЛОМ ТАЛИТЕ[29],
ПОЛОН ДОСТОИНСТВА И ОЖИДАНИЯ МОЛИТВЫ.
МАТЬ ЦЕЛУЕТ РИВКУ.

•

СИНАГОГА МАЛЕНЬКОГО ГОРОДКА.
ОТЕЦ РИВКИ И ЮДА МОЛЯТСЯ, СТОЯ РЯДОМ.
ВОКРУГ ВСЕ БЕЛО ОТ ТАЛИТОВ,
ИМИ НАКРЫТЫ ГОЛОВЫ МОЛЯЩИХСЯ.

•

КВАРТИРА ЮДЫ И РИВКИ.
ОТЕЦ И ЮДА СИДЯТ ЗА СТОЛОМ.
РИВКА И ДВОРА СУЕТЯТСЯ ВОКРУГ НИХ,
НАКРЫВАЯ ПРОСТОЙ ЗАВТРАК.

Отец (*Юде*). Выглядишь уставшим… Ты вообще высыпаешься?
Юда. Вполне.

---

29 **Талит** – тонкое белое покрывало из шерсти, одеваемое во время молитвы.

Отец. Сколько спишь?
Юда. Мне достаточно трех часов.
Отец. Какая глупость!..
Юда. И это мне кажется слишком.
Отец. Вот как… Юда, у тебя молодая жена…
Ривка. Папа, я прошу тебя…
Отец. В доме нет денег.
Ривка. Мы отдадим вам долг через месяц…
Отец (*жестко*). А ты занимаешься неизвестно чем… Для чего ты встаешь в час ночи?
Юда. Ночь мне дана для учебы.
Отец. Нет, ночь тебе дана для того, чтобы быть с женой. Молчи, Ривка!.. Для того, чтобы выспаться и потом с новыми силами встретить день молитвой и, ничего не поделаешь, поиском заработка. У тебя семья.

ДВОРА ОСТАНАВЛИВАЕТСЯ ЗА СПИНОЙ МУЖА.

Отец. Мы отдавали за тебя Ривку, думая, что ты серьезно настроен создать семью.
Ривка. Отец, прекрати! Ты вмешиваешься в наши дела!
Мать. Нет, ты ошибаешься, мы не можем смотреть на то, как каждую ночь он оставляет тебя одну… И неизвестно, чем он там занимается.
Ривка. Юда знает, что делает!
Мать. По-моему, он ничего не делает! Он пока еще не принес и копейки в ваш дом!
Отец. Начните слушать старших. И ты, и он. Мы хотим, чтобы у вас была нормальная семья. Его каббала мешает вам нормально жить.
Ривка (*встает*). Мой муж великий мудрец. И мы очень вас просим не вмешиваться в нашу жизнь!.. А кроме того, у него ещё есть немного времени поспать, и вы ему мешаете своими пустыми разговорами…
Отец. Что-о?! Пустыми?!
Мать. Другими словами, ты просишь нас уйти?
Ривка. Я прошу вас понять, что у меня есть муж, которого я люблю, и есть наша с ним жизнь, в которую я прошу не вмешиваться.
Отец. То есть, не вмешиваться?!.
Ривка. Да, не вмешиваться.

ОТЕЦ ВСТАЕТ И ИДЕТ К ДВЕРИ.
МАТЬ ТОРОПИТСЯ ЗА НИМ.

Отец (*от двери*). Ну смотри, не плачь, когда вам нечем будет кормить детей, а он – этот твой великий ученый – должен будет занима-а-аться, и ему не будет дела до всего этого, не плачь тогда и не беги к нам за помощью… Пойдем, Двора!..

ОНИ ВЫХОДЯТ.
ЮДА СМОТРИТ НА РИВКУ.

Юда. Они не придут больше.
Ривка. Я сделала свой выбор. У меня есть ты.

ЮДА ПОДХОДИТ И ОБНИМАЕТ ЕЕ.
РИВКА ПРИКЛАДЫВАЕТ РУКУ К СВОЕМУ ЖИВОТУ
И ГОВОРИТ, УЛЫБАЯСЬ:

– Сильный такой, прямо не лежится ему там… так бьет ножками…

ОНА СМОТРИТ НА ЮДУ СНИЗУ ВВЕРХ,
КЛАДЕТ ГОЛОВУ ЕМУ НА ПЛЕЧО.

Ривка. Я думаю, что нам надо переехать отсюда. Они не оставят нас в покое… Как ты думаешь?
Юда. Как скажешь.

•

УТРО. ТОЩАЯ ЛОШАДЬ ТЯНЕТ ТЕЛЕГУ,
НА КОТОРОЙ СИДЯТ ЮДА И РИВКА.
ВЕЩЕЙ У НИХ НЕМНОГО – ДВА ТЮКА, ОДИН С ОДЕЖДОЙ,
ДРУГОЙ С КНИГАМИ.

ВОЗНИЦА СОННО ПОГОНЯЕТ ЛОШАДЬ
И НАИЗУСТЬ ЧИТАЕТ ПСАЛМЫ[30].

– «Счастлив человек, который не ходил по совету нечестивых и на пути грешников не стоял…»

ОН ПОДНИМАЕТ ВВЕРХ КРИВОЙ ПАЛЕЦ.

– «…и в собрании легкомысленных не сидел…»

ВОСХИЩЕННО КАЧАЕТ ГОЛОВОЙ, ПОЧТИ ПОЕТ…

– «И будет он, как дерево, посаженное при потоках вод, которое плод свой дает во время свое и чей лист не вянет; и во всем, что ни сделает он, преуспеет…»

ВОЗНИЦА ПОВОРАЧИВАЕТСЯ К ЮДЕ И РИВКЕ
И ПОДМИГИВАЕТ ИМ.

---

30 **Псалмы** – на ивр. «Теилим», Восхваления, составлены Царем Давидом. В духовном аспекте эти стихи представляют собой каббалистический текст, где рассказывается о борьбе души человека против его внутренних врагов – эгоистических помыслов.

– Вот я вижу, вы, рав, – умный человек, – говорит он, – и жена у вас красавица. А я с 7 лет работаю, писать-читать разучился – для чего мне! А вот когда сынок читает, слушаю и все запоминаю... и плачу... Это надо же так красиво написать...

ЮДА СМОТРИТ НА НЕГО И УЛЫБАЕТСЯ ЕМУ.
ВОЗНИЦА ПОДГОНЯЕТ ЛОШАДЬ
И СНОВА ПРЕДУПРЕЖДАЮЩЕ ПОДНИМАЕТ ПАЛЕЦ ВВЕРХ.

Возница. «Если встанет против меня неприятельский стан, не устрашится сердце мое; если встанет на меня война – и тут уповаю я на Господа...»

ВОЗНИЦА КАЧАЕТ ГОЛОВОЙ И ГРОМКО ЦОКАЕТ ЯЗЫКОМ.

Возница. Ай-яй-яй, как красиво-то... И сынок мой так красиво это читает, и сидит, и разбирается, и все мне, старому дураку, объясняет.. Ты, говорит, отец, любишь только себя, а Творец – всех.
Юда. Так и говорит?
Возница. Да-а! Так и говорит! Он у меня такой умный!
Юда. А как сына твоего зовут?
Возница. Моше. Ему только-то 10 лет... И еще он говорит: – Смотри, отец, какой добрый у нас Творец... – Добрый, – говорю, – добрый Он, сынок...

ОН КАЧАЕТ ГОЛОВОЙ,
ПОВОРАЧИВАЕТСЯ И ПОДГОНЯЕТ ЛОШАДЬ...

Возница. Ну-у-у, давай, заслушалась, старая...

ВДРУГ ГОЛОС ЕГО ИЗМЕНЯЕТСЯ...
ВИДНО, КАК ОН РУКАВОМ ВЫТИРАЕТ ГЛАЗА.

Возница. Э-эх... Добрый Он, конечно. Что ж Он, Добрый... сына моего ног лишил?

ОГЛЯДЫВАЕТСЯ НА ЮДУ.
СЛЕЗЫ СТОЯТ У НЕГО В ГЛАЗАХ.

Возница. А?.. Такой мальчик у меня, ребе, умный такой, все знает, только ноги у него с детства не ходят. Да я не жалуюсь, Творцу нашему виднее... Только вот можете Вы мне объяснить, ребе, зачем Он у него ноги забрал?

ЮДА МОЛЧИТ.
РИВКА, ПРИДЕРЖИВАЯ ЖИВОТ, СМОТРИТ НА МУЖА.

Юда. А далеко ты живешь?
Возница. Неблизко. На моей кляче часа два езды, если не упадет.

Юда. Хочу я с твоим сыном поговорить. Позволишь?
Возница. О-о, ребе, для него это такое счастье будет, он ведь раввина два раза в жизни видел. И то первый раз при обрезании. (*Косится на Ривку.)* Но дорога к нам плохая… А жена ваша вот-вот, гляди…
Ривка. Ничего, я себя хорошо чувствую (*смотрит на Юду*). Поедем…
Юда (*律вознице*). Поехали.

ВОЗНИЦА ИЗО ВСЕХ СИЛ ДЕРГАЕТ ВОЖЖИ.

Возница. Эх, старая, давай, не задумывайся! Но-о!!! Вот Мошке-то счастье будет, а?!

КЛЯЧА КОСИТСЯ НА ВОЗНИЦУ И ЧУТЬ ПРИБАВЛЯЕТ В ШАГЕ.
ПО НЕРОВНОЙ ДОРОГЕ,
РАСКАЧИВАЯСЬ ИЗ СТОРОНЫ В СТОРОНУ, КАТИТ ТЕЛЕГА,
И СЛЫШЕН СКРИПУЧИЙ ГОЛОС ВОЗНИЦЫ:

– «Слова Коэлета, сына Давида, царя в Йерушалайме. Суета сует, – сказал Коэлет, – все суета.»

ВОЗНИЦА ЧИТАЕТ НАИЗУСТЬ ИЗ ЭККЛЕЗИАСТА[31]
И ПРИГОВАРИВАЕТ:

– Точно ведь говорит, а? «Поколение уходит, и поколение приходит, а земля пребывает вовеки…»

ТЕЛЕГА УДАЛЯЕТСЯ.
ЮДА НАКРЫВАЕТ РИВКУ СВОИМ ПАЛЬТО.
ОНА ПРИЖИМАЕТСЯ К НЕМУ.
ВОКРУГ РАССТИЛАЕТСЯ СЕРАЯ ОСЕННЯЯ ШИРЬ:
ПОЛЕ, ВДАЛЕКЕ ЛЕС, НА ПРИГОРКЕ ОДИНОКАЯ СОСНА…
И ГОЛОС ВОЗНИЦЫ…

– «Что было, то и будет, и что творилось, то и будет твориться, и ничего нет нового под солнцем…»

ВЕЧЕРЕЕТ.
ТЕЛЕГУ БРОСАЕТ ИЗ СТОРОНЫ В СТОРОНУ НА НЕРОВНОЙ ДОРОГЕ.
РИВКА СИДИТ, ПРИЖАВШИСЬ К ЮДЕ,
СО СТРАХОМ ПРИДЕРЖИВАЯ ЖИВОТ.
НО ВОТ ОНА СПОЛЗАЕТ ВНИЗ И ИДЕТ ВСЛЕД ЗА ТЕЛЕГОЙ,
УТОПАЯ НОГАМИ В ГРЯЗИ И ДЕРЖА ЮДУ ЗА РУКУ.

---

31 **Экклезиаст** – русский перевод ивритского слова «Коэлет», собирающий. Составлен царём Шломо (Соломоном), «собравшим мудрость», ибо достиг цельности в единении противоречивых сторон души.

ТЕЛЕГА ВЪЕЗЖАЕТ В БЕДНОЕ МЕСТЕЧКО.
СВОРАЧИВАЕТ С ГЛАВНОЙ ДОРОГИ,
ЕЩЕ НЕСКОЛЬКО ПОВОРОТОВ,
И ВОЗНИЦА УКАЗЫВАЕТ ПАЛЬЦЕМ ВПЕРЕД.
ЧЕРНЫЙ ПОКОСИВШИЙСЯ ДОМ ПРИБЛИЖАЕТСЯ.
В ОКНЕ БЕЛЕЕТ ДЕТСКОЕ ЛИЦО.

Голос возницы. Это мой сынок…

ОНИ ВХОДЯТ В ДОМ.
ПРОСТАЯ СКУДНАЯ ОБСТАНОВКА.
НА СТУЛЕ, СПЕЦИАЛЬНО СБИТОМ ДЛЯ НЕГО,
СИДИТ МАЛЬЧИК – МОШЕ.
ПЕРЕД НИМ НА ПОДОКОННИКЕ РАСКРЫТАЯ КНИГА.
НОГИ ЕГО, КАК ВЕРЕВОЧКИ, СВИСАЮТ СО СТУЛА.
ОН УЛЫБАЕТСЯ ГОСТЯМ.

ВОЗНИЦА РАСТОПЫРИВАЕТ РУКИ И РАДОСТНО
И ЛЕГКО ПОДХВАТЫВАЕТ МОШЕ СО СТУЛА.
МОШЕ ОБНИМАЕТ ОТЦА ЗА ШЕЮ
И ЦЕЛУЕТ ЕГО В НЕБРИТУЮ ЩЕКУ.

Возница. Ну вот, уважаемый рав, вот мой сынок, Моше мой, радость моей жизни…

ЮДА ПРИСТАЛЬНО СМОТРИТ НА МОШЕ,
А ТОТ НА НЕГО.
ЮДА ПРОТЯГИВАЕТ РУКИ И ПЕРЕХВАТЫВАЕТ МОШЕ У ОТЦА.
МАЛЬЧИК ОБНИМАЕТ ЮДУ ЗА ШЕЮ,
ПОДТЯГИВАЕТСЯ К НЕМУ.
РИВКА СИДИТ У ДВЕРИ И ТИХО СМОТРИТ НА НИХ.

Моше (*Юде*). Как живешь?
Юда. Живу, каждый день думая о Нем.
Моше. Нет никого, кроме Него. Он заботится и думает о нас.
Возница (*бурчит*). Что же это Он так о тебе заботится?..

МОШЕ УЛЫБАЕТСЯ И ДОТРАГИВАЕТСЯ ДО РУКИ ЮДЫ.
ЮДА САДИТСЯ.

Моше. Не слушай его, он просто меня очень любит, никак не может понять, что все, что исходит от Творца, – всё добро.
Возница (*вздыхает*). О-о-о-х!..
Моше. Что Он так всё специально делает, специально нас запутывает, чтобы поднялся я над всеми мыслями и страданиями своими и сказал: – Только Ты и

есть Великое Добро, Отец наш, всех-всех-всех любящий.

ЮДА ВОСХИЩЕННО СМОТРИТ НА МАЛЬЧИКА.
МОШЕ ХЛОПАЕТ РУКАМИ ПО НЕПОДВИЖНЫМ НОГАМ.

Моше. А тело… Оно всегда будет стонать. Тело только себя любит. (*Моше таинственно и с улыбкой продолжает.)*Но есть в нас маленькая-малепусенькая, вот такая (*показывает свой мизинчик*), нет, еще меньше (*показывает на кончик мизинчика*), вот такусенькая… точечка. Она и называется душа. Творец дал нам ее. И только с ней Он говорит. Не тело с Творцом говорит, а душа. Правильно я говорю, уважаемый рав?
Юда (*восхищенно*). Каждое слово твое – истина.
Юда. Не с телом я хочу быть, а с Душой. Тело пусть страдает, что мне тело, я с Душой, Душа поет…
Возница (*возбужденно*). Такой он у меня, уважаемый рав, странный такой, любимый мой сынок. Я – глупый, ничего не понимаю, дай мне в субботу попеть да выпить. Да еще денег немного заработать, сколько нам с ним надо, чтоб книг ему купить. Он ведь эту одну уже замусолил, все знает наизусть, слово в слово. Вот спросите его, спросите? А ну-ка, Моше, прочти уважаемому раву, как мне…

И ВДРУГ ВСЕ ВИДЯТ, ЧТО МОШЕ НЕ ЗДЕСЬ,
ТО ЕСТЬ ОН ЗДЕСЬ, НО ВЗГЛЯД ЕГО ТАМ,
ЗА ОКНОМ. ТИХИЙ СПОКОЙНЫЙ ВЗГЛЯД…
ЮДА СМОТРИТ НА НЕГО, СТАРАЯСЬ НЕ СПУГНУТЬ…
КАК ОНИ ПОХОЖИ В ЭТОТ МОМЕНТ!

Возница (*шепотом*). Вот так бывает, сидит часами с книгой, читает-читает, а потом поднимет глаза и за окно смотрит… А что там? Дорога разбитая, да кляча наша стоит…
Юда (*шепотом*). Ты что, не видишь, с Кем он разговаривает?

ВОЗНИЦА ВГЛЯДЫВАЕТСЯ В ОКНО.
ТУДА, КУДА СМОТРИТ МОШЕ.

Возница. С клячей с нашей что ли разговаривает?..
Юда. Прав твой сын, глупый ты. За окном твоим Свет… И мальчик твой великий и счастливый. Он этот Свет видит.

МОШЕ ПЕРЕВОДИТ ВЗГЛЯД НА ЮДУ
И ВДРУГ ОЧЕНЬ ПО-ВЗРОСЛОМУ ГОВОРИТ:

– Ты должен им так все рассказать, чтобы они все поняли. Ты должен знать, что тебя Творец выбрал не просто так. А чтобы ты им всё объяснил. Ведь они слепые, в чем они виноваты… А ты найди для них такие слова…

Юда. Я стараюсь, я очень много думаю, как это сделать.
Моше. У тебя получится.
Юда. Не знаю…
Моше. А я знаю.
Юда (*смотрит на него*). А ну-ка, подожди.

ЮДА ВДРУГ ВСТАЕТ И ВЫХОДИТ ИЗ ДОМА.
ОН ВОЗВРАЩАЕТСЯ С УЗЛОМ,
РАЗВЯЗЫВАЕТ ЕГО НА СТОЛЕ
И ВЫКЛАДЫВАЕТ КНИГУ ЗОАР.

Юда. Я хочу тебе оставить эту книгу.

МОШЕ ВОСХИЩЕННО РАЗГЛЯДЫВАЕТ ЕЕ ОБЛОЖКУ.

Моше. Зоар… Мне обязательно надо успеть ее прочитать. Жалко будет, если не успею.

ОТКРЫВАЕТ КНИГУ И СРАЗУ ЖЕ ПОГРУЖАЕТСЯ В ЧТЕНИЕ.
И УЖЕ НЕ СУЩЕСТВУЕТ ДЛЯ НЕГО ЭТОЙ КОМНАТЫ, ЛЮДЕЙ…
ГЛАЗА ЕГО БУКВАЛЬНО СЪЕДАЮТ СТРОЧКИ,
БЕГУТ ПО НИМ, ЖАЖДУЩИЕ…
ВСЕ СМОТРЯТ НА МОШЕ.

Возница. Всё, теперь с ним до утра не поговоришь. Ку-у-уда там, не пьет, не ест, знай только в лампу керосин подливай. Надо бы купить, осталось на две ночи, не больше… Спасибо за книги, уважаемый рав, такой подарок ему сделали. Я вас домой довезу и денег с вас не возьму…

ОНИ МОЛЧА ВЫХОДЯТ ВО ДВОР, САДЯТСЯ НА ТЕЛЕГУ.
ВОЗНИЦА ДЕРГАЕТ ВОЖЖИ, И ЛОШАДЬ ТРОГАЕТСЯ…

ЮДА СМОТРИТ НА ОКНО ОДИНОКОГО ДОМА,
В КОТОРОМ ВИДЕН МАЛЕНЬКИЙ МАЛЬЧИК,
ЧИТАЮЩИЙ КНИГУ.
УЖЕ ГОРИТ КЕРОСИНОВАЯ ЛАМПА,
ПОТИХОНЬКУ ПРИХОДИТ ВЕЧЕР.
ЮДА ПОВОРАЧИВАЕТСЯ К РИВКЕ.

Юда. Вот так получается, пришел ко мне посланник[32] и расставил все на свои места. (*Задумчиво.*) Обязан я им рассказать… так, чтобы поняли… обязан!

---

32 **Посланник** – Творец проявляется человеку через любые явления, книги, людей – надо лишь быть готовым к восприятию Его посыла.

•

МЕДЛЕННО В ТИШИНЕ
ПРОЯВЛЯЕТСЯ ДОКУМЕНТАЛЬНАЯ ХРОНИКА.

РУССКО-ЯПОНСКАЯ ВОЙНА, ЦУСИМСКОЕ СРАЖЕНИЕ.
РАЗГРОМ РУССКОГО ФЛОТА.
ВОТ МАШЕТ РУКОЙ СЧАСТЛИВЫЙ ТЕОДОР РУЗВЕЛЬТ,
ПЕРЕИЗБРАННЫЙ НА ВТОРОЙ ПРЕЗИДЕНТСКИЙ СРОК.
ВОССТАНИЕ МАТРОСОВ НА БРОНЕНОСЦЕ «ПОТЕМКИН».
ОСНОВАНИЕ АНГЛИЙСКОГО ФУТБОЛЬНОГО КЛУБА «ЧЕЛСИ».
НАЧАЛО ПЕРВОЙ РУССКОЙ РЕВОЛЮЦИИ –
РАССТРЕЛ МИРНОЙ ДЕМОНСТРАЦИИ.

•

УЛИЦА ВАРШАВЫ.
ЮДА – РАВ АШЛАГ – ВДРУГ РЕЗКО ОСТАНАВЛИВАЕТСЯ
ПОСРЕДИ УЛИЦЫ.

ОН ВИДИТ, КАК ПАДАЮТ ПОД ПУЛЯМИ
ИСПУГАННЫЕ УДИВЛЕННЫЕ ЛЮДИ.
ОН ВГЛЯДЫВАЕТСЯ…

ИЗ ТУМАНА И МЕЛКОГО ДОЖДЯ ПРОЯВЛЯЮТСЯ И БЕГУТ ЕМУ
НАВСТРЕЧУ МАТРОСЫ РЕВОЛЮЦИИ 1917 ГОДА.
ИЗ ИХ ВИНТОВОК ВЫРЫВАЕТСЯ ОГОНЬ…

ЮДА ПОДНИМАЕТ ВОРОТНИК ПАЛЬТО…
ОН ИДЕТ ПО СЕРОЙ УЛИЦЕ, ЕЖАСЬ ОТ ХОЛОДА.

И ВДРУГ МИМО НЕГО ПРОХОДИТ ЛЕНИН.
ЮДА ПРОВОЖАЕТ ЕГО ВЗГЛЯДОМ. И ВИДИТ…
ВАГОНЫ, ЗАБИТЫЕ ЗАКЛЮЧЕННЫМИ, УНОСЯТСЯ В ТУМАН.

ЮДА ПРОДОЛЖАЕТ ИДТИ ПО УЛИЦЕ.

ШТУРМОВИКИ ПРОХОДЯТ МИМО НЕГО.
ИХ ВСТРЕЧАЕТ, ПРИВЕТСТВУЯ ВЫТЯНУТОЙ РУКОЙ,
МОЛОДОЙ ГИТЛЕР.

ЮДА ИДЕТ ПО ЕВРЕЙСКОМУ КВАРТАЛУ.

ГРИБ ЯДЕРНОЙ БОМБЫ ПОДНИМАЕТСЯ НАД ДОМАМИ…

ЮДА ЗАХОДИТ В ЗДАНИЕ.

БЕН-ГУРИОН ОБЪЯВЛЯЕТ О СОЗДАНИИ ГОСУДАРСТВА ИЗРАИЛЬ.

САМОЛЕТ ВРЕЗАЕТСЯ В НЕБОСКРЕБ…

•

РАВ ЮДА АШЛАГ ВХОДИТ В УЧЕБНЫЙ КЛАСС.
СРЕДИ УЧЕНИКОВ,
ВОЗРАСТ КОТОРЫХ ОТ 20-ТИ ДО 60-ТИ ЛЕТ,
СИДИТ И РАВ ФЕЛЬДМАН.
РАВ АШЛАГ НАЧИНАЕТ ГОВОРИТЬ ПРЯМО ОТ ДВЕРИ.

Рав Ашлаг. Есть Единая душа (*он руками рисует в воздухе круг*). В ней все наши души соединены накрепко. Соединены они Любовью – единственным законом, который существует.

РАВ АШЛАГ ОБВОДИТ ВЗГЛЯДОМ УЧЕНИКОВ.
В УГЛУ КЛАССА ВНИМАТЕЛЬНО СЛУШАЕТ ЕГО
РАВ ФЕЛЬДМАН.

Рав Ашлаг. Творец разбил эту Единую душу. И теперь мы сами должны вернуться к Ней. А это значит… подняться над своим эгоизмом. К любви…
Хаим (*молодой ученик*). К любви между всеми…
Рав Ашлаг. К любви между всеми.
Хаим. Всеми евреями.
Рав Ашлаг. Всем миром.
Хаим. Ненавидящим нас…
Рав Ашлаг. Весь мир поднимется от ненависти к Любви.
Арон (*еще один молодой ученик с нервным лицом и болезненно горящими глазами*).
Для чего Творцу надо было разбивать эту Единую душу?! Для чего?! Ведь Он хочет для нас счастья. Мы все были едины, счастливы, так для чего же?..
Рав Ашлаг. Для чего?
Арон. Да-да-да!.. Для чего надо было бросать нас в безумный этот мир, разделять на народы, расы, богатых, бедных, на евреев, не евреев, для чего?!
Рав Ашлаг (*останавливается перед Ароном*). Он хотел сделать нас равными Себе.
Арон. Не понимаю.
Рав Ашлаг. Не рабами Его, а равными Ему.
Арон (*нервно*). Не понимаю!
Рав Ашлаг. Когда ты весь залит Светом, когда ты подавлен Им, чего тебе хочется?
Арон. Быть все время в этом Свете. Ну и что в этом плохого?
Рав Ашлаг. Он не хочет делать нас рабами Света. Он хочет, чтобы мы были свободными, равными Ему. Зачем Ему безмозглые существа, которыми Он вертит, как хочет. (*Весь устремлен к Арону.*) Он хочет, чтобы рядом с Ним был

свободный человек, который сам бы решил быть рядом, быть равным, другом, а не рабом. Равным!.. Как же сделать так?!

РАВ АШЛАГ СМОЛКАЕТ И ОБВОДИТ КЛАСС ВЗГЛЯДОМ.
ВСЕ ЖДУТ ПРОДОЛЖЕНИЯ.

Рав Ашлаг. Только одним способом. Разбить Единую душу на мелкие осколки, одеть их, эти осколки, в тела нашего мира, окунуть их в этот эгоизм, в эту ненависть, максимально удалить от Себя, сделать так, чтобы мы сами! Сами! Из этой темноты, сами(!) захотели бы подняться к Нему и жить по Его закону.

МОЛЧАНИЕ.

Хаим. Как это сделать?

•

ДОМ РАВА АШЛАГА. НОЧЬ.
РАВ АШЛАГ ПИШЕТ.
ИЗ-ПОД ПЕРА ВЫХОДЯТ АККУРАТНЫЕ СТРОЧКИ.
И СЛЫШЕН ШЕПОТ РАВА АШЛАГА:

– «Но как это сделать?! Как мы можем жить по Его закону, мы, подобные диким ослам, находимся на максимальном удалении от Него! Он – Свет для всех, мы же – низшая точка низменности и грязи, живущие исключительно для себя!.. Как же нам подняться к Творцу?..»

ТИХИЙ СТУК В ДВЕРЬ.
ВСЕ СПЯТ, И ЮДА САМ ИДЕТ ОТКРЫВАТЬ.
НА ПОРОГЕ СТОИТ ВОЗНИЦА.
В РУКАХ У НЕГО КНИГА ЗОАР.
ЮДА СМОТРИТ НА НЕГО И СРАЗУ СПРАШИВАЕТ:

– Когда?
Возница. Сегодня ночью, час назад. Последнее, что сказал мне, – сразу же передать Вам это, уважаемый Рав.

ПЕРЕДАЕТ КНИГУ ЗОАР И ЗАПИСКУ.

Возница (*торопливо*). Ну я побегу, не хочу его оставлять одного… Он вдруг такой маленький сделался…

ЛИЦО ВОЗНИЦЫ НЕОЖИДАННО СМОРЩИВАЕТСЯ,
И ОН НАЧИНАЕТ ПЛАКАТЬ, КАК РЕБЕНОК.
ВЫТИРАЕТ ГЛАЗА ГРЯЗНОЙ РУКОВИЦЕЙ,
РАЗМАЗЫВАЕТ ГРЯЗЬ ПО ЛИЦУ.

Возница. А при жизни мне казался такой большой!.. Вы ему, ребе, похоже, несколько дней прибавили. (*Добавляет даже радостно.*) Он умирал тихо. Улыбался, когда умирал.

СМОЛКАЕТ, МНЕТ РУКАВИЦЫ В РУКАХ,
СМОТРИТ НА НИХ.

Возница. Что ж я теперь… один… делать буду?..

ВОЗНИЦА ПОВОРАЧИВАЕТСЯ И НАЧИНАЕТ ТЯЖЕЛО
СПУСКАТЬСЯ ПО СТУПЕНЬКАМ ЛЕСТНИЦЫ.

РАВ АШЛАГ РАЗВОРАЧИВАЕТ ЗАПИСКУ.
ГЛАЗА ЕГО БЕГУТ ПО СТРОЧКАМ.
ГУБЫ ПРОИЗНОСЯТ:

– «Сейчас меня заберет к себе Творец. Но прежде Он дал мне великое счастье – я успел прочитать такую книгу!.. О моей душе, обо всем мире, о дороге к Нему, которую все пройдут. Он приглашает нас к Себе на праздник. Он накрыл стол для нас, а мы все не идем. Расскажи им об этом. Будь терпелив к ним, как к детям, расскажи им, какое счастье им приготовил Творец. Спасибо тебе, ты остаешься здесь сделать эту работу. Я надеюсь на тебя, любимый наш рав Юда… Мы должны были встретиться, и я должен был тебе все это сказать… Бедный мой отец, он не знает, как прекрасен Творец!..»

КТО-ТО НАКРЫВАЕТ ПЛЕЧИ РАВА АШЛАГА ПЛЕДОМ.
ОН ОБРАЧИВАЕТСЯ. ПОЗАДИ НЕГО СТОИТ РИВКА.

Ривка. Тебе нельзя простужаться…

ОН БЛАГОДАРНО СМОТРИТ НА НЕЕ.

Ривка. У меня такое ощущение, что это был совсем не мальчик…
Юда. А кто же?
Ривка. Это был Он…

•

КОМНАТА РАВА АШЛАГА. ТА ЖЕ НОЧЬ.
ОН ТАК И СИДИТ ЗА СТОЛОМ, НАКРЫТЫЙ ПЛЕДОМ.
ПЕРЕД НИМ КНИГА ЗОАР, КОТОРУЮ ВЕРНУЛ ВОЗНИЦА.
ИЗ СЕРЕДИНЫ КНИГИ ВЫГЛЯДЫВАЕТ ЗАСУШЕННЫЙ
СТЕБЕЛЕК.

РАВ АШЛАГ ОТКРЫВАЕТ КНИГУ НА ЗАКЛАДКЕ.
И ВИДИТ НЕСКОЛЬКО СТРОЧЕК,

НАПИСАННЫХ ДЕТСКОЙ РУКОЙ.
ОН УСПЕВАЕТ ПРОЧИТАТЬ ПЕРВУЮ:
«НАЙТИ ЕГО В СЕБЕ» …
И ТУТ ЖЕ СТРЕМИТЕЛЬНО ПРИБЛИЖАЮТСЯ К НЕМУ БУКВЫ.
И ОН ЧУВСТВУЕТ…

•

ПЕСЧАНАЯ ДОРОГА РАСКАТЫВАЕТСЯ ПЕРЕД НИМ, КАК КОВЕР.
ЗА ЕГО СПИНОЙ ОСТАЕТСЯ ВЫХОД ИЗ РАСЩЕЛИНЫ
И ОГРОМНОЕ ДЕРЕВО – «КОВЧЕГ»,
ЛЕЖАЩЕЕ НА БОКУ, ДУПЛОМ КВЕРХУ.

•

НА МГНОВЕНИЕ ВОЗВРАЩАЕТСЯ КОМНАТА.
РАВ АШЛАГ СМОТРИТ В ОКНО.
ПЕРО ОКУНАЕТСЯ В ЧЕРНИЛА.

– «Приходит время покинуть ковчег»[33], – из-под пера рождаются ровные уверенные строчки.

•

ВСПЫШКА.
ЯСНЫЙ ДЕНЬ ПОСЛЕ БУРИ.
ПЕСЧАНАЯ ДОРОЖКА ПЕТЛЯЕТ МЕЖ ГОЛУБЫХ ГОР.
ТЕНИСТЫЕ ЛЕСА ПОДНИМАЮТСЯ ВВЫСЬ.

– «Ковчег» сохранял тебя… от тебя самого. Теперь ты окреп… И должен выйти…»

РАВ АШЛАГ ИДЕТ СКВОЗЬ ЦВЕТУЩИЕ ЛУГА,
ЗАГЛЯДЫВАЯСЬ НА ЭТУ БЕСКОНЕЧНУЮ КРАСОТУ.
НО ПЕРО ВЫВОДИТ ДРУГИЕ СТРОЧКИ:

– «Жди падений[34]… Будь готов к ним…»

---

33 **Человек покидает ковчег** – когда очищающие мысли, с которыми он жил всё это время, подготовили его к рождению. Девять месяцев и один день (это не время, а духовные состояния) человек находился в мыслях об отдаче. Он жил в них, как зародыш в утробе матери. Теперь он окреп, то есть получил первый минимальный объем души и способен начать работу с отложенными им на время эгоистическими желаниями.

34 **Падения** – когда теряется вдруг связь с духовным. Это происходит, когда прибавляется человеку новая порция эгоизма, с которым надо начать работать (исправлять его). Вся задача человека, чтобы эти падения были максимально сокращены. Но сами по себе они неминуемы.

•

КОМНАТА.
РАВ АШЛАГ СМОТРИТ В ОКНО.

– «Ведь ты впускаешь в себя своё «я» … – шепчет он, – А там … тьма … »

•

И ВДРУГ РАСКАЛЫВАЕТСЯ ЗЕМЛЯ ПЕРЕД НИМ …
И ОН ЛЕТИТ В ПРОПАСТЬ, В ЧЕРНУЮ ЯМУ,
БЬЕТСЯ НА ЛЕТУ ОБ ЕЕ ОСТРЫЕ КРАЯ …
ЛЕТИТ! ЛЕТИ-И-И-Т ВНИЗ!..
И ЭХО РАЗНОСИТ ЕГО КРИК:

– А-а-а-а-а!

ОН ПЛАШМЯ ПАДАЕТ НА КАМЕННЫЙ ПОЛ ПОЛУТЕМНОГО ЗАЛА.
И ТУТ ЖЕ НЕВИДИМАЯ СИЛА ПОДНИМАЕТ ЕГО НА НОГИ,
РАЗВОРАЧИВАЕТ И ТОЛКАЕТ ВПЕРЕД.
ОН ПО ИНЕРЦИИ ДЕЛАЕТ НЕСКОЛЬКО ШАГОВ.

НА БУМАГЕ ПОЯВЛЯЕТСЯ СТРОЧКА:

– «Ты еще не знаешь, что это такое, – ты сам!..»

ЗАЛ ОСВЕЩЕН ФАКЕЛАМИ С ЧЕТЫРЕХ СТОРОН.
ВДРУГ РАВ АШЛАГ ВИДИТ ПРЯМО ПЕРЕД СОБОЙ
ЗОЛОТОЙ ТРОН И ЧЕЛОВЕКА, СИДЯЩЕГО НА НЕМ.
ЛИЦО ЧЕЛОВЕКА СКРЫТО В ТЕМНОТЕ.

РАВ АШЛАГ ХВАТАЕТ ФАКЕЛ СО СТЕНЫ
И ПОДНИМАЕТ ЕГО НАД СОБОЙ.
ПЕРЕД НИМ НА ТРОНЕ СИДИТ ФАРАОН[35].

У ФАРАОНА ЛИЦО РАВА АШЛАГА.

•

КОМНАТА. РАСКРЫТАЯ КНИГА ЗОАР.
ОНА РАСКРЫТА НА ГЛАВЕ «ПО ПРОШЕСТВИИ».
НАД СТРОЧКОЙ
« … И ПРЕДСТАЛ ОН ПЕРЕД ФАРАОНОМ ЕГИПЕТСКИМ … »
АККУРАТНО ВЫВЕДЕНО ДЕТСКИМ ПОЧЕРКОМ МОШЕ:

---

35 **Фараон** – ивр. «паро», эгоистическая сила любви к себе, которая правит человеком.

– «Увидеть его и победить» …[36]

•

СЛЕДУЮЩИЙ ДЕНЬ. КЛАСС.
СНОВА УСТРЕМЛЕНЫ НА РАВА АШЛАГА ГЛАЗА ВСЕХ ЕГО УЧЕНИКОВ.
СНОВА В УГЛУ КЛАССА СИДИТ РАВ ФЕЛЬДМАН.
РАВ АШЛАГ ОСТАНАВЛИВАЕТСЯ ПЕРЕД ХАИМОМ.

Рав Ашлаг. Ты спрашивал, как нам снова вернуться к Творцу?
Хаим. Да. Я не мог заснуть. Я думал об этом все время.
Рав Ашлаг. Ты чувствуешь, что состояние твое невыносимо?
Хаим. Да, чувствую.
Рав Ашлаг. Почему?
Хаим. Чувствую, что нет конца этим страданиям.
Рав Ашлаг. Знаешь, почему страдаешь?
Хаим. Наваливается пустота… все пресно… ничто не радует.
Рав Ашлаг (*резко*). И в этом виноват ты!..
Хаим (*удивленно*). Я?!
Рав Ашлаг. А кто же еще?.. Это ты не даешь проявиться Ему!
Хаим. Я люблю Творца!
Рав Ашлаг. Не Творца ты любишь, а себя…
Хаим. Нет. Я так не чувствую.
Рав Ашлаг (*резко указывает на него пальцем*). Вот это первый этап, который мы должны пройти (*выпрямляется, смотрит на всех*). Понять, что никакие мы не праведники, а лжецы и воры, ненавидящие всех, кроме себя…

•

ВСПЫШКА.
В СВЕТЕ ФАКЕЛОВ С ЗОЛОТОГО ТРОНА
СМОТРИТ НА РАВА АШЛАГА
ФАРАОН С ЛИЦОМ РАВА АШЛАГА.

Голос рава Ашлага. Не каждому это дано. Случайный не войдет туда. Входят туда только те, у кого разбиты сердца. Кто не может жить без ответа на вопрос, для чего он живет. Только такому можно раскрыть истину. Только такой выдержит. Только ему позволяют спуститься в бездну, туда, куда никогда не было смелости заглянуть. В себя. В самую тьму своего эгоизма. Что он видит там?..

ВСПЫШКА.
ФАРАОН С ЛИЦОМ РАВА АШЛАГА НА ТРОНЕ.

---

36 **Увидеть Фараона** – означает ощутить эту силу в себе и себя как раба этой силы. **Победить** – направить свои силы не на получение, а на отдачу. Тогда место Фараона в человеке займет Творец.

Голос рава Ашлага. Страшную гримасу своего хозяина.

ФАРАОН УЛЫБАЕТСЯ.
УКАЗЫВАЕТ НА ЗОЛОТОЙ СТУЛ,
СТОЯЩИЙ РЯДОМ С ЕГО ТРОНОМ.
КАКАЯ-ТО СИЛА ТОЛКАЕТ РАВА АШЛАГА ВПЕРЕД.
И ВОТ ОН УЖЕ СИДИТ РЯДОМ С ФАРАОНОМ.
ПЫТАЕТСЯ ВСТАТЬ,
НО ЗАЩЕЛКИВАЮТСЯ ЗОЛОТЫЕ КАНДАЛЫ
НА РУКАХ И НА НОГАХ.
ПРИКОВЫВАЮТ ЕГО К СТУЛУ.

Голос рава Ашлага. Фараон – наша суть. Только на него мы работаем всю свою жизнь. Он правит. Он – наша природа, наше «Я» …

НА ТРОНЕ СМЕЕТСЯ ФАРАОН.
СНИМАЕТ ЗОЛОТОЙ ПЕРСТЕНЬ
И ПЕРЕДАЕТ ЕГО РАВУ АШЛАГУ.
ТОТ СЛОВНО ПРИРАСТАЕТ К ПАЛЬЦУ РАВА.

•
КЛАСС.

Арон. Фараон – не человек? В Торе сказано…
Рав Ашлаг. В Торе ничего не говорится о людях.
Арон. Я не понимаю! Там нет Авраама? Там нет Моше, истории о египетском рабстве?..
Рав Ашлаг. Если ты так читаешь Тору, ты убиваешь и ее, и себя. Там нет ни слова об этом мире. Там нет людей. Там говорится о силах, которые выводят тебя к Творцу. Тора – тайная инструкция для раскрытия Творца. Зоар – ключ к этой инструкции.
Арон. Значит, Фараон – сила?
Рав Ашлаг. Ещё какая! Огромная сила.
Арон. И она во мне?
Рав Ашлаг. В каждом из нас живет Фараон.
Арон. И мы в рабстве у этой силы?
Рав Ашлаг. Она – правит. Она – это каждая наша мысль, действие, это вся наша жизнь. И если мы это поймем… И если мы почувствуем, что это невыносимо, – это и будет означать, что мы хотим не ее, не эту силу, а Творца. Возненавидев эгоизм, мы делаем первый шаг к Творцу.

СНОВА ОГЛЯДЫВАЕТ ВСЕХ. СНОВА ПАУЗА.

Хаим (*очень четко, почти по слогам*). Как спуститься к Фараону?.. Как возненавидеть свой эгоизм?.. Как?!

ОТКРЫВАЕТСЯ ДВЕРЬ КЛАССА, И ПОЖИЛОЙ УСЛУЖЛИВЫЙ ЕВРЕЙ ПОДОБОСТРАСТНО ОБРАЩАЕТСЯ К РАВУ АШЛАГУ:

– Начинается молитва, уважаемый рав Ашлаг.
Рав Ашлаг (*ученикам*). Идите, молитесь и думайте о том, о чем мы говорили.

УЧЕНИКИ ВЫХОДЯТ ИЗ КЛАССА.

РАВ АШЛАГ СИДИТ
И СОСРЕДОТОЧЕННО СМОТРИТ НА СВОИ РУКИ.
РУКИ ДРОЖАТ.

•

СИНАГОГА.
ОН ВХОДИТ В СИНАГОГУ.
ЕВРЕИ ШЕПЧУТСЯ, ГЛЯДЯ НА НЕГО…
ПОЖИЛОЙ ЕВРЕЙ ПОЧТИТЕЛЬНО УСТУПАЕТ ЕМУ МЕСТО.
РАВ АШЛАГ ИДЕТ ДАЛЬШЕ.

НАВСТРЕЧУ ЕМУ ВСТАЮТ ЕГО УЧЕНИКИ ХАИМ И АРОН.
ОН ПРОХОДИТ МИМО.

ЕГО ПРОСЯТ ПРОЙТИ БЛИЖЕ К СВИТКУ ТОРЫ,
СТАТЬ ПЕРВЫМ. ОСВОБОЖДАЮТ МЕСТО ПРЯМО НАПРОТИВ.
ОН ПОВОРАЧИВАЕТ ОТ НИХ К ОКНУ,
НО И ЗДЕСЬ ОТ НЕГО НЕ ОТСТАЮТ.

ПОДХОДИТ СТАРЕЙШИНА ОБЩИНЫ И ЖМЕТ ЕМУ РУКУ.

Старейшина. Рассказывают мне твои ученики, рав Ашлаг, какой великий учитель появился у них. Хотелось бы мне, чтобы ты дал и нам, старикам, несколько уроков. Тему выбери сам.

ВСЕ ВОКРУГ СМОТРЯТ НА НЕГО И ЖДУТ,
ЧТО ОН ОТВЕТИТ…
ОН МОЛЧИТ.

Старейшина (*всем*). Многоуважаемый рав Ашлаг сегодня будет вести молитву.

РАВ АШЛАГ НЕ ТРОГАЕТСЯ С МЕСТА.

Старейшина. Ну, рав Ашлаг, смотри, как все ждут тебя…
Рав Ашлаг (*вдруг громко и отчетливо*). Вам нужен кто-то, чтобы кланяться ему?!

СМОЛКАЕТ ШЕПОТ, РАЗГОВОРЫ В СТОРОНЕ,
ВСЕ ПОВОРАЧИВАЮТСЯ К НЕМУ.

Старейшина. Не понял тебя…
Рав Ашлаг. Вам мало Творца?! (*Обводит всех взглядом.*)Ну конечно, Он где-то там, высоко-о-о! Вам нужен кто-то здесь, рядом, свой, карманный… чтобы видеть его, заглядывать в рот, уступать ему место, целовать руки!.. Вам надо кого-то почитать здесь, на этой земле, в этой синагоге!

ЧЕЙ-ТО ГРОМКИЙ ШЕПОТ, ВЫКРИК, ДВИЖЕНИЕ,
УДИВЛЕНИЕ И ИСПУГ НА ЛИЦАХ.

Рав Ашлаг. Но знайте только – это буду не я.
Хаим. Вы здоровы, учитель?
Рав Ашлаг. Я абсолютно здоров, Хаим.
Старейшина. Ты уверен в этом?
Рав Ашлаг. Я уверен в этом.

ТИШИНА ПОВИСАЕТ В ВОЗДУХЕ.

Старейшина (*оглядывает всех с легкой ухмылкой*). И этот человек взялся учить нас чему-то?!
Голос. Выкинуть его отсюда!..
Пожилой еврей (*который заходил в класс рава Ашлага*). Посмотрите-ка на этого гордеца! Он только что произносил такие речи?! Он так клеймил эгоизм!.. что можно было поверить – вот он, праведник перед нами! И вот – что он такое на самом деле!..
Голос. Вон отсюда!
Голоса. Во-о-о-н!

РАВ АШЛАГ ИДЕТ МЕЖДУ НИМИ.
ЛЮДИ РАССТУПАЮТСЯ.
ЗА НИМ ПЫТАЮТСЯ ВЫЙТИ ХАИМ И АРОН,
НО СТАРЕЙШИНА ОСТАНАВЛИВАЕТ ИХ.

Старейшина (*громко*). Если вы сейчас выйдете, то можете забыть путь обратно.

ХАИМА И АРОНА ТУТ ЖЕ ОКРУЖАЮТ НЕСКОЛЬКО ЕВРЕЕВ
И НЕ ДАЮТ ИМ ПРОЙТИ.
АРОН СРАЗУ ЖЕ ВОЗВРАЩАЕТСЯ НА СВОЕ МЕСТО.
ХАИМ СТОИТ, ОКРУЖЕННЫЙ ЕВРЕЯМИ,
ОН С ТОСКОЙ И БОЛЬЮ СМОТРИТ ВСЛЕД РАВУ АШЛАГУ.

ЗА РАВОМ АШЛАГОМ ЗАКРЫВАЕТСЯ ДВЕРЬ.

•

УЛИЦА ПЕРЕД СИНАГОГОЙ.
РАВ АШЛАГ ВЫХОДИТ ИЗ СИНАГОГИ.
ЗА НИМ ВЫХОДИТ РАВ ФЕЛЬДМАН.

Рав Фельдман. Погоди.

РАВ АШЛАГ ОСТАНАВЛИВАЕТСЯ.

Рав Фельдман. Если бы я смог и дальше быть твоим учеником…

ИЗ СИНАГОГИ ВЫГЛЯДЫВАЕТ СТАРЕЙШИНА,
ЗА НИМ ЕЩЕ НЕСКОЛЬКО ЕВРЕЕВ И ХАИМ,
ПРЯЧУЩИЙСЯ МЕЖДУ НИМИ.

Старейшина (*строго*). Рав Фельдман, началась молитва. Оставьте его, он все равно ничего не поймет. (*Почти в приказном тоне.*)Заходите, мы вас ждем…

РАВ ФЕЛЬДМАН ДЕЛАЕТ ДВИЖЕНИЕ, ЧТОБЫ ПОДАТЬ РУКУ
РАВУ АШЛАГУ, НО ОСТАНАВЛИВАЕТ ЕЕ, ПОВОРАЧИВАЕТСЯ И,
ОПУСТИВ ГОЛОВУ, ТОРОПЛИВО ИДЕТ ОБРАТНО К СИНАГОГЕ.
ХАИМ ВИДИТ, КАК УДАЛЯЕТСЯ РАВ АШЛАГ.
ОН ОСТАЕТСЯ ОДИН СТОЯТЬ НА ПОРОГЕ…
ИЗ СИНАГОГИ ВЫСОВЫВАЕТСЯ ЧЬЯ-ТО РУКА
И ЗАТАСКИВАЕТ ЕГО ВНУТРЬ.
ОН НЕ СОПРОТИВЛЯЕТСЯ.

•

КОМНАТА РАВА АШЛАГА. НОЧЬ.
БОСЫЕ НОГИ СТОЯТ НА ЗАОСТРЕННЫХ КАМНЯХ.
РАВ АШЛАГ СКЛОНИЛСЯ НАД КНИГОЙ.

В УГЛУ, В ТЕМНОТЕ, СИДИТ РИВКА.
НА РУКАХ У НЕЕ МАЛЕНЬКИЙ РЕБЕНОК.
СТАРШИЙ СЫН, ВОСЬМИЛЕТНИЙ БАРУХ ШАЛОМ[37],
СПИТ РЯДОМ, ПРИЖАВШИСЬ К НЕЙ.
ОНА УКАЧИВАЕТ РЕБЕНКА И СМОТРИТ НА МУЖА.

Ривка. Нас просят переехать отсюда как можно быстрее. Хозяин не хочет ждать и дня.

---

37 **Барух Шалом** – Рав Барух Шалом (РАБАШ) – старший сын, ученик и в будущем последователь каббалиста рава Ю. Ашлага. РАБАШ получил разрешение передать в письменной форме самое скрытое в духовной работе, то, что ранее передавалось лишь устно. По его имени называется сегодня каббалистическая группа «Бней Барух».

Рав Ашлаг (*поднимает голову*). Разве ты не видишь, что я занимаюсь.
Ривка. Извини, я только хотела сказать, что потревожу тебя утром. Мне надо начинать собирать вещи. Квартиру я нашла. Утром приедет извозчик, и мы перевезем все туда.
Рав Ашлаг (*долго смотрит на нее*). Извини, что прибавляю тебе хлопот.

РАВ АШЛАГ ВСТАЕТ. И ВДРУГ…

•

ВСПЫШКА. ПОЛУТЕМНЫЙ ЗАЛ ФАРАОНА.
ВДРУГ РАСПАДАЮТСЯ ЗОЛОТЫЕ ЗАМКИ
НА РУКАХ И НОГАХ РАВА АШЛАГА.
ОН ПЫТАЕТСЯ ВСТАТЬ СО СВОЕГО КРЕСЛА И НЕ МОЖЕТ.

•

КОМНАТА РАВА АШЛАГА.
ОН ДЕЛАЕТ ШАГ НАВСТРЕЧУ РИВКЕ,
И ВДРУГ НОГИ ЕГО ПОДКАШИВАЮТСЯ.
РИВКА НЕ УСПЕВАЕТ ПОДХВАТИТЬ ЕГО.

•

ВСПЫШКА.
ПЕРЕД НИМ ОКАЗЫВАЕТСЯ ЛИЦО ФАРАОНА.
ФАРАОН СМЕЕТСЯ.

•

КОМНАТА. ОН ПАДАЕТ НА ПОЛ.
ПЫТАЕТСЯ ВСТАТЬ И НЕ МОЖЕТ.
РИВКА СКЛОНЯЕТСЯ НАД НИМ, ПОДДЕРЖИВАЯ ГОЛОВУ.

– Что с тобой?! – кричит она испуганно.

•

ВСПЫШКА.
ФАРАОН ПАЛЬЦЕМ ДОТРАГИВАЕТСЯ ДО НЕГО,
И ТУТ ЖЕ РАВ АШЛАГ ВМЕСТЕ СО СТУЛОМ ЛЕТИТ К СТЕНЕ.
ФАРАОН ПОДНИМАЕТ РУКУ,
И ВДРУГ РАВ АШЛАГ В УЖАСЕ ВИДИТ,
КАК ВСЛЕД ФАРАОНУ ПОДНИМАЕТСЯ И ЕГО РУКА.

•

КОМНАТА. РАВ АШЛАГ НЕ МОЖЕТ ВСТАТЬ.

– Что?.. Сердце?! – большие глаза Ривки полны тревоги.
– П-п-п-ервые стро-о-о-чки, – заплетающимся языком произносит он.

МОРЩИТСЯ, СИЛЯСЬ ВСПОМНИТЬ ИХ[38].
НЕ МОЖЕТ ВСПОМНИТЬ. ПУСТОТА…

– … З-з-з-най, до начала…

ОН СМОЛКАЕТ.

– «Творения…» – продолжает Ривка в страхе.

РАВ АШЛАГ ВСМАТРИВАЕТСЯ В НЕЕ.

– Не пугай меня, милый мой!.. – говорит она, – «Творения!»… Ну! Повторяй за мной, – «творения».
Рав Ашлаг (*повторяет*). Творения… (*морщится*).
Ривка. Был лишь высший…

РАВ АШЛАГ МЫЧИТ, ПЫТАЯСЬ ВЫГОВОРИТЬ СЛОВА.

Ривка (*нежно*). Ну!.. Не торопись… успокойся…
Рав Ашлаг. «Был лишь высший…»
Ривка. «Все собой заполняющий…»
Рав Ашлаг. «Всё собой заполняющий…»
Ривка. «Свет…»
Рав Ашлаг. «Свет…»

РИВКА ПОДДЕРЖИВАЕТ ЕГО ГОЛОВУ.
ОНА ЗАГЛЯДЫВАЕТ ЕМУ В ГЛАЗА.
ГОВОРИТ, КАК С РЕБЕНКОМ.

Ривка. «И не было…» (*Повторяет.*) «И не было…»
Рав Ашлаг. «И не было…»
Ривка. «…свободного незаполненного пространства…»
Рав Ашлаг. «…свободного незаполненного пространства…» (*В отчаянии.*) Не помню!
Ривка. Ты все помнишь! Ты всё помнишь!.. «Лишь бесконечный ровный свет… лишь бесконечный ровный свет…»!
Рав Ашлаг (*устало, еле выговаривая*). «Лишь бесконечный ровный свет…» (*напрягается, чтобы вспомнить*).
Ривка. А теперь сам… вспомни, милый мой, вспомни!.. Что дальше?..
Рав Ашлаг (*через силу*). «Лишь бесконечный ровный свет…»
Ривка. Да…
Рав Ашлаг. «…собой…»
Ривка. Да-да!

---

38 Такие падения даются каббалисту перед большим подъемом.

Рав Ашлаг. «**...** заполнял ...»
Ривка. Молодец!..
Рав Ашлаг (*выдыхает, повторяя за ней*) .... молодец.

ОН СИДИТ, РАСКАЧИВАЯСЬ НА СТУЛЕ.
РИВКА ГЛАДИТ ЕГО, ПОВТОРЯЯ:

– Ну вот видишь. Ты всё вспомнил ... Еще немного и всё пройдёт ...

РАВ АШЛАГ ПОДТЯГИВАЕТ К СЕБЕ КНИГУ.
СТРОЧКИ РАСПЛЫВАЮТСЯ.

Рав Ашлаг (*Ривке*). Иди ... иди, я сам ...

ПАЛЕЦ ДВИГАЕТСЯ ПО СТРОЧКАМ КНИГИ,
ГУБЫ ШЕВЕЛЯТСЯ, СКЛАДЫВАЯ БУКВЫ В СЛОВА.
НО ПРОИЗНЕСТИ ИХ НЕ ПОЛУЧАЕТСЯ.
РУКА СОСКАКИВАЕТ ВНИЗ ...
РАВ АШЛАГ СПИТ.

ЧАДИТ ЛАМПА.
ПРИХОДИТ РАССВЕТ.
РАВ АШЛАГ ОТКРЫВАЕТ ГЛАЗА.
ОН ЛЕЖИТ НА КРОВАТИ.
ОН ОДИН В КОМНАТЕ.
ОН С ТРУДОМ ВСТАЕТ, РАСПАХИВАЕТ ОКНО,
И ОСЕННИЙ ХОЛОДНЫЙ ВОЗДУХ ОБВОЛАКИВАЕТ ЛИЦО.
РАВ АШЛАГ ВДЫХАЕТ ЕГО ПОЛНОЙ ГРУДЬЮ ...

•
УТРО. ТЕЛЕГА С ВЕЩАМИ ТРЯСЕТСЯ ПО КРИВОЙ МОСТОВОЙ ...
ВОЗНИЦА ЧИТАЕТ НАИЗУСТЬ ИЗ «ЭККЛЕЗИАСТА» ...

Возница. «Слова Коэлета, сына Давида, царя в Иерушалаиме. Суета сует, – сказал Коэлет, – суета сует, все суета. Какая выгода человеку от всех трудов его, что он трудится под солнцем?..»

НА ТЕЛЕГЕ, НА КОТОМКАХ С ВЕЩАМИ,
СИДИТ ПОХУДЕВШИЙ ЗА ОДНУ НОЧЬ РАВ АШЛАГ.
РЯДОМ С НИМ ВОСЬМИЛЕТНИЙ БАРУХ ШАЛОМ
И РИВКА С МЛАДЕНЦЕМ НА РУКАХ.
ПРОПЛЫВАЮТ МИМО УЛИЦЫ ВАРШАВЫ.

Голос возницы. « ... поколение уходит и поколение приходит, а земля пребывает вовеки».

ВДРУГ РАСПЛЫВАЕТСЯ МОСТОВАЯ
ПЕРЕД ГЛАЗАМИ РАВА АШЛАГА.
И ВИДИТ ОН: ЧЕРНЫЕ ТЕНИ ДЕРЕВЬЕВ РАСКАЧИВАЮТСЯ
ПЕРЕД НИМ НА ФОНЕ СЕРОГО НЕБА…
ПРОХОЖИЕ ЗАГЛЯДЫВАЮТ ЕМУ В ЛИЦО…
СЛЫШИТСЯ ОТДАЛЕННЫЙ ГОЛОС ВОЗНИЦЫ:

– «…что было, то и будет, и что творилось, то и будет твориться, и ничего нет нового под солнцем….»
– Я хочу… – шепчет Рав Ашлаг. – Мне надо… – он еле выговаривает слова, – к старому Баруху.
– Хорошо! – Ривка слышит его. – Поворачивай! – командует она вознице. – Я знаю дорогу.

•

ВЕЧЕР. ПРОСЕЛОЧНАЯ ДОРОГА.
ПРИБЛИЖАЕТСЯ ПОКОСИВШИЙСЯ ДОМ СТАРОГО БАРУХА.

– Останови-и-и, – заплетающимся языком еле произносит Рав Ашлаг. – Ждите меня здесь.

ВИДНО, КАК ОСТАНАВЛИВАЕТСЯ ТЕЛЕГА НА ДОРОГЕ.
С НЕЕ СОСКАКИВАЕТ РАВ АШЛАГ И ИДЕТ К ДОМУ БАРУХА.
ВОТ ОНИ ПРИБЛИЖАЮТСЯ,
ЧЕРНЫЕ ОТ ДОЖДЯ СТАВНИ ОКОН.
ИЗ-ЗА ЩЕЛЕЙ СМОТРЯТ НА РАВА АШЛАГА
НЕБЕСНО-ГОЛУБЫЕ ГЛАЗА БАРУХА.

Рав Ашлаг (*заплетающимся языком*). Впусти меня…
Барух (*отрывисто*). Чего явился? Мне нечего тебе дать!
Рав Ашлаг. Я уста-а-а-л…
Барух. Я не говорил тебе, что дорога будет легкая.
Рав Ашлаг. Нем-но-го передох-нуть.
Барух. Глупости! Иди отсюда! Поворачивай, слышишь!
Рав Ашлаг. Я не ви-жу ни-че-го!.. Он никог-да не отпус-тит меня…
Барух. Сопляк! Как Он мог выбрать тебя, слабака такого! Он что, слепой, не видит, кто перед Ним! (*Резким окриком.*) А ну, пошел вон!

РАВ АШЛАГ РАЗВОРАЧИВАЕТСЯ, КАК ВО СНЕ.

Барух (*ему в спину, гораздо мягче*). Я же сказал, что я тебе больше не учитель… Юда…

РАВ АШЛАГ ТЯЖЕЛО ОПУСКАЕТСЯ НА ГОРУ ДРОВ,
ПРИЖИМАЕТСЯ СПИНОЙ К СТЕНЕ ДОМА

И В ИЗНЕМОЖЕНИИ ЗАКРЫВАЕТ ГЛАЗА.
И ТУТ ЖЕ НА ЕГО ГОЛОВУ ВЫПЛЕСКИВАЕТСЯ ГРЯЗНАЯ ВОДА.

НА ПОРОГЕ СТОИТ РАСТРЕПАННЫЙ,
ПОСТАРЕВШИЙ БАРУХ. ОН ДЕРЖИТ В РУКАХ ВЕДРО.

Барух. Я же сказал тебе – идти! Не сидеть! Идти!.. Я указал тебе дорогу!..

НАВСТРЕЧУ ОТ ТЕЛЕГИ, СТОЯЩЕЙ НЕПОДАЛЕКУ,
БЕЖИТ К ДОМУ РИВКА.
ОНА СКЛОНЯЕТСЯ НАД ПРОМОКШИМ РАВОМ АШЛАГОМ.

Ривка. Что он делает с тобой?! (*Баруху.*) Это мой муж! Что ты делаешь?!
Барух (*небрежно*). Забирай его!

РИВКА ПОМОГАЕТ РАВУ АШЛАГУ ВСТАТЬ.

Ривка. Все пройдет, милый мой, все пройдет…

БАРУХ ВДРУГ СОСКАКИВАЕТ С КРЫЛЬЦА,
БУКВАЛЬНО ОТРЫВАЕТ РАВА АШЛАГА ОТ РИВКИ
И ШЕПЧЕТ ЕМУ ЗЛОВЕЩЕ.

– Перед каждым подъемом пропасть, я же учил тебя! Без пропасти нет подъема!
Рав Ашлаг (*заплетающимся языком*). Он не отпус… кает меня.
Барух. Плохо требуешь. Есть только Одна сила. Требуй ее!
Рав Ашлаг. Я тре… бую…
Барух. Значит, плохо требуешь!
Рав Ашлаг. Я тре-бую… Творца… помощи… мне…

РАВ АШЛАГ ОБВИСАЕТ НА РУКАХ БАРУХА.
РИВКА ПОМОГАЕТ ДЕРЖАТЬ ЕГО.

Ривка. Помоги ему, если можешь!..
Барух. Уже не могу.
Рав Ашлаг (*бормочет словно сам себе*). Я вою, а Он не слышит… Он оставил меня… Фараон нашел…
Ривка. Что он говорит такое?
Барух. Он в порядке… просто там, где он… это огромная высота… Огро-о-о-мная! У меня голова от этой высоты кружится… забирай его. Все будет хорошо, женщина!

РИВКА ПОМОГАЕТ РАВУ АШЛАГУ ИДТИ.
ОН ЕЛЕ ПЛЕТЕТСЯ, ПОДДЕРЖИВАЕМЫЙ ЕЮ.

Барух (*ей вслед*). Видишь, и тебя Бог наградил. И меня, на старости тоже… наградил… Такое на наших руках чудо выросло…

СМОТРИТ ВСЛЕД УДАЛЯЮЩИМСЯ РИВКЕ И РАВУ АШЛАГУ.
И КАЧАЕТ ГОЛОВОЙ.

•

ПРОХОДЯТ ПЯТЬ ДОЛГИХ ЛЕТ.
ПРОХОДЯТ ОНИ В ПОСТОЯННЫХ ПОИСКАХ УЧИТЕЛЯ.
РАВ АШЛАГ ОБХОДИТ ВСЮ ПОЛЬШУ.
ПОПАДАЮТСЯ ЗНАТОКИ, МУДРЕЦЫ, ИЗВЕСТНЫЕ РАВВИНЫ,
ЕМУ ХВАТАЕТ НЕСКОЛЬКИХ ЧАСОВ,
А ИНОГДА И МИНУТ ОБЩЕНИЯ С НИМИ,
ЧТОБЫ ПОЧУВСТВОВАТЬ,
ЧТО САМ ОН ДАВНО УЖЕ ВПЕРЕДИ.
А ПОРОЙ ОНИ И САМИ ОТСЫЛАЮТ ЕГО ОТ СЕБЯ, ГОВОРЯ:

– Что мы можем тебе дать, Рав Ашлаг? И не думаем мы, что найдется кто-то, кто сможет быть твоим учителем. Проси Творца. Ничего другого тебе не остается.

И ОН ПРОСИТ.
НО УЧИТЕЛЬ ВСЁ НЕ ПОЯВЛЯЕТСЯ.

•

ИЗ ТИШИНЫ ВОЗНИКАЕТ ДОКУМЕНТАЛЬНАЯ ХРОНИКА
1912– 1914 ГОДОВ.
КИТАЙСКИЕ СОЛДАТЫ ВЕДУТ ПЛЕННЫХ МОНАХОВ.
ТИБЕТ ПРОВОЗГЛАШАЕТСЯ ТЕРРИТОРИЕЙ КИТАЯ.
ТОЛПА РЫДАЮЩИХ ЛЮДЕЙ НА УЛИЦАХ ЛОНДОНА –
ОНИ ОПЛАКИВАЮТ ГИБЕЛЬ РОДНЫХ,
НАХОДИВШИХСЯ НА БОРТУ «ТИТАНИКА».
НА ПРЕЗИДЕНТСКИХ ВЫБОРАХ В АМЕРИКЕ
ПОБЕЖДАЕТ ВУДРО ВИЛЬСОН.
ЧАРЛИ ЧАПЛИН СНИМАЕТ СВОЙ ПЕРВЫЙ ФИЛЬМ
«ЗАСТИГНУТЫЕ ДОЖДЕМ».

•

СЕРБСКИЙ ТЕРРОРИСТ УБИВАЕТ ПРИНЦА АВСТРИИ
ФРАНЦА ФЕРДИНАНДА.
НАЧИНАЕТСЯ ПЕРВАЯ МИРОВАЯ ВОЙНА.
БЕГУТ СОЛДАТЫ НА КОЛЮЧУЮ ПРОВОЛОКУ.
ОСТАНАВЛИВАЕТСЯ ПЕРЕД КАМЕРОЙ
И УЛЫБАЕТСЯ НАМ МОЛОДОЙ НИЗКОРОСЛЫЙ НЕМЕЦ

В ФОРМЕ ЕФРЕЙТОРА.
ЭТО АДОЛЬФ ГИТЛЕР.
ПОКА ЕЩЕ НИКОМУ НЕ ИЗВЕСТНЫЙ.

•

УЛИЦА ВАРШАВЫ.
РАВ АШЛАГ УСТАЛО ИДЕТ ПО УЛИЦЕ…
ТАКОЕ ОЩУЩЕНИЕ, ЧТО КТО-ТО НАБЛЮДАЕТ ЗА НИМ.
ДЕЙСТВИТЕЛЬНО, ТАК И ЕСТЬ.
ПОЖИЛОЙ ЧЕЛОВЕК НЕПРИМЕТНОЙ НАРУЖНОСТИ
СЛЕДИТ ЗА НИМ.

Голос рассказчика. Это письмо стало известно только после смерти рава Ашлага. Вот оно.

•

МЕДЛЕННО ПОЯВЛЯЕТСЯ ПИСЬМО,
ЧУТЬ НАДОРВАННОЕ ПО КРАЯМ,
ПОЖЕЛТЕВШЕЕ ОТ СТАРОСТИ.
ОНО НАПИСАНО РОВНЫМ
КАЛЛИГРАФИЧЕСКИМ ПОЧЕРКОМ.
КАМЕРА ДВИЖЕТСЯ ПО СТРОЧКАМ ПИСЬМА.

Голос рассказчика. Оно написано его рукой и должно было быть уничтожено, как множество статей и писем, которые он приказал сжечь. Но оно чудом не сгорело.

•

РАВ АШЛАГ СВОРАЧИВАЕТ В МАЛЕНЬКУЮ УЛОЧКУ.
ЧЕЛОВЕК ИДЕТ ЗА НИМ.
ЕЩЕ ОДИН ПОВОРОТ.
ЧЕЛОВЕК НЕ ОТСТАЕТ.

Голос рава Ашлага. На 12-й день месяца хешван, в пятницу утром, явился ко мне один человек…

•

СТУК В ДВЕРЬ.
РАВ АШЛАГ ОТКРЫВАЕТ ДВЕРЬ.
У НЕГО ИЗМОЖДЕННОЕ ЛИЦО.
ОН СМОТРИТ НА ЧЕЛОВЕКА,
ЛИЦА КОТОРОГО МЫ НЕ ВИДИМ.
ЧЕЛОВЕК ПЕРЕСТУПАЕТ ПОРОГ.

Голос рава Ашлага. Он раскрылся мне как великий мудрец Каббалы.

ЧЕЛОВЕК ВХОДИТ В КОМНАТУ РАВА АШЛАГА.
РАВ АШЛАГ ОТСТУПАЕТ ПЕРЕД НИМ.
МЫ ПО-ПРЕЖНЕМУ НЕ ВИДИМ ЛИЦА ЧЕЛОВЕКА.

Голос рава Ашлага. Сразу же, с началом его речей, почувствовал я и вкусил, что есть в нем Божественная мудрость, что Все им сказанное – подобно мощному потоку в своем величии…

•

ВАРШАВА. НОЧЬ.
РАВ АШЛАГ И ЕГО УЧИТЕЛЬ СИДЯТ ЗА БОЛЬШИМ СТОЛОМ.
СТРАННАЯ МАЛЕНЬКАЯ КОМНАТА УЧИТЕЛЯ,
В КОТОРОЙ ЕСТЬ ТОЛЬКО СТОЛ, ДВА СТУЛА.
ПУСТЫЕ СТЕНЫ И МАТРАЦ НА ПОЛУ.
ЛИЦА УЧИТЕЛЯ ПО-ПРЕЖНЕМУ НЕ ВИДНО.

РАВ АШЛАГ ВНИМАТЕЛЬНО СЛУШАЕТ ЕГО.
ОН ЧУВСТУЕТ КАЖДОЕ СЛОВО.

Голос Учителя (*тихий, бесцветный*). Побег совершается ночью[39], в полном бессилии.

•

ВСПЫШКА.
МЕРЦАНИЕ ФАКЕЛОВ. ТУСКЛЫЙ ЗАЛ.
ИЗМОЖДЕННЫЙ РАВ АШЛАГ СИДИТ НА СТУЛЕ.
ЕГО ГОЛОВА ОПУЩЕНА.

Голос Учителя. Он придет в полночь, не пропусти момент его прихода. Он мал, но силен, он тонок и поэтому точен. Он – результат твоей молитвы… Он – это Моше[40].

РАВ АШЛАГ ПОДНИМАЕТ ГОЛОВУ.
ОН ВИДИТ ФАРАОНА.
ФАРАОН ПРИСТАЛЬНО СМОТРИТ НА НЕГО.

Голос. Моше – это твое страстное желание вырваться…

---

39 **Побег ночью** – человек видит, что он полностью во власти эгоизма. Это ощущение называется ночь. Желание вырваться и невозможность сделать это рождают просьбу – молитву, требование помощи. И тогда в ответ на эту молитву человек получает силу для бегства.

40 **Моше** – сила, которая вытягивает человека из царства эгоизма. Моше – от ивритского слова «лимшох» – вытягивать.

•

ВАРШАВА. НОЧЬ.
ЗА СТОЛОМ ДВОЕ: РАВ АШЛАГ И УЧИТЕЛЬ.
ПАЛЕЦ УЧИТЕЛЯ ВЫПЛЫВАЕТ ИЗ ТЕМНОТЫ
И УХОДИТ В НЕЕ.
ГОРЯТ ГЛАЗА РАВА АШЛАГА.

Голос рава Ашлага. Занятия наши продолжались около трех месяцев, каждую ночь, с полуночи до утра, в его доме. Каждый раз он раскрывал мне новую тайну.

ЛИЦО УЧИТЕЛЯ В ТЕНИ ЛАМПЫ.
РАВ АШЛАГ ЧУТЬ ОТКЛОНЯЕТСЯ В СТОРОНУ,
ПЫТАЯСЬ УВИДЕТЬ ЕГО…
НО ВДРУГ ОКАЗЫВАЕТСЯ,
ЧТО НЕТ УЧИТЕЛЯ НА СТУЛЕ НАПРОТИВ.
ЧТО ОН СИДИТ У СТЕНЫ, В ТЕМНОТЕ И СОКРЫТИИ…
И СЛЫШИТСЯ ЕГО ТИХИЙ БЕСЦВЕТНЫЙ ГОЛОС:

– Молитва состоит из двух частей.

РУКА С КАРАНДАШОМ ЧЕРТИТ КВАДРАТИК,
РАЗДЕЛЯЕТ ЕГО НА ДВЕ ЧАСТИ.
ГРИФЕЛЬ УПИРАЕТСЯ В НИЖНЮЮ ЧАСТЬ.

Голос учителя. Первая мысль…

В НИЖНЕМ КВАДРАТИКЕ РУКА РИСУЕТ СТРЕЛКУ,
УКАЗЫВАЮЩУЮ ВВЕРХ.

Голос учителя. Первая твоя мысль поворачивает «отца и мать»[41] лицом к лицу…

В ВЕРХНЕМ КВАДРАТИКЕ ГРИФЕЛЬ БЫСТРО ВЫВОДИТ
ДВА ПОЛУКРУГА, РАЗВЕРНУТЫЕ ДРУГ К ДРУГУ.
В ВЕРХНЕМ ПОЛУКРУГЕ ПИШЕТСЯ СЛОВО «ОТЕЦ»,
В НИЖНЕМ – «МАТЬ».

Голос учителя. Вторая мысль – приводит к соединению[42]. Они слышат твою молитву о помощи!

---

41 **Отец и мать** – сила любви и отдачи, которая «живет» в человеке. Эту силу может привести в действие только молитва человека.

42 **Соединение** – ответ на молитву. Из этого соединения (соития) и зарождается сила – Моше, которая затем вытянет человека из ненавистного ему эгоистического состояния.

И ВДРУГ НА ГЛАЗАХ РАВА АШЛАГА
ДВА ПОЛУКРУГА СОЕДИНЯЮТСЯ В ОДИН.

Голос учителя. Состояние «беременности» приходит сразу. Высшие воды отходят, и рождается Моше – сила, которую ты заслужил.

ГРИФЕЛЬ СТАВИТ ТОЧКУ
НА СТЫКЕ ДВУХ ПОЛУОКРУЖНОСТЕЙ
И ЗАТЕМ РЕЗКО ПРОВОДИТ ЛИНИЮ ВНИЗ.

Голос учителя. Моше усыпит силу зла. Но ненадолго.

•
ВСПЫШКА.
РАВ АШЛАГ СМОТРИТ В ГЛАЗА ФАРАОНА,
СИДЯЩЕГО НАПРОТИВ.
И ВДРУГ ФАРАОН ЗАКРЫВАЕТ ГЛАЗА.

Голос учителя (*очень тихий*). Не пропусти Моше. Он мгновенен!..

ВСПЫШКА.
ЛУЧ СВЕТА СТРЕМИТЕЛЬНО ПРОНОСИТСЯ
ПО КАМЕННОМУ ПОЛУ,
ПРОСКАЛЬЗЫВАЕТ У НОГ РАВА АШЛАГА И УПИРАЕТСЯ В ДВЕРЬ.

Голос учителя (*резко*). За ним!

РАВ АШЛАГ СРЫВАЕТСЯ С МЕСТА,
БЕЖИТ ВСЛЕД ЗА ЛУЧОМ ПО ПОЛУТЕМНОЙ КОМНАТЕ.
В ЭТОТ МОМЕНТ ФАРАОН ОТКРЫВАЕТ ГЛАЗА.
РАВ АШЛАГ УЖЕ У ДВЕРИ.
РАСКРЫТ В КРИКЕ РОТ ФАРАОНА:

– Стоя-а-а-а-ать!

РАВ АШЛАГ ЗАМИРАЕТ С ВЫТЯНУТОЙ РУКОЙ.
ЛУЧ ОСЛЕПЛЯЕТ ФАРАОНА.
РАВ АШЛАГ СО ВСЕГО РАЗМАХА,
ВСЕМ ТЕЛОМ ВРЕЗАЕТСЯ В ДВЕРЬ.
ДВЕРЬ ПАДАЕТ ОТ УДАРА.

ВПЕРЕДИ ДЛИННЫЙ ПОЛУТЕМНЫЙ КОРИДОР.
РАВ АШЛАГ БЕЖИТ ПО НЕМУ...
ЕГО ГЛАЗА «ПРИВЯЗАНЫ» К ЛУЧУ,
ЛЕТЯЩЕМУ ВПЕРЕДИ.

•

ВАРШАВА. КОМНАТА.
ВИДНО ПОЛ-ЛИЦА УЧИТЕЛЯ.
ОТБЛЕСК ЛАМПЫ В ГЛАЗУ.
ГУБЫ ЕГО ШЕВЕЛЯТСЯ:

– И все это в тебе.

•

ВСПЫШКА.
РАВ АШЛАГ БЕЖИТ ПО УЗКОМУ КОРИДОРУ,
ПРИБЛИЖАЕТСЯ ДВЕРЬ,
ОН ТОЛКАЕТ ЕЕ И ОКАЗЫВАЕТСЯ НА УЛИЦЕ БЕЗ ОГНЕЙ,
ДОМА ТЕСНО ПРИЖАТЫ ДРУГ К ДРУГУ.
ОН ОГЛЯДЫВАЕТСЯ.
ОГНИ ФАКЕЛОВ ЗА НИМ СТРЕМИТЕЛЬНО ПРИБЛИЖАЮТСЯ.
ВПЕРЕДИ ВСЕХ ФАКЕЛ, ОСВЕЩАЮЩИЙ ИСКАЖЕННОЕ
В НЕНАВИСТИ ЛИЦО ФАРАОНА.

Голос Учителя. Не стой! Не думай! Не бойся!..

РАВ АШЛАГ ПОВОРАЧИВАЕТСЯ И БЕЖИТ.
ЕГО ПРЕСЛЕДУЕТ КРИК:

– Сто-о-о-я-ать!..

•

ВАРШАВА.
РАВ АШЛАГ ИДЁТ ПО НОЧНОЙ УЛИЦЕ.
ЛЬЕТ ПРОЛИВНОЙ ДОЖДЬ.
РАВ АШЛАГ ВЕСЬ ПРОМОК…
ОН ПОДНИМАЕТ ГОЛОВУ ВВЕРХ,
И КАПЛИ СТЕКАЮТ ПО ЕГО ЛИЦУ.
ОН УЛЫБАЕТСЯ…

•

РОВНЫЕ СТРОЧКИ ПИСЬМА.

Звучит голос рава Ашлага. …И вот, однажды, после моих многочисленных просьб, раскрыл мне мой Учитель одну великую тайну, – и радости моей не было предела…

•

ВАРШАВА. РАВ АШЛАГ БЕЖИТ ПО УЛИЦЕ.
НОГИ ЕГО ВРЕЗАЮТСЯ В ЛУЖИ,
БРЫЗГИ ЛЕТЯТ ВО ВСЕ СТОРОНЫ…

Голос рава Ашлага. …После этого начал я обретать самостоятельность.

•

ВСПЫШКА. РАВ АШЛАГ БЕЖИТ ПО УЗКИМ УЛОЧКАМ
«МЕРТВОГО» ГОРОДА. ПОГОНЯ НЕ ОТСТАЕТ.
ЕЩЕ ОДИН ПОВОРОТ, ЕЩЕ ОДНА УЛИЦА…
И ВОТ ВПЕРЕДИ ОТКРЫВАЕТСЯ МОРЕ.
РАВ АШЛАГ ВЫБЕГАЕТ НА БЕРЕГ И ОСТАНАВЛИВАЕТСЯ.
ЛУЧ СВЕТА НЫРЯЕТ В МОРЕ.
ТОЛЬКО СЕЙЧАС РАВ АШЛАГ ВИДИТ, ЧТО ЭТО НЕ МОРЕ,
А ПЫЛАЮЩАЯ ЛАВА ВУЛКАНА,
К КОТОРОЙ НЕЛЬЗЯ ПРИБЛИЗИТЬСЯ.

ОТ НЕВОЗМОЖНОГО ЖАРА
РАВ АШЛАГ ОТСТУПАЕТ НА НЕСКОЛЬКО ШАГОВ.

– Разум[43] не отпустит тебя так просто, – слышит он голос Учителя. – Он служит Фараону.

ВОТ ПРОЯВЛЯЮТСЯ ИЗ НОЧИ ФАКЕЛЫ В РУКАХ ТЫСЯЧ ЛЮДЕЙ.
ПОГОНЯ ПРИБЛИЖАЕТСЯ…

– Не просто вырваться! – голос учителя.

ЛУЧ УПРЯМО УКАЗЫВАЕТ НА ЛАВУ.

– Не просто!

РАВ АШЛАГ ЗАКРЫВАЕТСЯ РУКАМИ ОТ ОГНЯ.
ДЕЛАЕТ ШАГ ВПЕРЕД… НО ОТСТУПАЕТ…

– Мы – рабы Фараона! – голос учителя крепнет.

ФАРАОН ПРИБЛИЖАЕТСЯ.
ТЕПЕРЬ УЖЕ НЕТОРОПЛИВО ОН ВЫХОДИТ НА БЕРЕГ.
ОН ВИДИТ, ЧТО ЖЕРТВЕ ЕГО НЕКУДА ДЕТЬСЯ.

– Он – вся наша жизнь!

ФАРАОН УЛЫБАЕТСЯ.

– Истраченная напрасно!

---

43 **Разум** (наш, земной) всегда обслуживает эгоизм. Как, какими способами наполниться? – вот чем он занимается… Он – продукт эгоизма. .

ФАРАОН РАСКРЫВАЕТ ОБЪЯТИЯ,
ПРИБЛИЖАЯСЬ К РАВУ АШЛАГУ.

•

И ВДРУГ СНОВА ВАРШАВА.
НОЧЬ. ДОМ УЧИТЕЛЯ.
РАВ АШЛАГ БЫСТРО ПОДНИМАЕТСЯ ПО СТУПЕНЬКАМ НА ВТОРОЙ ЭТАЖ,
СТУЧИТ В ДВЕРЬ.
ЕМУ НИКТО НЕ ОТВЕЧАЕТ.
ОН ПРИСЛУШИВАЕТСЯ.
НИКОГО.

•

БЕГУТ СТРОЧКИ ПИСЬМА.

Голос рава Ашлага. …по мере увеличения моего «Я» отдалялся от меня Учитель мой. А я не ощущал этого.

•

ВАРШАВА. РАВ АШЛАГ ТОЛКАЕТ ДВЕРЬ.
ОНА ОТКРЫВАЕТСЯ СО СКРИПОМ.
РАВ АШЛАГ ПРОХОДИТ В КОМНАТУ УЧИТЕЛЯ.
ОГЛЯДЫВАЕТСЯ.
КОМНАТА ПУСТА.

Голос рава Ашлага. И вот однажды я не обнаружил его дома…

ВЕТЕР ПОДНИМАЕТ ЗАНАВЕСКУ НА ОКНЕ.
ПО ПОЛУ КАТАЕТСЯ ЛИСТ С РИСУНКОМ.

Голос рава Ашлага. …молил я его вернуться ко мне… Но он не слышал меня…

РАВ АШЛАГ ОДИН СИДИТ В ДОМЕ УЧИТЕЛЯ.

•

ВСПЫШКА.
БЕРЕГ МОРЯ.
ФАРАОН ОБНИМАЕТ ЕГО.

•

ВАРШАВА. РАВ АШЛАГ ИДЕТ ПО УЛИЦАМ.
ЗАГЛЯДЫВАЕТ В ЛИЦА ПРОХОЖИХ.
УЖЕ НЕ ПЕРВЫЙ ДЕНЬ ОН ВЫХОДИТ ИЗ ДОМА УТРОМ
И ВОЗВРАЩАЕТСЯ ПОЗДНО НОЧЬЮ.

ОН ИЩЕТ УЧИТЕЛЯ.
ОСТАВЛЕНЫ ВСЕ ПРИВЫЧНЫЕ ЗАНЯТИЯ.
ОН НЕ ПИШЕТ ПО НОЧАМ, НЕ ПРЕПОДАЕТ.
ОН ПОЧТИ НИЧЕГО НЕ ЕСТ.
НЕ МОЖЕТ СПАТЬ…
ТАК ПРОХОДЯТ ТРИ НЕДЕЛИ.

И ВОТ В ОДИН ИЗ ДНЕЙ К НЕМУ,
ИЗМОЖДЕННОМУ ДО ПРЕДЕЛА,
ВДРУГ СНОВА ПРИХОДИТ ТО ЗНАКОМОЕ ОЩУЩЕНИЕ,
ЧТО КТО-ТО СЛЕДИТ ЗА НИМ.

РАВ АШЛАГ ИДЕТ ПО УЛИЦЕ И ВДРУГ РЕЗКО ОБОРАЧИВАЕТСЯ.
ОН ПРИСТАЛЬНО СМОТРИТ КУДА-ТО, ТУДА,
В КОНЕЦ УЛИЦЫ, ГДЕ ТОЛЬКО ЧТО СТОЯЛ ЧЕЛОВЕК.
НО НИКОГО НЕТ.

•

НОЧЬ. РАВ АШЛАГ РАСПАХИВАЕТ ОКНО СВОЕЙ КОМНАТЫ…
И ВДРУГ СНОВА ВИДИТ СИЛУЭТ ЧЕЛОВЕКА.
ТОТ СТОИТ НА ПРОТИВОПОЛОЖНОЙ СТОРОНЕ УЛИЦЫ.
НО ТЕПЕРЬ НЕ ИСЧЕЗАЕТ,
А ПОВОРАЧИВАЕТСЯ И ИДЕТ ПРОЧЬ.

•

РАВ АШЛАГ ВЫБЕГАЕТ НА УЛИЦУ.
ОГЛЯДЫВАЕТСЯ. И НЕ ВИДИТ НИКОГО.
ОН БЕЖИТ ПО НОЧНОЙ ВАРШАВЕ.
ГРОМКО В ТИШИНЕ УЛИЦЫ СТУЧАТ ЕГО КАБЛУКИ,
ОДИНОКИЙ ПРОХОЖИЙ ИСПУГАННО ПРИЖИМАЕТСЯ К
СТЕНЕ, ПРОПУСКАЯ ЕГО.

РАВ АШЛАГ ОСТАНАВЛИВАЕТСЯ ТОЛЬКО ВОЗЛЕ ДОМА УЧИТЕЛЯ.
ОН ВИДИТ СВЕТ НА ВТОРОМ ЭТАЖЕ ЗДАНИЯ.
СТРЕМИТЕЛЬНО ВЗЛЕТАЕТ ПО ЛЕСТНИЦЕ,
ТОЛКАЕТ ДВЕРЬ…

•

ЗА СТОЛОМ СИДИТ УЧИТЕЛЬ.
ОСВЕЩЕНЫ ТОЛЬКО ЕГО РУКИ.

Голос рава Ашлага. …Девятого числа месяца нисан, нашел я Учителя в его доме и много извинялся за прошлое…

РАВ АШЛАГ СТОИТ ПЕРЕД УЧИТЕЛЕМ И ПЛАЧЕТ.

Голос рава Ашлага. Тогда вновь стал он умиротворенным, как прежде, и раскрыл мне большую тайну веры – и не было предела моей радости.

ЛИЦО РАВА АШЛАГА.
РУКА УЧИТЕЛЯ, РИСУЮЩАЯ КРУГИ НА ЛИСТЕ.

Голос Учителя. Круг веры – над разумом.

•
ВСПЫШКА.
БЕРЕГ МОРЯ.
РАВ АШЛАГ ОТТАЛКИВАЕТ ФАРАОНА И НАЧИНАЕТ ПРИБЛИЖАТЬСЯ К КИПЯЩЕЙ ЛАВЕ.

Голос Учителя. Вера – над разумом![44]

РАВ АШЛАГ ЗАКРЫВАЕТ ГЛАЗА И ПРЫГАЕТ В ОГОНЬ.

Голос Учителя. Ты услышал меня, Рав Ашлаг.

ТЕЛО РАВА АШЛАГА ПЛАВНО ПОГРУЖАЕТСЯ В ВОДУ.
ОН ПЛЫВЕТ В СВЕРКАЮЩЕЙ НА СОЛНЦЕ ВОДЕ.
ФАРАОН УКАЗЫВАЕТ РУКОЙ НА НЕГО,
И ТУТ ЖЕ СОТНИ ЧЕРНЫХ ТЕНЕЙ БРОСАЮТСЯ
ВСЛЕД ЗА НИМ…
И СГОРАЮТ В КИПЯЩЕЙ ЛАВЕ.

•
ВАРШАВА. КОМНАТА УЧИТЕЛЯ.
БЛЕДНАЯ РУКА СВИСАЕТ С КРОВАТИ.
ПУЗЫРЁК С ЛЕКАРСТВОМ НА ТАБУРЕТКЕ.
ГОЛОВА УЧИТЕЛЯ БЕЗВОЛЬНО ЛЕЖИТ НА ПОДУШКЕ.
ЛИЦО ЕГО В ТЕНИ.

Голос рава Ашлага. Но показался мне слабеющим мой великий Учитель, и не выходил я из его дома, а назавтра, десятого числа месяца нисан[45], закончил Он свою жизнь в этом мире.

---

44 **Вера выше разума** – в каббале под верой (ивр. вера – «эмуна» – связь с Творцом) понимается свойство отдачи, раскрывающееся человеку. Под разумом – эгоистическое свойство получения. Вера выше разума – это не слепое следование за верой без разума, наоборот, это состояние, когда человек включает разум, то есть делает расчет, проверяет, просчитывает ситуацию и только после этого принимает сторону веры, сторону отдачи… Это означает, что он поднимает веру над разумом. Тем самым становясь более разумным.

45 **Нисан** – месяц еврейского календаря.

ТЕЛО УЧИТЕЛЯ НА ПОСТЕЛИ…
НАПРОТИВ НЕГО, РАСКАЧИВАЯСЬ, СИДИТ РАВ АШЛАГ.

•

ПОЖЕЛТЕВШИЙ ЛИСТ БУМАГИ.
РАСПЛЫВАЮТСЯ СТРОЧКИ ПИСЬМА.

Голос рава Ашлага. Невозможно описать горечь мою, ведь сердце мое было полно надежды удостоиться высшей мудрости…

•

ВСПЫШКА. МОРЕ.
ПЛЫВУЩИЙ РАВ АШЛАГ.
ОН – МАЛЕНЬКАЯ ТОЧКА В БЕСКРАЙНЕМ МОРЕ.

– Но вот остался один, голый и ничего не постигший…

УСТАВШИЙ ОДИНОКИЙ ПЛОВЕЦ –
ОН ТЕРЯЕТ СИЛЫ И НАДЕЖДУ. ОН ГРЕБЕТ ВСЕ МЕДЛЕННЕЕ.

– И даже полученные от него знания исчезли временно из моего разума, вследствие великого горя моего…

ВСЕ ТЯЖЕЛЕЕ ТЕЛО…
ОСЛАБЕВАЮТ РУКИ. НОГИ НЕМЕЮТ.
РАВ АШЛАГ УХОДИТ ПОД ВОДУ.
НО СЛЫШИТСЯ ЕГО ГОЛОС:

– Но устремился взор мой ввысь в необъятном желании и ожидании…

РАВ АШЛАГ БРОСАЕТ ПОСЛЕДНИЙ ВЗГЛЯД ВПЕРЕД,
ЧЕРЕЗ ПЕЛЕНУ, ЗАСТИЛАЮЩУЮ ГЛАЗА…
И ВДРУГ ВИДИТ БЕРЕГ.

– И не давал я себе успокоения ни на мгновение, пока не нашел благоволение к себе в глазах Творца…

•

ВАРШАВА.
РАВ АШЛАГ БЫСТРО ИДЁТ ПО УЛИЦЕ.
СИЛЬНЫЙ ВСТРЕЧНЫЙ ВЕТЕР РАЗВЕВАЕТ ПОЛЫ ЕГО ПАЛЬТО.

•

ПОЯВЛЯЕТСЯ ДОКУМЕНТАЛЬНАЯ ХРОНИКА ТОГО ВРЕМЕНИ:
РОССИЯ. БУРЖУАЗНАЯ РЕВОЛЮЦИЯ.

КЕРЕНСКИЙ И ЧЛЕНЫ ВРЕМЕННОГО ПРАВИТЕЛЬСТВА
УЛЫБАЮТСЯ В КАМЕРУ.
АМЕРИКА. «НАПОМАЖЕННЫЙ» ГЛАВА СТУДИИ «ВИКТОРИЯ»
ПОКАЗЫВАЕТ ТОЛПЕ ГРАМПЛАСТИНКУ –
ЭТО ПЕРВАЯ ЗАПИСЬ ДЖАЗА.
ORIGINAL DIXIELAND JAZZ BAND».
БЕРЛИН. ЖЕЛЕЗНОДОРОЖНАЯ СТАНЦИЯ.
НЕСКОЛЬКО ЧЕЛОВЕК ЗАЛЕЗАЮТ В ТОВАРНЫЙ ВАГОН,
И ПРЕЖДЕ, ЧЕМ ОН ЗАКРЫВАЕТСЯ,
СРЕДИ НИХ МЕЛЬКАЕТ В КАДРЕ
ЛИЦО МОЛОДОГО ЛЕНИНА.

•

УЛИЦА ВАРШАВЫ.
РАВ АШЛАГ ОСТАНАВЛИВАЕТСЯ ПОСРЕДИ УЛИЦЫ
И ВСМАТРИВАЕТСЯ В СЕРОЕ ОБЛАКО, ПОХОЖЕЕ НА ОСТРОВ,
НАВИСШИЙ НАД ГОРОДОМ.

ПО ПРОТИВОПОЛОЖНОЙ СТОРОНЕ БЕЖИТ ЧЕЛОВЕК,
ВДРУГ ОН ПЕРЕХОДИТ НА ШАГ,
А ПОТОМ ОСТАНАВЛИВАЕТСЯ.
ОН СМОТРИТ НА РАВА АШЛАГА И НЕ ПРИБЛИЖАЕТСЯ.
ВЕТЕР СРЫВАЕТ ШЛЯПУ С ГОЛОВЫ РАВА АШЛАГА
И ГОНИТ ЕЕ К ДОРОГЕ.
РАВ АШЛАГ ПЫТАЕТСЯ ПОЙМАТЬ ЕЕ И НЕ МОЖЕТ.
ШЛЯПА ПЕРЕКАТЫВАЕТСЯ ЧЕРЕЗ ДОРОГУ.
ЧЕЛОВЕК ПОДХВАТЫВАЕТ ЕЕ И ПРОТЯГИВАЕТ ПОДБЕЖАВШЕМУ
РАВУ АШЛАГУ.
ЭТО ЯН.

Ян. Я думал – подойти к тебе или оставить тебя с твоим Богом… Но твой Бог сорвал с тебя шляпу и все решилось. Приезжает Ленин. Слышал о таком?
Рав Ашлаг. Даже читал несколько его работ.
Ян. Ну, как?..
Рав Ашлаг. Он умный человек.
Ян (*улыбается*). Умный?! Он гений!.. Ты знаешь, что происходит сейчас в России?..
Рав Ашлаг. Революция.
Ян. Пожар начинается там. Начнется в России, а потом заполыхает весь мир. Хочешь, я проведу тебя на встречу с ним? Прямо сейчас? Учти, это последний твой шанс. Говори «да».
Рав Ашлаг. Да.

ЯН С РАВОМ АШЛАГОМ ПОВОРАЧИВАЮТ В БЛИЖАЙШУЮ УЛИЦУ.
ОНИ ПОДХОДЯТ К ПОДЪЕЗДУ СЕРОГО НЕКАЗИСТОГО ДОМА.

ТУТ ЖЕ С ДВУХ СТОРОН ИХ ОКРУЖАЮТ ЧЕТВЕРО ХМУРЫХ ПАРНЕЙ.

Ян. Он со мной.

ОДИН ИЗ ПАРНЕЙ, СЛОВНО НЕ СЛЫША ЯНА,
НАЧИНАЕТ ОБШАРИВАТЬ РАВА АШЛАГА.
ПОТОМ ТАК ЖЕ ХМУРО ОТХОДИТ В СТОРОНУ.

Парень. Проходи.

•

КОНСПИРАТИВНАЯ КВАРТИРА.
ЗА СТОЛОМ СИДИТ ЛЕНИН.
ОН ОЧЕНЬ ЭМОЦИОНАЛЕН, ОТКРЫТ,
В НЕМ ЧУВСТВУЕТСЯ МОЩНАЯ ХАРИЗМА.

НА НЕГО ВОСТОРЖЕННО СМОТРЯТ ВСЕ СОБРАВШИЕСЯ.
ЗДЕСЬ В ОСНОВНОМ МОЛОДЕЖЬ.

ИЗ ВСЕХ НЕСОМНЕННО ВЫДЕЛЯЕТСЯ РАВ АШЛАГ,
ОДЕТЫЙ В ТРАДИЦИОННУЮ РЕЛИГИОЗНУЮ ОДЕЖДУ.

Ленин. От нас ждут действий, а не рассуждений. Сбросить протухшее буржуазное правительство и водрузить знамя справедливости, – создать первое в мире государство рабочих и крестьян! – Это наша задача сегодня, товарищи!

ВСЕ РУКОПЛЕЩУТ.

Ян. Товарищи, тише, тише, не забывайте, что это пока буржуазная, а не коммунистическая Польша, и товарища Ленина на всех углах вынюхивают ищейки…

Ленин. О таком государстве справедливости мечтали все поколения угнетенных. Фабрики, заводы, земли перейдут в руки рабочих и крестьян, мы создадим нашу, народную милицию, народную красную армию, наша партия будет называться коммунистической партией рабочих и крестьян, борющейся за свободу, равенство и независимость угнетенных во всем мире.

ТИХИЙ СТОН ВОСТОРГА ПРОКАТЫВАЕТСЯ СРЕДИ СЛУШАТЕЛЕЙ…
РАВ АШЛАГ ПОДНИМАЕТ РУКУ.

Ленин. Да, товарищ в религиозной одежде…

Рав Ашлаг. Мне очень близки ваши идеи.

Ленин (*всем*). Обычно меня встречают в штыки и наши попы, и ваши раввины!
Рав Ашлаг. Вы говорите о равенстве, братстве, любви – ничего нет выше этого.
Ленин (*всем*). Вот видите, есть, оказывается, и передовые раввины. Слушаю ваш вопрос.
Рав Ашлаг. Вопрос: кто будет строить это справедливое общество?!
Ленин. Угнетенные, обездоленные люди, знающие, что такое несправедливость.
Рав Ашлаг. Что будет с буржуазией?
Ленин. Или они нам подчинятся и поступят на службу молодого государства, или мы вынуждены будем применить силу… Что вас не устраивает? Я вижу, что вас что-то не устраивает…
Рав Ашлаг. То, что это приведет к крови и еще большей несправедливости…
Ленин. Ну, это я уже слышал много раз, и именно это я и называю слюнтяйством и болтовней.
Ян (*шепчет раву Ашлагу*). Заткнись!
Рав Ашлаг. Ваши рабочие и крестьяне неминуемо, рано или поздно, начнут воровать, убивать, ненавидеть… Не сразу… Но все обязательно придет к этому.
Ленин. Глупости! Мы выстроим новую систему воспитания, коммунистическую, основанную на примерах равенства и справедливости…
Рав Ашлаг. Нет на земле справедливости и не может быть.
Ленин. Ах вот как?..
Рав Ашлаг. Человек – эгоист по природе своей. Чтобы он стал другим – в это должна вмешаться Высшая Сила.
Ленин. Бог?
Рав Ашлаг. Хотите – называйте это Богом… Я называю это Высшим законом справедливости. Или законом Любви. Он есть. Он вокруг нас. Он – закон всего мироздания… Только надо знать, как обратиться к нему, вот и все.
Ленин. Откуда вы это берете?
Рав Ашлаг. Знаю.
Ленин. Читали где-то?
Рав Ашлаг. Есть книга, которая рассказывает только об этом, – книга Зоар.
Ленин. Дайте и нам почитать.
Рав Ашлаг. Это требует предварительной подготовки.
Ленин. Долгой?
Рав Ашлаг. Несколько лет.
Ленин. У меня, дорогой мой, хорошее образование, я постараюсь понять…
Рав Ашлаг. Это невозможно, это не постигается разумом.
Ленин. А чем же это постигается?
Рав Ашлаг. Сердцем. Надо приготовить сердце к чтению этой книги. Так же как надо приготовить сердце к правлению государством.
Ленин. Что сделать?
Рав Ашлаг. Исправить сердце… сделать его бескорыстным, любящим других.

Сам человек этого сделать не сможет, но есть методика, есть способ, как вызвать на себя силу, которая исправит.
Ленин. Ну ладно, нам, вероятно, надо уже двигаться. (Яну) Да?
Ян. Пора, товарищ Ленин…
Ленин (*встает и обращается к раву Ашлагу*). Я, дорогой раввин, убежденный атеист и не верю ни в какую высшую силу, ни в какой высший закон. Мы вырастим нового человека. Сами. Без всякой вашей высшей силы.
Рав Ашлаг. Вы не сможете это сделать.
Ленин (*берет со стола фуражку*). Дорогой мой, приходите к нам лет через десять, вы увидите…
Рав Ашлаг. Вы прольете много крови… и великая идея будет обесценена на долгие годы… послушайте!

ЛЕНИН ОГЛЯДЫВАЕТСЯ, УЖЕ НЕ СЛУШАЯ ЕГО.
РАВ АШЛАГ ВСТАЕТ, ПЫТАЯСЬ ЗАДЕРЖАТЬ ВНИМАНИЕ ЛЕНИНА ХОТЬ НА МГНОВЕНИЕ.

Рав Ашлаг. Это будет страшный эксперимент!..
Ленин. К сожалению, я очень тороплюсь, до свидания. Оставьте все ваши координаты Яну, чтобы мы могли с вами еще поговорить… может быть… когда-нибудь…

ПОДАЕТ РУКУ РАВУ АШЛАГУ. ОНИ ОБМЕНИВАЮТСЯ РУКОПОЖАТИЯМИ.
ТУТ ЖЕ ЛЕНИНА ОКРУЖАЮТ НЕСКОЛЬКО ЧЕЛОВЕК.
ОДИН ИЗ НИХ НАДЕВАЕТ ЕМУ НА ГОЛОВУ КАМУФЛЯЖ – БЕЛУЮ ПОВЯЗКУ, ЯКОБЫ ОТ ЗУБНОЙ БОЛИ…
ЛЕНИН НА ПРОЩАНИЕ МАШЕТ ВСЕМ РУКОЙ И ВЫХОДИТ ИЗ КВАРТИРЫ В СОПРОВОЖДЕНИИ НЕСКОЛЬКИХ ЧЕЛОВЕК.
ЯН ПРИБЛИЖАЕТСЯ К РАВУ АШЛАГУ.

Ян. Жаль, у тебя была такая возможность услышать самого великого человека современности…
Рав Ашлаг. Жаль, что он не услышал меня.
Ян. У тебя завышенное самомнение. Я думаю, что это наша последняя встреча.
Рав Ашлаг. Мне очень жаль, что он не услышал меня… Я не успел… я хотел сказать ему еще очень много…
Ян. Ему не нужны твои проповеди!
Рав Ашлаг. Нельзя срывать неспелый плод, Янкеле, надо дать ему дозреть! Люди должны захотеть измениться, и тогда все возможно, тогда…
Ян. Революция не может ждать!.. (*Жестко.*) Это, во-первых. А во-вторых, я не Янкеле, а Ян, запомни это. Я думаю, ты сам найдешь дорогу отсюда. Я остаюсь. Прощай, несчастная жертва религии… может, когда-то встретимся… (*Отворачивается, не подавая руку раву Ашлагу.*)

•

И ТУТ ЖЕ ВРЫВАЮТСЯ КАДРЫ ДОКУМЕНТАЛЬНОЙ ХРОНИКИ.
РУССКАЯ РЕВОЛЮЦИЯ 1917 ГОДА.
ВЗЯТИЕ ЗИМНЕГО ДВОРЦА.
ЛЕНИН ВЫСТУПАЕТ ПЕРЕД ОГРОМНЫМ СОБРАНИЕМ НАРОДА.
ТРОЦКИЙ СКАЧЕТ НА БЕЛОМ КОНЕ ПЕРЕД ВОЙСКАМИ,
ПРИВЕТСТВУЮЩИМИ ЕГО.
НАЧИНАЕТСЯ ГРАЖДАНСКАЯ ВОЙНА.
РАССТРЕЛ БЕЗ СУДА РОССИЙСКОГО ИМПЕРАТОРА,
ЕГО ЖЕНЫ И ПЯТЕРЫХ ДЕТЕЙ.
РАССТРЕЛЫ НЕСОГЛАСНЫХ
В ЦЕНТРАЛЬНЫХ ГОРОДАХ РОССИИ.
СТРАШНЫЙ ГОЛОД НА УКРАИНЕ.
ВЗГЛЯД В КАМЕРУ МОЛЧАЛИВОГО ЛЕНИНА...
ЗА ЕГО СПИНОЙ СТОИТ, ВЫПРЯМИВШИСЬ,
МОЛОДОЙ СТАЛИН...

•

ВАРШАВА.
КОМНАТА РАВА АШЛАГА.

Рав Ашлаг (*поворачивается от стола*). Ривка!

РИВКА ВХОДИТ, И ВИДНО,
ЧТО СЕМЬЯ АШЛАГОВ ЖДЕТ ЕЩЕ ОДНОГО РЕБЕНКА.

Рав Ашлаг. Ривка, приготовься, мы едем в Эрэц Исраэль.
Ривка (*в замешательстве*). Но-о-о...
Рав Ашлаг. Я хочу, чтобы мы выехали как можно быстрее.
Ривка. Ты оставишь своих учеников?..
Рав Ашлаг. Они поедут со мной.
Ривка. С семьями, детьми, женами?..
Рав Ашлаг. Я объясню им, почему они должны это сделать, и они поймут...
Ривка. Я на седьмом месяце, Юда...
Рав Ашлаг. Я знаю, что ты выдержишь.
Ривка (*пауза, попытка осмыслить все, что происходит*). Может быть, подождем?..
Рав Ашлаг. Я не могу ждать. Ты едешь со мной?..
Ривка. Тебя не отпустят. Ты судья. Ты учитель.
Рав Ашлаг. Отпускать или нет, решают не они. У меня есть большая работа в Эрэц Исраэль.
Ривка. Юда...
Рав Ашлаг (*перебивает ее*). Если я не уеду... я умру.
Ривка (*раздраженно*). Ты специально мне это говоришь!
Рав Ашлаг. Я все уже здесь сделал. Ты едешь со мной?!..

Ривка. А дети?
Рав Ашлаг. Мы возьмем их с собой.
Ривка. Нет. Это для них тяжелое путешествие.
Рав Ашлаг. Как скажешь…
Ривка. Юда, мы только-только начали жить, мне казалось…
Рав Ашлаг (*перебивает ее*). Тебе нужно много времени, чтобы собраться?..

РИВКА МОЛЧИТ.

Рав Ашлаг. Ривка?
Ривка (*поднимает голову и смотрит в глаза мужу*). Я готова. Детей я оставлю родителям. С нами поедет только Барух Шалом.

•

РАВВИНАТСКИЙ СУД.
НАПРОТИВ РАВА АШЛАГА ЗА ДЛИННЫМ СТОЛОМ СИДЯТ ДЕСЯТЬ РАВВИНОВ.
СРЕДИ НИХ И ШКОЛЬНЫЙ УЧИТЕЛЬ ШМУЭЛЬ.
ПЕРЕГОВАРИВАЮТСЯ МЕЖДУ СОБОЙ.

Рав Апштейн. Нам сообщили, что с тобой согласились ехать 300 семей.
Рав Ашлаг. Да, это так.
Рав Апштейн. Нам еще сообщили, что ты зафрахтовал корабль в Швеции, для того чтобы перевезти всех в Эрэц Исраэль.
Рав Ашлаг. Да, у нас все готово. Дело только за вашим решением.
Рав Апштейн (*снова переговаривается с сидящими рядом с ним, выпрямляется*). Уважаемый рав Юда Лейб Ашлаг, мы решили сказать тебе вот что: судья, учитель не может сам, по своему желанию, оставить свою общину и подняться в Эрэц Исраэль. Наше решение – ты остаешься. Это решение раввинатского суда. И я советую принять его и смириться.
Рав Ашлаг. Я не могу этого сделать, потому что я не волен над собой. Я обязан уехать и обязан предупредить вас, что я сделаю все возможное, чтобы за мной уехали все, кто сможет. Было бы в моих силах, я увез бы всех.

УЧИТЕЛЬ ШМУЭЛЬ ВСТАЕТ И ОГЛЯДЫВАЕТ ПРИСУТСТВУЮЩИХ.

Учитель. Перед вами разрушитель, и я говорил вам об этом уже сотни раз.
Рав Ашлаг. Евреи должны покинуть Европу как можно быстрее. Если они этого не сделают, они погибнут сами и принесут огромные беды всем.
Рав Зильбер. Наша община как никогда сильна. Нас 3 миллиона евреев, и с нами считаются!
Рав Апштейн. Почему ты всегда идешь против всех?! Почему нужны эти постоянные противостояния, почему не смиришь свою гордыню, которая просто уничтожает тебя?!

Рав Ашлаг. Ну как мне объяснить вам это?!
Учитель. Что?! Что объяснить, свою ненависть к нам, к нашим законам, к Святой Торе?!
Рав Ашлаг. Мы, евреи, скрываем Свет от мира. Мир не может нам позволить… так жить.

РАВ АШЛАГ СМОЛКАЕТ, ОГЛЯДЫВАЯ ВСЕХ.
И В ЭТОЙ ТИШИНЕ СЛЫШИТСЯ ГОЛОС УЧИТЕЛЯ.

Учитель. Вам нужны еще какие-то объяснения? Перед нами преступник, и его надо судить.
Рав Зильбер. Рав Ашлаг, я прошу тебя выйти и подождать в коридоре окончательного решения совета… в связи со сказанным тобой.

•

РАВ АШЛАГ ВЫХОДИТ.
ПЕРЕД НИМ ДЛИННЫЙ ПУСТОЙ КОРИДОР.
ИЗ-ЗА ДВЕРЕЙ СЛЫШИТСЯ ГУЛ ГОЛОСОВ…
РАВ АШЛАГ ОТХОДИТ ОТ ДВЕРИ…
МЕДЛЕННО ИДЕТ ПО КОРИДОРУ…

ВДРУГ НАЧИНАЕТ ГОВОРИТЬ ВСЛУХ, САМ С СОБОЙ…
ОН ИДЕТ ПО КОРИДОРУ, РАЗМАХИВАЯ РУКАМИ.

ЗА НИМ НАБЛЮДАЮТ УЧИТЕЛЬ ШМУЭЛЬ, РАВ ЗИЛЬБЕР,
РАВ АПШТЕЙН, СТОЯЩИЕ НА ПОРОГЕ КОМНАТЫ.

РАВ АШЛАГ ПОВОРАЧИВАЕТСЯ И ВИДИТ ИХ,
СЛЕДЯЩИХ ЗА НИМ.

Рав Зильбер. Заходи, рав Юда Ашлаг.

•

КОМНАТА РАВВИНАТСКОГО СУДА.
РАВ АШЛАГ СТОИТ НАПРОТИВ РАВВИНОВ.

Рав Ашлаг. Я хочу, чтобы вы меня услышали, поэтому хотел бы еще дополнить к сказанному мной…
Рав Зильбер. Не надо. Решением суда ты отлучаешься от общины. Общение с тобой будет запрещено всем. Завтра будут собраны подписи еще 90 членов совета и разосланы по всей Польше… Ты можешь идти.
Рав Ашлаг. Вы обрекаете людей на страшные страдания. Вы берете на себя ответственность за то, что произойдет.
Учитель. Почему мы должны его слушать?.. Тебе же сказано, ты можешь идти… Вон отсюда!

•

УЛИЦЫ ВАРШАВЫ.
НАВСТРЕЧУ РАВУ АШЛАГУ ИДУТ ЛЮДИ.
ОН ЗАГЛЯДЫВАЕТ В ИХ ГЛАЗА,
СЛОВНО ХОЧЕТ ИМ ЧТО-ТО СКАЗАТЬ,
ИЛИ ПРОЩАЕТСЯ С НИМИ.

ОН ПОДХОДИТ К ДОМУ.
ИЗ ДВЕРИ ВЫХОДЯТ РОДИТЕЛИ РИВКИ.
ОТЕЦ ДЕРЖИТ ЗА РУКИ ДВУХ ДЕТЕЙ РАВА АШЛАГА –
ДАВИДА И БРАХУ.
И НЕ ДАЕТ ИМ ПРИБЛИЗИТЬСЯ К НЕМУ.
МАТЬ ПЛАЧЕТ, ПРЯЧА ЛИЦО В ПЛАТОК.
ОНИ ПРОХОДЯТ МИМО.

РАВ АШЛАГ СМОТРИТ ИМ ВСЛЕД.
ВДРУГ ОТЕЦ РИВКИ ОСТАНАВЛИВАЕТСЯ
И ИЗДАЛИ КРИЧИТ ЕМУ.

– Ты сломал ей жизнь, тебе плевать на твоих детей, ты не еврей, ты выродок… Мы вычеркиваем вас из нашей памяти. Не было у нас дочери, нет тебя. Всё.

МАТЬ РЫДАЕТ В ГОЛОС.
ОТЕЦ ПРИКАЗЫВАЕТ ЕЙ ИДТИ ЗА НИМ.
ОНА УСПЕВАЕТ СКАЗАТЬ:

– Пожалей её… хоть немного!

•

РАВ АШЛАГ ВХОДИТ В ДОМ.
ПУСТЫЕ СТЕНЫ, ПУСТАЯ КОМНАТА.
В ЦЕНТРЕ КОМНАТЫ СЛОЖЕНЫ НЕМНОГОЧИСЛЕННЫЕ
ОСТАВШИЕСЯ ВЕЩИ,
И НА НИХ СПИТ СТАРШИЙ СЫН БАРУХ.
РИВКА ВСТАЕТ НАВСТРЕЧУ МУЖУ.

Ривка. Я смогла все продать. Правда, за гроши, но все-таки продала. Так что мы готовы… (*Она вглядывается в лицо Юды.*) Ты выглядишь странно.
Рав Ашлаг. Я не смог им ничего объяснить.
Ривка. Давид и Браха пока останутся у родителей… Они так хотели ехать с нами, но как мы можем их взять?!
Рав Ашлаг. Не волнуйся. Мы заберем их потом, когда устроимся!
Ривка. Но они так хотели ехать с нами!
Рав Ашлаг (*он в своих мыслях*). Я никому ничего не могу объяснить. Ни друзьям, ни врагам, ни учителям… Никому.

Ривка. Мне так тяжело оставлять детей здесь…
Рав Ашлаг. Они не слышат меня… Ну как им объяснить?!
Ривка. У меня нехорошие предчувствия, Юда…
Рав Ашлаг. Они не верят мне. Я словно об стенку бьюсь!

РИВКА МОЛЧА СМОТРИТ НА НЕГО.

Рав Ашлаг. Как мне объяснить им, как?!

РИВКА ДЕЛАЕТ К НЕМУ ШАГ.
ОНА ЛОВИТ ЕГО ВЗГЛЯД.
ВЗДЫХАЕТ И ТИХО ГОВОРИТ:

– Ты все объяснил им. Это они не услышали тебя.

РАВ АШЛАГ ВИДИТ ПЕРЕД СОБОЙ ЛИЦО РИВКИ.
ОНА КИВАЕТ ЕМУ, УСПОКАИВАЯ.

– Я у входа встретил твоих родителей, – вдруг говорит он ей.
– Они простые люди, не сердись на них, – отвечает Ривка.
– Я не сержусь, я их понимаю…

ОН ПРОХОДИТ В КОМНАТУ,
ОГЛЯДЫВАЕТ ПУСТЫЕ СТЕНЫ.
РИВКА СКЛОНЯЕТСЯ НАД ВЕЩАМИ, ДОВЯЗЫВАЯ УЗЛЫ,
ВИДИТ НА ПОЛУ МАЛЕНЬКУЮ ИСТРЕПАННУЮ КУКЛУ,
СДЕЛАННУЮ ИЗ НИТОК.
ПОДНИМАЕТ ЕЕ И ВДРУГ ВЫПРЯМЛЯЕТСЯ.
И ГОВОРИТ В СПИНУ РАВУ АШЛАГУ.

– Вот ты говоришь, тебя не услышали… Но они и не могли услышать тебя.

РАВ АШЛАГ ОБОРАЧИВАЕТСЯ К НЕЙ.

– Ты должен понять их, – говорит она. – Они живут в этом мире, и у них есть простые желания этого мира: работать, молиться, иметь семью, детей, внуков, держаться вместе, как это и было столетиями, как и повелел нам Творец… А ты хочешь отобрать у них это…

ГЛАЗА РИВКИ НАПОЛНЯЮТСЯ СЛЕЗАМИ.

– И они правы, что не хотят отдавать тебе то малое, что у них есть. Прости, что я говорю тебе это, но они простые люди, а ты великий… Им не понять тебя, не понять этих твоих слов… Нельзя соединиться с Творцом, Юда… Оставь их в покое… И извини… что я не с тобой сейчас.

В КОМНАТЕ НАСТУПАЕТ ТИШИНА.
СЛЫШНО ТОЛЬКО ОБРЫВИСТОЕ ДЫХАНИЕ РИВКИ.
ОНА ЕЛЕ СДЕРЖИВАЕТСЯ, ЧТОБЫ НЕ РАЗРЫДАТЬСЯ.

Рав Ашлаг. Жалеешь, что вышла за меня?
Ривка. Никогда в жизни я не пожалею об этом…

РАВ АШЛАГ ДЕЛАЕТ К НЕЙ ШАГ, ОБНИМАЕТ.
ТАК ОНИ И СТОЯТ ПОСРЕДИ ПУСТОЙ КОМНАТЫ.
ТИХИЙ ВЕЧЕР ЗА ОТКРЫТЫМ ОКНОМ.
РИВКА УСПОКАИВАЕТСЯ В ОБЪЯТИЯХ МУЖА
И СИЛЬНЕЕ ПРИЖИМАЕТСЯ К НЕМУ.

СЛЫШИТСЯ СТУК В ДВЕРЬ.
В КОМНАТУ ОСТОРОЖНО ВХОДЯТ
УЧЕНИКИ РАВА АШЛАГА – МОЛОДЫЕ И ПОЖИЛЫЕ ЕВРЕИ.
РИВКА ОТХОДИТ В СТОРОНУ.

УЧЕНИКИ МОЛЧАТ И СТАРАЮТСЯ
НЕ ВСТРЕЧАТЬСЯ ВЗГЛЯДОМ С РАВОМ АШЛАГОМ.
ПОЗАДИ ВСЕХ ПРЯЧУТСЯ ЗА СПИНАМИ ХАИМ И АРОН.

Пожилой ученик. Мы пришли сказать тебе, что не сможем поехать с тобой… в Эрэц Исраэль.

РАВ АШЛАГ МОЛЧА СМОТРИТ НА НИХ.

Пожилой. Мы верим тебе, ты Великий Учитель, но мы не можем идти против решения общины.

РАВ АШЛАГ КАЧАЕТ ГОЛОВОЙ, ДОЛГО МОЛЧИТ.

Голоса. Прости нас.
Рав Ашлаг. Я не могу увезти вас насильно… Если бы мог, я бы стал перед вами на колени и умолял бы вас ехать со мной… Но я знаю, что вы не услышите. Творец залепил ваши уши воском (*молчит*). Нам всем придется перенести большие страдания, вы слышите, что я вам говорю?!
Голоса. Слышим.
Рав Ашлаг. И не верите мне?
Голоса. Верим.
Рав Ашлаг. И не едете?
Пожилой ученик. Мы не можем! Здесь наши родные, мы все так завязаны друг на друге, ну ты же сам знаешь, евреи…
Рав Ашлаг. Эх, евреи, евреи… (*к Арону и Хаиму*). А вы, что вы там прячетесь за спины?

АРОН И ХАИМ ТОПЧУТСЯ,
НЕ В СИЛАХ ПОДНЯТЬ ГЛАЗА НА РАВА АШЛАГА.
ВДРУГ ХАИМ РЕШИТЕЛЬНО ВСТРЯХИВАЕТ ГОЛОВОЙ.

Хаим. Я еду!

ВСЕ ПОВОРАЧИВАЮТСЯ К НЕМУ.
ОН СЖИМАЕТ РУКУ В КУЛАК И ВЗМАХИВАЕТ ЕЮ С КРИКОМ.

Хаим. Я еду! Еду! Я не останусь здесь! Я еду с нашим Великим Учителем, а вы оставайтесь, если хотите!.. (*оглядывает всех*). А я еду! Да, еду!

ОН ТЯНЕТ АРОНА ЗА РУКАВ.

Хаим. Арон! Поехали!..
Пожилой еврей. Арон никуда не поедет.
Хаим. Арон, не слушай никого!
Пожилой. Арон, ты остаешься. А если пикнешь, то знаешь, что будет: ты не получишь и злотого, все состояние твоего дядюшки мы раздадим нищим, ты понял?..
Хаим. Арон, мы едем!
Первый пожилой еврей. Нет, Арон, ты остаешься.
Хаим. Ты будешь жалеть об этом, Арон!
Арон (*вздохнув тяжело*). Я не могу ехать.
Хаим. Ты будешь миллионером, Арон, но самым несчастным миллионером на свете, потому что ты не поехал за равом Ашлагом.
Рав Ашлаг. Хаим, ты идешь домой собираться, я жду тебя через два часа (*обводит всех взглядом*). Только не проклинайте Творца, когда Он придет за вами.

•

ВЕЧЕР.
ТЕЛЕГА С ВОЗНИЦЕЙ МЕДЛЕННО ДВИЖЕТСЯ
ПО НЕРОВНОЙ ДОРОГЕ.
НА ТЕЛЕГЕ РАВ АШЛАГ С ЖЕНОЙ, СЫН БАРУХ ШАЛОМ
И БЕЗЗАБОТНЫЙ ХАИМ С БУТЫЛКОЙ ВОДКИ В РУКЕ,
ВЕСЕЛЫЙ И СВОБОДНЫЙ.
ТО И ДЕЛО ОН ОТПИВАЕТ ПО ГЛОТКУ ИЗ БУТЫЛКИ
И ТУТ ЖЕ, МОРЩАСЬ,
ЗАЕДАЕТ ВОДКУ КУСКОМ ХЛЕБА И ЛУКОВИЦЕЙ.
ЛЮДИ СМОТРЯТ НА НИХ.
КТО-ТО ОСТАНАВЛИВАЕТСЯ,
КТО-ТО УКАЗЫВАЕТ ПАЛЬЦЕМ,
КТО-ТО СТОРОНИТСЯ…
ВОЗНИЦА МОЛЧИТ.

Хаим. Прощай, Варшава, навсегда! Прощай, мы едем в Эрэц Исраэль!

РАВ АШЛАГ БЕРЕТ У НЕГО БУТЫЛКУ,
ПЬЕТ И ПЕРЕДАЕТ ЕЕ СЫНУ.
ОН ОТПИВАЕТ ГЛОТОК,
МОРЩИТСЯ И ПЕРЕДАЕТ ДАЛЬШЕ ВОЗНИЦЕ.
ВОЗНИЦА ДОПИВАЕТ ВСЕ ДО ДОНЫШКА
И КРЯКАЕТ ОТ УДОВОЛЬСТВИЯ.
РИВКА УЛЫБАЕТСЯ, ГЛЯДЯ НА НИХ.

Рав Ашлаг (*вознице*). Что-то ты молчишь сегодня?
Возница. Не знаю, что и прочитать на такой случай…
Рав Ашлаг. Не может быть никакой печали, если связан с Творцом. Вспомни, что говорил твой сын, Моше: «Творец – Он Единственный, Единый, и от Него исходит только добро».
Возница. Хорошо мне с вами.
Хаим (*заплетающимся языком*). Ну так поехали с нами, поехали, а?!
Возница. Не могу я. На кого я Моше брошу? Я и место рядом с ним приберег… Холодно ему одному лежать.

ВОЗНИЦА ДЕРГАЕТ ВОЖЖИ,
ВЕСЕЛО ПРИКРИКИВАЕТ НА ЛОШАДКУ
И ВДРУГ НАЧИНАЕТ ЧИТАТЬ.

– «Опасающийся ветра – не посеет, наблюдающий за тучами – не сожнет…»

РАВ АШЛАГ ПОДХВАТЫВАЕТ ЭТИ СЛОВА ИЗ «ЭККЛЕЗИАСТА»,
И ВОТ ОНИ УЖЕ ВДВОЕМ РАСПЕВНО ЧИТАЮТ,
ВОДЯ РУКАМИ В РИТМ СЛОВАМ:

– «С утра сей семя свое и вечером не давай отдыха руке своей…»

И ВОТ УЖЕ К НИМ ПРИСОЕДИНЯЕТСЯ И ХАИМ.
СОСКАКИВАЕТ С ТЕЛЕГИ И ИДЕТ РЯДОМ С РАВОМ АШЛАГОМ,
ЗАГЛЯДЫВАЯ ЕМУ В РОТ.
С ВОСТОРГОМ ПОВТОРЯЮТ ВСЕ ТРОЕ:

– «И сладок свет, благо для глаз видеть солнце. И если человек проживет много лет, пусть всегда радуется и пусть помнит о темных днях, ибо их будет много: все, что наступит – тщета…»

ТЕЛЕГА КАТИТ МИМО ЛЕСА.
РАСКАЧИВАЕТСЯ НА НЕРОВНОЙ ДОРОГЕ.
НАД НЕЙ ВЗДЫМАЮТСЯ ДЛИННЫЕ РУКИ РАВА АШЛАГА,
И ВИДНА БЕЛОЗУБАЯ УЛЫБКА ВОЗНИЦЫ

И ХАСИДСКИЙ ТАНЕЦ ХАИМА,
ТО ЗАБЕГАЮЩЕГО ВПЕРЕД, ТО ИДУЩЕГО РЯДОМ…
И ВДРУГ ВОЗНИЦА РЕЗКО НАТЯГИВАЕТ ВОЖЖИ.

Возница. Тпру-у-у!

ВПЕРЕДИ ИЗ ЛЕСА ВЫХОДИТ НИЗКОРОСЛЫЙ ЧЕЛОВЕК
И ОСТАНАВЛИВАЕТСЯ НА ДОРОГЕ.
В РУКАХ У НЕГО КАКОЙ-ТО ПРЕДМЕТ, ЗАВЕРНУТЫЙ В ТРЯПКУ.
РАВ АШЛАГ ВГЛЯДЫВАЕТСЯ В ЧЕЛОВЕКА,
СОСКАКИВАЕТ С ТЕЛЕГИ И ИДЕТ ЕМУ НАВСТРЕЧУ.
ЭТО СТАРЫЙ БАРУХ.

РАВ АШЛАГ ПРИБЛИЖАЕТСЯ К НЕМУ.
БАРУХ СЕРДИТО СМОТРИТ НА РАВА АШЛАГА.

Барух. Возьмешь это с собой.

ПЕРЕДАЕТ ЕМУ СВЕРТОК.

Рав Ашлаг. Что это?
Барух. Книга Зоар, ей почти 300 лет. Личная книга моего рава из Коцка. Ей нет цены. Продашь, если будет невмоготу.
Рав Ашлаг. Спасибо, учитель.
Барух. Больше мы не встретимся.

ПОВОРАЧИВАЕТСЯ И ИСЧЕЗАЕТ В ЛЕСУ.

•

ДОКУМЕНТАЛЬНАЯ ХРОНИКА 20-Х ГОДОВ XX-ГО ВЕКА.
РАСКАЧИВАЕТСЯ НА ВОЛНАХ СТАРАЯ ПОСУДИНА,
ЗАБИТАЯ ЛЮДЬМИ.
ВСЕ ОНИ ДЕРЖАТ СВОЙ ПУТЬ В ЭРЭЦ ИСРАЭЛЬ.

•

НА ПАЛУБЕ В ТЕСНОТЕ ПРИМОСТИЛАСЬ
СЕМЬЯ АШЛАГ И ХАИМ.
НОЧЬ. ЗВЕЗДЫ КАЧАЮТСЯ НАД ПАЛУБОЙ.
РАВ АШЛАГ ЛЕЖИТ И СМОТРИТ НА НИХ,
ПОДЛОЖИВ РУКИ ПОД ГОЛОВУ.
ВДРУГ РУКА РИВКИ КАСАЕТСЯ ЕГО.

Ривка (*шепотом*). Начинается.

РАВ АШЛАГ БУДИТ БАРУХА И ХАИМА.

Рав Ашлаг. Быстро ищите врача или фельдшера!..

БАРУХ ШАЛОМ БЕЖИТ К КАПИТАНСКОЙ РУБКЕ.
ХАИМ НА НИЖНИЕ ПАЛУБЫ.
ВИДНО, КАК БАРУХ ЖЕСТИКУЛИРУЕТ
ПЕРЕД ЛИЦОМ ШТУРМАНА,
ТОТ ОТРИЦАТЕЛЬНО КАЧАЕТ ГОЛОВОЙ.

РИВКА СТРАДАЛЬЧЕСКИ СМОТРИТ НА МУЖА.
РАВ АШЛАГ ОБНИМАЕТ ЕЕ,
ПРИЖИМАЯ К СЕБЕ. ОНА СТОНЕТ ЕЛЕ СЛЫШНО...
ПОЧТИ ОДНОВРЕМЕННО ПОДБЕГАЮТ ХАИМ И БАРУХ.

Барух. Никого!
Хаим. Никого!

РИВКА ВДРУГ ОТШАТЫВАЕТСЯ
ОТ МУЖА И СМОТРИТ ВНИЗ.

Ривка (*через боль*). Пусть все уйдут, Юда! Пусть они уйдут!

ЛЕТЯТ НА ПАЛУБУ ВЕЩИ ИЗ МЕШКА ХАИМА.
ПОТРОШАТСЯ МЕШКИ АШЛАГОВ.
ХАИМ И БАРУХ БЫСТРО СТРОЯТ НА ПАЛУБЕ ПАЛАТКУ
ИЗ ПЛАТКОВ, ПРОСТЫНЕЙ, ЮБОК, РУБАШЕК И БРЮК.
РАВ АШЛАГ И РИВКА ОКАЗЫВАЮТСЯ ВНУТРИ ПАЛАТКИ.
РАВ АШЛАГ ВЫГЛЯДЫВАЕТ НА МГНОВЕНИЕ.

Рав Ашлаг. Горячей воды, быстро!

БАРУХ БЕЖИТ ЗА ВОДОЙ.

Хаим. Но как же?!.. Вы ведь никогда...
Рав Ашлаг (*спокойно*). Принимать жизнь – не так сложно... Жить – вот где требуется большое умение...

РИВКА СТОНЕТ В ПАЛАТКЕ.
БАРУХ ПОДБЕГАЕТ С ВЕДРОМ ГОРЯЧЕЙ ВОДЫ.
РАВ АШЛАГ ЗАКАТЫВАЕТ РУКАВА РУБАШКИ.

Рав Ашлаг. Всё, идите погуляйте с Барухом, скоро у нас родится дочь.

ОН НЫРЯЕТ В ПАЛАТКУ.
БЛЕДНОЕ ЛИЦО РИВКИ.
ГЛАЗА, СМОТРЯЩИЕ НА МУЖА.

КРУПНЫЕ КАПЛИ ПОТА ВЫСТУПИЛИ НА ЕЕ ЛБУ.
РАВ АШЛАГ НЕЖНО ВЫТИРАЕТ ЕЕ ЛИЦО ПОЛОТЕНЦЕМ.

ЗА ПАЛАТКОЙ ПОД ОТКРЫТЫМ ЗВЕЗДНЫМ НЕБОМ ХОДЯТ
ТУДА-СЮДА ДРУГ ЗА ДРУГОМ ХАИМ И БАРУХ.
РИВКА ЗАЖИМАЕТ ЗУБАМИ ПЛАТОК
И ЗАКАТЫВАЕТ ГЛАЗА…
ГРОМЫХАЮТ ВОЛНЫ, РАЗБИВАЮТСЯ О БОРТ ПОСУДИНЫ…
ПОЛНАЯ ЛУНА ВИСИТ НАД МОРЕМ.
И ВДРУГ СЛЫШИТСЯ КРИК НОВОРОЖДЕННОГО.
РИВКА ПЛАЧЕТ ОТ БОЛИ И СЧАСТЬЯ…

Рав Ашлаг (*держит на руках ребенка*). Ну здравствуй, Бат-Шева!
Ривка (*тихо и с любовью повторяет*). Бат-Шева.

•

КАЧАЕТСЯ КОРАБЛЬ НА ВОЛНАХ.
КАЧАЕТСЯ САМОДЕЛЬНАЯ ЛЮЛЬКА,
ПРИВЯЗАННАЯ К МАЧТЕ.
ПОД ЛЮЛЬКОЙ ДРЕМЛЕТ РИВКА.

ЧУТЬ В СТОРОНЕ
СИДИТ РАВ АШЛАГ.
НАПРОТИВ НЕГО – ХАИМ И БАРУХ.

Рав Ашлаг (*объясняет Баруху*). Исраэль происходит от слов «Исра» – прямо, «Эль» – к Творцу. Это страна, в которой живут только те, кто хочет встретиться с Творцом.
Барух. А кто не хочет?
Рав Ашлаг. Тот не может там жить.
Барух. Но ведь там же живет много разных людей.
Рав Ашлаг. Нет, они не живут там.
Барух. Ну как же, ведь есть там разные люди…
Рав Ашлаг. Барух, два разных человека идут по одной и той же улице. Для одного эта улица – камни, мостовая, грязная лужа, нищий у порога дома, а для другого… для другого эта улица… это дорога, которая вот-вот выведет его к Творцу. Ну, как ты думаешь, они идут по одной и той же улице или нет?
Барух. Нет. Для того, кто идет к Творцу – это самая красивая и самая светлая улица в мире.
Рав Ашлаг. Такая она – и вся эта страна. Она очень красивая, очень светлая, цветущая, изобильная… Эрэц Исраэль – желание быть рядом с Творцом, страна внутри нас.

РИВКА ОТКРЫВАЕТ ГЛАЗА,
СМОТРИТ НА МУЖА

И УЛЫБАЕТСЯ.
ОНА НИКОГДА НЕ ВИДЕЛА ЕГО ТАКИМ.

Барух. И во мне она есть – Эрэц Исраэль?
Рав Ашлаг. Внутри каждого человека есть Эрэц Исраэль.
Барух. Получается, что эта страна для всех?
Рав Ашлаг. Для всех.
Барух. Всех-всех людей?
Рав Ашлаг. Всех-всех людей.
Барух. И не только евреев?
Рав Ашлаг. Еврев и не евреев, черных и белых, для всех.
Барух. Значит, когда-нибудь весь мир будет Эрэц Исраэль?
Рав Ашлаг. Верно. Каждый, кто захочет встретиться с Творцом, станет жителем этой страны.
Барух. А зачем же мы тогда едем в Палестину[46], если Эрэц Исраэль внутри человека?
Рав Ашлаг. Потому что мы торопимся. Мы не можем ждать, мы такие, меченые Творцом, и ничего ты с этим не сделаешь. Мы хотим найти духовный Эрэц Исраэль, живя в этой точке на карте под названием Эрэц Исраэль. Это даст нам дополнительные силы, даст!
Барух. Я хочу, чтобы это произошло как можно быстрее.

•

ДОКУМЕНТАЛЬНАЯ ХРОНИКА.
КОРАБЛЬ РАСКАЧИВАЕТСЯ НА ВОЛНАХ.
ПАССАЖИРЫ СТОЯТ У БОРТА.
ВСЕ ВОЗБУЖДЕННО ВЫТЯНУТЫ НАВСТРЕЧУ ПРИБЛИЖАЮЩЕЙСЯ ЗЕМЛЕ.
ЗДЕСЬ ЖЕ СТОЯТ И НАШИ ГЕРОИ – РИВКА С НОВОРОЖДЕННОЙ БАТ-ШЕВОЙ,
ХАИМ, БАРУХ И РАВ АШЛАГ.

•

ПОРТ ЯФФО[47].
ЛЮДИ СПУСКАЮТСЯ ПО ТРАПУ.
АНГЛИЙСКИЙ ПАТРУЛЬ ПРИСТАЛЬНО ВГЛЯДЫВАЕТСЯ В ЛИЦА ПРИБЫВШИХ.

---

46 **Палестина**. Ханаан – самое древнее название места, где поселились иудеи. Одно время часть Ханаана называлась Иудеей, а часть – Израилем, затем всю страну называли Иудея. После иудейского восстания (II-ой век н. э.) римский император Адриан переименовал страну в Сирию – Палестину. Лишь после 1948 г. страна вновь получила своё имя – страна Израиль.

47 **Порт Яффо** – место прибытия кораблей в Израиль.

РАВ АШЛАГ ВЫХОДИТ ЗА ВОРОТА ПОРТА.
ЗА НИМ ЕДВА ПОСПЕВАЮТ РИВКА С БАТ-ШЕВОЙ,
БАРУХ И ХАИМ.
ОН ПОВОРАЧИВАЕТСЯ К НИМ.

Рав Ашлаг. Быстрее! Быстрее!
Ривка. Куда мы идем?!
Рав Ашлаг. В Иерусалим.

•
ИЕРУСАЛИМ. ДОКУМЕНТАЛЬНАЯ ХРОНИКА 20-Х ГОДОВ.
УЛИЦЫ ЗАПОЛНЕНЫ ЛЮДЬМИ –
ЗДЕСЬ ТУРКИ, АНГЛИЧАНЕ, АРМЯНЕ, АРАБЫ, БЕДУИНЫ, ЕВРЕИ.
МНОГОЧИСЛЕННЫЕ ЛАВОЧКИ ПЕСТРЯТ ТОВАРАМИ.
ВОЗЛЕ НИХ СПЯТ ЛЕНИВЫЕ ПРОДАВЦЫ.
ЖИВОПИСНЫЙ ТУРОК СМАЧНО КУРИТ КАЛЬЯН.
ДВА РЕЛИГИОЗНЫХ ЕВРЕЯ СПОРЯТ, СТОЯ В ТЕНИ ДОМА.

•
РАВ АШЛАГ, ХАИМ И БАРУХ ИДУТ ПО УЛИЦЕ.
ОСТАНАВЛИВАЮТСЯ ПЕРЕД СКРОМНОЙ ВЫВЕСКОЙ,
НА КОТОРОЙ НАПИСАНО:
«КАББАЛИСТИЧЕСКАЯ ЕШИВА «ГАНЕЙ ХОХМА»[48].
ОНИ ПОДНИМАЮТСЯ ПО ИСТЕРТЫМ КАМЕННЫМ
СТУПЕНЬКАМ НА ВТОРОЙ ЭТАЖ.
ИХ ВЗГЛЯДУ ОТКРЫВАЕТСЯ БОЛЬШОЙ ЗАЛ,
В КОТОРОМ СИДЯТ УЧЕНИКИ, МОЛОДЫЕ И ПОЖИЛЫЕ.
ОДНИ БЕСЕДУЮТ, ДРУГИЕ ЧИТАЮТ,
КТО-ТО ПРОХАЖИВАЕТСЯ В ЗАДУМЧИВОСТИ,
КТО-ТО СПИТ, ПОЛОЖИВ ГОЛОВУ НА КНИГУ…

РАВ АШЛАГ ЗАСТЫВАЕТ В ДВЕРЯХ ЗАЛА.

Рав Ашлаг (*восторженно*). Посмотрите! Они учат каббалу!

ВДРУГ КТО-ТО ДОТРАГИВАЕТСЯ ДО ПЛЕЧА РАВА АШЛАГА.
ОН ОБОРАЧИВАЕТСЯ И ВИДИТ ПОЖИЛОГО СЕФАРДА[49]

Сефард. Откуда каббалисты? (*Оглядывает их.*)
Рав Ашлаг (*радостно*). Из Варшавы.
Сефард (*отвечает приветливой улыбкой*). Идите за мной.

---

48 **«Ганей хохма»** – ивр. «Сады мудрости».

49 **Сефарды** – так называли выходцев из Испании и Португалии.

ОНИ ИДУТ ПО ДЛИННОМУ КОРИДОРУ.
СПРАВА – ОКНА, ВЫХОДЯЩИЕ НА СТЕНУ ПЛАЧА…[50]
МЕЛЬКАЕТ СТЕНА…
В МОЛИТВЕ РАСКАЧИВАЮТСЯ ВОЗЛЕ НЕЕ ЛЮДИ.

•
КОМНАТА СЕФАРДА.

Сефард. Я – рав Хадад, руководитель этой ешивы (*указывает рукой в угол, там сидит над огромной книгой маленький старичок*). Рав Леви, мой учитель. Расскажите о себе.
Рав Ашлаг. Мы приехали учиться.
Хадад. Что вы знаете о нас?
Рав Ашлаг. Что это великая каббалистическая ешива, которой 200 лет.

ВДРУГ ИЗ УГЛА ДОНОСИТСЯ ХРИПЛЫЙ ГОЛОС.

Рав Леви. «Берешит», рейш аин тет. «Вэ ивен Ашем Элоким эт а цела…» (*поднимает глаза от книги, смотрит на рава Ашлага.*). Продолжи!
Хадад. Он только что приехал, учитель…
Рав Ашлаг (*не задумываясь ни на мгновение, продолжает фразу на арамите, начатую равом Леви*) «Хаке итрамиз разе дибум…»
Рав Леви. Бери его.

ХАИМ И БАРУХ, СТОЯ У ДВЕРИ, ПЕРЕВОДЯТ ВЗГЛЯД С РАВА ЛЕВИ НА РАВА АШЛАГА.

Рав Хадад. Ты выучил наизусть весь Зоар, ашкеназ[51]. Похвально!
Рав Ашлаг. Я не учил специально.
Рав Хадад. Ты словно извиняешься, а между тем это наша основная работа – запоминать эти тексты. Рав Леви – мой учитель – знает наизусть всю книгу Зоар, всего святого Ари, поэтому он и является великим знатоком каббалы.
Рав Ашлаг. Я не думаю, что рав Леви является великим знатоком Каббалы… из-за того, что у него хорошая память.
Рав Хадад. Каждый день он повторяет святые слова этих святых книг… (*делает ударение*) поэтому(!!) он и знает их наизусть… и поэтому(!!) является великим учителем Каббалы.

ПАУЗА.
РАВ АШЛАГ СМОТРИТ НА РАВА ЛЕВИ.

---

50 **Стена плача** – так называют западную стену, оставшуюся после разрушения последнего Храма в 70-м году н. э.. В духовном аспекте «разрушение храма» означает состояние потери связи с Творцом, «Стена плача» – то, что поддерживает надежду.

51 **Ашкеназ** – выходец из Европы.

Рав Ашлаг (*сухо*). Это то, что мы должны делать?..
Рав Хадад. Это то, что мы должны делать.
Рав Ашлаг. Но проникая(!) во внутренний смысл… этих слов!
Рав Хадад. Нет в них никакого внутреннего смысла. Слова эти святы, вот и всё. Произнося их, заучивая, мы ускоряем приход Машиаха[52].
Рав Ашлаг (*еще более сухо*). Кто это вам сказал?!
Хадад. Я не понимаю твоего вопроса.

ХАИМ ДЕЛАЕТ ШАГ НАЗАД
И УПИРАЕТСЯ СПИНОЙ В СТВОРКУ ДВЕРИ.

Рав Леви (*из угла*). Мы верим в это, и этого нам достаточно.
Рав Ашлаг (*поворачиваясь к нему*). Верить можно, только когда постигаешь[53]. Когда чувствуешь сердцем. Видишь. Только тогда веришь.
Рав Леви. Глупости. Что ты можешь видеть, жалкое существо! Что ты можешь чувствовать!.. Нужно верить и все. Слепо верить (*пристально смотрит на рава Ашлага*). Ты научишься этому, ашкеназ.
Рав Ашлаг (*не отводя глаз, медленно, почти по слогам*). Учиться можно только у того… (*пауза*), кто учит, как увидеть.
Рав Леви. А я говорю, выкинь это из головы. Глупости, говорю я тебе…
Рав Ашлаг (*упрямо*). Кто сам постиг внутренне, только тот может обучать.
Рав Леви (*медленно вставая и повышая голос*). Нет тут ничего внутреннего, слышишь! Нет никакого внутреннего постижения, только то, что написано и передано нам и ничего больше (*пауза*)… упаси Бог.

•
НЕОЖИДАННО ИСЧЕЗАЕТ КОМНАТА.
ВСПЫШКА.
ПЕРЕД РАВОМ АШЛАГОМ – КРАСИВАЯ СТРАНА,
НАПОЛНЕННАЯ ПОКОЕМ, СВЕТОМ, ТИШИНОЙ…
И ВДРУГ НАЧИНАЕТ ДРОЖАТЬ ЗЕМЛЯ…

•
КАББАЛИСТИЧЕСКАЯ ЕШИВА.
РАВ АШЛАГ МОЛЧА СМОТРИТ НА РАВА ЛЕВИ.
ТОТ ПРОНИЗЫВАЕТ ЕГО ВЗГЛЯДОМ.

Рав Леви. Где ты был сейчас?!

---

52 **Машиах** – от ивр. «маш хай». В духовном аспекте слова Моше, Машиах обозначают раскрытие света веры и света мудрости как одному человеку, так и всему человечеству.

53 **Постижение** – наивысшее знание, полное видение всего происходящего от его истоков и до самого конца.

ХАИМ И БАРУХ, ЗАТАИВ ДЫХАНИЕ, СТОЯТ У ДВЕРИ.

Рав Ашлаг. В Эрэц Исраэль – великой стране, живущей внутри нас!
Рав Леви. Ты сопротивляешься, ашкеназ!
Рав Ашлаг. Я, кажется, ошибся адресом.
Рав Леви. Ты гордец!..
Рав Ашлаг. Оттуда, из Варшавы, вы все казались нам такими большими…
Хадад. Ты наносишь оскорбление истинной каббале.
Рав Ашлаг. В вас нет ничего от истинной каббалы.

РАВ АШЛАГ ВЫДЕРЖИВАЕТ ПАУЗУ И ВИДИТ,
КАК ВОЗМУЩЕН РАВ ЛЕВИ.

Рав Ашлаг. Здесь место не каббалистов, а шарлатанов!

ПОВОРАЧИВАЕТСЯ И ВЫХОДИТ ИЗ КОМНАТЫ.
ЗА НИМ БЫСТРО ВЫСКАКИВАЮТ ХАИМ И БАРУХ.
РАВ ХАДАД СМОТРИТ НА РАВА ЛЕВИ.

Рав Леви. Ты должен позаботиться о нем, рав Хадад. Он может принести нам много бед.

РАВ АШЛАГ, ХАИМ И БАРУХ ИДУТ ПО КОРИДОРУ.
ИХ НАГОНЯЕТ МОЛОДОЙ ПАРЕНЬ ЛЕТ 20-ТИ.
ОН ВО ВСЕ ГЛАЗА СМОТРИТ НА РАВА АШЛАГА.

Парень. Я слышал весь ваш разговор.
Рав Ашлаг. Ты подслушивал?
Парень. Не смог удержаться.
Рав Ашлаг. Как тебя зовут?
Парень. Шимон… Я здесь уже год… Я не знаю, что мне делать?
Барух. Идти с нами!
Шимон. Но я…
Рав Ашлаг. В духовном нет насилия, Шимон. Все решения человек принимает сам.

ОНИ ВЫХОДЯТ ИЗ ЗДАНИЯ ЕШИВЫ.
НА НИХ ИЗ ОКНА ВТОРОГО ЭТАЖА СМОТРЯТ
РАВ ХАДАД И РАВ ЛЕВИ.

•

ИЕРУСАЛИМ. НЕБОЛЬШОЙ ВНУТРЕННИЙ ДВОРИК
ПЕРЕД ДОМОМ.
РИВКА НАБЛЮДАЕТ ИЗ ОКНА ЗА ТЕМ,
ЧТО ПРОИСХОДИТ ВНУТРИ ДВОРИКА.

ТАМ РАВ АШЛАГ, ХАИМ И БАРУХ ВЗЛАМЫВАЮТ
БОЛЬШИЕ ДЕРЕВЯННЫЕ ЯЩИКИ
И ВЫТАСКИВАЮТ ИЗ НИХ КАКИЕ-ТО ЖЕЛЕЗКИ,
ТИСКИ, ПРЕССЫ, ОБРЕЗКИ КОЖИ.
СКЛАДЫВАЮТ ВСЕ ЭТО НА ТРАВУ…

РАВ АШЛАГ ПОДНИМАЕТ ГОЛОВУ.
НА НЕГО ИЗ-ЗА НИЗКОГО ЗАБОРА СМОТРЯТ
ДВОЕ МОЛОДЫХ РЕЛИГИОЗНЫХ ПАРНЕЙ.
ОДИН ИЗ НИХ ШИМОН.

Шимон. Это мой товарищ – Моше. Мы хотим учиться у тебя.
Рав Ашлаг. Вы хотите научиться обрабатывать кожу? Учтите, дело это вонючее…
Шимон. Мы хотим учить каббалу и обрабатывать кожу вместе с вами.

ИЗ-ЗА СПИНЫ РАВА АШЛАГА БЕЛОЗУБО УЛЫБАЕТСЯ ХАИМ.

Шимон. Мы не уйдем отсюда.

БАРУХ ПРИТАНЦОВЫВАЕТ,
ВЫРАЖАЯ СВОЙ ВОСТОРГ.

Рав Ашлаг (*не оглядываясь на него*). Барух, ты уже потерял разводной ключ, лучше думай, как соберешь станок. (*Шимону и Моше.*) Вы готовы зарабатывать гроши на самой тяжелой работе в мире?..
Они вместе. Готовы.
Рав Ашлаг. Учиться ночью?
Они вместе. Мы готовы, готовы!
Рав Ашлаг. Спать по три часа? Больше у вас не выйдет.
Они (*в один голос*). Да. Готовы! Готовы!
Рав Ашлаг. Вы хорошо подумали?
Они. Да.
Рав Ашлаг. Тогда заходите, поможете нам собрать станки. Сегодня ночью будет первый урок.

ХАИМ И БАРУХ, НЕ ВЫДЕРЖАВ,
БРОСАЮТСЯ К НИМ В ВОСТОРГЕ.
ОБНИМАЮТ ИХ И ЗАТЯГИВАЮТ ВО ДВОР.

•

НОЧЬ НАД ИЕРУСАЛИМОМ.
ПУСТЫЕ НОЧНЫЕ УЛИЦЫ.
ВОЙ ШАКАЛОВ ДОНОСИТСЯ ИЗ-ЗА КРЕПОСТНЫХ СТЕН ГОРОДА.

ПЕТЛЯЮТ УЗКИЕ УЛОЧКИ МЕЖ ТЕМНЫХ ДОМОВ.
А ВОТ И ЕЛЕ-ЕЛЕ ОСВЕЩЕННОЕ ОКНО…

ЗА НИМ – КОМНАТА, ПРЕВРАЩЕННАЯ В КЛАСС.
ВОКРУГ РАВА АШЛАГА СИДЯТ ЧЕТВЕРО УЧЕНИКОВ:
ШИМОН, МОШЕ, ХАИМ И БАРУХ.
РАВ АШЛАГ УКАЗЫВАЕТ НА КНИГУ ЗОАР,
ЛЕЖАЩУЮ ПЕРЕД НИМ НА СТОЛЕ.

Рав Ашлаг. Это святая книга Зоар…
Моше (*восторженно*). Я изучаю ее уже три года.
Рав Ашлаг. Ее нельзя изучить. Её можно только прочувствовать.
Моше. Я пытаюсь…
Рав Ашлаг. Глупости!.. Оставь все эти попытки.
Моше. Но-о…
Рав Ашлаг. Она ничто, эта книга, пустое место, набор листов, испачканных буквами, … если не помещаешь её в себя.
Шимон. Как… это сделать?

РАВ АШЛАГ КЛАДЕТ РУКУ НА КНИГУ.

Рав Ашлаг. Там, за этими страницами, 125 ступеней твоего подъема. 125 ступеней спуска в себя. В свое «я»… Там тебя ждет нерадостная картина.

РАВ АШЛАГ МОЛЧИТ.
ВСЕ НЕОТРЫВНО СМОТРЯТ НА НЕГО.

Шимон. Что там?.. Во мне…
Рав Ашлаг. Болезнь.
Шимон. Болезнь?
Рав Ашлаг. Она уже давно разъедает тебя. Зоар обнаруживает ее.

ВСЕ ПЕРЕВОДЯТ ВЗГЛЯД НА ШИМОНА.

Рав Ашлаг (*не сводя с него глаз*). Ты забит ненавистью ко всему миру. Ты живешь только для себя. Это страшная болезнь.
Шимон. Как я это увижу?
Рав Ашлаг. Свет. Маленький лучик Света проникает в тебя… На каждой ступени – больше и больше Света. Так раскрывается тебе Творец.
Шимон. Я его увижу?
Рав Ашлаг. Он за каждым словом…

РАВ АШЛАГ ОТКРЫВАЕТ
ПЕРВУЮ СТРАНИЦУ КНИГИ
И УКАЗЫВАЕТ ПАЛЬЦЕМ НА ПЕРВУЮ СТРОЧКУ.

Рав Ашлаг. Вот Он.

ВСЕ СКЛОНЯЮТСЯ НАД КНИГОЙ.

Рав Ашлаг. Видите Его?
Хаим. Нет… я не вижу…
Шимон (*шепотом*). Он здесь?
Рав Ашлаг. Здесь.
Моше. Ты смеешься над нами?
Рав Ашлаг. Это слишком серьезно, чтобы я тратил время на смех. Он здесь. Все время. (*Пристально смотрит в книгу.)*Вот Он… Это Его мир.

ВСЕ ПРОДОЛЖАЮТ СМОТРЕТЬ В КНИГУ.
ПОТОМ ПЕРЕВОДЯТ ВЗГЛЯД НА РАВА АШЛАГА.

Шимон. Почему мы Его не видим?
Моше. Почему?
Рав Ашлаг. Ты не можешь увидеть мир, который живет по закону абсолютной любви.
Моше. Почему?!
Рав Ашлаг. Потому что ты еще не такой.
Шимон. Когда я… увижу Его?..
Рав Ашлаг. Когда Свет омоет тебя.
Шимон. Когда?!
Рав Ашлаг. Когда станешь подобен Ему. Сразу это сделать невозможно. Поэтому и созданы эти ступени. На каждой ступени свой Свет. Маленький, больше, еще больше… И на каждой ступени – падения и подъемы. Их надо выдержать.
Шимон. Я смогу выдержать?
Рав Ашлаг. Ты – нет.
Шимон. А как же?..
Рав Ашлаг. Мы вместе – да.
Шимон. Чего Он хочет?
Рав Ашлаг. Он хочет, чтобы мы соединились.

ПАЛЕЦ РАВА АШЛАГА УПИРАЕТСЯ
В ПЕРВЫЕ ЖЕ СТРОЧКИ…

– Вот Он, за этими строчками… читай, Шимон!
Шимон (*вглядывается в них, шепчет*). «Спрашивает: «Что означает роза?». Отвечает: «Это – Собрание Израиля…»
Рав Ашлаг. «Исра»– прямо, «Эль» – к Творцу. Мы – Исраэль – одно сердце с одним желанием!.. Встретиться с Ним! (*Смотрит на строчки книги.)*Он и сейчас здесь. Он ждет.

ПАУЗА. МОЛЧИТ.

Шимон. Проведи нас туда. К Нему.

РАВ АШЛАГ МОЛЧИТ.

Моше. Мы будем идти за тобой след в след…
Хаим. Мы все очень хотим этого.
Барух. Это вся наша жизнь…

РАВ АШЛАГ СКЛОНЯЕТСЯ НАД СТОЛОМ,
ПРИБЛИЖАЕТСЯ К НИМ.

Рав Ашлаг. Держитесь вместе. Не думайте о себе. Просите силы… Не себе. Всему нашему несчастному миру!.. Силы соединиться! Вы слышите меня?
Шимон. Да!
Моше. Да.
Хаим. Да.
Барух. Да!

ОНИ ВСЕ СКЛОНЯЮТСЯ НАД КНИГОЙ.

•
КОМНАТА РАВА АШЛАГА. УТРО.
РИВКА ЗАХОДИТ В КОМНАТУ.
ОНА ПУСТА.
РИВКА ПОДХОДИТ К СТОЛУ.

НА КНИГЕ ЗОАР ЗАПИСКА,
НАПИСАННАЯ РОВНЫМ ПОЧЕРКОМ МУЖА: «ВЕРНУСЬ ЧЕРЕЗ ТРИ ДНЯ. НЕ ВОЛНУЙСЯ ЗА МЕНЯ. ЛЮБЛЮ. ЮДА.»

•
ГЕРМАНИЯ. МЮНХЕН 20-Х ГОДОВ.
КТО-ТО ДВИЖЕТСЯ ПО УЛИЦЕ МИМО ИДУЩИХ ЛЮДЕЙ,
МИМО ВИТРИН МАГАЗИНОВ, СТАРИННЫХ ДОМОВ…
ОСТАНАВЛИВАЕТСЯ ВОЗЛЕ ПИВНОЙ ПОД НАЗВАНИЕМ
«БЮРГЕРБРОЙКЕЛЛЕР» И ВХОДИТ ВНУТРЬ.

ГИТЛЕР СТОИТ В ЛОЩЕНЫХ САПОГАХ НА ДЕРЕВЯННОМ СТОЛЕ.
ВОКРУГ НЕГО – ТОЛПА ШТУРМОВИКОВ,
СТУЧАЩИХ ПИВНЫМИ КРУЖКАМИ.
ТОЛПА СКАНДИРУЕТ ПО-НЕМЕЦКИ: «ВЫРЕЗАТЬ СВИНЕЙ!»,
«ДОЛОЙ ПРАВИТЕЛЬСТВО ПРЕДАТЕЛЕЙ!»,
«ГЕРМАНИЮ – НЕМЦАМ!».
СТУЧАТ КРУЖКИ. В ТАКТ ИМ ВЗМЕТАЕТСЯ РУКА ГИТЛЕРА.
ГИТЛЕР РЕЗКО ПОВОРАЧИВАЕТ ГОЛОВУ НАПРАВО.

И ДОЛГО СМОТРИТ КУДА-ТО.
СПРЫГИВАЕТ СО СТОЛА И ИДЕТ В УГОЛ ПИВНОЙ.

ТАМ СИДИТ РАВ АШЛАГ,
ОДЕТЫЙ В ТРАДИЦИОННУЮ ЕВРЕЙСКУЮ ОДЕЖДУ.
ОН ДЕРЖИТ В РУКЕ КРУЖКУ С ПИВОМ.
УДИВИТЕЛЬНО, НО ЕГО НИКТО НЕ ЗАМЕЧАЕТ.
ГИТЛЕР ПОДХОДИТ ПРЯМО К НЕМУ.

Гитлер. Они не видят тебя, или я – шизофреник?..
Рав Ашлаг. Не видят.
Гитлер (*оглядывается*). Они не видят тебя. Надо же! Кто ты?!
Рав Ашлаг. Меня зовут Рав Ашлаг.
Гитлер. Как ты оказался здесь?
Рав Ашлаг. Это неважно (*смотрит в глаза Гитлеру*). Ты можешь быть со мной совершенно откровенен.
Гитлер (*вдруг садится*). Мне нужно сказать тебе кое-что (*склоняется ближе*)… Я не могу объяснить это логически. Это где-то внутри меня, там… в подсознании… (*тыкает себя пальцем в грудь*). Там, внутри, такая ненависть к вам! Такая ненависть!
Рав Ашлаг. Знаю. Придвинься ближе, очень шумят, я тебя плохо слышу.
Гитлер (*придвигает стул ближе к раву Ашлагу, оглядывается на скандирующую толпу*). И еще… такое ощущение, что это не я сам, что это меня выбрали, вылепили и бросили в это пекло. Меня, ефрейтора, вдруг сделали царем. Ты можешь это объяснить мне?!
Рав Ашлаг. «Сердца министров и царей в руках Творца.» Творец и управляет тобой.
Гитлер. Он ненавидит евреев?
Рав Ашлаг. Он – абсолютная любовь, как Он может ненавидеть! Нет в нем такого свойства. Он любит всех. Мы все для Него – Едины.
Гитлер. Почему же во мне столько ненависти? Объясни мне (*переходит на шепот*). Я ведь разнесу пол-мира, если меня никто не остановит. А ну-ка объясни мне, объясни, объясни, может быть, от этого объяснения я очнусь, и ты спасешь миллионы. У тебя есть редкий шанс. Попробуй, еврей. Попробуй, я прошу тебя!

РАВ АШЛАГ ОТОДВИГАЕТ КРУЖКУ В СТОРОНУ. МОЛЧИТ.

Гитлер. Ну, чего ты молчишь?!
Рав Ашлаг. Весь ужас в том, что тебе-то я не должен объяснять ничего. Не ты – так другой. У тебя действительно нет никакой свободы… Тебя просто выбрали, вылепили и бросили в это пекло.
Гитлер (*обреченно*). Я кукла…
Рав Ашлаг. Ты кукла. И ничего я не смогу объяснить кукле. Не должен. Не поймешь ты ничего. Должен объяснить другим. И не могу. Они не слышат меня… Они оглохли, заткнули уши… они не хотят слышать… не хотят!..

МЮНХЕН.
РАВ АШЛАГ РАЗДРАЖЕННО БЬЕТ КУЛАКОМ ПО СТОЛУ И ПОВОРАЧИВАЕТСЯ К СТЕНЕ.

Гитлер. Для чего ты пришел сюда?
Рав Ашлаг. Увидеть все своими глазами. Прочувствовать… чтобы кричать!

РАВ АШЛАГ ВСТАЕТ И ДЕЛАЕТ ШАГ К ДВЕРИ.

Гитлер (*ему вслед*). На этот раз я дам тебе уйти. Но не появляйся больше. Грядут плохие времена для вас, еврей.

•

ВАРШАВА. РАВВИНАТСКИЙ СУД.
УЧИТЕЛЬ ШМУЭЛЬ СОТРЯСАЕТ В ВОЗДУХЕ ПОЛУСМЯТОЙ БУМАГОЙ.
ПЕРЕД НИМ СИДЯТ В МОЛЧАНИИ ЕЩЁ ТРИ ПОЖИЛЫХ РАВВИНА:
РАВ ФЕЛЬДМАН, РАВ АПШТЕЙН И РАВ ЗИЛЬБЕР.

Учитель Шмуэль. Он – этот подлец – он и оттуда не оставляет своих попыток подорвать нашу общину. Это открытое письмо – вызов всем нам! Это письмо расходится по рукам. Вы знаете, что он пишет… «Над вами нависла страшная угроза, ваши учителя и руководители обязаны услышать меня, если же нет, то услышьте вы, простые люди Польши, любимые мои братья и сестры. Первое, что вы должны сделать, – оставить Европу. Как бы уютно вам ни было, бросайте все и возвращайтесь в Эрец Исраэль… Закончилось время изгнания. На нас возложена величайшая миссия – принести Свет в мир. Пока мы этого не делаем, мы восстанавливаем мир против себя. Ваши руководители не понимают этого. И тем обрекают на страдания всех. Но прежде всего – вас! Увы, но есть вещи, которые изменить уже невозможно. Уезжайте из Европы! Как можно быстрее!»

УЧИТЕЛЬ ПРЕРЫВАЕТ ЧТЕНИЕ,
ОГЛЯДЫВАЕТ ВСЕХ.
ОН БРОСАЕТ ЛИСТЫ НА ПОЛ
И НАЧИНАЕТ ТОПТАТЬ ИХ НОГАМИ.

Учитель. Я требую от вас положить этому конец! Мы можем достать его везде (*кричит*). Так надо его достать и проучить!.. Чтобы не было ему места ни там, ни здесь, нигде!..

•

УТРО. КОМНАТА РАВА АШЛАГА.
ГОЛОВА ЕГО ЛЕЖИТ НА СТОЛЕ.

ПЕРЕВЕРНУТА ЧАШКА С ОСТАТКАМИ КОФЕ,
ПЕПЕЛЬНИЦА ЗАБИТА ОКУРКАМИ…

И ВДРУГ СО СТРАШНЫМ ЗВОНОМ
РАЗЛЕТАЕТСЯ ОКОННОЕ СТЕКЛО,
И В КОМНАТУ ВЛЕТАЕТ БУЛЫЖНИК,
С ШУМОМ КАТИТСЯ ПО ПОЛУ.
В КОМНАТУ ЧЕРЕЗ РАЗБИТОЕ ОКНО ВРЫВАЕТСЯ ВИЗГ ЖЕНЩИН.

РАВ АШЛАГ ВСТАЕТ.
ВБЕГАЕТ ИСПУГАННАЯ РИВКА.

РАВ АШЛАГ ПРИБЛИЖАЕТСЯ К ОКНУ.
ПЕРЕД НИМ ОТКРЫВАЕТСЯ УДИВИТЕЛЬНАЯ КАРТИНА.

ТОЛПА КРИЧАЩИХ ЖЕНЩИН,
ПОДПИРАЕМАЯ ГРУППОЙ РЕЛИГИОЗНЫХ ЕВРЕЕВ,
РАСКАЧИВАЕТСЯ ПОД ОКНАМИ ДОМА.

Молодая женщина. Я не хочу, чтобы мой муж сошел с ума! Что ты сделал с ним!?
Пожилая женщина. Посмотрите на него, как он стоит и смотрит на нас!.. Ты нас не испугаешь!.. Наши дети – праведные евреи, мы не отдадим тебе их!

ИЗ ТОЛПЫ МУЖЧИН РАЗДАЕТСЯ МУЖСКОЙ ГОЛОС.
ЛИЦА ЧЕЛОВЕКА НЕ ВИДНО.

Мужской голос. Мы хотим, чтобы ты оставил наш святой город. Ты оскверняешь его своим присутствием. Убирайся отсюда!..
Пожилая женщина. Иначе мы выцарапаем глаза и тебе, и твоей жене. Мы сожжем твой дом – рассадник заразы!
Рав Ашлаг (*спокойно*). Вы пришли с ненавистью, это нехорошо.

ПОЖИЛАЯ ЖЕНЩИНА ОБОРАЧИВАЕТСЯ К ТОЛПЕ.

– Крушите этот дом! Мужчины вы или нет?..

ЕЩЕ НЕСКОЛЬКО БУЛЫЖНИКОВ,
ПУЩЕННЫХ ТОЧНОЙ РУКОЙ,
РАЗБИВАЮТ ОКНО РЯДОМ С РАВОМ АШЛАГОМ…
БРЫЗГИ ОСКОЛКОВ ЛЕТЯТ ЕМУ В ЛИЦО.
РИВКА ХВАТАЕТ ЕГО ЗА РУКАВ
И ПЫТАЕТСЯ ОТТАЩИТЬ ОТ ОКНА.

Ривка (*кричит*). Что вы делаете?! Постыдитесь, вы же евреи!

ЕЩЕ ОДИН БУЛЫЖНИК ПРОНОСИТСЯ НАД ЕЕ ГОЛОВОЙ.
И ВДРУГ НАД ВСЕМИ ЗВУЧИТ ГОЛОС РАВА АШЛАГА.

– Вы знаете, что я занимаюсь тайной наукой?

И СЛОВНО ПО КОМАНДЕ ТОЛПА ЗАМИРАЕТ.

Рав Ашлаг. Вы можете разбить все окна в моем доме. Но одним словом я могу исправить всё.

ТОЛПА МОЛЧИТ…

– И тогда весь мир увидит мою великую силу и вас, сопротивляющихся ей…

СЛЫШИТСЯ ЖЕНСКИЙ ВСКРИК.

Мужской голос. Чего вы испугались?! Он ничего вам не сделает!
Рав Ашлаг. Вы пришли и разбили окна в доме каббалиста, который знает тайну жизни и смерти.

ТОЛПА НАЧИНАЕТ РАСКАЧИВАТЬСЯ.
ЖЕНЩИНЫ, СТОЯЩИЕ В ПЕРВОМ РЯДУ,
МОЛЧА ПОВОРАЧИВАЮТСЯ И, ОГЛЯДЫВАЯСЬ,
НАЧИНАЮТ ДВИГАТЬСЯ ПРОЧЬ ОТ ДОМА…
ЗА НИМИ ОТСТУПАЮТ МУЖЧИНЫ…

РАВ АШЛАГ СМОТРИТ НА НИХ НА ВСЕХ.
РИВКА, ВСЯ ДРОЖА, СТОИТ, ПРИЖАВШИСЬ К МУЖУ.
ПЛОЩАДЬ ПЕРЕД ДОМОМ БЫСТРО ОЧИЩАЕТСЯ.

Ривка (*шепчет*). Ты сказал правду? Одним словом ты можешь исправить все?..
Рав Ашлаг. Да (*поворачивается к ней*). Ты сомневаешься в этом?.. Одним словом я могу исправить все.
Ривка. Какое это слово?..
Рав Ашлаг. Одним словом… , которое скажу стекольщику Амикаму, он живет здесь, в двух домах от нас… Он сразу придет и исправит все, вставит нам стекла.

РИВКА УЛЫБАЕТСЯ…
ПОТОМ НАЧИНАЕТ СМЕЯТЬСЯ.
И ВОТ ОНИ УЖЕ СМЕЮТСЯ ВМЕСТЕ.
РАВ АШЛАГ ПОДХВАТЫВАЕТ ДОЧКУ НА РУКИ
И ТАНЦУЕТ С НЕЙ.
РИВКА И БАРУХ ХЛОПАЮТ В ЛАДОШИ.

•

ИЕРУСАЛИМ. НОЧЬ.
ДОМ АШЛАГОВ. КОМНАТА, ПРЕВРАЩЕННАЯ В КЛАСС.
РАВ АШЛАГ СИДИТ ЗА СТОЛОМ.
НАПРОТИВ НЕГО УЧЕНИКИ.
ВОТ-ВОТ НАЧНЕТСЯ УРОК.

Моше (*смущаясь*). Учитель, это была моя жена, – та, которая кричала на вас. Она рассказала мне, что их, всех женщин, собрал в синагоге какой-то раввин. И буквально натравил на вас. Она говорит, что его звали…
Рав Ашлаг (*останавливает его*). Ты зря мне все это рассказываешь. Все, что не имеет отношения к уроку, ты должен оставить там (*указывает на дверь*).

И ВДРУГ ДВЕРЬ ОТКРЫВАЕТСЯ,
И В КОМНАТУ ВХОДИТ ВЫСОКИЙ ПОЖИЛОЙ
РЕЛИГИОЗНЫЙ ЕВРЕЙ В ДОРОГОЙ МЕХОВОЙ ШАПКЕ.
ПРИ ВИДЕ ЕГО ШИМОН ВСТАЕТ.
ВСТАЮТ И ВСЕ УЧЕНИКИ.

Пожилой. Вы позволите мне присутствовать у вас на уроке, уважаемый рав Ашлаг?
Рав Ашлаг. Я преподаю только своим ученикам.
Шимон (*шепчет раву Ашлагу*). Это же Авраам Кук – главный раввин Эрец Исраэль.
Рав Ашлаг (*словно и не слышит его*). Это время учебы, а не инспекции.
Рав Кук. Я не инспектировать пришел, я пришел на ваш урок.
Рав Ашлаг. Тогда я должен вас предупредить, что меня в Варшаве прокляли, и вас могут неправильно понять другие раввины. У вас будут неприятности, вы лицо официальное.
Рав Кук. Я знаю. Я получил предостережения и из Варшавы, и отсюда. Вас не любят…
Рав Ашлаг. Вот видите, кроме того, я на все имею свою точку зрения.
Рав Кук. И это я знаю.
Рав Ашлаг. Я учу каббале, и только каббале.
Рав Кук. Все это я знаю, можете не стараться перечислять свои заслуги. Рав Хадад стоит сейчас там за окном, он требует, чтобы я вас остановил.

НА МГНОВЕНИЕ ЗА ОКНОМ ПОЯВЛЯЕТСЯ И ИСЧЕЗАЕТ
БЛЕДНОЕ ЛИЦО РАВА ХАДАДА.

Рав Ашлаг (*не обращая на него внимания*). Это невозможно сделать.
Рав Кук. И это я знаю. Я попросился к вам на урок каббалы. Если вы не возражаете, я останусь.
Рав Ашлаг (*помедлив*). Я начну урок, вы можете остаться.
Рав Кук. Спасибо.

РАВ АШЛАГ ПОВОРАЧИВАЕТСЯ К СВОИМ УЧЕНИКАМ.

Рав Ашлаг. Каббала – не религия. Каббала – наука.

ВСЕ УЧЕНИКИ КОСЯТСЯ НА ГОСТЯ.
ТОТ, НЕ МИГАЯ, СМОТРИТ НА РАВА АШЛАГА.

Рав Ашлаг. Религия основана на вере в то, что тебе рассказывает кто-то. Каббала – на жестком опыте. Верю только когда сам постиг.

РАВ АШЛАГ НАЧИНАЕТ ВЫШАГИВАТЬ ПО КОМНАТЕ,
НЕ ОБРАЩАЯ ВНИМАНИЯ НИ НА КОГО.

ПОЯВЛЯЕТСЯ И ИСЧЕЗАЕТ ГОЛОВА РАВА ХАДАДА.
ОН СМОТРИТ НА РАВА КУКА, СЛОВНО ПЫТАЯСЬ ПОНЯТЬ,
ПОЧЕМУ ТОТ НЕ ВМЕШИВАЕТСЯ.

Рав Ашлаг. Религия успокаивает, а каббала требует постоянного горения. Она только для тех, кого жжет вопрос – «для чего я родился?!»

ЛИЦА УЧЕНИКОВ ПРИКОВАНЫ К ВЫШАГИВАЮЩЕМУ ОТ
СТЕНЫ К СТЕНЕ УЧИТЕЛЮ.
ВИДНО, ЧТО ОНИ ГОРДЫ ИМ.

Рав Ашлаг. Отличие каббалы от всех религий – кардинально.

ВИДНО, КАК ХАДАД ДЕЛАЕТ КАКИЕ-ТО ЗНАКИ РАВУ КУКУ.
ТОТ НЕ РЕАГИРУЕТ.

Рав Ашлаг. Религии говорят: «Просите Творца, и Он поможет вам, Он простит, пожалеет. Просите, и Он изменит свое отношение к вам». Что же говорит Каббала?.. Она говорит, что Творец – Он неизменен.

ОСТАНАВЛИВАЕТСЯ ПЕРЕД ОКНОМ И СМОТРИТ НА ВСЕХ.

Рав Ашлаг (*четко*). Он неизменен! Это мы должны измениться по отношению к Нему. Мы. И просьба от нас может исходить только одна – чтобы Он исправил нас.

РАВ АШЛАГ ОПИРАЕТСЯ О ПОДОКОННИК.

Рав Ашлаг. Я специально подошел к окну, чтобы рав Хадад мог услышать каждое мое слово… Все наши книги написаны каббалистами, и они написаны только об одном – о том, как нам подняться над «ангелом смерти», над эгоизмом. 125 ступеней постижения Любви – вот что такое каббала. Она возникла задолго до всех религий с одной целью – вернуть мир к Единству. Скрепить Любовью. Ну что может быть выше этого?!

ДВЕРЬ РАСПАХИВАЕТСЯ, И ВХОДИТ РАВ ХАДАД.
ОН ПРЯМО ЗАХЛЕБЫВАЕТСЯ ОТ ЯРОСТИ,
СМОТРИТ ТОЛЬКО НА РАВА КУКА. КРИЧИТ.

Рав Хадад. И вы, главный религиозный лидер Израиля, можете слушать его?!Того, кто сейчас перед вами рушит все основы нашей религии! И вы молчите?!
Рав Кук (*спокойно*). Я не вижу противоречий в его словах.
Хадад. Что?! Каббала – наука! Религия – психология! Каббала – для всех! Творец – собутыльник!
Рав Кук. Я согласен с каждым словом уважаемого рава Ашлага.

РАВ ХАДАД МОЛЧИТ, ПОРАЖЕННЫЙ.
РАВ КУК ИДЕТ К ДВЕРИ.
ОСТАНАВЛИВАЕТСЯ ПЕРЕД НЕЙ.

Рав Кук (*раву Ашлагу*). Если бы вы знали, с каким удовольствием я остался бы здесь, у вас, учить каббалу… Не могу. Нельзя мне. А очень… очень жаль.

ВЫХОДИТ. РАВ ХАДАД СМОТРИТ ЕМУ ВСЛЕД.

Шимон. А вы, рав Хадад, может, останетесь?
Рав Хадад (*раву Ашлагу*). Не думай, все равно жизни тебе здесь не будет.

•

БОЛЬШОЙ ЖЕЛЕЗНЫЙ САРАЙ С ДЫРЯВЫМИ ОКНАМИ.
ЛЮДИ ОБХОДЯТ ЕГО, ЗАЖИМАЯ НОСЫ РУКАМИ.
ЧЕРЕЗ ДЫРЫ В ОКНАХ ВИДНО,
КАК В ТУМАНЕ ИЗВЕСТКОВОЙ ПЫЛИ ЧЕЛОВЕК ПОВТОРЯЕТ
ОДНИ И ТЕ ЖЕ МОНОТОННЫЕ ДВИЖЕНИЯ.
ЭТО РАВ АШЛАГ.
ПОТ СТРУИТСЯ ПО ЛИЦУ РАВА АШЛАГА.
РУКИ ЕГО С НАБУХШИМИ ВЕНАМИ ДЕРЖАТ ДЕРЕВЯННЫЙ
ВАЛИК С ОСТРОЙ ЖЕЛЕЗКОЙ ПОСЕРЕДИНЕ.
ЖЕЛЕЗКА СКРЕБЕТ ПО КОЖЕ…

ЧУТЬ ВДАЛЕКЕ У ПРИМИТИВНОГО СТАНКА СТОИТ БАРУХ
И ПРОПУСКАЕТ КОЖУ ЧЕРЕЗ ВАЛИКИ,
НА КОТОРЫЕ НАКРУЧЕНА НАЖДАЧНАЯ БУМАГА.

ХАИМ РАСТЯГИВАЕТ КОЖУ ДЕРЕВЯННЫМИ КОЛЫШКАМИ
НА СПЕЦИАЛЬНОМ СТАНКЕ.

МОШЕ, МОРЩЯСЬ, СНИМАЕТ КУСКИ МЯСА
С ВЫМОЧЕННОЙ КОЖИ…

ШИМОН РАЗБИВАЕТ КУСКИ ЗАМОРОЖЕННОЙ КОЖИ
МОЛОТКОМ И БРОСАЕТ ЕЁ В ВОДУ…

РАВ АШЛАГ БЬЕТ ЖЕЛЕЗКОЙ О ШПАЛУ.
ЗВОН ГУЛКО РАЗНОСИТСЯ ПО САРАЮ.

ВСЕ СИДЯТ ЗА ДЛИННЫМ СТОЛОМ В УГЛУ САРАЯ.
БАРУХ ВЫКЛАДЫВАЕТ ЕДУ ИЗ КОРЗИНКИ:
ХЛЕБ, ЯЙЦА, ЛУК, ВОДУ.

РАВ АШЛАГ ПРОИЗНОСИТ БЛАГОСЛОВЕНИЕ НА ХЛЕБ, ЕСТ…

МОШЕ ВДРУГ ХРИПИТ, ПЫТАЕТСЯ ВСТАТЬ,
НО НЕ УСПЕВАЕТ, ЕГО ВЫРЫВАЕТ ПРЯМО НА СТОЛ.
ШИМОН ОТВОДИТ ЕГО В СТОРОНУ.
МОШЕ РВЕТ НЕ ПЕРЕСТАВАЯ.
БАРУХ ТИХО ВЫТИРАЕТ СТОЛ.

РАВ АШЛАГ ЕСТ, СЛОВНО НЕ ЗАМЕЧАЯ НИЧЕГО.
ВОЗВРАЩАЮТСЯ ШИМОН И МОШЕ.
МОШЕ САДИТСЯ И УСТАЛО ЗАКРЫВАЕТ ГЛАЗА.

Моше. Мы должны так работать?.. В этом дерьме… Должны?
Рав Ашлаг. Я говорил вам, что будет тяжело.
Моше. Но можно найти что-то почище… ведь…
Рав Ашлаг. Это самая чистая работа.
Хаим. Почему?! Я все время хотел спросить – почему на коже, на этой вонючей, грязной коже пишется Тора?..

РАВ АШЛАГ ОТОДВИГАЕТ ОТ СЕБЯ ПУСТУЮ ТАРЕЛКУ.
ВЫПРЯМЛЯЕТСЯ.

– Потому что Тора существует только для исправления.

ОН ПЕРЕВОДИТ ВЗГЛЯД НА ХАИМА.

– Тебе понятно это?! – спрашивает и не дает ответить, – Если ты хочешь очиститься, отскоблить себя, как эту кожу, содрать с себя всё зло, в котором живешь… только тогда ты открываешь Тору[54]. Она – инструкция по

54 Сказано мудрецами, что человек должен за свою жизнь «**написать**» **Тору**. Это означает, что он должен исправить свое эгоистическое сердце на отдающее, любящее.

очищению. Это, не дай Бог, не книга с историями. Это – путь от тебя к Творцу…

РАВ АШЛАГ ОГЛЯДЫВАЕТ ВСЕХ.

– Этот путь проходит через грязь, – заканчивает он.

ВСЕ МОЛЧАТ.
ГДЕ-ТО КАПАЕТ ВОДА.
ЗА ОКНАМИ УЛИЦА – ТАМ ПРОДОЛЖАЕТСЯ ЖИЗНЬ.
А ЗДЕСЬ ТИШИНА.

РАВ АШЛАГ ЗАКРЫВАЕТ ГЛАЗА И ВДРУГ НАЧИНАЕТ ПЕТЬ.
ПОД СВОДАМИ САРАЯ СЛЫШИТСЯ ТА МЕЛОДИЯ,
КОТОРАЯ ЗВУЧАЛА И В ДОМЕ БАРУХА,
И В КОЦКЕ – «МОРДКЕ ЙОСЕФ»…
ВСЕ ОСТОРОЖНО ПОДХВАТЫВАЮТ ЕЕ…
РУКИ ПОДНИМАЮТСЯ И ЛОЖАТСЯ НА ПЛЕЧИ СОСЕДА.
ВСЕ ОНИ СЕЙЧАС СОЕДИНЯЮТСЯ ВМЕСТЕ…

ЗАГЛЯДЫВАЮТ В ОКНА ПРОХОЖИЕ.
ОНИ ВИДЯТ СИДЯЩИХ В ОБНИМКУ
С ЗАКРЫТЫМИ ГЛАЗАМИ РАСКАЧИВАЮЩИХСЯ ЕВРЕЕВ.

ОСТОРОЖНО ОТКРЫВАЕТСЯ ДВЕРЬ.
В САРАЙ ВХОДИТ НИЗКОРОСЛЫЙ ЧЕЛОВЕК
С ПОЧТОВОЙ СУМКОЙ.
ОН СТОИТ, НЕ РЕШАЯСЬ ПРЕРВАТЬ ПЕСНЮ.
ПЕСНЯ ПЛАВНО ЗАКАНЧИВАЕТСЯ.
ЕЩЕ НЕКОТОРОЕ ВРЕМЯ ВСЕ СИДЯТ С ЗАКРЫТЫМИ ГЛАЗАМИ.

ПОЧТАЛЬОН ТИХО ПРОКАШЛИВАЕТСЯ.

Почтальон. Простите меня, что помешал вам, но дело срочное.

ВСЕ ПОВОРАЧИВАЮТСЯ К НЕМУ.

Почтальон (*раву Ашлагу*). Это вы, рав Ашлаг?
Рав Ашлаг. Слушаю.
Почтальон. Вот, хорошо, я вас с утра ищу, был у вас дома, жена послала сюда… Вас ищет Ленин… такое может быть или нет?
Рав Ашлаг. Может быть.

Это и будет означать, что он написал Тору. На иврите Тора – «ораа» – инструкция по исправлению.

Почтальон. Фу-у-у, я был в полной уверенности, что меня разыгрывают, они там пишут: «Это Ленин» … (*человек проходит внутрь сарая, говорит скороговоркой, обращаясь ко всем*). Ну, я знаю, кто такой Ленин, у меня там все родственники, и я по-русски и пишу, и говорю, а поэтому я им по-русски отвечаю: «этот аппарат поставили не для того, чтобы вы нас разыгрывали … это дорогой аппарат, и это, между прочим, почта … »
Рав Ашлаг (*перебивает его*). Что вам написали?
Почтальон. Что Ленин будет на связи (*смотрит на часы*) через полчаса.

РАВ АШЛАГ РЕШИТЕЛЬНО ВСТАЕТ И ИДЕТ К ВЫХОДУ.
ПОЧТАЛЬОН МАЛЕНЬКИМИ ШАЖКАМИ СЕМЕНИТ ЗА НИМ.

Почтальон. А нам только вчера поставили новый аппарат… и тут вдруг Ленин…

•

ДЕНЬ. ОЖИВЛЕННАЯ УЛИЦА ИЕРУСАЛИМА.
ОНИ ИДУТ ПО УЛИЦЕ.
ЗА НИМИ ЕДВА ПОСПЕВАЮТ БАРУХ,
МОШЕ, ХАИМ И ШИМОН.
ПРИБЛИЖАЕТСЯ ЗДАНИЕ ПОЧТЫ.

ПОЧТА.
РАВ АШЛАГ СТОИТ ПЕРЕД НОВЫМ БЛЕСТЯЩИМ
ТЕЛЕГРАФНЫМ АППАРАТОМ.

ПОЧТАЛЬОН СМОТРИТ НА ЧАСЫ.

– Сказали ровно в два часа, – говорит он, – но сами знаете, это не из Тель-Авива связаться… О, ровно два.

СТРЕЛКИ ЧАСОВ ПОКАЗЫВАЮТ РОВНО ДВА.
И ТУТ ЖЕ НАЧИНАЕТ БЕЖАТЬ ТЕЛЕГРАФНАЯ ЛЕНТА.
РАВ АШЛАГ ЧИТАЕТ: «Я ПРОШУ АШЛАГА. ЛЕНИН.»
РАВ АШЛАГ КИВАЕТ ПОЧТАЛЬОНУ.

– Пишите: «Здравствуйте, Ленин. Это Ашлаг».

ПОЧТАЛЬОН БЫСТРО ПЕЧАТАЕТ И ВОСТОЖЕННО ШЕПЧЕТ:

– Вот это да, сам Ленин?!
– «Я все-таки нашел вас», – приходит ответ Ленина.
– Как вы себя чувствуете? – диктует Рав Ашлаг.
– Я умираю.
– Это не самое страшное. Поверьте мне.

•

ПОДМОСКОВНЫЕ ГОРКИ.
БОЛЬШОЕ ОКНО КОМНАТЫ.
СНЕЖНЫЕ ШАПКИ НА ЕЛЯХ.
БЕЛЫЙ ЛЕС ЗА ОКНОМ.
БЛЕДНАЯ ХУДАЯ РУКА С СИНИМИ ЖИЛАМИ БЕЗЖИЗНЕННО ЛЕЖИТ НА РУЧКЕ КРЕСЛА.
ЛЕНИН СИДИТ В КРЕСЛЕ-КАЧАЛКЕ,
УКРЫТЫЙ ТЕПЛЫМ ПЛЕДОМ.
ОЧЕНЬ ПОХУДЕВШИЙ.
ВВАЛИЛИСЬ ЩЕКИ, ГЛАЗА ГОРЯТ БОЛЬНЫМ БЛЕСКОМ.
ОН ДИКТУЕТ ТИХИМ ГОЛОСОМ.
МОЛОДАЯ ТЕЛЕГРАФИСТКА СТРЕМИТЕЛЬНО ПЕЧАТАЕТ.

Ленин. Вы оказались правы. Я не знаю, что теперь делать.
– «Вы уже ничего не сможете изменить» – приходит ответ. – Будет террор».

•

ИЕРУСАЛИМ.

– Там будет так плохо? – с тревогой спрашивает почтальон?
– Печатайте! – не отвечая ему, говорит Рав Ашлаг. – Ленин, вы не поняли главного.

ПОЧТАЛЬОН БЫСТРО ПЕЧАТАЕТ.

– Сам человек, своими силами не может изменить своей природы. Не может. Человек рождается и умирает эгоистом.

•

ГОРКИ.
ЛЕНИН ВДРУГ ВЫТЯГИВАЕТСЯ В КРЕСЛЕ.
ЕГО ХУДАЯ РУКА ВЗДРАГИВАЕТ.

– Я хотел построить счастливый мир. – Голос его становится громче. – Разве ваш Творец не хочет, чтобы люди были счастливы?!
– Только этого Он и хочет. Но для чего вы хотели построить новый мир?

У ЛЕНИНА СЛЕЗЯТСЯ ГЛАЗА.
И ОН ВЫКРИКИВАЕТ ОТРЫВИСТО.

– Чтобы все были равны! Чтобы не было богатых и бедных! Мир справедливый, чистый!.. Почему Он не дал мне это сделать?!
– Эгоисты не могут построить справедливый мир. Они строят несправедливый мир – для себя…

ТЕЛЕГРАФИСТКА СМОТРИТ НА ЛЕНИНА. ЖДЕТ.
ВДРУГ ЛЕНИН ТИХО ПРОИЗНОСИТ:

– Что теперь будет, Ашлаг? Со мной. Со всеми нами. Со всем, что мы тут сделали?..

ОНА ПЕЧАТАЕТ.

•

ИЕРУСАЛИМ. БЕЖИТ ТЕЛЕГРАФНАЯ ЛЕНТА.
РАВ АШЛАГ ДЕРЖИТ ЕЕ В РУКАХ.
ПОЧТАЛЬОН СМОТРИТ НА РАВА АШЛАГА.
И УЧЕНИКИ НЕ СВОДЯТ С НЕГО ГЛАЗ.

– Все будет очень хорошо, – произносит он. – Человечество пройдет через тупики, через боль, страдания… И все равно построит справедливый мир. Мир любви, а не ненависти…

СМОЛКАЕТ.
ЗАМИРАЮТ ПАЛЬЦЫ ПОЧТАЛЬОНА.

– Просто, к сожалению… через страдания… – произносит Рав Ашлаг.

ОН ПОДХОДИТ К ОКНУ.

– Не слышат. – Может быть, он говорит это себе. Но почтальон печатает и эти его слова. – Не слышат, что есть путь Света, – говорит Рав Ашлаг. – Не слышат… пока.

ПЕРЕГЛЯДЫВАЮТСЯ МОШЕ,
ХАИМ, БАРУХ И ШИМОН…
РАВ АШЛАГ СТОИТ У ОКНА, НЕ ШЕВЕЛЯСЬ.
СОЛНЕЧНЫЙ ДЕНЬ В ИЕРУСАЛИМЕ.

•

ГОРКИ. ТЕЛЕГРАФНАЯ ЛЕНТА ЗАМИРАЕТ НА СТОЛЕ.
ЛЕНИН ОБЕССИЛЕННО ОТКИДЫВАЕТСЯ НА СПИНКУ КРЕСЛА-КАЧАЛКИ.

– Да… – шепчет он, – И все-таки… мне страшно умирать… Ашлаг.

ЗА ОКНОМ ПАДАЕТ СНЕГ.
ЛЕНИН ЗАКРЫВАЕТ ГЛАЗА.

– Прощайте…

•

ИЕРУСАЛИМ.
СТУЧИТ АППАРАТ.
ТЕЛЕГРАФНАЯ ЛЕНТА ОСТАНАВЛИВАЕТСЯ.
РАВ АШЛАГ ЧИТАЕТ ДВА ПОСЛЕДНИХ СЛОВА:
«ПРОЩАЙТЕ… ЛЕНИН».

– Рав Ашлаг, – нарушая молчание, тихо спрашивает почтальон. – У меня там остались все родные.
– Пусть любыми путями выбираются оттуда, – отвечает Рав Ашлаг. – Сюда.

•

НОЧЬ.
КОМНАТА РАВА АШЛАГА.
ПЕРО БЫСТРО ВЫВОДИТ РОВНЫЕ ЭКОНОМНЫЕ СТОЛБИКИ ПРЕДЛОЖЕНИЙ.
ГУБЫ РАВА АШЛАГА ШЕПЧУТ:

Голос рава Ашлага. …однако один грех совершила эта нация, и Творец не простил им. А дело в том, что та возложенная на них драгоценная работа, которой является «любовь к ближнему своему» и которую они начали выполнять, должна быть ради единения с Творцом, с этим Великим Законом Любви, окутывающим нас, как мать ребенка. Они же делали ее ради себя.

РУКА ПИШЕТ.
СЛЫШИТСЯ ГОЛОС РАВА АШЛАГА:

– Если бы целью их был Творец, они бы в течение нескольких лет поднялись бы в своем благосостоянии выше всех стран вселенной, вместе взятых, .. и раскрыли бы великую страну любви – страну Творца…

РАССВЕТ ПОДНИМАЕТСЯ ЗА ОКНОМ.
ПЕРО ЛЕЖИТ НА ИСПИСАННОМ ЛИСТЕ БУМАГИ.
РАВ АШЛАГ СПИТ, ПОЛОЖИВ ГОЛОВУ НА РУКИ.

Голос Баруха. Отец!

РАВ АШЛАГ ПОДНИМАЕТ ГОЛОВУ.
ВИДИТ СКЛОНИВШЕГОСЯ НАД НИМ СЫНА.

Рав Ашлаг. Почему не разбудил меня?
Барух. Жалко было. Ты же не спал всю ночь… А нам на работу через час…
Рав Ашлаг (*жестко*). Это не твое дело. Я приказал тебе не давать мне спать!

•

САРАЙ.
РАВ АШЛАГ ОТДРАИВАЕТ КОЖУ ЖЕЛЕЗНЫМ СКРЕБКОМ.
КАПЛИ ПОТА ПАДАЮТ НА ГРЯЗНЫЕ РУКИ.
ВСЕ РАБОТАЮТ МОЛЧА И СЛАЖЕННО.
В ВОЗДУХЕ ВИСИТ ПЫЛЬ, СЕРЕБРИТСЯ В ЛУЧАХ СОЛНЦА, ПРОБИВАЮЩИХСЯ СКВОЗЬ ДЫРЫ В ОКНЕ.

•

ИЕРУСАЛИМ. ХОЛОДНЫЙ ВЕТЕР БЬЕТ В ЛИЦО.
РАВ АШЛАГ, БАРУХ, ХАИМ, МОШЕ И ШИМОН ИДУТ ВДОЛЬ СТЕНЫ ГОРОДА.
ОНИ ЗАПАХИВАЮТ СВОИ КУЦЫЕ ПАЛЬТИШКИ,
НО ВЕТЕР ПРОБИРАЕТ ИХ НАСКВОЗЬ.
НА ОДНОМ ИЗ ПОВОРОТОВ МОШЕ И ШИМОН СВОРАЧИВАЮТ В СТОРОНУ.

•

РАВ АШЛАГ И БАРУХ ВХОДЯТ В КВАРТИРУ.
РИВКА СТОИТ У ОКНА И НЕ ПОВОРАЧИВАЕТСЯ К НИМ НАВСТРЕЧУ.
ЗА ЗАНАВЕСКОЙ ПРИТИХЛА БАТ-ШЕВА.
В ДОМЕ СТОИТ НЕОБЫКНОВЕНАЯ ТИШИНА.

РАВ АШЛАГ ВИДИТ РАСКРЫТОЕ ПИСЬМО В ОПУЩЕННОЙ РУКЕ РИВКИ.
ПОДХОДИТ.
БЕРЕТ ПИСЬМО.
БЫСТРО ПРОГЛЯДЫВАЕТ ЕГО ГЛАЗАМИ.
ВЗГЛЯД ЕГО ОСТАНАВЛИВАЕТСЯ НА ПОСЛЕДНИХ СТРОЧКАХ:
«МЫ НИЧЕГО НЕ МОГЛИ ПОДЕЛАТЬ. И ВРАЧИ БЫЛИ БЕССИЛЬНЫ. ОНИ УМЕРЛИ ТИХО, ОДИН ЗА ОДНИМ… БЕЗ ВАС.»

РУКА ВЗДРАГИВАЕТ.
РАВ АШЛАГ СМОТРИТ НА РИВКУ.
ОНИ ДОЛГО МОЛЧАТ.
ПОДХОДИТ БАРУХ
И ОСТАНАВЛИВАЕТСЯ ВОЗЛЕ ОТЦА.

Барух. Что случилось?!
Рав Ашлаг (*Ривке*). Ты обвиняешь меня в этом?
Ривка (*тихо*). Да.
Рав Ашлаг. Ты думаешь, что мы могли взять их с собой?
Ривка. Нет…

ОНА ПОВОРАЧИВАЕТСЯ К МУЖУ.
СМОТРИТ НА НЕГО.

Ривка (*внутри ее рождается тихий стон*). Но я ведь чувствовала… Чувствовала, что что-то произойдет!.. И что же мне делать с этим своим чувством теперь?.. Скажи мне, ведь ты же такой умный, ты знаешь все, ты связан с Ним, спроси Его, почему надо было забирать у нас наших детей?!
Барух. (*восклицает*). Что?!

РИВКА ВДРУГ НАЧИНАЕТ ПЛАКАТЬ.
РАВ АШЛАГ СТОИТ РЯДОМ С НЕЙ И НЕ УСПОКАИВАЕТ ЕЕ.

ЗА ОКНОМ НА ВЕТКЕ РЯДЫШКОМ СИДЯТ ДВЕ ПТИЦЫ.

Ривка (*раскачиваясь и протяжно*). И Дави-и-и-д, он ведь так просил, чтобы мы взяли его с собой, и Браха – она так смотрела на меня, когда мы уезжали… Я знала, что что-то произойдет, я знала… и оставила их…

БАРУХ ОТХОДИТ В СТОРОНУ
И САДИТСЯ НА ДЕРЕВЯННУЮ ТАБУРЕТКУ.
ОН ТИХО ПЛАЧЕТ.

РАВ АШЛАГ МОЛЧИТ.

Ривка. Я всегда повторяла «нет никого, кроме Него», но вот пришла беда, и я не могу оправдать Его. Почему?.. Почему, Юда?!

РАВ АШЛАГ ОБНИМАЕТ ЕЕ.
ЕГО РУКА НЕЖНО ГЛАДИТ ЕЕ ПЛЕЧО.

Рав Ашлаг. Потому что не видишь, как радуется душа. Видишь смерть тела и не видишь, что душа – она все ближе и ближе к Творцу. Каждый кругооборот, все ближе и ближе. Когда уйти телу, когда ему прийти – это всё Его расчеты. И поверь Ему – расчеты точные.

БАРУХ ВЫТИРАЕТ СЛЕЗЫ ГРЯЗНЫМ РУКАВОМ.
СМОТРИТ НА ОТЦА.

ВЗГЛЯД РАВА АШЛАГА УСТРЕМЛЕН В ОКНО.
ДВЕ ПТИЦЫ РАЗОМ СОСКАКИВАЮТ С ВЕТКИ.
ОН СЛЕДИТ ЗА НИМИ.
ОНИ ПЕРЕЛЕТАЮТ НА ДРУГУЮ СТОРОНУ УЛИЦЫ
И ПАРЯТ НАД МАЛЬЧИКОМ И ДЕВОЧКОЙ,
УХОДЯЩИМИ ВДАЛЬ.
ДЕВОЧКА КРЕПКО ДЕРЖИТ МАЛЬЧИКА ЗА РУКУ.

ОНИ ОДНОВРЕМЕННО ОБОРАЧИВАЮТСЯ.
УЛЫБАЮТСЯ И МАШУТ РУКОЙ РАВУ АШЛАГУ.
ОН КИВАЕТ ИМ.

ЗАПЛАКАННАЯ РИВКА СМОТРИТ НА НЕГО,
ПОТОМ В ОКНО…

Ривка. Ты что-то там видишь?
Рав Ашлаг. Жизнь, которая продолжается (*переводит взгляд на нее*). Ты сильная. Ты самая сильная женщина на свете. Только поверь Ему.

ОНА ПРИЖИМАЕТСЯ ГОЛОВОЙ К ЕГО ГРУДИ.
ОН ГЛАДИТ ЕЕ И МОЛЧИТ.
ОНИ СТОЯТ ТАК ОЧЕНЬ ДОЛГО.
БАРУХ ТИХО СИДИТ У СТЕНЫ.

ВЕТЕР УСИЛИВАЕТСЯ.
ДРОЖАТ ОКОННЫЕ СТЕКЛА.
ЗА ОКНОМ ТЕМНЕЕТ.
А ОНИ ВСЕ СТОЯТ И СТОЯТ.

ПРИХОДИТ НОЧЬ.
А ОНИ ВСЕ СТОЯТ,
ПРИЖАВШИСЬ ДРУГ К ДРУГУ.
ОН НЕ ОТПУСКАЕТ ЕЕ.
И ЕЙ СТРАШНО ОТПУСТИТЬ ЕГО.

РИВКА ВИДИТ, КАК ДЕРГАЕТСЯ БОЛЬШАЯ СТРЕЛКА НА ЧАСАХ.
ОНИ ПОКАЗЫВАЮТ ДВЕНАДЦАТЬ.
ОНА ОТСТРАНЯЕТСЯ ОТ МУЖА.
ВЫТИРАЕТ СЛЕЗЫ.
И СМОТРИМ ЕМУ В ГЛАЗА.

Ривка. Извини меня… Тебе через час вставать, а ты еще не ложился. Извини меня, Юда. Я смогу справиться с этим. Смогу. Но не сразу. Ты потерпишь, да?
Рав Ашлаг. Нам не просто. Но мы выдержим. Мы всё выдержим, Ривка. Потому что мы вместе.

ОНА ОТХОДИТ ОТ НЕГО В УГОЛ КОМНАТЫ И ОТТУДА
ПРИНОСИТ ТАРЕЛКУ,
НА КОТОРОЙ УЖЕ ПРИГОТОВЛЕНА ПРОСТАЯ ЕДА,
СТАВИТ НА СТОЛ.

Ривка. Садитесь, кушайте, вы устали.

•

НОЧНОЙ УРОК.
РАВ АШЛАГ СИДИТ НАПРОТИВ ЧЕТЫРЕХ СВОИХ УЧЕНИКОВ И МОЛЧИТ.
УЧЕНИКИ ПЕРЕГЛЯДЫВАЮТСЯ…
БАРУХ ПОДХОДИТ К ОТЦУ,
ЧТО-ТО ШЕПЧЕТ ЕМУ И ЖДЕТ ОТВЕТА.

Рав Ашлаг (*громко и отчетливо*). Только в одном случае, Барух, урок может отмениться… (*встает*) в случае смерти тела.

РАВ АШЛАГ ПРИВЫЧНО РАСХАЖИВАЕТ ВДОЛЬ СТЕНЫ,
ОТМЕРЯЯ КОМНАТУ СВОИМИ ШИРОКИМИ ШАГАМИ.

Рав Ашлаг. Тела сменяются. Душа остается та же. Одни и те же души сменяют свои тела тысячи раз.

УЧЕНИКИ СЛЕДЯТ ЗА НИМ,
ВЫШАГИВАЮЩИМ ОТ СТЕНЫ К СТЕНЕ.
НЕТ ОЩУЩЕНИЯ, ЧТО ОН ГОВОРИТ ЭТО ИМ.
ШИМОН ОСМЕЛИВАЕТСЯ ПОДНЯТЬ РУКУ.
РАВ АШЛАГ ОСТАНАВЛИВАЕТСЯ И СМОТРИТ НА НЕГО.

Шимон. И смысл всей этой смены тел…
Рав Ашлаг. Очиститься от любви к себе… И действительно возлюбить ближнего своего…

ВСЕ СМОТРЯТ НА РАВА АШЛАГА.
ОН ПОВОРАЧИВАЕТСЯ К ОКНУ.

Рав Ашлаг. Завтра я с семьей переезжаю в Гиват Шауль[55].
Моше. А как же уроки?!
Рав Ашлаг. Уроки не отменяются.
Моше. Но отсюда до Гиват-Шауля!..
Рав Ашлаг. Час ходьбы.
Моше. Говорят… говорят, что отсюда до Гиват Шауля ночью (*оглядывается на своих товарищей*) … живым дойти невозможно.
Рав Ашлаг. Если не идти вместе.

ВСЕ ПЕРЕВОДЯТ ВЗГЛЯД НА УЧИТЕЛЯ.

Рав Ашлаг. Урок начнется ровно в час.

---

55 Гиват Шауль – район в Иерусалиме.

•

РАНЕЕ УТРО. ИЕРУСАЛИМ.
ДОЛГАЯ ПУСТЫННАЯ ДОРОГА.
ПО ДОРОГЕ СНОВА ЕДЕТ ТЕЛЕГА, НО ЗАПРЯЖЕННАЯ ОСЛОМ.
НА ТЕЛЕГЕ МОЛЧА СИДИТ ВСЯ СЕМЬЯ РАВА АШЛАГА.
ОН САМ И ЧЕТВЕРО ЕГО УЧЕНИКОВ ИДУТ ЗА ТЕЛЕГОЙ.

•

ГИВАТ ШАУЛЬ.
РИВКА С РЕБЕНКОМ НА РУКАХ СТОИТ ПОСРЕДИ АБСОЛЮТНО ПУСТОЙ КВАРТИРЫ.
ОБШАРПАННЫЕ СТЕНЫ, ГРЯЗНЫЙ ПОЛ
И ВИД ИЗ ОКНА НА КАМЕНИСТУЮ ПУСТЫНЮ.
ВОЕТ ВЕТЕР ПОД КРЫШЕЙ.
РАВ АШЛАГ СМОТРИТ В ОКНО.
ОН ВИДИТ СВОИХ УЧЕНИКОВ,
БРЕДУЩИХ ПО УЗКОЙ ТРОПИНКЕ ОБРАТНО.

•

ГИВАТ ШАУЛЬ. НОЧЬ.
ДОМ РАВА АШЛАГА,
СТОЯЩИЙ НА ВОЗВЫШЕНИИ НА ФОНЕ ЧЕРНОГО НЕБА.
ГОРИТ КЕРОСИНОВАЯ ЛАМПА В ОКНЕ.

•

КОМНАТА РАВА АШЛАГА.
РУКА НАЛИВАЕТ КОФЕ В БОЛЬШУЮ ЧАШКУ…
ДЫМИТСЯ ПАПИРОСА В ЗАБИТОЙ ОКУРКАМИ ПЕПЕЛЬНИЦЕ…
ПОД СТОЛОМ СТОИТ ТАЗ,
И НОГИ РАВА АШЛАГА ОПУЩЕНЫ В ХОЛОДНУЮ ВОДУ…
ИЗ-ПОД ПЕРА БЫСТРО РОЖДАЮТСЯ РОВНЫЕ СТОЛБИКИ ПРЕДЛОЖЕНИЙ.

•

НОЧЬ.
ЗА ПОСЛЕДНИМИ ДОМАМИ ИЕРУСАЛИМА ЗИЯЕТ ПУСТЫРЬ,
ОТДЕЛЯЮЩИЙ СТАРЫЕ КВАРТАЛЫ ОТ ГИВАТ ШАУЛЯ.
МОШЕ И ШИМОН СТОЯТ У ПОСЛЕДНЕГО ДОМА
НА УЗКОЙ ДОРОЖКЕ, ИСЧЕЗАЮЩЕЙ В ЧЕРНОТЕ ПУСТЫРЯ.

Моше. Ну сколько можно его ждать?!
Шимон. Подождем еще несколько минут.
Моше. Он не придет. Надо идти.
Шимон. А если придет, как он доберется один?!

МОЛЧАНИЕ.
ЖДУТ.
ВДРУГ ОТ ПУСТЫРЯ РАЗДАЕТСЯ ВОЙ ШАКАЛА.
ОН ГДЕ-ТО ОЧЕНЬ БЛИЗКО.
МОШЕ И ШИМОН ШАРАХАЮТСЯ В СТОРОНУ ДОМОВ.

Голос Моше. Да плевать я хотел на него! Я еще вчера видел, как дрожали его руки. Нет его, значит, он не хочет идти на урок! Все. Идем.

МОШЕ И ШИМОН ДВИГАЮТСЯ ВДОЛЬ СТЕНЫ.
СЛЫШАТСЯ ИХ ШУРШАЩИЕ ШАГИ.
ЗАМИРАЮТ. ПРИЖИМАЮТСЯ К СТЕНЕ И СТОЯТ,
ЗАТАИВ ДЫХАНИЕ.
В ТЕМНОТЕ РАЗРЫВАЮТ НОЧНУЮ ДОБЫЧУ КАКИЕ-ТО
НОЧНЫЕ ЗВЕРИ.
СЛЫШНО ИХ СВИРЕПОЕ РЫЧАНИЕ.
МОШЕ И ШИМОН НЕ В СИЛАХ СДВИНУТЬСЯ С МЕСТА.

НАКОНЕЦ ШИМОН ДЕЛАЕТ ПЕРВЫЙ ШАГ,
И ТУТ ЖЕ ГОРТАННЫЙ ОКРИК ОСТАНАВЛИВАЕТ ЕГО.
ИЗ ТЕМНОТЫ ПОЯВЛЯЕТСЯ ТУРЕЦКИЙ ПАТРУЛЬ.
ДВОЕ ТУРКОВ ОГЛЯДЫВАЮТ ЕВРЕЕВ.

Первый (*на турецком*). Куда идете?
Шимон. В Гиват Шауль.
Первый. Почему ночью?
Шимон. Мы идем на урок к нашему учителю.
Первый. Почему урок ночью?
Шимон. Мы работаем днем.
Второй турок (*качая головой, первому*). Чего только не придумают… ночью… на урок… (*Хаиму.*) Ночью надо в теплой постели прижаться к теплой жене и… О-о-ой, лучше об этом не думать…
Первый (*отдает документы*). Ну, идите…

МОШЕ И ШИМОН ПРОХОДЯТ ПАТРУЛЬ
И РАСТВОРЯЮТСЯ В НОЧИ…

Им вслед слышится голос первого турка… А чего учите?
Голос Шимона из темноты (*на иврите*). Каббалу…
Голос первого турка. А чего это такое?
Голос Моше. О том, как Творца увидеть…
Голос первого турка. А-а-а…
Голос второго. Смотрите, мы последние, там уже постов наших нет… Сегодня Абу Халиф гуляет с ребятами… попадетесь – так он и отправит вас на встречу с вашим Творцом…

СМЕХ ТУРКОВ.

ПУСТЫРЬ. ТЕНИ В НОЧИ…
СЛЫШНЫ ТОЛЬКО ШАГИ.
ЕДВА ВИДНАЯ УЗКАЯ ДОРОЖКА ПОД НОГАМИ ВЕДЕТ К СИЛУЭТАМ ДОМОВ, ОТКРЫВАЮЩИМСЯ ВПЕРЕДИ…

ВДРУГ СОВСЕМ РЯДОМ СЛЫШИТСЯ КРИК ГИЕНЫ…
МОШЕ И ШИМОН ОСТАНАВЛИВАЮТСЯ…
ТЕНЬ ГИЕНЫ ПЕРЕСЕКАЕТ ИХ ДОРОГУ.
СВЕТЯТСЯ В НОЧИ ДВА КРАСНЫХ ГЛАЗА.

ОНИ ИДУТ ДАЛЬШЕ…
ПОТОМ НАЧИНАЮТ БЕЖАТЬ…
СЛЫШНО, КАК КТО-ТО БЕЖИТ ЗА НИМИ…
СЛЫШИТСЯ ГОРТАННЫЙ ОКРИК…
НО ОНИ УЖЕ ПРИБЛИЖАЮТСЯ К ДОМАМ…

•

ДОМ РАВА АШЛАГА.
ИСПУГАННЫЕ ШИМОН И МОШЕ ВРЫВАЮТСЯ В КОМНАТУ…
ТАМ ЗА СТОЛОМ УЖЕ СИДИТ РАВ АШЛАГ.
ОН ЧТО-ТО ПИШЕТ И ДАЖЕ НЕ ПОДНИМАЕТ НА НИХ ГЛАЗ…

ОНИ САДЯТСЯ НА СТУЛЬЯ, ПЫТАЮТСЯ ПЕРЕВЕСТИ ДЫХАНИЕ…

Рав Ашлаг. Где Хаим?
Моше. Мы ждали его и не дождались…

РАВ АШЛАГ ОТРЫВАЕТСЯ ОТ ПИСЬМА И СМОТРИТ НА МОШЕ.

Моше (*не выдерживая его взгляда*). Почему ты так смотришь на меня?! Он не пришел!.. Шимон, скажи!
Шимон (*неуверенно*). Да…

ЗА ОКНОМ СЛЫШЕН ВЫСТРЕЛ.
ОНИ РЕЗКО ПОВОРАЧИВАЮТ ГОЛОВУ В СТОРОНУ ОКНА.

•

НОЧЬ. ПУСТЫРЬ.
ЛЕЗВИЕ НОЖА СВЕРКАЕТ В СВЕТЕ ДАЛЬНЕГО ФОНАРЯ И ПРИЖИМАЕТСЯ К КАДЫКУ ХАИМА.
КАДЫК ЕГО ДРОЖИТ.
ГОЛОС НА АРАБСКОМ СЛЫШИТСЯ ИЗ ПОЛНОЙ ТЕМНОТЫ.

– Деньги, еврей!
Хаим. У меня нет ни гроша.
Голос. Проверим…

РУКА ОЩУПЫВАЕТ ОДЕЖДУ ХАИМА.
ИЗ ТЕМНОТЫ ВЫПЛЫВАЕТ ЛИЦО АРАБА СО СТРАШНЫМ ШРАМОМ ЧЕРЕЗ ВСЮ ЩЕКУ.

Араб. Раздражает это меня (*приближает свое лицо к лицу Хаима*), зна-а-а-ю, что вы жирные богатые евреи, хитрые, умеете прикинуться овечкой… а сами волки!.. Но Абу Халифа не проведешь…
Хаим (*жалобно*). Отпустите меня, пожалуйста.
Абу Мазен (*жестко*). Снимай одежду! Быстро!
Хаим. Я вас очень прошу, только не убивайте меня!

НОЖ ВЖИМАЕТСЯ В ГОРЛО ХАИМА.
ХАИМ ТОРОПЛИВО СБРАСЫВАЕТ ОДЕЖДУ.

Абу Халиф. А теперь молись, еврей!

ХАИМ ВИДИТ ПЕРЕД СОБОЙ ХОЛОДНЫЕ ГЛАЗА АРАБА.

Абу Халиф. Молись в последний раз своей еврейской молитвой!

ХАИМ ЗАКРЫВАЕТ ГЛАЗА.
ГУБЫ ЕГО ШЕПЧАТ МОЛИТВУ.

•
ДОМ РАВА АШЛАГА.
РАВ АШЛАГ НЕ НАЧИНАЕТ УРОК.
ЧАСЫ ПОКАЗЫВАЮТ 1 ЧАС 15 МИНУТ.

В ЭТО ВРЕМЯ НА УЛИЦЕ СЛЫШАТСЯ БЫСТРЫЕ ШАГИ БЕГУЩЕГО ЧЕЛОВЕКА,
ДВЕРЬ РАСПАХИВАЕТСЯ,
И В КОМНАТУ ВБЕГАЕТ ХАИМ В ОДНИХ КАЛЬСОНАХ…
ОН ДРОЖИТ ОТ ХОЛОДА ИЛИ ОТ СТРАХА…
НОГИ ЕГО ПОДГИБАЮТСЯ,
И ОН ОПУСКАЕТСЯ НА БЛИЖАЙШИЙ СТУЛ…

РАВ АШЛАГ ВСТАЕТ, ПОДХОДИТ К НЕМУ.
СНИМАЕТ С СЕБЯ ПАЛЬТО,
НАБРАСЫВАЕТ НА ЕГО ДРОЖАЩИЕ ПЛЕЧИ,
ПОТОМ СНИМАЕТ СВОЮ МЕХОВУЮ ШАПКУ
И НАДЕВАЕТ НА ГОЛОВУ ХАИМУ…

Рав Ашлаг. Страшно было?
Хаим (*заплетающимся языком*). Он заставил меня раздеться, приставил нож к горлу и сказал – молись… (*голос начинает дрожать, Хаим смотрит на рава Ашлага*). Я так хотел быть с вами сегодня на уроке… Об этом и молился… Открыл глаза… а его нет…
Рав Ашлаг (*оглядывает всех*). Сейчас будет трапеза (*обращается к Баруху, стоящему у стены*). Накрывай стол.

НА СТОЛЕ СТОИТ ТАРЕЛКА С НАРЕЗАННЫМ ЛУКОМ,
ПОЛБУТЫЛКИ МУТНОГО ОЛИВКОВОГО МАСЛА,
КУСОК ЧЕРНОГО ХЛЕБА И БУТЫЛКА ВОДКИ.
СТОГРАММОВЫЕ ГРАНЕНЫЕ СТАКАНЫ НАЛИТЫ ДО КРАЕВ.

Рав Ашлаг. Я обещал вам открыть секрет, как… соединиться с Творцом. Войти в Его страну…

ОНИ ВСЕ, ИЗМУЧЕННЫЕ, ИСХУДАВШИЕ,
С КРАСНЫМИ ОТ УСТАЛОСТИ ГЛАЗАМИ,
СМОТРЯТ НА РАВА АШЛАГА.
РАВ АШЛАГ ПОДНИМАЕТ СТАКАН С ВОДКОЙ…
МОЛЧИТ…

ВДРУГ СМОТРИТ НА ШИМОНА.
ТОТ ОТВОДИТ ВЗГЛЯД.

Рав Ашлаг. Дойдете… но только в одном случае…
Хаим (*бормочет*). Я так хотел быть на уроке сегодня!..
Рав Ашлаг. Если станете одним сердцем (*смотрит на Шимона*). Я не устану это вам повторять. Это единственное условие!

ШИМОН ЧУТЬ НЕ ПЛАЧЕТ.
ГУБЫ ЕГО ДРОЖАТ.

Рав Ашлаг. Если растворитесь один в другом (*на каждом из учеников он останавливается взглядом*). Если поручитесь друг за друга.

ШИМОН ЗАКРЫВАЕТ РУКАМИ ЛИЦО.

Рав Ашлаг. Если за жалким телом своего товарища увидите огромное желание, которым он горит… Только тогда сдастся ваше «я». И вы соединитесь.
Хаим. Мы сможем?
Барух. Мы сможем!
Рав Ашлаг. Сможете?
Моше (*четко*). Мы сможем!..

ТОЛЬКО ШИМОН НЕ ОТВЕЧАЕТ, МОЛЧИТ, ГЛЯДЯ В ПОЛ.
ВСЕ ПОВОРАЧИВАЮТ К НЕМУ ЛИЦА.
И ВДРУГ ОН ВСКАКИВАЕТ С МЕСТА, ОТБРАСЫВАЯ СТУЛ,
И КРИЧИТ.

Шимон. Мы не сможем… Не сможем!.. Зачем нам обманывать себя!.. Мы слабые! Мы несчастные! Мы не станем братьями, потому что не перешагнуть через страх и зависть, потому что мы такие! Такие!.. Забитые грязью, ублюдки, живущие только для себя! (*Тяжело дышит, оглядывая всех, шепчет.)*Мы не сможем, нет… Мы не войдем туда… куда мы рвемся… такие…

ШИМОН САДИТСЯ И ЗАКРЫВАЕТ ГОЛОВУ РУКАМИ.
ВСЕ ПЕРЕВОДЯТ ВЗГЛЯД НА РАВА АШЛАГА.
ОН МЕДЛЕННО ПЬЕТ ВОДКУ ИЗ СТАКАНА.
ВСЕ СМОТРЯТ НА НЕГО, ОЖИДАЯ, ЧТО СКАЖЕТ ОН.
ОН СТАВИТ СТАКАН НА СТОЛ.

Рав Ашлаг. Мы начинаем урок.

ОН ДОТЯГИВАЕТСЯ ДО КНИГИ, ОТКРЫВАЕТ ЕЕ.

Хаим (*раву Ашлагу*). Ты ничего не ответишь Шимону?
Моше (*сквозь зубы*). Тряпка!
Шимон (*поднимает голову, глаза его заплаканы*). Простите меня…
Моше. Из-за таких, как ты!.. Будь мужиком!
Хаим. Держись, Шимон!
Шимон. Простите меня… я буду держаться (*смотрит на рава Ашлага*)… Только не выгоняйте…
Рав Ашлаг. Мы начинаем урок. Зоар приведет вас к Творцу.

ОН СМОТРИТ НА ШИМОНА И ГОВОРИТ ТАК,
ЧТОБЫ ВСЕ МОГЛИ ЭТО УСЛЫШАТЬ:

– Я завидую тебе.

ЗАТЕМ ОН ОБВОДИТ ВЗГЛЯДОМ ВСЕХ.

– Предупреждаю вас, ни мысли о себе. Речь идет о самом дорогом, что есть у человека, а поэтому и спрос с вас большой.

ОНИ СМОТРЯТ НА НЕГО.
ОНИ СЛЫШАТ КАЖДОЕ ЕГО СЛОВО.

– Вас не пропустят легко. Главное условие – ни мысли о себе! Ни одной мысли! Сумеете – прорветесь…

ГЛАЗА ИХ ГОРЯТ.
КАЖДОЕ СЛОВО ПОПАДАЕТ В ЦЕЛЬ.

– Каждый должен сказать себе: «мы соединяемся в одно великое желание».

ВЗГЛЯД РАВА АШЛАГА УПИРАЕТСЯ В СТЕНУ.

– И мы не оставим Тебя, – говорит он.

И СМОЛКАЕТ.
ОНИ ЖДУТ, БОЯСЬ ПОШЕВЕЛИТЬСЯ.

– Великие мудрецы, – слышат они слова учителя, – они соединились в духовную пирамиду. И написали Зоар. Если мы соединимся... мы пройдём.

•

ВДРУГ ИСЧЕЗАЕТ КЛАСС.
РАВ АШЛАГ ИДЕТ ПО ТРОПИНКЕ.
ЗА НИМ, ЗАТАИВ ДЫХАНИЕ,
ИДУТ ЕГО УЧЕНИКИ[56].
ОНИ ОЗИРАЮТСЯ ПО СТОРОНАМ.

– Всё это внутри вас, – слышат они близкий голос учителя.

БЕСКРАЙНИЕ ВИНОГРАДНИКИ УХОДЯТ К ГОРИЗОНТУ.
ГРОЗДЬЯ ВИНОГРАДА НАЛИТЫ СОЛНЦЕМ.
ВПЕРЕДИ ЗА ЛЕСОМ СТОЯТ ХРУСТАЛЬНЫЕ ГОРЫ...
С ГОР БЕГУТ РЕКИ В ЧИСТОЕ ОЗЕРО.
ПОКОЙ И ТИШИНА ВОКРУГ...

Голос рава Ашлага (*теплый, отеческий*). Держитесь!.. Ни тени мысли о себе... Вы все готовы отдать друг другу...

РАВ АШЛАГ ИДЕТ ВПЕРЕДИ НИХ НА ШАГ...

– Только не о себе!.. Только не о себе! – повторяет он. – Ни одной мысли о себе.

ОНИ ОСТАНАВЛИВАЮТСЯ, ЗАМИРАЯ ОТ ВОСТОРГА.
ВОЛШЕБНЫЙ МИР ВОКРУГ.
МОШЕ НАКЛОНЯЕТСЯ К ЦВЕТКУ...

---

56 Есть такие состояния, когда учитель включает в себя желание учеников и нейтрализует их эгоизм своим воздействием. Он как бы переносит их с одного места в другое, как птица на крыльях переносит своих птенцов, поэтому такой прием называется «кнафаим» (ивр.) – крылья. Это происходит тогда, когда учитель решает, что ученики нуждаются в его поддержке.

Голос рава Ашлага. Не-ет!

МОШЕ ИСПУГАННО ВЫПРЯМЛЯЕТСЯ,
ДЕЛАЕТ ШАГ ВПЕРЕД И СТАЛКИВАЕТСЯ С НЕВИДИМОЙ СТЕНОЙ.
ВСЕ ДЕЛАЮТ ШАГ ВСЛЕД ЗА НИМ И ТОЖЕ БЬЮТСЯ ОБ НЕЁ.

ОНИ ВИДЯТ, КАК РАВ АШЛАГ УДАЛЯЕТСЯ ПО ТРОПИНКЕ К ДЕРЕВЬЯМ…

ОНИ БЬЮТСЯ ОБ ЭТУ НЕВИДИМУЮ СТЕНУ.

РАВ АШЛАГ УДАЛЯЕТСЯ.

ОНИ КРИЧАТ, ОНИ КУЛАКАМИ ПЫТАЮТСЯ ПРОБИТЬ ЕЁ…
И РАЗБИВАЮТ КУЛАКИ В КРОВЬ.
ОНИ ПРЫГАЮТ НА СТЕНУ
И РАЗМАЗЫВАЮТ КРОВЬ ПО НЕЙ…
ОНИ КРИЧАТ, И КРИК ИХ НЕ СЛЫШЕН.

РАВ АШЛАГ УДАЛЯЕТСЯ. ОН УЖЕ ВХОДИТ В ЛЕС…

МОШЕ ХВАТАЕТ КАМЕНЬ
И НАЧИНАЕТ БИТЬ ИМ О НЕВИДИМУЮ СТЕНУ.
КАМЕНЬ РАССЫПАЕТСЯ,
И ОСТРЫЕ ОСКОЛКИ ВПИВАЮТСЯ В ИХ ЛИЦА.

•
ВОЗВРАЩАЕТСЯ ИЕРУСАЛИМ. КЛАСС.
РАВ АШЛАГ СИДИТ НА СВОЕМ МЕСТЕ.
МОШЕ ОГЛЯДЫВАЕТ ВСЕХ…

Моше. Это… было?!
Хаим (*запинаясь*). Я никогда в жизни такого не чувствовал!..
Моше. Это было?.. (*Смотрит на свои руки, на лица товарищей, переводит взгляд на рава Ашлага.*)Мы не прошли?..
Рав Ашлаг. Вы не можете пройти.
Моше. Значит, это было!
Рав Ашлаг. Вы увидели себя. Такими, какие вы есть.
Моше. Ты уходил от нас!..
Рав Ашлаг. Я не мог вам помочь.
Моше. Ты специально это сделал!
Рав Ашлаг. Там ничего не делается специально.
Моше. Мы звали тебя, а ты уходил от нас!
Рав Ашлаг. Там – или ты проходишь, или нет.

Моше. Но почему, почему, почему мы не прошли?!
Рав Ашлаг. Вы не поняли?
Моше. Не-е-ет!
Хаим. Мы очень старались. Это был такой великий… такой… вели-и-икий мир… Мы очень старались.
Моше. Когда мы захлебывались в крови, звали тебя, ты уходил, но ты ведь слышал нас?! Слышал?!
Рав Ашлаг. Слышал.
Моше. И уходил!
Рав Ашлаг. Это вы уходили от меня!

МОШЕ СТОНЕТ В БЕССИЛИИ.

Барух. Что нам делать?
Рав Ашлаг (*выговаривая каждое слово*). Победить Фараона.
Барух. Как?!
Рав Ашлаг. Понять, что победить его невозможно.

ТИШИНА. ВСЕ СМОТРЯТ НА РАВА АШЛАГА.

Рав Ашлаг. Только тот, у кого разбитое сердце, приходит к молитве… И проходит.

ШИМОН НАЧИНАЕТ ПЛАКАТЬ.
МОШЕ ВСТАЕТ И ОТХОДИТ К ОКНУ.
ОН СТОИТ СПИНОЙ КО ВСЕМ.
ПЛЕЧИ ЕГО НАЧИНАЮТ ВЗДРАГИВАТЬ.

•
И ВДРУГ СНОВА ВСПЫШКА.
И СНОВА – ПРЕКРАСНАЯ СТРАНА.
ТРОПИНКА ВЬЕТСЯ МЕЖ ЗЕЛЕНЫХ ЛУГОВ.
РАВ АШЛАГ ИДЕТ ПО ТРОПИНКЕ.

ВПЕРЕДИ ОТКРЫВАЕТСЯ ВЗОРУ БЕЛЫЙ ГОРОД[57].
ОТТУДА СЛЫШИТСЯ ДЕТСКИЙ СМЕХ, МЯГКИЕ ГОЛОСА, ПРОЗРАЧНАЯ МУЗЫКА…

А ЗА СПИНОЙ – ВОЙ…
РАВ АШЛАГ ОСТАНАВЛИВАЕТСЯ. И СЛЫШИТ СВОЙ ЖЕ ГОЛОС.

---

57 **Белый город**. Белый – то есть светлый, или полностью очищенный от эгоизма. Белый Город – это окончательно исправленное желание человека. Было самым низким – эгоистическим, стало самым высоким – альтруистическим, Белым. В этом Городе и происходит полное соединение с Творцом.

Голос. Не оборачивайся! Иди.

ОН СТОИТ.
ВПЕРЕДИ БЕЛЫЙ ГОРОД,
ПОЗАДИ ВСЕ В КРОВИ БЬЮТСЯ О НЕВИДИМУЮ СТЕНУ ЕГО УЧЕНИКИ.
ИЗ КУСТОВ ПОЯВЛЯЕТСЯ ГОЛОВА ОЛЕНЯ.

Рав Ашлаг слышит свой же голос. Не оборачивайся!

ОЛЕНЬ ВЫХОДИТ И ИДЕТ НАВСТРЕЧУ К РАВУ АШЛАГУ.

– Ты поставил такие преграды… – говорит Рав Ашлаг. – Им не пробиться…

А ТАМ, ВДАЛЕКЕ, КРИЧАТ, БЬЮТСЯ ЕГО УЧЕНИКИ.

ОЛЕНЬ ПРОХОДИТ МИМО РАВА АШЛАГА,
ПОВОРАЧИВАЯ К НЕМУ ГОЛОВУ.

Голос. Оставь их.
Рав Ашлаг. Не могу.

ПТИЦА САДИТСЯ НА ВЕТКУ НАД ГОЛОВОЙ РАВА.

Голос. Оставь их.
Рав Ашлаг. Но для чего тогда я?..

БАБОЧКА ПРОЛЕТАЕТ МИМО.

Голос. Ты хочешь, чтобы они прошли?!
Рав Ашлаг. Для них Ты создал этот мир. Разве не так?

БАБОЧКА САДИТСЯ НА ЦВЕТОК.

Голос. Оборачивайся! И смотри!

РАВ АШЛАГ ОБОРАЧИВАЕТСЯ.
ОН ВИДИТ: СЛОВНО ИСЧЕЗАЕТ СТЕНА…

ПЕРВЫМ ВНУТРЬ ПРОВАЛИВАЕТСЯ ШИМОН.
ОН ПАДАЕТ НА ЗЕМЛЮ, ПОДНИМАЕТ ГОЛОВУ, ВСКАКИВАЕТ…
ЗА НИМ ПРОРЫВАЮТСЯ БАРУХ… ХАИМ… МОШЕ…

Рав Ашлаг (*шепчет*). Осторожно, ребята… Ни мысли о себе… Один поддерживает другого.

•

НА МГНОВЕНИЕ ВОЗВРАЩАЕТСЯ ИЕРУСАЛИМ. КЛАСС.
ШИМОН, СОСРЕДОТОЧЕННО СКЛОНЕННЫЙ НАД КНИГОЙ.

Шимон (*бормочет*). Ни мысли о себе, нет... мы – одно целое[58].
Барух.... Ни мысли о себе...
Хаим. Ни мысли...

•

ВСПЫШКА.
ОНИ ВСТАЮТ С ЗЕМЛИ. ОГЛЯДЫВАЮТСЯ...
ДЕЛАЮТ ПЕРВЫЕ ШАГИ...

Рав Ашлаг. Я могу приблизиться к ним?..

РАВ АШЛАГ ВИДИТ,
КАК ЦВЕТОК КИВАЕТ ЕМУ ГОЛУБЫМИ ЛЕПЕСТКАМИ...

И он слышит свой голос. Подожди. Смотри!

И ВДРУГ РАВ АШЛАГ ВИДИТ:
ВСПЫХИВАЕТ, КАК ФАКЕЛ, МОШЕ,
НЕ УСПЕВАЕТ И КРИКНУТЬ,
ОГОНЬ СЖИГАЕТ ЕГО МГНОВЕННО.
ХАИМ ДЕЛАЕТ ШАГ НАЗАД И ВОСПЛАМЕНЯЕТСЯ САМ.
ПОВОРАЧИВАЮТСЯ ШИМОН И БАРУХ,
НО НЕ УСПЕВАЮТ СДВИНУТЬСЯ С МЕСТА –
ИСЧЕЗАЮТ В ОГНЕ.

НА ЗЕМЛЕ, ТАМ, ГДЕ ОНИ СТОЯЛИ,
ОСТАЮТСЯ ТОЛЬКО ЧЕТЫРЕ КУЧКИ ПЕПЛА.

•

И ТУТ ЖЕ ВОЗВРАЩАЕТСЯ ИЕРУСАЛИМ. КЛАСС.
УЧЕНИКИ СИДЯТ ПОРАЖЕННЫЕ,
НЕ В СИЛАХ ПОШЕВЕЛИТЬСЯ.
РАВ АШЛАГ ЗАКРЫВАЕТ ГЛАЗА РУКОЙ.

Шимон. Мы... не пройдем?..
Барух. Помоги нам... отец.

---

58 **Мы – одно целое** – ощущение не своего единоличного «я», а себя как части одной общей души. Мы со стороны Творца представляем собой одно единое целое. Он нас видит только едиными... Поэтому для того, чтобы быть услышанными, мы должны объединиться.

•

ВСПЫШКА.
РАВ АШЛАГ СТОИТ НА ТРОПИНКЕ.
ВОКРУГ ЛУГА, УСЕЯННЫЕ ЦВЕТАМИ,
ЗА НИМ – БЕЛЫЙ ГОРОД.
ВЕТЕР СМЕТАЕТ ПЕПЕЛ С ЗЕМЛИ,
ВЕТЕР НАКЛОНЯЕТ ТРАВУ, СЛОВНО ГЛАДЯ ЕЕ.
ОНА КОЛЫШИТСЯ, КАК ВОЛНЫ.

РАВ АШЛАГ СЛЫШИТ СВОЙ ГОЛОС.

– Видел?..
Рав Ашлаг. Да.
Голос. И по-прежнему хочешь?
Рав Ашлаг (*глядя на эти волны*). Но ведь мир Твой для них… Так дай мне возможность чуть приоткрыть им… совсем немного… сделать первый шаг…

ВЕТЕР СТИХАЕТ.

Голос. Хорошо… Пробуй.
Рав Ашлаг. Ты разрешаешь мне?!
– Да…

•

ИЕРУСАЛИМ. КЛАСС.
РАВ АШЛАГ ВСТАЕТ И ИДЕТ К ДВЕРИ.
ОН ВЫХОДИТ ИЗ КЛАССА.

•

И ТУТ ЖЕ ВКЛИНИВАЮТСЯ ДОКУМЕНТАЛЬНЫЕ КАДРЫ ХРОНИКИ МИРА.
1926 ГОД. КУРОРТЫ ШВЕЙЦАРИИ,
ДЕМОНСТРАЦИЯ МОД В ПАРИЖЕ…
ВОЕННЫЕ ПАРАДЫ В СОВЕТСКОЙ РОССИИ…
ПЬЯНЫЕ ДРАКИ НА УЛИЦАХ МЮНХЕНА…
РАДОСТЬ УЧЕНЫХ, ОТКРЫВШИХ ПЛАНЕТУ «КОМАС СОЛА»…
ГОСУДАРСТВЕННЫЙ ПЕРЕВОРОТ В ПОЛЬШЕ.
К ВЛАСТИ ПРИХОДИТ ЮЗЕФ ПИЛСУДСКИЙ.

•

ВСЕ ЭТИ КАДРЫ ПЕРЕХОДЯТ В ИЕРУСАЛИМСКУЮ НОЧЬ.
СВЕТИТСЯ ОКНО В ДОМЕ РАВА АШЛАГА.
ВИДНО, КАК ОН РАСХАЖИВАЕТ ПО КОМНАТЕ.
ПОТОМ САДИТСЯ ЗА СТОЛ И ПИШЕТ…

•

И СНОВА ДОКУМЕНТАЛЬНАЯ ХРОНИКА –
ТАНЦЕВАЛЬНЫЕ МАРАФОНЫ В АМЕРИКЕ.
ОТКРЫТИЕ НОВЫХ РЕСТОРАНОВ.
«ГУЛЯЮТ» ГОЛЛИВУДСКИЕ ЗВЕЗДЫ.
ВИЗЖИТ ПУБЛИКА, ВСТРЕЧАЯ РУДОЛЬФО ВАЛЕНТИНО,
БЕЗЖАЛОСТНО ОТСТРЕЛИВАЮТ СЛОНОВ В АФРИКЕ,
ЗИГМУНД ФРЕЙД НАЧИНАЕТ СВОИ ОПЫТЫ.
БОКСЕРЫ НА РИНГЕ НАНОСЯТ УДАРЫ ДРУГ ДРУГУ ПОД ВИЗГ ТОЛПЫ.
ГИТЛЕР ПЬЕТ С ТОВАРИЩАМИ…
МУССОЛИНИ ПОБЕЖДАЕТ В ИТАЛИИ…

•

ИЕРУСАЛИМ. КОМНАТА РАВА АШЛАГА. НОЧЬ.
РУКА ЕГО ПОДНОСИТ РУКОПИСЬ К ОГНЮ ЛАМПЫ.
РУКОПИСЬ ГОРИТ,
ОГОНЬ СЪЕДАЕТ БУКВЫ
И ОТРАЖАЕТСЯ В ЗРАЧКАХ РАВА АШЛАГА.

Вскрик Баруха. Отец, что ты делаешь?!
Голос рава Ашлага. Плохо. Никто этого не поймет…

•

ДОМ РАВА АШЛАГА. СТОЛОВАЯ.
ГРУБЫЙ СТОЛ, ВО ГЛАВЕ КОТОРОГО СИДИТ РАВ АШЛАГ.
РЯДОМ РИВКА, БЕРЕМЕННАЯ ЕЩЕ ОДНИМ РЕБЕНКОМ.
ВОКРУГ СТОЛА В МОЛЧАНИИ ЕДЯТ СЕМЕРО ДЕТЕЙ.
НА ТАРЕЛКАХ ПО ОДНОЙ КАРТОШКЕ, КУСОЧЕК ХЛЕБА И ПОЛ-ЛУКОВИЦЫ.
РИВКА ПЕРЕКЛАДЫВАЕТ СВОЮ КАРТОШКУ ТРЕХЛЕТНЕЙ ДОЧЕРИ.
ТА ЖАДНО ЕСТ.

НЕОЖИДАННО РАВ АШЛАГ ВСТАЕТ И ПОДХОДИТ К ОКНУ.

ВНИЗУ, НАПРОТИВ ДОМА, ОН ВИДИТ ЧЕЛОВЕКА,
ПРИСТАЛЬНО СМОТРЯЩЕГО НА НЕГО.
ОДЕТ ЧЕЛОВЕК В ОЧЕНЬ ПРИЛИЧНЫЙ ДВУБОРТНЫЙ КОСТЮМ,
ЗДЕСЬ ТАК НЕ ХОДЯТ.
ЧЕЛОВЕК ДЕЛАЕТ ЕМУ ЗНАК РУКОЙ.
РАВ АШЛАГ ОТКРЫВАЕТ ОКНО.

Человек. Не узнаете меня, учитель?
Рав Ашлаг (*вглядывается в него*). Арон?..

Арон (*улыбается*). Я… Впустите?..
Рав Ашлаг. На тебе дорогой костюм, Арон.
Арон. Я разбогател и приехал к вам просить прощения.
Рав Ашлаг. Поднимайся.

КОМНАТА. РАВ АШЛАГ И АРОН СИДЯТ ЗА СТОЛОМ.
ЛИЦО У АРОНА БЛЕДНОЕ, С ЧУТЬ ЖЕЛТОВАТЫМ ОТТЕНКОМ, СИНЯКИ ПОД ГЛАЗАМИ.
РИВКА СТОИТ В СТОРОНЕ.

Арон. Вы уехали, а я проклинал себя за то, что струсил. Постоянно не покидало меня чувство, что я предал вас. Как я рыдал ночами, если бы вы только знали!.. Наконец, я решил всё бросить и ехать сюда, за вами, умолять, чтобы вы простили меня, и остаться навсегда с вами… Вот тогда-то и случилось всё это. Я получил наследство. Я знал, что это произойдет, но не думал, что так быстро. В Англии умер брат мамы и оставил все мне. Я переехал в Англию – это было одно из его условий… и вдруг я понял, какую огромную миссию возложил на меня Творец. Я понял, что все мои решения были правильны. Это были не мои решения! (*Пауза.*) И вот, я приехал.
Рав Ашлаг. Зачем?
Арон. У вас нет средств на то, чтобы издавать свои книги (*смотрит на Ривку*). Говорят, что и на жизнь…
Рав Ашлаг (*перебивает его*). Человек должен довольствоваться необходимым.
Арон. Сколько денег вам необходимо?
Рав Ашлаг. Чтобы хватило на скромную еду для всех, на чернила и бумагу.
Арон. Сколько это?
Ривка. Нам надо немного. Он давно уже пишет на клочках бумаги, и дети давно уже не ели досыта.

АРОН ВЫТАСКИВАЕТ ИЗ БОКОВОГО КАРМАНА ПИДЖАКА ПАЧКУ ДЕНЕГ И КЛАДЕТ ИХ НА СТОЛ.

Арон. Я хочу, чтобы вы написали такую книгу, чтобы всем людям стало понятно, даже таким идиотам, как я. Это возможно?..
Рав Ашлаг. Я должен попытаться.
Арон. Я оставляю вам деньги на жизнь и на книгу. Вот они (*подвигает деньги ближе к раву*).
Рав Ашлаг. У тебя есть дом в Лондоне?
Арон. Большой трехэтажный дом. (*Достает из кармана пузырек с таблетками, берет одну.*)
Рав Ашлаг. Я буду писать у тебя.
Арон (*удивленно глядя на Ривку, на рава*). Я не думал, что это возможно. Это огромная честь.
Рав Ашлаг. Все эти деньги я оставлю семье.
Ривка (*торопливо*). Но тут слишком много денег…

Арон. Глупости! Я оставлю больше… но-о-о… (*смотрит на Ривку*) ваша жена беременна…

РАВ АШЛАГ ПЕРЕВОДИТ ВЗГЛЯД НА РИВКУ.

Ривка (*ему*). Не волнуйся. Я справлюсь.
Рав Ашлаг. Мне надо уехать.
Ривка. Ты сможешь писать там в тишине.
Рав Ашлаг. Мне нужна тишина…
Ривка. Ты едешь, едешь. А мы здесь будем молиться за тебя.

•
ЯФСКИЙ ПОРТ.
БЕЛЫЙ КОРАБЛЬ ГОТОВИТСЯ К ОТПЛЫТИЮ.

У ТРАПА СТОЯТ РАВ АШЛАГ И ЕГО УЧЕНИКИ.
ОБЪЯВЛЯЮТ ПОСАДКУ.
РАВ АШЛАГ ОБНИМАЕТСЯ СО ВСЕМИ.

Он обнимает Баруха (*шепчет*). Я жду писем.

ОБНИМАЕТ ХАИМА, МОШЕ, ШИМОНА…

Шимон. Ты специально уезжаешь. Ты ведь мог бы писать и здесь.

РАВ АШЛАГ ПОВОРАЧИВАЕТСЯ
И НАЧИНАЕТ ПОДНИМАТЬСЯ ПО ТРАПУ.

Шимон. Нам будет очень трудно без тебя.

РАВ АШЛАГ ПОДНИМАЕТСЯ, НЕ ОБОРАЧИВАЯСЬ.

Шимон. Невозможно трудно!
Моше (*перебивает его*). Отпусти рава! Прекращай ныть! (*В спину учителю.*) Не волнуйтесь, рав, мы справимся!

•
РАВ АШЛАГ УЖЕ ПОДНЯЛСЯ НА ПАЛУБУ.
ОН СТОИТ РЯДОМ С АРОНОМ ВОЗЛЕ ПОРУЧНЕЙ.
КОРАБЛЬ ОТПЛЫВАЕТ.

ШИМОН ПОВОРАЧИВАЕТСЯ И ПЕРВЫМ ИДЕТ ПРОЧЬ.

КОРАБЛЬ РАСКАЧИВАЕТСЯ НА ВОЛНАХ.
УКУТАВШИСЬ В ОДЕЯЛО, НА ПАЛУБЕ СИДИТ РАВ АШЛАГ.

•

ДОКУМЕНТАЛЬНЫЕ КАДРЫ ХРОНИКИ.
АНГЛИЯ 1926 ГОДА…
АНГЛИЯ ХОРОША. АНГЛИЯ ПРОЦВЕТАЕТ.
ПРАВИТЕЛЬСТВЕННАЯ ХРОНИКА:
ЧЕСТВОВАНИЯ КОРОЛЕВЫ АНГЛИИ,
БЫВШИЙ ПРЕМЬЕР-МИНИСТР ЛЛОЙД ДЖОРДЖ
ВСТРЕЧАЕТСЯ С ЧЕРЧИЛЕМ,
ОНИ КОРМЯТ ЧАЕК С РУКИ НА БЕРЕГУ МОРЯ.
РОЖДЕНИЕ БУДУЩЕЙ КОРОЛЕВЫ АНГЛИИ ЕЛИЗАВЕТЫ ВТОРОЙ.
ПРОЕЗД ПО ЛОНДОНУ НА ОТКРЫТОМ АВТОМОБИЛЕ…

•

ТРЕХЭТАЖНЫЙ ДОМ НА ОДНОЙ ИЗ ТИХИХ УЛИЦ ЛОНДОНА.
ОКНО ВТОРОГО ЭТАЖА ОТКРЫТО.

•

КОМНАТА РАВА АШЛАГА.
ОН, СКЛОНЕННЫЙ НАД СТОЛОМ.
КУЧА ОКУРКОВ ДЫМИТСЯ В ПЕПЕЛЬНИЦЕ.
ОН БЫСТРО ПИШЕТ.

ЗА СПИНОЙ РАВА АШЛАГА ОТКРЫВАЕТСЯ И ЗАКРЫВАЕТСЯ ДВЕРЬ.
ТИХО ВХОДИТ АРОН И САДИТСЯ ТУТ ЖЕ У ДВЕРИ НА СТУЛ.
РАВ АШЛАГ НЕ СЛЫШИТ, КАК ОН ВОШЕЛ,
ПРОДОЛЖАЕТ ПИСАТЬ.
АРОН ГЛОТАЕТ ТАБЛЕТКУ… ТИХО ПОКАШЛИВАЕТ.

Арон. Вы не ложились спать?
Рав Ашлаг (*возбужденно*). Мне кажется, что я нашел нужный тон… Зоар ведь прост, если читаешь его, понимая, что всё это о тебе. Я нашел, как объяснить это…

У АРОНА В РУКАХ ЛИСТЫ БУМАГИ,
ИСПИСАННЫЕ РУКОЙ РАВА АШЛАГА.

Арон. Я прочитал.
Рав Ашлаг. Ты понял?..
Арон. Нет… (*Торопливо.*) Ну, может быть, это потому что я такой непонимающий, я и в школе был тупым…

РАВ АШЛАГ ВСТАЕТ, РЕЗКО ДВИГАЯ СТУЛОМ.

Рав Ашлаг (*раздраженно*). Я не знаю, как объяснить это проще.
Арон. Вы не волнуйтесь, это придет! Это понятно, что написать для нас,

тупых, которым ничего не надо, кроме их жизни, написать, чтобы было просто… (*ищет слова*) это непросто.

Рав Ашлаг (*снова проговаривает написанное*). «Творец видит не наши тела, а Одну общую душу. Она – соединение всех наших душ. Они склеены любовью. И подчиняются только одной мысли. Мысли Творца.»

Арон. Какая это одна мысль?!

Рав Ашлаг. Любовь, нет ничего, кроме этого. Полная, абсолютная отдача.

Арон. Где она, эта любовь?!

Рав Ашлаг. Она пронизывает все.

Арон (*вдруг раздраженно*). Ну где, где?! Покажите вы мне ее, дайте ее ощутить, ну хоть немножко! (*Останавливается вдруг, пауза.*) Извините…

Рав Ашлаг (*разводит руками*). Я пытаюсь, чтобы поняли…

Арон (*показывает на листы у себя в руке*). Я дал это прочитать своему другу, известному тут издателю, тоже еврею…

Рав Ашлаг. Я не могу написать проще…

Арон. Он остановился на пятой строчке и начал смеяться над всем, что здесь написано.

Рав Ашлаг. Не ясно?

Арон. Нет. Ясно, что все мы эгоисты и нет у нас этой одной простой мысли, какая есть у Творца. Любить! Никого мы не любим, только себя… (*Он переводит взгляд на окно.*) Но почему Его любовь порождает столько страданий и крови?! (*Пауза.*) Так больно… и так не хочется умирать.

РАВ АШЛАГ ПОВОРАЧИВАЕТСЯ К СТОЛУ,
УЖЕ НЕ ОБРАЩАЯ ВНИМАНИЯ НА АРОНА.

ЗА АРОНОМ ТИХО ЗАКРЫВАЕТСЯ ДВЕРЬ.

А РАВ АШЛАГ ЗАПИСЫВАЕТ:

«…страдает наше тело. Оно создано умереть и быть погребенным… Тело – это желание жить для себя. Жизнь ради себя изнуряет…»

ОН НА МГНОВЕНИЕ ПОДНИМАЕТ ГОЛОВУ.
АРОНА НЕТ.
А ЕМУ ТАК ХОЧЕТСЯ ПОДЕЛИТЬСЯ С НИМ НАПИСАННЫМ.
ОН БЫСТРО ПИШЕТ:

«…только тогда исчезнут все тревоги и всё вредное в мире, когда мы захотим отдавать другим…»

ИЗ ОКНА ДУЕТ ТЕПЛЫЙ ВЕТЕР.
ЭТО ТАК НЕПРИВЫЧНО ДЛЯ ЛОНДОНА.
И ДАЖЕ ЗВЕЗДЫ ВИДНЫ, А ЗНАЧИТ, НЕТ ТУЧ.
РАВ АШЛАГ ВСТАЁТ И ВЫХОДИТ ИЗ ДОМА.

BATAVIA-C
22 10. 34. 20.
AUSTRALIE
J. D. WILTON
Rotterdam

•

НОЧЬ. ЛОНДОН. ПУСТЫННЫЕ УЛИЦЫ.
РАВ АШЛАГ ИДЕТ ПО НОЧНОМУ ГОРОДУ.
ВДРУГ СЛЫШИТСЯ ГОЛОС ЕГО СЫНА БАРУХА.
ЗВУЧАТ ПЕРВЫЕ СТРОЧКИ ЕГО ПИСЬМА К ОТЦУ:

Голос Баруха. Как только ты уехал, сломались мы… Внешне бодримся, внутренне назревает взрыв, я чувствую… И некому направить нас, некому остановить это безумие. Опускаются руки. Уходят силы.

•

ЛОНДОН. КОМНАТА РАВА АШЛАГА.
ОТКРЫТОЕ ПИСЬМО ЛЕЖИТ НА СТОЛЕ.
ВЕТЕР ИЗ ФОРТОЧКИ КОЛЫШИТ ЛИСТЫ.
ЯСНО ПРОЧИТЫВАЮТСЯ СТРОЧКИ ПИСЬМА.
СЛЫШИТСЯ ГОЛОС БАРУХА.

Голос Баруха. ы не можем без тебя. Отец, что делать?!

РАВ АШЛАГ БЕРЕТ РУЧКУ…
ПЕРО ОКУНАЕТСЯ В ЧЕРНИЛА.
ОН ПИШЕТ И ПРОГОВАРИВАЕТ НАПИСАННОЕ.

Голос рава Ашлага. Любимые мои братья, я знаю, вы измучены, полны сомнений и страха… и это хорошо! Отчаяние – начало подъема. Снова и снова, падая и поднимаясь, пытайтесь увидеть за своими жалкими телами искры любви, которые живут в каждом из вас, постоянно помните, что если не соединитесь – погибнете…

РУКА РАВА АШЛАГА ЗАМИРАЕТ…
МГНОВЕНИЕ…
И ОН ДОПИСЫВАЕТ:

«И вы увидите, что у вас нет никаких сил… соединиться!..»

И СНОВА ПАУЗА.
СНОВА ВЗГЛЯД РАВА АШЛАГА БЛУЖДАЕТ НАД ПИСЬМОМ.
И СНОВА ОН ПИШЕТ:

«Вы хотели соединиться. Творец вознаградил вас ненавистью. Вы думали, что способны возлюбить друг друга, но оказалось, что ни на что вы не способны!..»

•

ИЕРУСАЛИМ. КЛАСС.
БАРУХ ЧИТАЕТ ПИСЬМО.

Барух. Вы подошли к горе Синай[59]. Гора ненависти внутри каждого из вас...

ШИМОН КАЧАЕТ ГОЛОВОЙ.

Барух (*читает*). Как же подняться над ней?! Откуда взять силы?!

ХАИМ НАПРЯЖЕННО СЛУШАЕТ.
МОШЕ ЕЛЕ ЗАМЕТНО УХМЫЛЯЕТСЯ.

Барух (*читает, у него дрожит голос*). «Вы спрашиваете, откуда вам взять силы?! Только от Творца. Это Он раскрыл вам истину о вас. И Он ждет, что вы обратитесь к Нему... Так сделайте же это! Требуйте, чтобы Он дал вам силу возлюбить друг друга. Как?..»
Шимон (*шепчет*). Как?! Как это сделать?!
Барух (*заканчивает чтение*). «У вас есть Зоар. Впустите Зоар в себя.»

•

ЛОНДОН. НОЧЬ.
РАВ АШЛАГ ПИШЕТ, НЕ ОСТАНАВЛИВАЯСЬ.
ИЗ-ПОД ПЕРА РОЖДАЮТСЯ АККУРАТНЫЕ СТОЛБИКИ СТРОЧЕК.
ОН ПИШЕТ БЕЗ ПОМАРОК.
ЗАКАНЧИВАЕТ ЛИСТ, ОТКЛАДЫВАЕТ НА КРАЙ СТОЛА.
ЗДЕСЬ УЖЕ СКОПИЛАСЬ ПРИЛИЧНАЯ СТОПКА ИСПИСАННЫХ ЛИСТОВ.

ОКНО ОТКРЫТО.
НОЧЬ ТЕПЛАЯ И ТИХАЯ.
НО ВДРУГ ДО РАВА АШЛАГА ДОНОСИТСЯ СТРАННЫЙ ЗВУК, ПОХОЖИЙ НА СТОН.
РАВ ПОДНИМАЕТ ГОЛОВУ, ВСТАЕТ И ПОДХОДИТ К ОКНУ.
СТОН ДОНОСИТСЯ ОТКУДА-ТО СНИЗУ.
ОН ВСЕ СИЛЬНЕЕ И СИЛЬНЕЕ,
И ВОТ ОН УЖЕ ПЕРЕХОДИТ В КРИК.
РАВ АШЛАГ ПЕРЕГИБАЕТСЯ ЧЕРЕЗ ПОДОКОННИК
И СМОТРИТ ВНИЗ.
ОН ВИДИТ ОТКРЫТОЕ ОКНО ПЕРВОГО ЭТАЖА И НЕЯРКИЙ СВЕТ, ИСХОДЯЩИЙ ИЗ КОМНАТЫ.
ОН СПУСКАЕТСЯ ПО ДЕРЕВЯННОЙ ЛЕСТНИЦЕ НА ПЕРВЫЙ ЭТАЖ.

---

59 **Гора** – от ивр. «ар» – гора. Также в смысле – «ирурим» – сомнения. **Синай** – от ивр. «сина» – ненависть. Обязан человек подойти близко к Горе Синай, то есть захотеть стать одним целым с другими и вдруг почувствовать, что это невозможно. Ощутить в себе гору сомнений и ненависти по отношению к ним, которую он не может преодолеть сам. Быть вынужденным просить помощь Свыше. Это настоящее падение ради подъема.

•

ПРИБЛИЖАЕТСЯ ДВЕРЬ КОМНАТЫ АРОНА.
ИЗ-ПОД ДВЕРИ СТЕЛЕТСЯ ПО ПОЛУ УЗКАЯ ПОЛОСКА СВЕТА.
РАВ АШЛАГ ОТКРЫВАЕТ ДВЕРЬ.

ОН ВИДИТ АРОНА, ЛЕЖАЩЕГО ПОСРЕДИ КОМНАТЫ.
ЕГО МЕРТВЕННО БЛЕДНОЕ ЛИЦО ИСКАЖЕНО ОТ БОЛИ.

РАВ АШЛАГ СКЛОНЯЕТСЯ ПЕРЕД НИМ НА КОЛЕНИ.
АРОН ЧТО-ТО ШЕПЧЕТ. НО СЛЫШНЕН ТОЛЬКО СТОН...

ТОГДА РАВ АШЛАГ НАСИЛЬНО ПЕРЕВОРАЧИВАЕТ ЕГО
НА СПИНУ, РАССТЕГИВАЕТ ЕГО РУБАШКУ
И КЛАДЕТ РУКУ ЕМУ НА ЖИВОТ.
ОН СМОТРИТ В ГЛАЗА АРОНУ.
ВДРУГ ТЕЛО АРОНА ВСТРЯХИВАЕТСЯ,
КАК ОТ ЭЛЕКТРОШОКА,
И РАСПРЯМЛЯЕТСЯ НА ПОЛУ.
АРОН СМОТРИТ В ГЛАЗА РАВА АШЛАГА.

Рав Ашлаг. Как часто у тебя эти приступы?
Арон (*слабым голосом*). Такие... раз в два месяца... когда таблетки... не помогают. Было... раз в полгода, а сейчас... все чаще и чаще...
Рав Ашлаг. Диагноз?
Арон. Рак печени.
Рав Ашлаг. Как давно?
Арон. Началось еще в Польше... наверное.
Рав Ашлаг. Ты надеялся, что я вылечу тебя?
Арон (*долго молчит*). Я очень устал. Я перепробовал все... (*Смотрит в глаза раву.*) Я надеялся.
Рав Ашлаг. Тебе нужен врач, а не я.

АРОН С ТРУДОМ САДИТСЯ НА ПОЛУ.

Арон. Они дают мне год жизни, максимум... Неужели ничего нельзя сделать?!
Рав Ашлаг. Каббала не занимается лечением тел.

АРОН С ТРУДОМ ПРИПОДНИМАЕТСЯ
И ОСТАЕТСЯ СИДЕТЬ НА ПОЛУ, НЕ В СИЛАХ ВСТАТЬ.

Арон (*смотрит на рава Ашлага*). Я готов на все, только бы прекратились эти боли! (*Глаза его наполняются слезами.*) Не может быть, чтобы не было какого-нибудь заклинания! Молитвы! Амулета! Чего-нибудь!?
Рав Ашлаг (*жестко*). Нет. Ничего этого нет.

Арон (*морщась, через боль*). Но вы же сами говорили, что каббала – это путь к счастью! Вылечите меня, и я все отдам…
Рав Ашлаг. Если бы можно было прочитать строчку из Зоар и стать здоровым, все бы ринулись в каббалу… Но нет. Каббала лечит душу, а не тело. Она для тех, кто спрашивает – для чего я живу? А не для тех, чей вопрос – как вылечиться от рака.

АРОН С ТРУДОМ ВСТАЕТ.

Рав Ашлаг. Иди, ложись. Ты сегодня будешь крепко спать…

•

УТРО В ЛОНДОНЕ. ДОКУМЕНТАЛЬНАЯ ХРОНИКА.
БЬЮТ ЧАСЫ НА БАШНЕ.
ЛЮДИ ИДУТ НА РАБОТУ.
ИМИ ЗАБИТЫ УЛИЦЫ, ДВУХЭТАЖНЫЕ АВТОБУСЫ, ЖЕЛЕЗНОДОРОЖНЫЕ СТАНЦИИ.
В ЦЕНТРЕ ПЕРЕКРЕСТКОВ ВРАЩАЮТСЯ ПОЛИЦЕЙСКИЕ-РЕГУЛИРОВЩИКИ В ВЫСОКИХ ПОЛИЦЕЙСКИХ ШАПКАХ.
СЛЫШНЫ ГУДКИ АВТОМОБИЛЕЙ.
НАЧИНАЕТСЯ НОВЫЙ РАБОЧИЙ ДЕНЬ.

ВНЕШНИЙ ФАСАД ДОМА АРОНА.

•

ВНУТРИ ДОМА.
СЛУЖАНКА ОСТОРОЖНО СТАВИТ ПОДНОС С ЕДОЙ ПЕРЕД ЗАКРЫТОЙ ДВЕРЬЮ КОМНАТЫ РАВА АШЛАГА.
И ЗАБИРАЕТ ДРУГОЙ ПОДНОС, НЕТРОНУТЫЙ И СТОЯЩИЙ ТУТ ЖЕ.
ОНА ПРИСЛУШИВАЕТСЯ.
ЗА ДВЕРЬЮ СЛЫШАТСЯ РАЗМЕРЕННЫЕ ШАГИ.

•

КОМНАТА. НА СТОЛЕ ЛЕЖАТ РУКОПИСИ…
РАВ АШЛАГ, ОПУСТИВ ГОЛОВУ, ВЫШАГИВАЕТ ВОКРУГ СТОЛА…
ОСТАНАВЛИВАЕТСЯ, УПИРАЕТСЯ ЛИЦОМ В СТЕНУ И ТАК СТОИТ.
СТОИТ ДОЛГО.

•

ВСПЫШКА!
ОН ИДЕТ ПО ТРОПИНКЕ.

ЧИСТЫЙ, ГОЛУБОЙ ПРОСТОР ВОКРУГ.
ЛУГА, УСЕЯННЫЕ ЦВЕТАМИ, – СПРАВА ОТ НЕГО.
ДЕРЕВЬЯ, ПРИГЛАШАЮЩИЕ В ТЕНЬ, – СЛЕВА.
БЕЛЫЙ ГОРОД, СТОЯЩИЙ НА ВОЗВЫШЕНИИ, – ВПЕРЕДИ.

И ВДРУГ ОТКУДА-ТО ИЗ ГЛУБИНЫ ГОЛУБОГО ПРОСТОРА
ДОНОСИТСЯ ДО НЕГО МЕЛОДИЯ, ПРОЗРАЧНАЯ, КАК ВОДА.
ОНА КАК БЫ ТОЛЬКО КАСАЕТСЯ ЕГО…

•

КОМНАТА. РАВ АШЛАГ ОТТАЛКИВАЕТСЯ ОТ СТЕНЫ.
ПРИСЛУШИВАЕТСЯ.
МЕЛОДИЯ НЕ СЛЫШНА.

•

ИЕРУСАЛИМ. НОЧЬ.
МОШЕ И ХАИМ ИДУТ ПО НОЧНОМУ ГОРОДУ.
НАВСТРЕЧУ ИЗ ТЕМНОТЫ ВЫПЛЫВАЕТ ТУРЕЦКИЙ ПАТРУЛЬ,
ПРИВЕТСТВУЕТ ИХ ВЗМАХОМ РУКИ.
ОНИ ИДУТ ДАЛЬШЕ.
ПЕРЕСЕКАЮТ ДОРОГУ ДВЕ ТЕНИ.
ОСТАНАВЛИВАЮТСЯ НА МГНОВЕНИЕ, СЛЫШНО,
КАК КЛАЦАЕТ ЗАТВОР РУЖЬЯ…
И СНОВА ИСЧЕЗАЮТ В ТЕМНОТЕ.
МОШЕ И ХАИМ ПРОХОДЯТ ПУСТЫРЬ И ПРИБЛИЖАЮТСЯ К
СВЕТЯЩЕМУСЯ ОКНУ.

•

ВХОДЯТ В КЛАСС.
БАРУХ ДЕРЖИТ В РУКАХ НОВОЕ ПИСЬМО, ПРИШЕДШЕЕ ОТ
РАВА АШЛАГА.

Барух (*читает вслух*). «Где она – постоянная мысль о единстве?! Где крик – дай нам силы любить друг друга?!»

БАРУХ ПОДНИМАЕТ ГОЛОВУ ОТ ПИСЬМА.
НА ГЛАЗАХ ЕГО СЛЕЗЫ.

Хаим. Читай, читай!..
Барух. «Думайте, как соединиться. Молите Его о помощи!.. Не успокаивайтесь. Не опускайте руки. Разбейте сердца свои в поисках любви.»

БАРУХ СНОВА ОСТАНАВЛИВАЕТСЯ.
У НЕГО ПЕРЕХВАТЫВАЕТ ДЫХАНИЕ.
ОН НЕ МОЖЕТ ГОВОРИТЬ.

Хаим (*умоляюще*). Читай!
Барух. «Помните! Творец слышит только разбитое сердце» (Продолжает читать, но про себя.)
Моше (*резко*). Ну-у!
Барух (*читает*). Но как мне простить вам то, что лестница, спущенная на землю, пуста?.. (*Поднимает глаза от письма.)* Вы не поднимаетесь по ней?

ВСЕ МОЛЧАТ. ДОЛГАЯ ТИШИНА В КОМНАТЕ.
БАРУХ ПЛАЧЕТ.

Моше (*вдруг презрительно*). Вытри сопли!.. (*Оглядывает всех.)* Что с вами происходит?! Один рыдает, как баба, а другой… другой опять не встал! (*Выкрикивает.)* Он сдался, этот Шимон!

БАРУХ И ХАИМ СМОТРЯТ НА МОШЕ.

Моше. Я думаю, что мы должны забыть о нем. Его нет уже две ночи.
Барух. Надо поднять его и привести на урок.
Моше. В духовном нет насилия.
Барух. Он просто ослаб.
Моше. Как хочешь, я остаюсь. Жалко терять на это время учебы.
Хаим (*Баруху*). Я иду с тобой.

•

НОЧЬ. УЗКАЯ УЛОЧКА ИЕРУСАЛИМА.
ПО НЕЙ ПРОБИРАЮТСЯ БАРУХ И ХАИМ.
ОНИ ОСТАНАВЛИВАЮТСЯ ПОД ОКНАМИ ДОМА.
БАРУХ БРОСАЕТ КАМЕШЕК В ОКНО.
ОКНО ЗВЯКАЕТ, КАМЕНЬ ПАДАЕТ НА ЗЕМЛЮ.
ПОДНИМАЕТ ЕЩЕ ОДИН, БРОСАЕТ…
В ОТВЕТ ТИШИНА.
ХАИМ ПРИСЛОНЯЕТСЯ К СТЕНЕ.
БАРУХ ЗАЛЕЗАЕТ ЕМУ НА ПЛЕЧИ
И ПОДТЯГИВАЕТСЯ К ОКНУ.
ОН ЧЕРЕЗ ФОРТОЧКУ ОТКРЫВАЕТ ЗАДВИЖКУ
И ПРОНИКАЕТ ВНУТРЬ.
ЗАТЕМ ЗАТАСКИВАЕТ ЗА СОБОЙ ХАИМА.

•

ВНУТРИ ДОМА.
ОНИ ПРОХОДЯТ МИМО КРОВАТЕЙ,
НА КОТОРЫХ СПЯТ ДЕТИ.
КРОВАТЬ РОДИТЕЛЕЙ СТОИТ В ГЛУБИНЕ КОМНАТЫ.
МОЛЧА СКЛОНЯЮТСЯ НАД ШИМОНОМ,
СПЯЩИМ РЯДОМ С ЖЕНОЙ.

ОСТОРОЖНО ОТКИДЫВАЮТ ОДЕЯЛО
И ПОДНИМАЮТ ШИМОНА НА РУКИ.
ТОТ ОТКРЫВАЕТ ГЛАЗА,
НО ХАИМ УСПЕВАЕТ ЗАКРЫТЬ ЕМУ РОТ ЛАДОНЬЮ.
ИСПУГ НА ЛИЦЕ ШИМОНА СМЕНЯЕТСЯ ВОЗМУЩЕНИЕМ…
ОН ПЫТАЕТСЯ ВЫРВАТЬСЯ И НЕ МОЖЕТ…

И ВДРУГ УСПОКАИВАЕТСЯ.
БАРУХ НА ХОДУ ЗАХВАТЫВАЕТ ЕГО ОДЕЖДУ СО СТУЛА.
ОНИ ТИХО ИСЧЕЗАЮТ В ОКНЕ…
А ПОТОМ И В НОЧИ УЛИЦЫ.

•

ЛОНДОН.
КОМНАТА РАВА АШЛАГА.
РАВ АШЛАГ ПИШЕТ.
БЫСТРО РОЖДАЮТСЯ РОВНЫЕ СТРОЧКИ БЕЗ ПОМАРОК.
РУКА ОТКЛАДЫВАЕТ ЛИСТ ЗА ЛИСТОМ НА КРАЙ СТОЛА…

СЛЫШЕН ТИХИЙ СТУК В ДВЕРЬ.

Рав Ашлаг (*не оборачиваясь*). Заходи.

ВХОДИТ АРОН, ВЫСПАВШИЙСЯ,
В СВЕТЛОМ ХАЛАТЕ.

Рав Ашлаг. Садись и читай.

АРОН ПОДХОДИТ, БЕРЕТ ПАЧКУ ЛИСТОВ С КРАЯ СТОЛА
И САДИТСЯ В КРЕСЛО.
СРАЗУ ЖЕ ПОГРУЖАЕТСЯ В ЧТЕНИЕ.
ЗА ОКНОМ СКВОЗЬ УТРЕННИЙ ТУМАН ПРОБИВАЕТСЯ СВЕТ.
ГЛАЗА АРОНА ПРОЛЕТАЮТ СТРОЧКУ ЗА СТРОЧКОЙ…

РУКА РАВА АШЛАГА, ДЕРЖАЩАЯ ПЕРО, СТРЕМИТЕЛЬНО
ДВИЖЕТСЯ, НЕ ОСТАНАВЛИВАЯСЬ НИ НА МГНОВЕНИЕ.

Слышится голос Арона. Великая книга получается…

ОСТАНАВЛИВАЕТСЯ РУКА С ПЕРОМ.
РАВ АШЛАГ ИСКОСА СМОТРИТ НА АРОНА.

Арон (*возбужденно*). Такую книгу можно написать только под диктовку Творца… Я ничего не понимаю, но я весь дрожу от силы, которая заложена в ней.

ИЕРУСАЛИМ. РАННЕЕ УТРО.
ОНИ СИДЯТ НАД КНИГОЙ ЗОАР,
ПРИЖАВШИСЬ ДРУГ К ДРУГУ.

Моше (*читает вслух*). И тогда разбилась общая душа на множество осколков. И упали они в наш мир – мир полной темноты…
Барух (*бормочет*). Намерение! Намерение!.. Дай нам силы любить друг друга!
Моше (*продолжает читать*). И вселились эти осколки души в тела этого мира… и пришла ненависть…
Барух (*шепчет*). Дай нам силы любить друг друга! Дай нам силы любить друг друга!

МОШЕ РАЗДРАЖЕННО ОТКЛАДЫВАЕТ КНИГУ.

Моше. Что ты все время бормочешь там!
Барух. Отец пишет…
Моше. Плевать мне, что он там пишет! Ты бормочешь, я ничего не понимаю, что здесь написано!

РЕЗКО ВСТАЕТ, ОТБРАСЫВАЯ СТУЛ.

Моше. Я пришел учиться Каббале – великой науке, а вместо этого нас понукают, как маленьких детей… Наме-е-ерение! Я пришел сюда учить великие книги… пусть твой отец учит меня этому…
Шимон. Заткнись, дурак!
Моше. Что-о-о?! (*Подступает к нему.*)
Шимон. Заткнись!.. Ты говоришь о нашем учителе!

МОШЕ ТОЛКАЕТ ШИМОНА В ГРУДЬ,
И ТОТ ЛЕТИТ ЧЕРЕЗ СТУЛЬЯ В УГОЛ КОМНАТЫ.
ПЫТАЕТСЯ ВСТАТЬ.
МОШЕ ИДЕТ НА НЕГО С КУЛАКАМИ.
ШИМОН ВСКАКИВАЕТ
С ИСКАЖЕННЫМ НЕНАВИСТЬЮ ЛИЦОМ.

Шимон (*кричит*). Я тебя убью, сволочь!

РВЕТСЯ К МОШЕ,
НО НА НЕМ ПОВИСАЕТ ХАИМ.
МОШЕ ЗАМАХИВАЕТСЯ,
НО БАРУХ ПЕРЕХВАТЫВАЕТ ЕГО РУКУ.

Барух. Братья… Братья! что мы делаем!

МОШЕ ПЫТАТЕСЯ СТРЯХНУТЬ ЕГО С СЕБЯ.

Барух. Ведь отец пишет!..

МОШЕ РАЗВОРАЧИВАЕТСЯ К БАРУХУ
И ХВАТАТЕ ЕГО ЗА ГОРЛО.

Моше. Что он там пишет, твой отец?! Он оставил нас, а теперь он пишет нам всякие слова. Он собрал нас и оставил. И нас, и семью свою, и жену, которая вот-вот должна рожать без него.
Шимон (*кричит*). Он твой учитель!
Моше. Заткнись, тряпка!..
Хаим (*становясь между ними*). Все-все, мы должны успокоиться…

МОШЕ СКИДЫВАЕТ С СЕБЯ БАРУХА
И САДИТСЯ ЗА СТОЛ.

Хаим. Мы должны успокоиться…
Барух. Давайте еще раз прочитаем письмо…
Моше. Давайте лучше раскроем книгу…
Шимон. Как все это ужасно.
Барух. Между нами гора ненависти. Если мы ее не пройдем…
Моше (*жестко*). Мы открываем книгу, чтобы почерпнуть великую мудрость, которая сокрыта в ней. Послушайте меня (*с напором*), откроем книгу… И будем читать ее – великую святую книгу Зоар.

•

ЛОНДОН.
РАВ АШЛАГ ИДЕТ ПО НОЧНОМУ ГОРОДУ.
ПО БОГАТЫМ КВАРТАЛАМ,
ГДЕ И НОЧЬЮ СВЕТЯТСЯ ВИТРИНЫ,
ЗАБИТЫЕ ДОРОГИМИ ВЕЩАМИ,
ГДЕ СВЕРКАЮТ, ПРОЕЗЖАЯ, ДОРОГИЕ МАШИНЫ,
ГДЕ БЕЛЫЕ ПЕРЧАТКИ, ВЕЧЕРНИЕ ПЛАТЬЯ, РЕСТОРАНЫ,
КРАСИВЫЕ МАНЕРЫ, ВЕСЕЛАЯ ЖИЗНЬ…

НО ОН ИДЕТ И ПО ДРУГИМ РАЙОНАМ,
ГДЕ БЕЗДОМНЫЕ ГРЕЮТСЯ У КОСТРОВ
И БЕДНОСТЬЮ ПРОПИТАНО ВСЕ:
ДОМА, УЛИЦЫ, ЛИЦА ЛЮДЕЙ, ГРЯЗНЫЕ ЗАБЕГАЛОВКИ…
ЧЕРЕЗ ВСЕ ЭТО ИДЕТ РАВ АШЛАГ…

И ВДРУГ ПОЯВЛЯЕТСЯ И ТОНЕТ В ШУМЕ УЛИЦЫ
МУЗЫКАЛЬНЫЙ АККОРД…
РАВ АШЛАГ ОСТАНАВЛИВАЕТСЯ.

•

ВСПЫШКА.
ОН СТОИТ НА ТРОПИНКЕ.
ЧИСТЫЙ, ГОЛУБОЙ ПРОСТОР ВОКРУГ.
ОН НЕ МОЖЕТ СДВИНУТЬСЯ С МЕСТА.
ИЗ-ЗА СТЕН БЕЛОГО ГОРОДА ДОНОСИТСЯ БОЖЕСТВЕННАЯ МУЗЫКА.

•

ЛОНДОН. УЛИЦА…
ЕДВА СЛЫШНАЯ МУЗЫКА…
РАВ АШЛАГ, ЗАМЕРЕВ, СТОИТ ПОСРЕДИ УЛИЦЫ.
ОБОРАЧИВАЕТСЯ НА НЕГО НОЧНОЙ ПРОХОЖИЙ…

•

НОЧЬ. ДОМ ПОГРУЖЕН В ТИШИНУ.
КОМНАТА АРОНА.
АРОН ПРОСЫПАЕТСЯ ОТТОГО,
ЧТО В КОМНАТУ ОТКУДА-ТО ПРОНИКАЮТ ЗВУКИ МУЗЫКИ.
АРОН ВСТАЕТ И, НАКИНУВ ХАЛАТ, ВЫХОДИТ ИЗ КОМНАТЫ.
ОН ПОДНИМАЕТСЯ ПО ЛЕСТНИЦЕ НА ВТОРОЙ ЭТАЖ.
ИДЕТ ПО ДЛИННОМУ КОРИДОРУ НАВСТРЕЧУ ЗВУКАМ РОЯЛЯ…
ПРИБЛИЖАЕТСЯ ГОСТИНАЯ ВТОРОГО ЭТАЖА.

АРОН ОСТАНАВЛИВАЕТСЯ И ОСТОРОЖНО ПРИОТКРЫВАЕТ ДВЕРЬ.

ПРИ СВЕТЕ СВЕЧИ ОН ВИДИТ РАВА АШЛАГА,
СИДЯЩЕГО ЗА РОЯЛЕМ.
ПАЛЬЦЫ ЕГО ДОТРАГИВАЮТСЯ ДО КЛАВИШ…

УДИВЛЕННОЕ, ИСПУГАННОЕ ЛИЦО АРОНА.

БОЖЕСТВЕННАЯ МУЗЫКА ОБВОЛАКИВАЕТ ДОМ.
ОНА ЗВУЧИТ НАД НОЧНЫМ ЛОНДОНОМ…

АРОН ОСТОРОЖНО ПРОХОДИТ В КОМНАТУ…

РАВ АШЛАГ НЕ СЛЫШИТ И НЕ ВИДИТ НИЧЕГО.
РУКИ ЕГО ПОДНИМАЮТСЯ НАД КЛАВИШАМИ И ЗАМИРАЮТ.
МУЗЫКА СТИХАЕТ.

Голос Арона. Божественно… какая божественная музыка!.. Я не знал, что вы умеете так играть на рояле!..

ПАЛЬЦЫ РАВА АШЛАГА СНОВА ОПУСКАЮТСЯ НА КЛАВИШИ,
И СНОВА ОКУТЫВАЕТ ВСЕ МУЗЫКА.
АРОН ПОДХОДИТ К РОЯЛЮ
И ВОСХИЩЕННО СЛЕДИТ ЗА ПАЛЬЦАМИ РАВА.

Голос рава Ашлага. Я не умею играть…
Арон. Но… Вы сейчас играете на рояле…
Рав Ашлаг. Меня никто никогда не учил этому… но это неважно…
Арон. Как неважно?.. Откуда же это все берется?!
Рав Ашлаг. Я слышу эту музыку.
Арон. Там?
Рав Ашлаг. Да, там ведь нет слов, там одни чувства. Этого ощущения не передать словами. Лучше музыки ничто это передать не может…

АРОН ВДРУГ ПРИСЕДАЕТ ПЕРЕД РАВОМ НА КОРТОЧКАХ,
ПЫТАЯСЬ ПОПАСТЬ В КРУГ ЕГО ЗРЕНИЯ.

Арон. Вот оно! – Это оно и есть! Всё так просто, понятно! И так чувственно! Мне хочется слушать ее и слушать, эту божественную музыку!.. Рав, вот если бы можно было вот так же… просто и понятно, как вы играете, так же написать.

РАВ АШЛАГ ПЕРЕСТАЕТ ИГРАТЬ.
РУКИ ЕГО ОПУСКАЮТСЯ.

Арон. Вы не могли бы еще что-нибудь сыграть… Пожалуйста!..

НОЧЬ НАД ЛОНДОНОМ.

•

НОЧЬ НАД ИЕРУСАЛИМОМ.
В НОЧИ ЗВУЧИТ МУЗЫКА, СОЗДАННАЯ РАВОМ АШЛАГОМ.

•

НОЧНОЕ МОРЕ.
КОРАБЛЬ, ПОБЛЕСКИВАЯ ОГОНЬКАМИ, КАЧАЕТСЯ НА ВОЛНАХ.
НА ПАЛУБЕ СТОИТ РАВ АШЛАГ.
ЗВУЧИТ МУЗЫКА.

•

ИЕРУСАЛИМ. ДОМ РАВА АШЛАГА.
СТОЛ НАКРЫТ ПРОСТОЙ ЕДОЙ.
ЗА СТОЛОМ СЕМЬЯ РАВА АШЛАГА И ЕГО УЧЕНИКИ.
НИКТО НЕ ГОВОРИТ НИ СЛОВА, ВСЕ ТИХО ЕДЯТ.
РАВ АШЛАГ ПОДНИМАЕТ ГОЛОВУ.

Рав Ашлаг. Я хочу услышать, что мешало вам быть вместе.
Хаим. Когда ты уехал от нас…
Рав Ашлаг. Это вы уехали от меня.
Хаим. Мы пытались…
Шимон. Но у нас были сомнения.
Моше. Мы решили лучше изучить материал, изучить его глубоко, чтобы понять…
Рав Ашлаг. Что понять?! (*С болью.*) Что дало вам это изучение?!

ВСЕ, КРОМЕ МОШЕ,
ПЫТАЮТСЯ НЕ ВСТРЕЧАТЬСЯ ВЗГЛЯДОМ С РАВОМ.
МОШЕ СМОТРИТ СМЕЛО.

Рав Ашлаг (*громогласно*). Какому Богу вы молились, пока я был там?
Моше. Мы хотели больше узнать…
Рав Ашлаг. Такое знание – оружие Фараона!
Моше. Но знание придало нам уверенности!
Рав Ашлаг. Плохо! Мне нужны не знающие!.. А запутанные, плачущие, неуверенные ни в чем – такие!

ОГЛЯДЫВАЕТ ВСЕХ.
БАРУХ И ШИМОН СИДЯТ МОЛЧА, НЕ ПОДНИМАЯ ГЛАЗ.

Рав Ашлаг. Я спрашиваю вас в последний раз, почему вы сдались?
Хаим. У нас не получилось.
Рав Ашлаг. Почему не взмолились?!
Хаим. Мы пытались, но у нас не получалось… без тебя.
Моше. Нет! Ты несправедлив к нам! (*К Хаиму.*) И что ты мямлишь тут!.. Мы не сдались, мы изучили Зоар. Что в этом плохого?! Мы теперь знаем систему взаимодействия миров…
Рав Ашлаг. Мне не нужны ученики, наполненные знаниями. Мне нужны ученики, наполненные болью. Можете уходить. Все.
Моше. Как это… уходить?!
Рав Ашлаг. Прочь с моих глаз.
Моше. И ты можешь нас выгнать!.. Меня привело сюда сердце!..
Рав Ашлаг. Вонючая гордыня привела тебя сюда!
Моше. Как ты можешь говорить мне это, я оставил все…
Рав Ашлаг. Ривка, проводи гостей.
Моше. Ты не учитель! Мы уходим и не вернемся.

МОШЕ ВСТАЕТ.
ПЕРВЫМ НАПРАВЛЯЕТСЯ К ДВЕРИ.
ЗА НИМ, СОГНУВШИСЬ, ИДУТ ХАИМ И ШИМОН.
БАРУХ СТОИТ У СТЕНЫ.
РАВ АШЛАГ ПЕРЕВОДИТ НА НЕГО ТЯЖЕЛЫЙ ВЗГЛЯД.

CLOTHING
"ACIL"
לבגדי
גברים
TAILOR

Рав Ашлаг. Это касается всех!
Ривка (*умоляюще*). Юда?!
Рав Ашлаг. Всех!

БАРУХ КИВАЕТ, И ЕЛЕ-ЕЛЕ ДВИГАЯСЬ НА «ВАТНЫХ» НОГАХ, ВЫХОДИТ ВСЛЕД ЗА ВСЕМИ.

Ривка (*стонет*). Что ты делаешь?!
Рав Ашлаг. Это единственное, что я могу для них сделать.
Ривка (*чуть не плача*). Но ведь они ушли… И Барух с ними…

РАВ АШЛАГ ВСТАЕТ ИЗ-ЗА СТОЛА
И ПОДХОДИТ К НЕЙ.

– Я привез деньги. Нам их хватит на первый месяц.
– Мне очень тяжело с тобой, Юда, – Ривка старается не смотреть на него. – Как же мне тяжело!

•

НОЧЬ. КЛАСС.
РАВ АШЛАГ ОДИН СИДИТ В ПУСТОЙ КОМНАТЕ.
ОН СМОТРИТ НА ЧАСЫ.
ЧАСЫ ПОКАЗЫВАЮТ ЧАС НОЧИ.

ВДРУГ СКРИПИТ ДВЕРЬ.
В КОМНАТУ ВХОДИТ РИВКА.
ОНА САДИТСЯ НАПРОТИВ МУЖА.
В РУКАХ У НЕЕ КНИГА.
ОНА ОТКРЫВАЕТ ЕЁ.
МОЛЧИТ. ЖДЁТ.

Рав Ашлаг. Ты пришла на урок?
Ривка. Да.

ОН ЧУТЬ КИВАЕТ ГОЛОВОЙ, ВСЁ ПОНИМАЯ.

Ривка. Я пришла учиться… А почему нет?.. Ведь я твоя жена.

ОН СМОТРИТ НА НЕЕ И ГРУСТНО УЛЫБАЕТСЯ.

Рав Ашлаг. Ты подумала, что никто не придет, и пришла утешить меня… Ты думаешь, что я останусь без учеников?
Ривка (*вздыхает*). Ты их очень обидел, Юда… Ты ведь выгнал их.
Рав Ашлаг. И ты думаешь, что они не придут.
Ривка. Но ты ведь выгнал их!

Рав Ашлаг. Если они не придут…
Ривка. Ну как они могут прийти, Юда?!

РАВ АШЛАГ НЕ ОТВЕЧАЕТ.
РИВКА ВДРУГ ВСТАЁТ И ПОДХОДИТ К НЕМУ.
САДИТСЯ РЯДОМ.

– Мне так хорошо сидеть рядом с тобой, – говорит она, глядя на него снизу вверх.

ОН РАССТЕГИВАЕТ ПАЛЬТО И НАКРЫВАЕТ ЕЕ.

– Я тебе сейчас прочитаю очень красивую вещь из Зоар, – говорит он.

ОН ПЕРЕВОРАЧИВАЕТ СТРАНИЦУ.

– Вот, слушай: «Каждый день, когда встаёт рассвет, просыпается птица на дереве в райском саду и кричит три раза, и жезл распрямляется, и призыв звучит с силой: – Смотри, я предлагаю тебе, – выбери жизнь…»

РАВ АШЛАГ ВДРУГ ПРЕРЫВАЕТ ЧТЕНИЕ И СПРАШИВАЕТ:

– Ты думаешь, что я лишен простых человеческих чувств?
Ривка. Иногда мне так кажется.
Рав Ашлаг. Мне больно, поверь мне… мне очень больно…
Ривка. Я верю, любимый мой. Прости их! Ну в чем они провинились?! Они ведь дети, а ты такой большой…
Рав Ашлаг. Если они не придут, это будет означать, что я не смог объяснить им главного.
Ривка. Значит, ты виноват!
Рав Ашлаг. Я. Но я не могу позвать их. Мне трудно тебе это объяснить (*смотрит ей в глаза*). Но попытайся понять меня. Это касается их духовной работы.

ЗА ОКНОМ НАЧИНАЕТСЯ ПРОЛИВНОЙ ДОЖДЬ.

Ривка. Теперь они уже точно не придут… Если бы ты только знал, как невыносимо трудно с тобой!

•
НОЧЬ. ПРОЛИВНОЙ ДОЖДЬ.
ВДОЛЬ ТЮРЕМНОЙ СТЕНЫ ДВИГАЕТСЯ ЦЕПОЧКА
ПРОМОКШИХ НАСКВОЗЬ ЕВРЕЕВ.
В НИХ МЫ УЗНАЕМ БАРУХА, ХАИМА И ШИМОНА.
ЗА НИМИ С ОРУЖИЕМ НАПЕРЕВЕС,

УКРЫТЫЕ БОЛЬШИМИ ПЛАЩАМИ ИДУТ
ДВОЕ ТУРЕЦКИХ СОЛДАТ И ОФИЦЕР.
ВСЕ ОНИ ВХОДЯТ ВО ДВОР ТЮРМЫ «КИШЛЕ».
НАЗВАНИЕ ЕЕ НАПИСАНО НА ЗАБОРЕ.
ЗВУЧИТ ГОРТАННАЯ КОМАНДА,
И СРАЗУ ЖЕ СО ВСЕХ СТОРОН ТЮРЕМНОГО ДВОРА С ОРУЖИЕМ НАПЕРЕВЕС СБЕГАЮТСЯ СОЛДАТЫ.
ЕВРЕИ В СТРАХЕ ВЫСТРАИВАЮТСЯ У СТЕНЫ.
ОНИ ДРОЖАТ.

ОФИЦЕР ПРОХОДИТСЯ ПЕРЕД НИМИ,
БАРУХ ДЕЛАЕТ К НЕМУ ШАГ.

Барух. Господин офицер…
Офицер. Не было команды говорить!
Барух. Господин офицер, мы опаздываем на урок…
Офицер. Вот в этом все и дело.
Хаим. Господин офицер, вы не имеете права задерживать нас.
Офицер. Заткнись и слушай.

ОФИЦЕР ПОВОРАЧИВАЕТСЯ К СОЛДАТАМ.

Офицер (*по-турецки*). Солдаты, вы видите этих евреев?..
Нестройные голоса. Видим.
Офицер. Вы знаете, для чего я их привел сюда?
Пожилой солдат. Ясно для чего, посадим их в камеры, а может, и расстреляем прямо здесь, только дай команду!..
Офицер. Нет, Азиз, ты не угадал, нет… (*Всем.*) Я привел их сюда, чтобы показать вам, что вы не стоите их мизинца!

ОФИЦЕР НАЧИНАЕТ ПРОХАЖИВАТЬСЯ ПЕРЕД СТРОЕМ
ЗАМЕРШИХ СОЛДАТ. ЛИВЕНЬ УСИЛИВАЕТСЯ.

Офицер. Да-да, недоноски, если бы вы хоть на зернышко хумуса[60] были похожи на этих худосочных евреев, то мы завоевали бы всю эту страну без боя и кровопролитий… И знаете почему?.. (*Не ожидая ответа.*)Да потому что каждую ночь они, трясясь от страха, проходят наши посты, исчезают в этой беспросветной ночи и не знают, попадут ли на нож этому подонку Абу Халифу или их сожрут койоты… (*Вдруг замолкает и качает головой.*) О, Аллах, если бы мы могли научиться у них тому, что такое самопожертвование и верность цели…

ОФИЦЕР ОСТАНАВЛИВАЕТСЯ В КОНЦЕ ШЕРЕНГИ
И СТОИТ МЕЖДУ ТУРКАМИ И ЕВРЕЯМИ.

---

60 **Хумус** – название одного из видов гороха.

КАПЛИ ДОЖДЯ ЛУПЯТ ПО ЕГО КАПЮШОНУ,
ПО ПЛАЩАМ СОЛДАТ.

Офицер. Стоять смирно и отдать честь этим оборванцам!

РЕЗКО ПОВОРАЧИВАЕТСЯ К ДРОЖАЩИМ ЕВРЕЯМ
И ОТДАЕТ ИМ ЧЕСТЬ.
ВСЕ СОЛДАТЫ ДЕЛАЮТ ЭТО, НЕДОУМЕВАЯ,
НЕСТРОЙНО И ИСПУГАННО ВСЛЕД ЗА НИМ.

•

ДОМ РАВА АШЛАГА. КЛАСС.
РАВ АШЛАГ И РИВКА СИДЯТ РЯДЫШКОМ
НАД РАСКРЫТОЙ КНИГОЙ ЗОАР.
НОГИ ИХ УКРЫТЫ ШЕРСТЯНЫМ ОДЕЯЛОМ.
РАВ АШЛАГ ЧИТАЕТ, РИВКА ПРЕДАННО СМОТРИТ НА НЕГО.

ЛИВЕНЬ ЗА ОКНОМ ТАКОЙ, ЧТО НЕ ВИДНО СТЕНЫ
ПРОТИВОПОЛОЖНОГО ДОМА.

ДВЕРЬ КОМНАТЫ ОТКРЫВАЕТСЯ,
И ПЕРВЫМ ВХОДИТ ПРОМОКШИЙ НАСКВОЗЬ БАРУХ.
РИВКА БЕЖИТ ЕМУ НАВСТРЕЧУ, ОБНИМАЕТ ЕГО.

Ривка. Ты же весь промок! Срочно меняй одежду!
Барух. Подожди, мама. (*К отцу.*) Отец, я пришел на урок. Можно?
Рав Ашлаг. Почему пришел?
Барух. Не мог не прийти.
Рав Ашлаг (*мягче*). Такой дождь за окном.
Барух. Но ведь ты сам говорил, на урок можно не прийти только по причине смерти.
Рав Ашлаг. Ну что ж, садись.
Барух (*оживляется*). Отец, там, на улице… (*Не договаривает.*) Сейчас!..

ВЫГЛЯДЫВАЕТ НА УЛИЦУ.

Голос Баруха. Быстро, быстро заходите!

В КОМНАТУ РОБКО ПРОТИСКИВАЮТСЯ ШИМОН И ХАИМ.

Рав Ашлаг. А-а-а, понятно, отправили тебя первым, чтобы разжалобить, понятно… Ну, а вы почему пришли?
Шимон. А что у нас есть еще?!
Хаим. Не прогоняй нас, учитель…
Рав Ашлаг. Ривка, принеси-ка им сухую одежду. Мы начинаем урок.

КЛАСС. ПО-ПРЕЖНЕМУ ЛИВЕНЬ ЗА ОКНОМ.
ОНИ СИДЯТ НАПРОТИВ РАВА АШЛАГА,
ПЕРЕОДЕТЫЕ В ЕГО БОЛЬШИЕ СЮРТУКИ.
И СЛУШАЮТ.

Рав Ашлаг. Атаковать постоянно![61] Держать перед глазами цель – наше Единство. И атаковать!.. Готовы?
Вместе. Мы готовы.
Рав Ашлаг. Это тяжелый путь.
Вместе. Мы знаем.
Рав Ашлаг. Атака – это когда ни на мгновение не успокаиваешься, когда сливаются и падения, и подъемы в один крик!.. (*Смотрит на них.)* Готовы?
Вместе (*уверенно*). Мы готовы.
Рав Ашлаг. Тогда возьмите книги и не отпускайте мысль о ближнем... Открывайте Зоар!..

ОКНА, ЗАЛИТЫЕ ДОЖДЕМ.
ЛИВЕНЬ НАД ИЕРУСАЛИМОМ.
В КРОМЕШНОЙ ТЬМЕ СВЕТИТСЯ ТОЛЬКО ОДНО ОКНО.

Голос рава Ашлага. «Как хорошо и приятно сидеть братьям вместе...»[62]

КЛАСС.
РАВ АШЛАГ ЦИТИРУЕТ, НЕ ГЛЯДЯ В КНИГУ:

– «...сидят вместе и не расстаются друг с другом...»

ПАЛЬЦЫ УЧЕНИКОВ ДВИГАЮТСЯ ПО СТРОЧКАМ.

Голос рава Ашлага. «...вначале они, как воины, которые ненавидят и хотят убить друг друга...»
Барух (*бормочет*). Вместе... к Тебе... вместе!
Голос рава Ашлага. «А потом они возвращаются к любви и братству...»

---

61 **Атака** – состояние внутри человека, когда он чувствует, что может совместно со своими товарищами приподняться над своим эгоизмом, соединиться с ними в общую молитву. Он чувствует, что для этого сейчас есть все условия, то есть собраны вместе все ощущения неудач, страданий и остается только одно – атаковать!

62 Здесь говорится о желаниях человека, которые называются «**братья**», то есть о близких желаниях. Близки они в том, что у них одна цель – объединиться. Стать подобными Творцу – отдающими и любящими. Для этого они должны сначала сесть вместе (сесть – означает стать равными). И далее пройти процесс исправления. От ненависти к любви друг другу. И тогда «Творец радуется им, соединяется с ними и говорит: «Как хорошо и приятно сидеть братьям вместе...» Всё человечество – братья. Неминуемо они должны будут пройти этот путь.

РАВ АШЛАГ ЗАКРЫВАЕТ ГЛАЗА.

– «Творец радуется им, соединяется с ними и говорит: «Как хорошо и приятно сидеть братьям вместе…»
Барух. Вместе войти… вместе…
Шимон. Дай нам силы… вместе…
Голос рава Ашлага. «Так же и вы, товарищи, не расставайтесь друг с другом, и Творец провозгласит над вами мир…»

РАВ АШЛАГ ОТКРЫВАЕТ ГЛАЗА,
ОБВОДИТ ВСЕХ ДОЛГИМ ВЗГЛЯДОМ.
И ЗАКАНЧИВАЕТ:

«И тогда из-за вас будет мир во всем мире…»

И ВДРУГ ПРОИЗНОСИТ ГРОМКО.

– Атака!
Хаим (*выкрикивает*). Держа-а-ать!
Рав Ашлаг. Только не о себе!

РУКА БАРУХА НАЩУПЫВАЕТ РУКУ ШИМОНА.
ТОТ – РУКУ ХАИМА.

Барух (*шепчет*). Вместе!
Рав Ашлаг. Атака!

•
ВСПЫШКА.
ИСЧЕЗАЕТ КОМНАТА.
ТРОПИНКА ВЕДЕТ ЧЕРЕЗ ЗЕЛЕНОЕ ПОЛЕ В ЦВЕТАХ,
МИМО ТЕНИСТОГО ЛЕСА, К БЕЛОМУ ГОРОДУ.

РАВ АШЛАГ ИДЕТ ВПЕРЕДИ.
ЗА НИМ ОСТОРОЖНО, МЕДЛЕННО, СЛОВНО УЧАСЬ ХОДИТЬ,
ИДУТ ЕГО УЧЕНИКИ.

Голос рава Ашлага. Держа-а-ать!

ОНИ ДЕРЖАТСЯ ЗА РУКИ, КАК ДЕТИ.

Голос рава Ашлага. Мы не можем любить, но только этого мы хотим!

ПРИБЛИЖАЕТСЯ БЕЛЫЙ ГОРОД.
ВОРОТА ЕГО ПРИОТКРЫТЫ.

Голос рава Ашлага. Нет меня… нет мыслей о себе, нет!

ОНИ ИДУТ ВДОЛЬ РУЧЬЯ, БЕГУЩЕГО К БЕЛОМУ ГОРОДУ.

Голос рава Ашлага. Держитесь, любимые мои братья!.. Это Эрец Исраэль – страна идущих к Творцу… Видите, что Он приготовил нам?!
Барух. (*шепчет*). Какое… великое… счастье…
Хаим. Дай нам силы… любить!..
Шимон. Господи, помоги нам… любить!..

ПРИБЛИЖАЕТСЯ БЕЛЫЙ ГОРОД.
ЧЕРЕЗ ПРИОТКРЫТЫЕ ВОРОТА ВИДНЫ ТЕНИСТЫЕ АЛЛЕИ.
ЗЕЛЕНЫЕ ТЕРАССЫ ПОДНИМАЮТСЯ К ОКНАМ ДОМОВ…

Голос рава Ашлага. Иерусалим… Город Творца.
Барух (*выдыхает*). Иерусалим!
Хаим. Мы идем к тебе!
Шимон (*восторженно*). Город счастья!..

•

НОЧНОЙ ИЕРУСАЛИМ. КЛАСС.
ТАК ЖЕ ТЕМНО ЗА ОКНОМ.
И ЛИВЕНЬ НЕ ПРЕКРАЩАЕТСЯ.
ОНИ ПОДНИМАЮТ ГОЛОВУ ОТ КНИГ.
РАВА АШЛАГА НЕТ НА ЕГО МЕСТЕ.
СЛЫШИТСЯ ВЫДОХ, КАК СТОН.
ЭТО ШИМОН В ОТЧАЯНИИ РАСКАЧИВАЕТСЯ НА СТУЛЕ.

Шимон (*стонет*). Сно-о-о-ва сюда-а-а!
Барух. Но мы ведь почти дошли…
Хаим. Где мы не выдержали?!
Шимон (*со слезами в голосе*). Я чувствовал вас, как одно сердце, братья мои!
Барух. Не переставать думать об этом! Не переставать и сейчас!
Хаим. Мы вместе! Мы вместе идем к Белому городу.
Шимон. Но почему мы здесь, а Рав там!

ВСЕ СМОТРЯТ НА ПУСТОЙ СТУЛ РАВА.
РАВА АШЛАГА НЕТ.
ЗА ОКНОМ БАРАБАНИТ ДОЖДЬ.

Голос рава Ашлага. О чем вы плачете?!

ОНИ ОБОРАЧИВАЮТСЯ РАЗОМ.
ОН СТОИТ, ПРИСЛОНИВШИСЬ К СТЕНЕ,
И ГРОЗНО СМОТРИТ НА НИХ.

Рав Ашлаг. О том, как хорошо вам было там, под сенью Творца?!
Шимон. Мы были вместе и не прошли! Почему?!
Рав Ашлаг. Мало кто видел то, что видели вы, и вы еще ропщете?!
Шимон. Но почему, почему тогда?! Мы хотим понять!.. Почему мы вернулись?!
Рав Ашлаг. Вам было слишком хорошо там.
Шимон (*стонет*). Нам было невозможно хорошо, да, это так.
Барух. Мы были вместе, отец, и ты был с нами… Мы ушли от Фараона… И это было такое чувство!
Хаим. И Творец! И этот Белый Город! И это чувство, выше которого нет ничего!..
Рав Ашлаг. А как же те, кто остался здесь?!

ПАУЗА.
МОЛЧАНИЕ.
ОН ОБВОДИТ ВСЕХ ВЗГЛЯДОМ И ВИДНО,
КАК ЗАКИПАЕТ В НЕГОДОВАНИИ.

Рав Ашлаг. Я вас спрашиваю!..

МОЛЧАНИЕ.

Рав Ашлаг. Вы думаете, вас избрали, чтобы только вам было хорошо?! (*Ровным голосом, очень внятно.*) Вы хотите пари-и-ить, а этот мир пропади пропадом?! Нет. Он будет кричать в вас, этот мир, пока последнему не подадите руку. Вас избрали вывести к Свету всех. Весь мир! И пока вы этого не сделаете, вам не будет покоя.

МОЛЧАНИЕ.

Рав Ашлаг. Готовы?

МОЛЧАНИЕ.

Рав Ашлаг. Вам открылась тайна главных ворот. В эти ворота вы должны провести всех… (*Вдруг шепчет.*)Держать!.. Держа-а-ать!
Барух. Держа-а-ать!
Хаим. Все мы – как один человек!
Шимон. С одним сердцем!
Рав Ашлаг. Весь мир – одна душа![63]

---

63 **Весь мир – одна душа**. Мы – части этой единой души. Мы чувствуем разделение только в своих ощущениях. Относительно Творца мы все соединены. Наша задача исправить свои ощущения.

•

И СНОВА ИСЧЕЗАЕТ КОМНАТА.
ВСПЫШКА.
ОНИ ВИДЯТ, КАК ОТКРЫВАЮТСЯ ВОРОТА БЕЛОГО ГОРОДА…
ОНИ ВЫТЯГИВАЮТСЯ ВПЕРЕД В ОЖИДАНИИ ЧУДА…
РАВ АШЛАГ ПОДХОДИТ К ВОРОТАМ.
ОНИ ДЕЛАЮТ ШАГ ВПЕРЕД…

И ВДРУГ ТРЕЩИНА ПЕРЕСЕКАЕТ ЗЕМЛЮ.
ОНА СТРЕМИТЕЛЬНО «ЛЕТИТ» ОТ ГОРОДА К НИМ.

Крик рава Ашлага. Держа-а-ать!

БАРУХ, ШИМОН И ХАИМ ПРИЖИМАЮТСЯ ДРУГ К ДРУГУ.
ТРЕЩИНА «ЛЕТИТ» НА НИХ, РАССЕКАЯ ЗЕМЛЮ.

Барух (*шепчет*). Держа-а-ать, братья!

ЗЕМЛЯ РАЗВЕРЗАЕТСЯ ПЕРЕД НИМИ.
И ИЗ НЕЕ СТРЕМИТЕЛЬНО, КАК РАКЕТА,
ВЫРЫВАЕТСЯ ВЕРШИНА ГОРЫ…
ОНА ПОДХВАТЫВАЕТ РАВА АШЛАГА
И УНОСИТ ВВЕРХ ЗА СОБОЙ.

•

ИЕРУСАЛИМ. ДОЖДЬ ЗА ОКНОМ.
ОНИ СИДЯТ ОШАРАШЕННЫЕ. ПРИТИХШИЕ.
ОНИ БОЯТСЯ ПОШЕВЕЛИТЬСЯ.
РАВ АШЛАГ СМОТРИТ НА СВОИХ ПРИТИХШИХ УЧЕНИКОВ.

– Если вы решили соединиться, вы должны быть готовы на самое страшное, – произносит он. – Оставить своё «я»![64]

•

ВСПЫШКА. ГОРА ВЫШЛА ВСЯ.
ХАИМ НЕ МОЖЕТ ДВИГАТЬСЯ, ПРИДАВЛЕННЫЙ КАМНЕМ.

– Готовы ли вы на это?.. – тихий голос рава Ашлага, – любимые мои братья…

БАРУХ БАЛАНСИРУЕТ НА УЗКОЙ ПЛОЩАДКЕ,
ПРИЖАВШИСЬ К СТЕНЕ.

---

64 **Оставить своё «я»** – это значит приподняться над своими эгоистическими желаниями. Как бы «потерять себя», выйти из ощущения своей единственности, чтобы научиться чувствовать других.

– Отдать себя, ничего не требуя взамен…

ШИМОН ВИСИТ НАД ПРОПАСТЬЮ,
УХВАТИВШИСЬ ЗА УСТУП.
БЕЛЕЕТ ОТ НАПРЯЖЕНИЯ ЕГО РУКА…

Хаим (*стонет*). Шимон, держись!

РУКА ШИМОНА НАЧИНАЕТ РАЗЖИМАТЬСЯ…
БАРУХ ДЕЛАЕТ ШАГ К НЕМУ.

И ТУТ ЖЕ РАЗЖИМАЕТСЯ РУКА ШИМОНА,
И ОН ЛЕТИТ ВНИЗ, В ПРОПАСТЬ.
БАРУХ, НЕ РАЗДУМЫВАЯ, ПРЫГАЕТ ВСЛЕД ЗА НИМ.

ХАИМ ПЕРЕВАЛИВАЕТСЯ ВСЕМ ТЕЛОМ,
ОСВОБОЖДАЯСЬ ОТ ПРИДАВИВШЕГО ЕГО КАМНЯ,
И ПАДАЕТ ВСЛЕД ЗА ТОВАРИЩАМИ.

•
ЛОНДОН. ЦЕНТРАЛЬНАЯ ЛОНДОНСКАЯ БОЛЬНИЦА.
БЕЛАЯ ПАЛАТА.
ВОКРУГ АРОНА СОБРАЛИСЬ НЕСКОЛЬКО ВРАЧЕЙ.
ПОЖИЛОЙ ПРОФЕССОР ОЩУПЫВАЕТ АРОНА,
ЗАГЛЯДЫВАЕТ ЕМУ В ГЛАЗА. ПРОСИТ ОТКРЫТЬ РОТ…
ПОТОМ ПЕРЕГЛЯДЫВАЕТСЯ С ДРУГИМИ ВРАЧАМИ.
ОН САДИТСЯ, И В РУКИ ЕМУ ПЕРЕДАЮТ КАКИЕ-ТО БЛАНКИ.
ОН ВНИМАТЕЛЬНО РАССМАТРИВАЕТ ИХ.
ПЕРЕГЛЯДЫВАЕТСЯ С ВРАЧАМИ,
ЧТО-ТО ШЕПЧЕТ МЕДСЕСТРЕ.
ОНА ПОДХОДИТ К АРОНУ.

Медсестра. Господин Гольдберг, вы не могли бы несколько минут подождать в коридоре?.. Я вас позову буквально через несколько минут.

АРОН ВЫХОДИТ.

Профессор (*трясет бумагой*). Это заключение о его болезни?
Врач. Да.
Профессор. Вы надо мной смеетесь?.. Кто это писал?

ЕМУ ПЕРЕДАЮТ ЕЩЕ ДОПОЛНИТЕЛЬНЫЕ ЛИСТЫ…
ЛИСТ ЗА ЛИСТОМ.
ИХ ВЫТАСКИВАЮТ ИЗ ТОЛСТОЙ ПАПКИ.
ПРОФЕССОР ВНИМАТЕЛЬНО ПРОГЛЯДЫВАЕТ ИХ.

Голос врача. Это заключение профессора Вильсона. А вот еще одно заключение доктора Гринберга, а вот записка доктора Аткинса… А вот это вывод врачебной комиссии королевского госпиталя… печать королевского госпиталя…
Профессор (*снимает очки*). Я ничего не понимаю… (*Раздраженно.*) Я ничего не понимаю!..

•
КОРИДОР БОЛЬНИЦЫ.
АРОН СИДИТ НА СТУЛЕ ПЕРЕД ДВЕРЬЮ.
МЕДСЕСТРА ВЫГЛЯДЫВАЕТ И ПРИГЛАШАЕТ ЕГО ВОЙТИ.

•
БОЛЬНИЧНАЯ ПАЛАТА.

Профессор. Я хочу вам сказать, уважаемый господин Гольдберг, что-о… вы абсолютно здоровы.

НОГИ АРОНА ПОДГИБАЮТСЯ.
ОН САДИТСЯ НА СТУЛ.

Профессор. Вы здоровы, как бык, уважаемый, на вас пахать можно!.. Вы можете это объяснить?

АРОН МОЛЧИТ.

Профессор. Представьте, и мы это объяснить не можем!.. Вот, по всем документам (*показывает заключение врачей*) вы больны… Но вы здоровы! Расскажите нам, пожалуйста, как это могло произойти?.. Какое дополнительное лечение вы проходили?..

АРОН НЕОЖИДАННО ВСТАЕТ.

Профессор. Куда вы?
Арон (*идет к двери, ускоряет шаг*). Извините, но мне надо срочно идти, у меня накопилось очень много дел. Мне надо успеть их сделать.

•
ЛОНДОН.
ТИПОГРАФИЯ.
РАБОЧИЕ УПАКОВЫВАЮТ СТОПКИ КНИГ В ЯЩИКИ ДЛЯ ОТПРАВКИ.
АРОН КРУТИТ В РУКАХ КНИГУ. НЮХАЕТ ЕЕ.
УДОВЛЕТВОРЕННО УЛЫБАЕТСЯ.

ВДРУГ ПРИЖИМАЕТ ЕЕ К СЕБЕ И СМЕЕТСЯ СКВОЗЬ СЛЕЗЫ.

•

ДОКУМЕНТАЛЬНЫЕ КАДРЫ ХРОНИКИ –
ДЕМОНСТРАЦИИ ОРТОДОКСАЛЬНЫХ ЕВРЕЕВ В ИЕРУСАЛИМЕ.
ЗАПРУЖЕНЫ УЛИЦЫ КРИЧАЩИМИ ЛЮДЬМИ,
ОНИ РАЗМАХИВАЮТ РУКАМИ.
ПОДНИМАЮТ КАМНИ С МОСТОВОЙ…
ГЛАВНЫЙ РАВВИН ЭРЕЦ ИСРАЭЛЬ РАВ КУК ИДЕТ
В ОКРУЖЕНИИ РЕЛИГИОЗНЫХ ЕВРЕЕВ.

•

ИЕРУСАЛИМ.
КАБИНЕТ ГЛАВНОГО РАВВИНА ЭРЭЦ ИСРАЭЛЬ – РАВА КУКА.
НАПРОТИВ НЕГО СИДИТ ДЕПУТАЦИЯ РЕЛИГИОЗНЫХ ЕВРЕЕВ.
ВПЕРЕДИ ВСЕХ – РАВ ЛЕВИ, РЯДОМ С НИМ РАВ ХАДАД,
ЗА НИМИ НЕСКОЛЬКО ПОЖИЛЫХ РАВВИНОВ,
ЧУТЬ В СТОРОНЕ – МОШЕ…

РАВ ХАДАД РАЗВОРАЧИВАЕТ ПИСЬМО
И ТРЯСЕТ ИМ ПЕРЕД ЛИЦОМ РАВА КУКА.

Рав Хадад. Он терроризирует всю Европу. Посмотрите, что он пишет им, постоянно, несмотря на все наши запреты, он пишет и пишет, как сумасшедший…
Рав Леви (*глухо*). Он сумасшедший!..
Рав Кук. Читай, рав Хадад, не отвлекайся.
Рав Хадад (*читает*). «Не верьте вашим раввинам!..» (*Раву Куку.*) Как вам это нравится?!
Рав Леви (*раву Куку*). Мне рассказывали, что ты его защитник.
Рав Кук (*раву Хададу*). Продолжай!
Рав Хадад. «Они не видят ужаса, который поднимается над Европой. Послушайте меня, я вижу и кричу вам… (*Раву Куку.*) Он кричит им!.. (*Пыхтя, продолажет читать.*) «Оставьте ваши дома, бросьте все и поднимайтесь в Эрец Исраэль…» (*Вытягивает над собой указательный палец.*) Вы только послушайте, послушайте!.. «Ваши учителя слепы… Я не успеваю остановить трагедию…»
Рав Леви (*усмехаясь*). Он не успевает остановить трагедию, этот«спаситель мира»!
Чей-то голос. Каков наглец, а?!!

ВИДНО, КАК ВОЛНУЮТСЯ ВСЕ РАВВИНЫ,
ГОВОРЯТ ЧТО-ТО, ПЕРЕБИВАЯ ОДИН ДРУГОГО.

Рав Хадад. Хочу добавить, что человек этот, не хочу даже называть его имени… как каббалист – он ничто, он лжец, выскочка, он пустое место. (*Оборачивается к Моше*)… А ну-ка, расскажи главному раву Эрец Исраэль, как он учит вас?!

Рав Кук (*резко*). Молчи!.. (*Переводит взгляд на Моше.*) Чтобы не пожалеть потом о сказанном.

ВСЕ СМОТРЯТ НА РАВА КУКА.

Рав Кук (*разглядывая свои руки*). Вы всё сказали?
Рав Леви. Ты должен принять жесткое решение.
Рав Кук (*оглядывая всех*). Я его принимаю.
Рав Леви. Какое твое решение, главный рав Эрец Исраэль?

РАВ КУК ВСТАЕТ С МЕСТА.
ОН ОКАЗЫВАЕТСЯ ВЫШЕ ВСЕХ РОСТОМ.
СМОТРИТ НА ВСЕХ СВЕРХУ ВНИЗ.

Рав Кук. Решение мое такое: пока я жив, волос не упадет с головы этого великого человека.

ВСЕ ЗАМИРАЮТ И ОШАРАШЕННО СМОТРЯТ НА РАВА КУКА.

•
ИЕРУСАЛИМ.
МАЛЕНЬКИЙ НЕПРИМЕТНЫЙ ДОМ НА ОДНОЙ ИЗ УЛОЧЕК СТАРОГО ГОРОДА.
ВОЗЛЕ ВХОДА В ДОМ ПРОХАЖИВАЮТСЯ ДВА ОХРАННИКА.
ОНИ С ПОДОЗРЕНИЕМ ОГЛЯДЫВАЮТ ВСЕХ,
КТО ПРИБЛИЖАЕТСЯ ИЛИ ПРОХОДИТ МИМО.
ОКНА ДОМА ОТКРЫТЫ,
И ОТТУДА СЛЫШИТСЯ РОВНЫЙ ГУЛ ГОЛОСОВ.

•
КОМНАТА В ДОМЕ.
СКВОЗЬ ДЫМ ПАПИРОС, ЗАВОЛАКИВАЮЩИЙ КОМНАТУ,
ВИДНЫ СИДЯЩИЕ НА СТУЛЬЯХ ЛЮДИ.
ОДИН ИЗ НИХ РАВ АШЛАГ,
В ДРУГОМ МАЛЕНЬКОМ ЧЕЛОВЕКЕ С КОПНОЙ ВОЛОС НА БОЛЬШУЩЕЙ ГОЛОВЕ МОЖНО УЗНАТЬ БЕН-ГУРИОНА[65],
ТРЕТИЙ, СИДЯЩИЙ В УГЛУ И КУРЯЩИЙ СИГАРЕТУ
В ДЛИННОМ МУНДШТУКЕ – НЕПОКОРНЫЙ БОРЕЦ ЗЕЕВ ЖАБОТИНСКИЙ[66].

В КОМНАТЕ СТОИТ НАПРЯЖЕННАЯ ТИШИНА.

---

65 **Бен Гурион** – один из создателей и первый премьер-министр Государства Израиль. .

66 **Жаботинский** – лидер правого ревизионистского движения.

Рав Ашлаг. Мы все будем причиной гибели миллионов.

МОЛЧАНИЕ. ВСЕ СМОТРЯТ НА НЕГО.

Рав Ашлаг. Вас разрывают личные интересы, нет в этом ни любви, ни единства. Простой эгоизм не дает возможности хотя бы услышать друг друга.
Жаботинский. Кто вы такой?
Рав Ашлаг. Я – рав Ашлаг, каббалист. Я пришел сюда, чтобы сделать еще одну попытку. Остановить разрушение мира.
Жаботинский. Не надо только этих высоких слов. Разрушение мира… очень пафосно звучит… Мне лично наплевать на весь мир, если в нем нет места еврейскому государству.
Бен-Гурион (*не может смолчать*). Но от мира зависит, будет ли оно.
Жаботинский. Нет, только от нас зависит (*встает, начинает ходить и жестикулировать*), будет ли еврейское государство, – жесткое, силовое, со своими вооруженными силами, недоступное никаким арабским нападениям. С границами по обе стороны Иордана.
Бен-Гурион. Ты провоцируешь ненависть к нам!
Жаботинский. А ты не хочешь видеть, что…

РАВ АШЛАГ БЕРЕТ СТАКАН СО СТОЛА И СО ВСЕГО РАЗМАХА ШВЫРЯЕТ ЕГО НА ПОЛ.
СТАКАН РАЗЛЕТАЕТСЯ ВДРЕБЕЗГИ.
БЕН-ГУРИОН И ЖАБОТИНСКИЙ СМОЛКАЮТ РАЗОМ И ПОВОРАЧИВАЮТСЯ К РАВУ АШЛАГУ.

Рав Ашлаг. Даже сейчас, перед лицом смерти наших детей, родных и близких – там, в Европе, – вы здесь делите власть… и не можете остановиться.
Бен-Гурион. …Решаются принципиальные вопросы.
Рав Ашлаг. Нет. Принципиальный вопрос один – подняться над своим эгоизмом ради великой цели. Вот прямо сейчас достаточно только мысли о Единстве. Только Одной мысли!.. Не о том, кто прав в этих спорах – вы или вы!.. А о том, как достичь нам Единства. И тогда без крови и слез поднимется государство, которое будет жить вечно, по духовным законам, и Творец благословит его.
Жаботинский. Вы выступаете от имени Творца?
Рав Ашлаг. Да.
Жаботинский. Это Он вас уполномочил?
Рав Ашлаг. Он.
Жаботинский (*насмешливо*). Вы с Ним ведете беседы?
Рав Ашлаг. Веду.
Жаботинский. И что же Он вам говорит?
Рав Ашлаг. Он говорит, что дал нам инструкцию – как привести все человечество к счастью.
Бен-Гурион. И вы ее знаете?

Рав Ашлаг. Знаю. И призываю вас услышать меня.
Жаботинский. Это бред – все, что вы говорите, и мне странно слышать такие слова от раввина… Кроме того, я уже сказал, – мне плевать на человечество.

ЖАБОТИНСКИЙ ВСТАЕТ.
БЕН-ГУРИОН ВСЛЕД ЗА НИМ.

Бен-Гурион. К сожалению, то, к чему вы призываете, утопично.
Рав Ашлаг (*достает из кармана и передает им листок бумаги*). Здесь записан мой адрес. Через три дня в Германии к власти придет Гитлер… Мы можем это остановить.

БЕН-ГУРИОН БЫСТРО ВЫХОДИТ ИЗ КОМНАТЫ,
ЗА НИМ ЖАБОТИНСКИЙ.

•

ИЕРУСАЛИМ. НОЧЬ. КЛАСС.
УЧЕНИКИ СИДЯТ НАПРОТИВ РАВА АШЛАГА.
ИХ ВЗГЛЯДЫ БУКВАЛЬНО ПРИКОВАНЫ К НЕМУ.
ОН СТОИТ ПЕРЕД НИМИ.

Рав Ашлаг. Начните думать обо всем мире, как о своем ребенке (*вытягивает руки, нежно смотрит на них*). Вот он, лежит у нас на ладонях…

•

ДОКУМЕНТАЛЬНАЯ ХРОНИКА 1933 ГОДА.
ДЕМОНСТРАЦИИ В ЭРЭЦ ИСРАЭЛЬ.
ЖАБОТИНСКИЙ, ВЫСТУПАЮЩИЙ НА СЪЕЗДЕ
РЕВИЗИОНИСТСКОЙ ПАРТИИ.
БЕН-ГУРИОН ВОИНСТВЕННО ВЗМАХИВАЕТ РУКАМИ НА
СЪЕЗДЕ РАБОЧЕЙ ПАРТИИ.
СТАЛИН ЗАКУРИВАЕТ ТРУБКУ.
РУЗВЕЛЬТ УЛЫБАЕТСЯ РЕПОРТЕРАМ.
ГИТЛЕР САЛЮТУЕТ ТОЛПЕ ШТУРМОВИКОВ.
ЧЕРЕЗ ТРИ ДНЯ ОН ПРИДЕТ К ВЛАСТИ.
ВДРУГ ГИТЛЕР ПОВОРАЧИВАЕТСЯ К НАМ.
ОН СМОТРИТ ПРЯМО НА НАС…

•

ИЕРУСАЛИМ. КОМНАТА РАВА АШЛАГА.
РИВКА ОТКРЫВАЕТ ДВЕРЬ.

ПУСТ СТУЛ, ПУСТА КРОВАТЬ, ОТКРЫТО ОКНО.
ОНА, ОГЛЯДЫВАЯ КОМНАТУ, ПРИБЛИЖАЕТСЯ К СТОЛУ
И ВИДИТ ЗАПИСКУ, НАПИСАННУЮ КАЛЛИГРАФИЧЕСКИМ

ПОЧЕРКОМ РАВА АШЛАГА: «Я ВЕРНУСЬ ЧЕРЕЗ ТРИ ДНЯ, НЕ ИЩИ МЕНЯ, НЕ ТРЕВОЖЬСЯ. ЮДА.»

•

ДОКУМЕНТАЛЬНАЯ ХРОНИКА.
ПРОЕЗД ПО БЕРЛИНУ.
РАВ АШЛАГ СМОТРИТ ИЗ ОКНА АВТОБУСА.
ТЕПЕРЬ ОН ИДЕТ ПО УЛИЦЕ,
ПРИБЛИЖАЕТСЯ К ТОЛПЕ ОРУЩИХ ШТУРМОВИКОВ,
ПРОТИСКИВАЕТСЯ ВНУТРЬ.
ВЗОРУ ОТКРЫВАЕТСЯ ВЫСТУПАЮЩИЙ ГИТЛЕР.
ГИТЛЕР ВДРУГ, СЛОВНО СПОТКНУВШИСЬ, СМОЛКАЕТ
И ПОВОРАЧИВАЕТ ГОЛОВУ.
СМОТРИТ НА РАВА АШЛАГА..

ТОТ СТОИТ В ТОЛПЕ ОРУЩИХ ШТУРМОВИКОВ
В СВОЕЙ РЕЛИГИОЗНОЙ ОДЕЖДЕ.
ОНИ НЕ ЗАМЕЧАЮТ ЕГО. А ГИТЛЕР ВИДИТ.
ОН БЫСТРО ИДЕТ НАВСТРЕЧУ РАВУ.
НА ХОДУ ПОДХВАТЫВАЕТ ЕГО ПОД РУКУ
И ОТВОДИТ В СТОРОНУ К СТЕНЕ СТАРОГО ДОМА.

Гитлер. Для чего ты приехал, еврей?
Рав Ашлаг. Увидеть все своими глазами… и может быть, попытаться что-то сделать.
Гитлер. Тебе уже не удастся ничего сделать, машина запущена… Где же ты был все это время?
Рав Ашлаг. Я пытался что-то сделать. Кое-что мне удалось. У меня уже есть маленькая группа…
Гитлер. А у меня армия.
Рав Ашлаг. Мы пытаемся разбудить сердца людей.
Гитлер. Ты только пытаешься, а я делаю это за одно выступление.
Рав Ашлаг. Я много пишу… и думаю…
Гитлер. Моя книга становится настольной для всех немцев, они не думают… (*Взмахивает рукой, показывая на беснующихся штурмовиков.*) Они действуют.
Рав Ашлаг (*долго молчит*). Не просто выйти из рабства… У меня нет денег на бумагу, а мне столько надо написать…
Гитлер. Меня заваливают деньгами.
Рав Ашлаг. Меня не понимают… многие…
Гитлер. Меня понимают все. Меня ждет победа на выборах. Меня уже никто не может остановить. (*Тихо, оглядываясь.*) А ведь я просил тебя!
Рав Ашлаг. Я знаю, что осталось немного времени, я знаю… (*в отчаянии*). Я должен пробудить, умолить, испугать, любыми способами заставить, чтобы захотели услышать…

ГИТЛЕР ВДРУГ БЕРЕТ РАВА АШЛАГА ЗА РУКУ
И ТЯНЕТ ЗА УГОЛ ДОМА.
ОНИ ОКАЗЫВАЮТСЯ В ПОДВОРОТНЕ, ГДЕ ИХ НЕ ВИДИТ НИКТО.
ГИТЛЕР ДОСТАЕТ ПИСТОЛЕТ ИЗ КОБУРЫ
И ПРОТЯГИВАЕТ ЕГО РАВУ АШЛАГУ.

Гитлер. Ты можешь сейчас все остановить. Ну!.. Сделай это, и поколения прославят тебя на века.

РАВ АШЛАГ СМОТРИТ НА ПИСТОЛЕТ,
ПОТОМ НА ГИТЛЕРА.

Гитлер. Ну?! (*Пытается всунуть пистолет в руку раву Ашлагу.*)
Рав Ашлаг. Ты ничего не понял, несчастный, ты не понял, что ты – ничто… Не будет тебя, будет новый фюрер. Корень зла не в тебе…
Гитлер. Ну, что ж… ты не хочешь стрелять в меня… ну, что ж…

ГИТЛЕР УПИРАЕТ ПИСТОЛЕТ В ЖИВОТ РАВА АШЛАГА.

Гитлер. Прощай, еврей, ты или глуп, или наивен, или тебя нет вообще, и мне это только привиделось… Но все равно… прощай!

РАЗДАЕТСЯ ВЫСТРЕЛ,
И ТЕЛО РАВА АШЛАГА МЕДЛЕННО ОСЕДАЕТ НА АСФАЛЬТ…
ГИТЛЕР ПРОВОЖАЕТ ЕГО ВЗГЛЯДОМ.
МЕРТВЫЙ РАВ АШЛАГ В УПОР СМОТРИТ НА НЕГО.

ГИТЛЕР ПОВОРАЧИВАЕТСЯ И БЫСТРЫМ ШАГОМ ВЫХОДИТ
ИЗ ПОДВОРОТНИ.
К НЕМУ НАВСТРЕЧУ, НА ЗВУК ВЫСТРЕЛА, УЖЕ БЕГУТ ОФИЦЕРЫ.

Первый офицер. Что случилось, мой фюрер?!
Гитлер. Уберите эту еврейскую собаку. Бросьте ее куда-нибудь в яму.

ОФИЦЕРЫ СКРЫВАЮТСЯ ЗА УГЛОМ.
ГИТЛЕР БЫСТРО ИДЕТ ВПЕРЕД К ПЛОЩАДИ,
НА КОТОРОЙ ЕГО УЖЕ ПРИВЕТСТВУЮТ ШТУРМОВИКИ.

ОН НЕ УСПЕВАЕТ ДОЙТИ…
ЕГО ДОГОНЯЮТ ОБА ОФИЦЕРА…
ИДУТ РЯДОМ С НИМ,
С НЕДОУМЕНИЕМ ЗАГЛЯДЫВАЮТ ЕМУ В ЛИЦО.

Первый офицер. Он еврей?
Гитлер (*усмехнувшись*). Что, незаметно?

Второй офицер. Мы проверяли его досконально, мой фюрер… он немец минимум в десяти поколениях…
Гитлер (*резко останавливается*). Что?!
Второй офицер. Гюнтер… родился в Австрии… в семье…
Гитлер. Какой Гюнтер?
Первый офицер. Ваш адьютант, мой фюрер…

ГИТЛЕР ПОВОРАЧИВАЕТСЯ И БЕЖИТ К ДОМУ.
ОН ОСТАНАВЛИВАЕТСЯ НАД ТЕЛОМ,
ЛЕЖАЩЕМ НА ТОМ САМОМ МЕСТЕ, ГДЕ УПАЛ РАВ АШЛАГ.
ТОЛЬКО ВМЕСТО РАВА АШЛАГА ТАМ ЛЕЖИТ МЕРТВЫЙ НЕМЕЦКИЙ ОФИЦЕР…
ЕГО ОСТАНОВИВШИЙСЯ ВЗГЛЯД УПИРАЕТСЯ В ГИТЛЕРА…

Гитлер (*шепчет*). Гюнтер… (*Склоняется над ним, в ужасе.*) Не может быть… (*Оборачивается к ничего не понимающим офицерам, кричит.*) Не может быть!
Голос рассказчика. 31 января 1933 года Гитлер пришел к власти.

•

ДОКУМЕНТАЛЬНЫЕ КАДРЫ.
ГИТЛЕР У ВЛАСТИ. БРАВУРНАЯ МУЗЫКА МАРШЕЙ.
ОН ПРИВЕТСТВУЕТ ВОЕННЫЕ ПАРАДЫ.
ТЫСЯЧИ И ТЫСЯЧИ ДЕТЕЙ И ВЗРОСЛЫХ ВЫТЯГИВАЮТ РУКИ ПЕРЕД НИМ В ФАШИСТСКОМ ПРИВЕТСТВИИ…

•

ИЕРУСАЛИМ.
РАВ АШЛАГ ИДЕТ ПО НОЧНОЙ УЛИЦЕ.

Голос рассказчика. Именно этим днем – 31 января 1933 года – датировано самое откровенное, самое таинственное письмо рава Ашлага. Это еще одно письмо, которое сохранилось случайно. Оно – ответ Творца… Пророчество.

•

ЖЕЛТЫЕ ЛИСТЫ БУМАГИ,
ИСПИСАННЫЕ ПОЧЕРКОМ РАВА АШЛАГА
И ЧУТЬ ОБГОРЕЛЫЕ ПО КРАЯМ.

Голос рава Ашлага. И было в годы войны, в дни ужасающей резни, и я молю и плачу плачем великим всю ночь.

•

ДОКУМЕНТАЛЬНЫЕ КАДРЫ.
В НИХ ВСЕ ТРАГЕДИИ ВЕКА,
КОТОРЫЕ БЫЛИ И БУДУТ ЕЩЕ.
И ВТОРАЯ МИРОВАЯ ВОЙНА С ГОРЯЩИМИ ГОРОДАМИ,

БИТВАМИ, РАССТРЕЛАМИ, КОНЦЛАГЕРЯМИ,
ГИБЕЛЬЮ МИЛЛИОНОВ…
И ВСЕ ВОЙНЫ БОЛЬШИЕ И МАЛЫЕ ЗА НЕЙ…
И ГОЛОД В АФРИКЕ…
И ТЕРРОР НА БЛИЖНЕМ ВОСТОКЕ…
ПАДЕНИЯ БИРЖ, ГОНКА ВООРУЖЕНИЙ…
И НАД ЭТИМ ВСЕМ ЗВУЧИТ ГОЛОС РАВА АШЛАГА.

Голос рава Ашлага. И пришел рассвет, и вот люди всего мира, словно собранные воедино пред моим внутренним взором, и Один… парит над ними.

•

РАВ АШЛАГ ИДЕТ ВДОЛЬ СТЕНЫ СТАРОГО ГОРОДА.
ВЕТЕР. КАКАЯ-ТО ТЕНЬ, ПОХОЖАЯ НА ТЕНЬ ТУЧИ,
ДВИГАЕТСЯ ВПЕРЕДИ НЕГО…

Голос рава Ашлага. И не мог я сдерживать себя, гулять среди людей, опустошенных совершенно, злословящих на Творца и на творение Его, а я, насыщенный и возносящий хвалу, иду и радуюсь, и словно насмехаюсь над несчастными этими. И тронуло меня все это до глубин сердца моего.

•

ПРОДОЛЖАЮТСЯ, ВКЛИНИВАЮТСЯ В ФИЛЬМ
КАДРЫ ТРАГЕДИЙ ВЕКА…
ВЗРЫВ ЯДЕРНОЙ БОМБЫ, СМЕТАЮЩИЙ ВСЕ ЖИВОЕ…
ПУСТАЯ ЗЕМЛЯ С ОГОЛЕННЫМИ ДЕРЕВЬЯМИ…
ПОРТРЕТЫ СТРАДАЮЩИХ ЛЮДЕЙ ВСЕХ РАС И НАРОДОВ.

Голос рава Ашлага. Тогда решил я в сердце своем: «Будь что будет, и даже если опущусь я со ступени уровня своего, обязан я излить молитву горячую к Творцу, чтобы дал мне постижения и знания, речения пророческие, мудрость и язык, чтобы помочь человечеству несчастному поднять их к степени мудрости и наслаждения, подобной моей».

•

ЖЕЛТЫЕ ЛИСТЫ ПИСЬМА.
СТРОЧКА СМЕНЯЕТ СТРОЧКУ…

Голос рава Ашлага. После этого был глас Божий и речение ко мне: «Ляг на правый бок». И лег я на землю, и сказал Он мне: «Что ты видишь?» И ответил я: «Вижу я – народы мира в великом множестве своем возвышаются и исчезают».

РАВ АШЛАГ МОЛЧА СИДИТ В СВОЕЙ КОМНАТЕ.
РУКА С ПЕРОМ ЗАСТЫЛА НАД СТОЛОМ.
ОН СМОТРИТ В СТЕНУ.

Голос рава Ашлага. И говорит мне Бог: «Все уготовленное Мной – через тебя осуществится!»

РУКА РАВА АШЛАГА БЫСТРО ПИШЕТ.

Голос рава Ашлага. Мы – все мы – весь мир – Единая душа.

•

ШТУРМОВИКИ БЕГУТ ПО УЛИЦАМ БЕРЛИНА.

Голос рава Ашлага. Единая душа, соединенная законом Единства – Любовью!

РИСУЮТ ШЕСТИКОНЕЧНЫЕ ЗВЕЗДЫ
НА ЕВРЕЙСКИХ МАГАЗИНАХ…

Голос рава Ашлага. Мы разделены телами, ненавидящими друг друга, но мы – Единая душа.

ШТУРМОВИКИ БЬЮТ СТЕКЛА МАГАЗИНОВ.

Голос рава Ашлага. И если мы соединимся в любви друг к другу… тогда мы… увидим Тебя.

БЕГУТ ПО УЛИЦЕ ЕВРЕИ
С ЖЕЛТЫМИ ЗВЕЗДАМИ НА ОДЕЖДЕ…

Голос рава Ашлага. Так ощутим же, что мы одна душа, что мы ответственны друг за друга… Мы все равно будем обязаны это сделать, рано или поздно…

ГЛАЗА РАВА АШЛАГА.

Голос рава Ашлага. Надо сейчас это сделать, сейчас!.. Иначе нас заставят это сделать великие страдания.

•

ДОМ РАВА АШЛАГА. НОЧЬ. КЛАСС.
РАВ АШЛАГ УЖЕ СИДИТ ЗА СТОЛОМ, ЧИТАЕТ.
НАПРОТИВ НЕГО СИДЯТ БАРУХ И ХАИМ.
ОТКРЫВАЕТСЯ ДВЕРЬ, И ВХОДИТ ШИМОН.
ЗА НИМ СЛЕДУЕТ ЧЕЛОВЕК ЛЕТ 35-ТИ.
ОНИ ТИХО САДЯТСЯ В СТОРОНЕ.
РАВ АШЛАГ ПОДНИМАЕТ ГЛАЗА ОТ КНИГИ НА ШИМОНА.

Шимон. Это мой дядя Йосеф. Он полный ноль в нашем деле. Как вы и просили.

ЙОСЕФ ЗАСТЕНЧИВО УЛЫБАЕТСЯ И РАЗВОДИТ РУКАМИ.
РАВ АШЛАГ ВСТАЕТ И ТУТ ЖЕ НАЧИНАЕТ УРОК.

– Пирамида, – произносит он и в воздухе чертит руками пирамиду. – Весь мир, все мироздание – это единая система. Она построена по принципу пирамиды.

ТАКОЕ ОЩУЩЕНИЕ,
ЧТО ОН ОБРАЩАЕТСЯ ТОЛЬКО К ЙОСЕФУ.

– Сверху в мир поступает Свет. Свет должен пройти через вершину.

ЙОСЕФ КИВАЕТ.

– Здесь, в вершине пирамиды, находятся те первые, которые встречают Свет.

РАВ АШЛАГ ГОВОРИТ МЕДЛЕННО И ОЧЕНЬ РАЗБОРЧИВО.

– Те, кто должен не остановить Его, а пропустить через себя. Это Избранные Творцом особые души. Они должны быть прозрачны. То есть похожи на Свет.

РАВ АШЛАГ ПРИБЛИЖАЕТСЯ К ЙОСЕФУ.

– Что это значит? Это значит, что они должны быть наполнены любовью друг к другу и ко всему миру. А иначе Свет через них не пройдет.

ЙОСЕФ ВНИМАТЕЛЬНО СЛУШАЕТ.

– Мы!.. Именно мы находимся вот здесь, у самой вершины.

РАВ АШЛАГ ОСТАНАВЛИВАЕТСЯ В ДВУХ ШАГАХ ОТ ЙОСЕФА.
И ГОВОРИТ ЕЩЕ МЕДЛЕННЕЕ:

– Если мы пропускаем Свет, то мир живет в ощущении Света. Он счастлив. Нет войн. Есть мысли о Свете, Единстве, любви, о духовном… Если же мы не пропускаем Свет, то весь мир страдает.

ОН НА МГНОВЕНИЕ СМОЛКАЕТ. СМОТРИТ НА ЙОСЕФА.
ТОТ НАПРЯЖЕН.

– Если мы не пропускаем Свет в мир, то мы лишнее звено в этом мире, – говорит Рав Ашлаг. – Нас начинают ненавидеть, бить, гнать с места на место… уничтожать! Потому что мы не выполняем свою миссию…

ЙОСЕФ ПОДНИМАЕТ РУКУ.
РАВ АШЛАГ КИВАЕТ, РАЗРЕШАЯ ЕМУ СПРОСИТЬ.

Йосеф. Я извиняюсь, Вы говорите все время «мы» … но… кто это мы? Вы?
Рав Ашлаг. Был избран целый народ, для того чтобы рассказать миру, как ему стать счастливым. Этому народу была дана особая методика, обучающая этому, – каббала.
Йосеф. Почему же я об этом не знаю ничего, я же вроде тоже из этого народа?
Рав Ашлаг. Каббала раскрывается только тому, кто стремится к духовному. Говорят о таком человеке, что есть в нем точка в сердце. Рано или поздно и в тебе она проснется.
Йосеф. Но для этого я хотя бы должен знать, что есть такая каббала!
Рав Ашлаг. Да, это правильно.
Йосеф. И что она о Свете, о любви, а не страшная тайна какая-то…
Рав Ашлаг (*улыбается*). Да, очень хорошо, что ты это понял.
Йосеф. А почему же ее все время скрывали от всех, если она такая важная?
Рав Ашлаг. Потому что она как лекарство. Сначала люди должны были почувствовать, что они больны и нуждаются в лекарстве.
Йосеф. И они почувствовали это?
Рав Ашлаг. Начинают чувствовать… Перед нами XX век – век больных людей.
Йосеф. Чем же они больны?
Рав Ашлаг. Нелюбовью друг к другу.
Йосеф (*кивает*). Это верно.
Рав Ашлаг. Каждый живет для себя.
Йосеф. Это точно!
Рав Ашлаг. И начинает это понимать.
Йосеф. Еще как!
Рав Ашлаг. И видеть, что от этого все их страдания. Согласиться друг с другом не могут, поделиться поровну не могут, объединиться не могут…
Йосеф. (*вздыхает*). Куда там!
Рав Ашлаг. Каббала и рассказывает, как нам стать равными. Как соединиться. Как подняться над своим эго.
Йосеф. Это возможно?
Рав Ашлаг. Без этого нам не выжить.
Йосеф. Почему же наши раввины нам ее не раскрывают, каббалу?
Рав Ашлаг. Потому что они ее не знают.
Йосеф. Почему же они не приводят вас и не говорят: вот каббалисты, слушайте их?..
Рав Ашлаг. Потому что они не ощущают себя больными.
Йосеф. Так надо заставить их, чтобы ощутили, иначе мир будет все время страдать, а нас будут все время бить…
Рав Ашлаг. Правильно.
Йосеф. Кто же их заставит?..
Рав Ашлаг. Мы. Мы будем испытывать это лекарство на себе. Показывать миру, как оно действует. Будем распространять его везде. Будем кричать, вопить, мы уже не успокоимся и не замолчим… Да и мир не даст нам это сделать. Он почувствует, что смертельно болен, и потребует лекарства… Наступает наше время.

ЙОСЕФ ОГЛЯДЫВАЕТ ВСЕХ.
ЛИЦА УЧЕНИКОВ СВЕТЛЫ.
ОНИ СМОТРЯТ НА ЙОСЕФА.
ЖДУТ, ЧТО ОН ОТВЕТИТ.

Йосеф. Вы хорошие люди. Я чувствую хороших людей. Я сначала боялся сюда идти, сказал Шимону – не тащи меня к этим каббалистам… (*Вдруг начинает рыться в кармане и вытаскивает деньги – 3 лиры.*) Но Шимон заплатил мне, дал вот эти три лиры, сказал, только приди и послушай, больше от тебя ничего не требуется… Сказал, что вы (*раву Ашлагу*) просите привести кого-нибудь с улицы, кто ничего не понимает. Вот он меня и привел.

ЙОСЕФ ВСТАЕТ И КЛАДЕТ ЭТИ ТРИ ЛИРЫ НА СТОЛ,
ПОТОМ РОЕТСЯ В КАРМАНЕ
И ВЫТАСКИВАЕТ ЕЩЕ ТРИ ЛИРЫ.

Йосеф. Я хотел бы, чтобы вы использовали эти деньги, как надо. Спасибо вам… Я все понял (*оглядывается, разводит руками*). Учиться я не смогу, а вот рассказывать всем о вас буду… (*поворачивается к раву Ашлагу*). Мне было все понятно, честное слово…

РАВ АШЛАГ ПОДХОДИТ И ОБНИМАЕТ ЕГО.
ВПЕРВЫЕ УЧЕНИКИ ВИДЯТ, КАК ВЛАЖНЕЮТ ЕГО ГЛАЗА.
УЧЕНИКИ, СЛОВНО ПО КОМАНДЕ,
ВСТАЮТ И ТОЖЕ ОБНИМАЮТ ДРУГ ДРУГА.

•

ИЕРУСАЛИМ.
КЛАДБИЩЕ НА МАСЛИЧНОЙ ГОРЕ ЗА СТЕНАМИ СТАРОГО ГОРОДА.
ОНА ЗАПРУЖЕНА ЛЮДЬМИ.

В ВЫРЫТУЮ МОГИЛУ ПАДАЕТ ТЕЛО,
ЗАВЕРНУТОЕ В ТАЛИТ.
ЗВУЧИТ КАДИШ[67].
В ТОЛПЕ РЕЛИГИОЗНЫХ ЕВРЕЕВ,
ВПЕРЕДИ ВСЕХ СТОИТ РАВ ЛЕВИ.
РЯДОМ С НИМ РАВ ХАДАД.
РАВ ЛЕВИ ПРИСТАЛЬНО СМОТРИТ КУДА-ТО ВПРАВО.
ТУДА ЖЕ ПЕРЕВОДИТ ВЗГЛЯД И РАВ ХАДАД.
СПРАВА, НЕ ВЫДЕЛЯЯСЬ, В ГЛУБИНЕ, СТОИТ, ПОДНЯВ ГОЛОВУ К НЕБУ, РАВ АШЛАГ, И РЯДОМ С НИМ ЕГО УЧЕНИКИ.

ЗАКАНЧИВАЕТСЯ ПОХОРОННАЯ ЦЕРЕМОНИЯ,

---

67 **Кадиш** – поминальная молитва.

МЕДЛЕННО РАСХОДЯТСЯ ЛЮДИ.
ЗА РАВОМ АШЛАГОМ ИДУТ БАРУХ, ХАИМ И ШИМОН.
ОНИ СПУСКАЮТСЯ ВНИЗ, К ДОРОГЕ.
ПРОХОДЯТ НЕСКОЛЬКО СОТ МЕТРОВ,
ПРИБЛИЖАЮТСЯ К ПОЛУРАЗРУШЕННОЙ ГРОБНИЦЕ
И ВДРУГ СЛЫШАТ ТИХИЙ СВИСТ.
ЗА СТЕНОЙ ПРЯЧЕТСЯ МОШЕ.
ОН ЖЕСТАМИ ПРОСИТ,
ЧТОБЫ ОНИ ПРИБЛИЗИЛИСЬ К НЕМУ.

ОНИ ПОДХОДЯТ.

Моше (*шепотом*). Я слышал, как рав Леви сказал раву Хададу: «Рав Кук умер, и защищать его больше некому». Они говорили о вас. Они что-то задумали.

РАВ АШЛАГ МОЛЧА ПОВОРАЧИВАЕТСЯ И УХОДИТ,
СЛОВНО ЕГО ЭТО НЕ КАСАЕТСЯ.

Моше (*ученикам*). Не отходите от него ни на шаг.
Хаим. Спасибо, что предупредил.
Моше. И простите меня...

БАРУХ, ХАИМ И ШИМОН БЕГУТ ДОГОНЯТЬ РАВА АШЛАГА.
ДОГОНЯЮТ ЕГО.
ИДУТ РЯДОМ.

Рав Ашлаг (*жестко*). Вы идете домой!
Шимон. Нет. Мы идем с тобой.
Рав Ашлаг (останавливается). Вы идете домой!
Хаим. Мы не оставим тебя.
Шимон (*упрямо*). Делай с нами, что хочешь, мы не оставим!..

КРАЕМ ГЛАЗА РАВ АШЛАГ ВИДИТ:
ТАМ, НА КРАЮ КЛАДБИЩА, ВОКРУГ РАВА ЛЕВИ СОБРАЛАСЬ
ГОРСТКА ЕГО УЧЕНИКОВ.
ОН ГОВОРИТ ИМ ЧТО-ТО.
ОНИ ПРИСЛУШИВАЮТСЯ.
ОН УКАЗЫВАЕТ ИМ В СТОРОНУ РАВА АШЛАГА...
И ВДРУГ ВСТРЕЧАЕТСЯ С НИМ ВЗГЛЯДОМ.

РАВ АШЛАГ НАЧИНАЕТ ИДТИ К НЕМУ.
ВСЕ СТОЯЩИЕ ВОКРУГ РАВА ЛЕВИ РАЗВОРАЧИВАЮТСЯ
НАВСТРЕЧУ.
ЗА РАВОМ АШЛАГОМ, НЕ ОТСТАВАЯ,
ИДУТ ШИМОН, ХАИМ И БАРУХ...

ОНИ ЧУВСТВУЮТ – СЕЙЧАС БУДЕТ ЖАРКО.
НО ОНИ ГОТОВЫ К ЭТОМУ.

РАВ АШЛАГ ПРИБЛИЖАЕТСЯ.
РАВ ЛЕВИ В СМЯТЕНИИ ОГЛЯДЫВАЕТСЯ ПО СТОРОНАМ.
РАВ АШЛАГ ОСТАНАВЛИВАЕТСЯ ЗА ШАГ ДО НЕГО.

Рав Ашлаг. Зачем тебе это?
Рав Леви. Я не понимаю тебя.
Рав Ашлаг. Ты ничего не сможешь со мной сделать. Мне важно, чтобы ты это понял.
Рав Леви. Почему ты говоришь мне это в такой час?
Рав Ашлаг. Чтобы ты знал, что у меня есть задача, и я ее выполню в любом случае. Рано или поздно. Я раскрою Зоар. Всем.
Рав Леви. Это невозможно!
Рав Ашлаг. Два дня назад я думал так же.
Рав Леви (*глядя на него пристально*). Что изменилось за эти два дня?
Рав Ашлаг. Всё.
Рав Леви (*вглядываясь в него*). Что всё? Что ты хочешь этим сказать?
Рав Ашлаг. Что теперь никто не сможет остановить меня.

РАВ АШЛАГ ПОВОРАЧИВАЕТСЯ И ИДЕТ ПРОЧЬ.
ОН ПРОХОДИТ ТОЛЬКО НЕСКОЛЬКО ШАГОВ...

НО ВДРУГ ПОДГИБАЮТСЯ НОГИ, И ОН ПАДАЕТ.
УЧЕНИКИ НЕ УСПЕВАЮТ ПОДХВАТИТЬ ЕГО.
ОН ПАДАЕТ НА ПЫЛЬНУЮ ЗЕМЛЮ КЛАДБИЩА.
НАД НИМ СКЛОНЯЮТСЯ ИСПУГАННЫЕ ЛИЦА УЧЕНИКОВ.

Барух (*шепчет*). Отец!

ОН ТОРМОШИТ ЕГО...
ТОТ НЕ РЕАГИРУЕТ.

Шимон. Рав!.. Рав! (*Ползает в пыли перед лежащим учителем.*)
Хаим (*истошно кричит, поднимая голову*). Кто-нибудь! Помогите!

РАВ ЛЕВИ И РАВ ХАДАД СТОЯТ В СТОРОНЕ.
ИХ УЧЕНИКИ НЕ РЕШАЮТСЯ ИДТИ НА ПОМОЩЬ.

Шимон (*оглядываясь на рава Леви*). Он умирает!

РАВ ЛЕВИ ОПУСКАЕТ ГОЛОВУ.

Шимон. Он же умирает! Вы не можете оставить его так!

РАВ ЛЕВИ МЕДЛЕННО ПОВОРАЧИВАЕТСЯ,
НО ШИМОН В МГНОВЕНИЕ ОКАЗЫВАЕТСЯ ПЕРЕД НИМ.

Шимон (*глядя в глаза раву Леви*). Вы не простите себе… слышите?! Если вдруг с ним что-то случится… вы не простите себе… и никто не простит вам.

РАВ ЛЕВИ СМОТРИТ В ГЛАЗА ШИМОНУ.
ТОТ СТОИТ НА ДОРОГЕ И НЕ СОБИРАЕТСЯ ОТСТУПАТЬ.

Шимон (*шепчет*). Я прошу вас!..

РАВ ЛЕВИ РАЗВОРАЧИВАЕТСЯ
И НЕ ТОРОПЯСЬ ПРИБЛИЖАЕТСЯ К ЛЕЖАЩЕМУ РАВУ АШЛАГУ.
ОН ПОДХОДИТ И ВГЛЯДЫВАЕТСЯ
В ЕГО БЕЗЖИЗНЕННОЕ ЛИЦО.

РАВ АШЛАГ НЕ ШЕВЕЛИТСЯ И, КАЖЕТСЯ, УЖЕ НЕ ДЫШИТ.
РАВ ЛЕВИ РАЗДВИГАЕТ УЧЕНИКОВ И СКЛОНЯЕТСЯ НАД НИМ.
ЛАДОНЬЮ ОН ТРОГАЕТ ВЕКИ РАВА АШЛАГА.
ЗАКРЫВАЕТ ГЛАЗА.
МОЛЧИТ.
ВСЕ НАПРЯЖЕННО СЛЕДЯТ ЗА ЕГО ДЕЙСТВИЯМИ.
ПОТОМ, НЕ ОТКРЫВАЯ ГЛАЗ,
ОН ПРИЖИМАЕТ РУКИ К ВИСКАМ РАВА АШЛАГА.

Шимон (*еле слышно*). Он жив?!
Рав Леви. Заткнись!

РАВ ХАДАД СТОИТ ЗА РАВОМ ЛЕВИ.

Рав Хадад. Уважаемый рав…
Рав Леви. И ты молчи!

ОН СИЛЬНЕЕ СЖИМАЕТ РУКАМИ ВИСКИ РАВА АШЛАГА.
ПРОХОДИТ НЕСКОЛЬКО МИНУТ.
ВДРУГ ВЗДРАГИВАЮТ РЕСНИЦЫ.

Шимон (*выдыхает*). Жив!..

РАВ АШЛАГ ПРИОТКРЫВАЕТ ГЛАЗА.
КАК ИЗ ТУМАНА, ВЫПЛЫВАЕТ ЛИЦО РАВА ЛЕВИ.

Рав Леви. Ты много работаешь, Ашлаг.
Барух. Он работает по 18 часов…
Шимон (*добавляет*). Он почти не спит.

Рав Леви. Это плохо. Он должен отдыхать. Ты должен отдыхать, Ашлаг!.. (*Смотрит на Хаима.*) Что вы за ученики, если не следите за своим учителем…

Хаим. Это невозможно!..

Рав Леви. Не отвечай мне так!.. В следующий раз это кончится плохо. Сейчас было предупреждение. (*Смотрит на Баруха.*) Передай твоей матери, Ривке, что его надо отвезти к морю. (*Барух не успевает ответить.*) И не спорь со мной, я знаю, что говорю.

РАВ ЛЕВИ ВСТАЕТ, ОТРЯХИВАЕТ КОЛЕНИ.

Рав Леви. Хитрец этот рав Кук… Устроил нам встречу… (*усмехается*). Я знал, что он великий каббалист!..

ПОВОРАЧИВАЕТСЯ И УХОДИТ.
ВСЕ ИДУТ ЗА НИМ.
РАВ ХАДАД СЕМЕНИТ РЯДОМ, ЗАГЛЯДЫВАЯ В ЛИЦО РАВУ ЛЕВИ, ЧТО-ТО ГОВОРИТ ЕМУ.
НО ТОТ МОЛЧИТ, ПОГРУЖЕННЫЙ В СВОИ МЫСЛИ.

•

ИЕРУСАЛИМ. ДОМ РАВА АШЛАГА.
ОН, БЛЕДНЫЙ, ЛЕЖИТ В ПОСТЕЛИ.
ПРОШЛА НЕДЕЛЯ ПОСЛЕ СМЕРТИ РАВА КУКА.
ВСЁ ЭТО ВРЕМЯ ОН НЕ ВСТАЁТ.
ВРАЧИ СТАВЯТ СТРАННЫЙ ДЛЯ НЕГО ДИАГНОЗ – «ПОТЕРЯ СИЛ».
ТОЛЬКО УТРОМ ВОСЬМОГО ДНЯ
ОН ЧУВСТВУЕТ СЕБЯ ЛУЧШЕ.
РИВКА ЖДЕТ ЭТОГО МГНОВЕНИЯ.

– Мы завтра переезжаем отсюда, – говорит она ему. – Мы поедем в Яффо. Мы будем жить у моря, и ты сможешь свободно думать и писать.

•

ДОКУМЕНТАЛЬНАЯ ХРОНИКА.
ЯФФО ТРИДЦАТЫХ ГОДОВ. КОРАБЛИ,
СТОЯЩИЕ НА РЕЙДЕ И В ПОРТУ.
РЫБНЫЕ ЛАВКИ, ПРОПАХШИЕ ВОДОРОСЛЯМИ.
УЗКИЕ УЛОЧКИ, СОЖЖЕННЫЕ СОЛНЦЕМ…

ПО УЛИЦЕ ДВИГАЕТСЯ АРБА, ВЕЗУЩАЯ РАВА АШЛАГА, РИВКУ, ДЕТЕЙ И ВЕСЬ НЕБОГАТЫЙ СЕМЕЙНЫЙ СКАРБ.

СЕМЬЯ АШЛАГОВ ВЫХОДИТ НА БЕРЕГ МОРЯ.
ДЕТИ НАЧИНАЮТ ИГРАТЬ В ПЕСКЕ,

СТАРШИЕ СЛЕДЯТ ЗА МЛАДШИМИ...
РАВ АШЛАГ УСТАЛО САДИТСЯ НА ПЕСОК.
ДЕТИ ОКРУЖАЮТ ЕГО.

Рав Ашлаг. Хотите, я расскажу вам короткую притчу?
Все. Да-а! (*Садятся вокруг отца.*)
Рав Ашлаг. Два моряка плывут в одной лодке. Они вышли в открытое море, уже не видно берегов... и вдруг один из них берет в руки сверло и начинает сверлить дырку под собой. Второй кричит ему: «Остановись! Что ты делаешь?!» А тот отвечает: «А какое твое дело, я же сверлю дыру под собой, а не под тобой!»
Бат-Шева (*13 лет, восклицает*). Вот дурак-то!
Рав Ашлаг. Почему он дурак?
Шимон (*5 лет*). Ну ведь они же в одной лодке плывут. И из-за этой дырки оба утонут.
Рав Ашлаг. Правильно, Шимон (*гладит его по голове*). Умница.

РИВКА УЛЫБАЕТСЯ.
ОНА СИДИТ РЯДОМ НА ПЕСКЕ И ДЕРЖИТ НА РУКАХ ГОДОВАЛОГО ШМУЭЛЯ.

Рав Ашлаг. А кто скажет мне, о чем говорится в этой притче?
Бат-Шева. О том, что мы все плывем в одной лодке.
Рав Ашлаг. Кто это все?
Шимон. Все евреи!
Бат-Шева. Весь мир!
Рав Ашлаг. Ну и что?
Бат-Шева. А то, что мы не понимаем, что мы в одной лодке. И что зависим друг от друга...
Рав Ашлаг. Откуда ты у меня такая умная?!
Шимон. И я, и я все это знаю.
Рав Ашлаг. И ты умница, Шимон!.. Что же нам делать-то, а?
Шимон. Полюбить друг друга.
Бат-Шева. Понять, что в одной лодке плывем.

РАВ АШЛАГ ОБНИМАЕТ ШИМОНА, БАТ-ШЕВУ...
ПРИЖИМАЕТ ИХ К СЕБЕ.
ПЕРЕВОДИТ ВЗГЛЯД НА РИВКУ.
ОНА С ГОРДОСТЬЮ СМОТРИТ НА ДЕТЕЙ.

ВДРУГ ОН РЕЗКО ВСТАЕТ, СБРАСЫВАЕТ ПАЛЬТО, ОДЕЖДУ
И В НИЖНЕМ БЕЛЬЕ ВХОДИТ В МОРЕ.
ЗИМА, ХОЛОДНАЯ ВОДА,
НО ОН СЛОВНО НЕ ЗАМЕЧАЕТ ЭТОГО.
ОН НЫРЯЕТ И НАДОЛГО ИСЧЕЗАЕТ ПОД ВОДОЙ...

ПРОХОДЯТ МИНУТА… ДВЕ…
РИВКА ВСМАТРИВАЕТСЯ В МОРЕ…
ОН НЕ ПОЯВЛЯЕТСЯ.
ОНА ПОДХОДИТ ВСЕ БЛИЖЕ И БЛИЖЕ К ВОДЕ.
ВОЛНЫ УЖЕ ЗАХЛЕСТЫВАЮТ ЕЕ НОГИ, ПЛАТЬЕ…
ПРОХОДИТ ЕЩЕ МИНУТА…
ОН НЕ ПОЯВЛЯЕТСЯ…

Ривка (*шепчет*). Юда… (*И вдруг кричит.*) Юда-а-а-а!

РАВ АШЛАГ ВЫНЫРИВАЕТ ДАЛЕКО ВПЕРЕДИ
И РАЗМАШИСТО НАЧИНАЕТ ПЛЫТЬ К ДАЛЬНИМ КОРАБЛЯМ,
СТОЯЩИМ НА РЕЙДЕ.
РИВКА СМОТРИТ ЕМУ ВСЛЕД.
ДО ТЕХ ПОР, ПОКА ОН НЕ ПРЕВРАЩАЕТСЯ В ТОЧКУ.

МОРЕ. РАВ АШЛАГ ЛЕЖИТ НА СПИНЕ, РАСКИНУВ РУКИ.

•

ПОЯВЛЯЮТСЯ ДОКУМЕНТАЛЬНЫЕ КАДРЫ ПОБЕДНОЙ
ФАШИСТСКОЙ ХРОНИКИ 1933, 1934, 1935 ГОДОВ…

•

МОРЕ. РАВ АШЛАГ, НЕ МИГАЯ, СМОТРИТ В НЕБО.

•

ДОКУМЕНТАЛЬНЫЕ КАДРЫ СТАЛИНСКИХ РЕПРЕССИЙ…
ВСЯ ХРОНИКА СОБРАНА ВМЕСТЕ.
ФАШИСТСКАЯ ГЕРМАНИЯ С ГИТЛЕРОМ
И ПРИВЕТСТВУЮЩИМ ЕГО НАРОДОМ.
ФАШИСТСКАЯ ИТАЛИЯ С МУССОЛИНИ.
АРИСТОКРАТИЧЕСКАЯ АНГЛИЯ С ЧЕРЧИЛЕМ.
КОММУНИСТИЧЕСКАЯ РОССИЯ СО СТАЛИНЫМ.
КАПИТАЛИСТИЧЕСКАЯ АМЕРИКА С РУЗВЕЛЬТОМ…

•

МОРЕ. РАВ АШЛАГ ОДИН СРЕДИ БЕСКРАЙНЕГО МОРЯ.

•

ХРОНИКА 1936 ГОДА.
РЕЛИГИОЗНЫЕ ЕВРЕИ НА УЛИЦАХ ИЕРУСАЛИМА…
КОММУНИСТИЧЕСКИЕ ДЕМОНСТРАЦИИ
НА УЛИЦАХ ТЕЛЬ-АВИВА,
ВЫСТУПЛЕНИЯ ЛИДЕРОВ РАЗНЫХ ПАРТИЙ –
БЕН-ГУРИОНА, ЖАБОТИНСКОГО, ВЕЙЦМАНА…

•

1936 ГОД, ЛОС-АНЖЕЛЕС. ГОЛЛИВУД.
СЪЕМОЧНАЯ ПЛОЩАДКА ФИЛЬМА «НОВЫЕ ВРЕМЕНА».
ЧАРЛИ ЧАПЛИН РАЗДРАЖЕН.
КРИЧИТ НА ВСЕХ.
СЦЕНА НЕ ПОЛУЧАЕТСЯ.

Чаплин. Я разгоню вас всех к чертовой матери!

ОН БРОСАЕТ РВАНЫЕ ПЕРЧАТКИ НА ЗЕМЛЮ
И ОТХОДИТ В СТОРОНУ.
К НЕМУ БОЯТСЯ ПОДХОДИТЬ.
ВДРУГ ОТКУДА-ТО ИЗ-ЗА ДЕКОРАЦИЙ ПОЯВЛЯЕТСЯ АРОН.

Арон. Мистер Чаплин, меня неделю не подпускают к вам.
Чаплин. Кто ты такой?!
Арон. Меня зовут Арон, у меня к вам очень важное дело.
Чаплин. Как ты пробрался сюда?
Арон. Я перелез вон через тот забор.
Чаплин. А теперь перелезай обратно.
Чаплин (*кричит*). Сидней, я же сказал никого ко мне не подпускать! А этого урода (*указывает на Арона*) выбросьте отсюда!

БЕГУТ ЗДОРОВЕННЫЕ АССИСТЕНТЫ И ПОСТАНОВЩИКИ СЦЕНЫ,
ХВАТАЮТ СОПРОТИВЛЯЮЩЕГОСЯ АРОНА
И ВОЛОКУТ ЕГО ВОН С ПЛОЩАДКИ.

•

ВЕЧЕР.
УСТАВШИЙ ЧАПЛИН ВЫХОДИТ ИЗ ЗДАНИЯ СТУДИИ.
НАПРАВЛЯЕТСЯ К МАШИНЕ.
У МАШИНЫ ЕГО ЖДЕТ АРОН.

Чаплин. Ты что, не знаешь, что бокс – мой любимый спорт?
Арон. Можете меня бить, я не сдвинусь с места.
Чаплин. Хочешь стать артистом?..
Арон. Нет, что Вы?!
Чаплин. Ну да, конечно, режиссером!
Арон. Нет-нет!
Чаплин. Тогда ты написал гениальный сценарий.
Арон. Не я. Но сценарий гениальный.
Чаплин. У меня нет времени ни на какую читку, и я страшно устал…
Арон. Дайте мне хотя бы десять минут вашего времени.
Чаплин. Нет.

ЧАПЛИН САДИТСЯ В МАШИНУ. ЗАКРЫВАЕТ ДВЕРЬ.
МАШИНА ТРОГАЕТСЯ.
АРОН ИДЕТ ЗА МАШИНОЙ.

Арон. Я богат. Я заплачу вам за каждую минуту!
Чаплин Что-о?! (*Останавливается, открывает дверь.*) Ты хочешь меня купить?
Арон. Да. Мне это очень важно. И не только мне.
Чаплин. Сколько ты платишь?
Арон. Сколько скажете?
Чаплин. 5 тысяч долларов минута?
Арон. Идет.
Чаплин. Семь.
Арон. Согласен.
Чаплин. Десять.
Арон. Я согласен на любую сумму.
Чаплин. Ну что ж, садись.

АРОН ЗАПРЫГИВАЕТ В МАШИНУ.
ЧАПЛИН РЕЗКО ГАЗУЕТ.

Чаплин. У меня сегодня собирается звездная компания, хочешь, чтобы и они послушали?
Арон. Очень хорошо.
Чаплин. О чем сценарий?
Арон. О любви. О том, как нам полюбить друг друга.
Чаплин. Ты гомосексуалист?

•

ДОМ ЧАРЛИ ЧАПЛИНА.
ИЗЫСКАННЫЙ САЛОН,
БЕЗУПРЕЧНАЯ ГОЛЛИВУДСКАЯ ПУБЛИКА.
СВЕРКАЮЩАЯ УКРАШЕНИЯМИ И БЕЛОЗУБЫМИ УЛЫБКАМИ…
ЧАРЛИ ЧАПЛИН ПРОХОДИТ С АРОНОМ МЕЖДУ НИМИ.
СЛЫШИТСЯ ЕГО ГОЛОС.

Голос Чаплина. Грета Гарбо[68]. Очаровательна, мистична, одинока.

ПОЛУ-УЛЫБКА ГРЕТЫ ГАРБО.

– Пол Муни. Недавно получил Оскара за роль Эмиля Золя. Местечковый еврей, полный комплексов и страхов.

---

68 **Грэта Гарбо** и другие – «звезды» кино и искусства, находившиеся тогда в Голливуде.

To the
Interamerican Aerotravel & Supplies, Inc.
for Mr.
NEW-YORK
BROADWAY, 11
USA

УХМЫЛКА ПОЛА МУНИ.

– Виктор Флеминг – режиссер. Ироничный, бессердечный, талантливый… Снимает «Унесенные ветром». Я думаю, будет успех.

ВИКТОР ФЛЕМИНГ ГРОЗИТ ЧАПЛИНУ ПАЛЬЦЕМ.

– Вивьен Ли.

ОНА ГРУСТНО УЛЫБАЕТСЯ АРОНУ.

– Очаровательна… и депрессивна.
– Кларк Гейбл. Красавец, женат на женщине на 17 лет старше его, это о чем-то говорит, правда?

КЛАРК ГЕЙБЛ ПРИЩУРИВАЕТСЯ И ПОПРАВЛЯЕТ ПРИЧЕСКУ.

– Рахманинов, мой близкий друг, великий пианист, несчастный человек без Родины.

РАХМАНИНОВ ПРОВОЖАЕТ ИХ ВЗГЛЯДОМ…

– Моя любимая женщина, мой талисман, Полет Годар…

ПОЛЕТ ГОДАР ВЛЮБЛЕННО СМОТРИТ НА ЧАПЛИНА…
УСЛУЖЛИВЫЕ ОФИЦИАНТЫ РАЗНОСЯТ НАПИТКИ И БУТЕРБРОДЫ.

ВСЕ УСПОКАИВАЮТСЯ И РАССАЖИВАЮТСЯ НА УЮТНЫХ ДИВАНАХ И В КРЕСЛАХ.
ЧАРЛИ ЧАПЛИН И АРОН СТОЯТ ПОСЕРЕДИНЕ САЛОНА.

Чарли Чаплин. Арон Гольдберг из Англии, богатый человек, готовый платить 10 тысяч долларов за минуту вашего внимания.
Грета Гарбо. Вам по силам содержать красивую женщину?
Чарли Чаплин. Грета, здесь, похоже, что-то гораздо более серьезное. Арон заинтриговал меня. Он сказал, что знает, как превратить нас в любящих друг друга людей. Как вам его идея?
Грета Гарбо. Утопична.
Кларк Гейбл. Но интерсна.
Чаплин. Прошу вас, Арон, время пошло.
Арон. Не секрет, что вы большие эгоисты.
Виктор Флеминг. Не секрет.
Пол Муни. Иначе мы бы здесь не были.
Рахманинов. В этом самом дерьмовом месте на свете.

Арон (*глядя на Рахманинова*). Вы – лишнее доказательство того, что деньги не приносят счастья.
Рахманинов. И с ними, и без них тошно.
Чаплин (*Арону*). Предупреждаю, вы уже наговорили на 10 тысяч долларов.
Арон. Вы не верите, что меня не волнуют эти деньги, мистер Чаплин.
Грета Гарбо. Почему?
Арон. Потому что если я смогу вам объяснить так, чтобы вы меня услышали, это стоит всех моих миллионов.
Вивьен Ли. Интересно. Ну, говорите же!
Арон. Я обожаю Чарли. Почему его все любят?

ЧАРЛИ ЧАПЛИН ВСТАЕТ
И ПРОХАЖИВАЕТСЯ ПЕРЕД ВСЕМИ СВОЕЙ ЗНАМЕНИТОЙ ПОХОДКОЙ,
НА ХОДУ ПОДХВАТЫВАЕТ ТРОСТОЧКУ И ВЕРТИТ ЕЮ, КАК ПРОПЕЛЛЕРОМ.

Арон. Он все отдает людям. Он – великий альтруист, не думающий о себе.
Чаплин. Продолжайте, Арон, я прощу вам часть денег.
Арон (*всем*). Вы можете повлиять на мир, как никто, поэтому я и пришел к вам. Вы – боги, вас слышат, вы должны рассказать миру, что он должен измениться.
Грэта Гарбо. Вы революционер?
Рахманинов. Он коммунист.
Пол Муни. Терпеть не могу коммунистов!
Арон. Только одну мысль провести в мир, и он изменится!
Чаплин. И эта мысль?..
Арон. Что мы все едины.
Грэта Гарбо. Никогда в жизни это не случится. Нацист не полюбит еврея.
Арон. Потому что не знает, как он от него зависит. Не знает, что когда ненавидит другого, убивает себя. Представьте себе, мы каждый – шестеренка в одном механизме…
Вивьен Ли. Нет, он не коммунист, он идеалист, и мне это нравится.
Арон. Я представляю здесь самого реального человека на свете, моего учителя, рава Ашлага.
Пол Муни. Еврея. Ну, конечно. Мы не можем не лезть во все, сейчас мы хотим исправить мир. Да?
Арон. Нет, мы хотим, чтобы мир сам понял, что ему надо исправляться.
Виктор Флеминг. Чем плох наш мир?
Кларк Гейбл. Да, чем он плох?
Арон. В нем каждый за себя.
Виктор Флеминг. Иначе не выжить.
Арон. Нет, не выжить, если будем так жить дальше.
Рахманинов. Нам надо поделить имущество между бедными и богатыми?
Арон. Нет, нам надо только понять, что мы все едины. Едины!.. Мы клетки одного тела – так говорит мой великий учитель. Но мы… раковые клетки.

Вивьен Ли (*с испугом*). Раковые?!
Арон. Каждый живет для себя и тем уничтожает мир.
Флеминг. Какой-то бред. Не были бы эгоистичны, не было бы искусства…
Арон. Было бы искусство, которое соединило бы нас с природой.
Вивьен Ли. Природа альтруистична?
Арон. Совершенно верно.
Грэта Гарбо. Почему же она нас стегает… и так больно?!
Арон. Из любви к нам.
Пол Муни (*вскакивает*). Глупости! Все высосано из пальца! Где доказательства?!
Арон. Доказательство в этой книге.

АРОН БЫСТРО ИДЕТ К ОКНУ.
НА ПОДОКОННИКЕ ЛЕЖИТ ЕГО ПОРТФЕЛЬ.
ОН ВЫТАСКИВАЕТ ИЗ НЕГО КНИГУ
И ПОДНИМАЕТ ЕЕ НАД СОБОЙ.

Арон. Я перевел ее на английский. Она о том, как человек постиг духовный мир, понял его закон и понял, как нам выжить, всем нам, всему человечеству.
Чаплин. Будет плохо?
Арон. Будет очень плохо, мистер Чаплин.
Чаплин. И вы хотите, чтобы мы…
Арон. Мистер Чаплин, не сейчас, так через несколько лет, несколько десятков лет, но Голливуд поймет, что должен делать фильмы об этом (*потрясает книгой*).
И только об этом!..

МОЛЧАНИЕ.

Чаплин. Вы можете нам ее оставить, эту книгу?
Арон. Конечно! Я издал ее большим тиражом в Англии. Издаю и здесь.
Чаплин. Чего вам не хватает в моем Чарли, мистер Гольдберг?
Арон. Только одного. Чтобы он сказал всем нам, что мы ничего не найдем внутри своего эгоизма, кроме депрессии и одиночества, мы никогда не станем счастливыми, если не научимся любить друг друга, отдавать друг другу… Я не режиссер, я не знаю, как это выразить в кино, но природа так хочет, чтобы мы были счастливы!.. И ваш Чарли, он такой замечательный, он переживет века, и если бы к нему добавить вот эту цель!.. Вот это сказать людям!..
Чаплин. Спасибо, Арон, я буду думать об этом.
Вивьен Ли. Значит, можно не быть одиноким?
Арон. Если постигнуть свое единство со всем миром, то о каком одиночестве речь?!
Грэта Гарбо. Звучит красиво.
Рахманинов. Во всяком случае, очень хочется в это поверить.
Арон. Вышли мои десять минут… (*Достает бумажник.*)

Чаплин *(останавливает его)*. Знаете, мистер Гольдберг, я не разбогатею от этих ваших десяти тысяч. Лучше оставьте их на издание вашей книги. И вот еще что, вы не обольщайтесь, что мы вас так внимательно слушали, улыбались и соглашались. Мы ведь артисты *(Кивает Грэте Гарбо.)* Правда, милая?

ГРЭТА ГАРБО КИВАЕТ.
ВИВЬЕН ЛИ ПЕЧАЛЬНО ОПУСКАЕТ ГЛАЗА.
ФЛЕМИНГ ВОЗМУЩЕННО ПРИПОДНИМАЕТ РУКУ…

Чаплин. Но мы всё же что-то поняли из вашей речи. Нас тронула ваша уверенность. Я следил за моими друзьями – у них блестели глаза. Не так просто дотянуться до их каменных сердец… Знаете что, у меня есть деловое предложение: давайте встретимся с вами специально. И не на десять минут. Обещаю вам, я соберу весь блеск Голливуда… *(Пересекается взглядом с Кларком Гейблом.)* Если они не захотят, я заплачу им. И тогда они точно придут. *(Кларк Гейбл согласно кивает.)*
Рахманинов. Во всяком случае, я обещаю, что приду. Даже без ваших вонючих денег, Чарли.
Грэта Гарбо. И я приду обязательно. Он меня заинтриговал.
– И я… и я… – слышатся голоса…
Арон *(радостно обводит всех взглядом)*. Как я вам благодарен, если бы вы только знали!..

•

1937-1938 ГОДЫ.
ДОКУМЕНТАЛЬНАЯ ХРОНИКА.
ГИТЛЕРОВСКИЕ ПАРАДЫ.
ЗАВОДЫ МЕССЕРШМИДТА, РАБОТАЮЩИЕ ДНЕМ И НОЧЬЮ.
ГИТЛЕР И ЕГО СОРАТНИКИ ОБСУЖДАЮТ
ПЛАН ЗАХВАТА ЕВРОПЫ. ЗАХВАТ АВСТРИИ, ЧЕХИИ…
ЕВРЕЙСКИЕ ПОГРОМЫ.
СТРОИТЕЛЬСТВО КОНЦЛАГЕРЕЙ.
СССР. СТАЛИНСКИЕ ПРОЦЕССЫ.
СУДЫ НАД НЕВИНОВНЫМИ.
РАССТРЕЛЫ САМЫХ ВИДНЫХ ВОЕНАЧАЛЬНИКОВ.
ДЕМОНСТРАЦИИ ТРУДЯЩИХСЯ, ТРЕБУЮЩИХ СМЕРТИ
ПРЕДАТЕЛЯМ.

•

МОСКВА. КРЕМЛЬ.
ПО ДЛИННОМУ КОРИДОРУ КРЕМЛЯ,
ПО КРАСНОЙ КОВРОВОЙ ДОРОЖКЕ ИДЕТ РАВ АШЛАГ.
ОН ПРОХОДИТ МИМО ЧАСОВЫХ.
ОНИ НЕ ВИДЯТ ЕГО.
НАВСТРЕЧУ ЕМУ ИДУТ ЛЮДИ С БУМАГАМИ.

И ОНИ ПРОХОДЯТ МИМО…
РАВ АШЛАГ ОТКРЫВАЕТ ДВЕРЬ КАБИНЕТА.
СТАЛИН ОТРЫВАЕТ ВЗГЛЯД ОТ КНИГИ.

Сталин (*нисколько не удивившись*). Ашлаг?.. Я получил твое письмо. Садись…

РАВ АШЛАГ САДИТСЯ.

– Итак, ты пишешь… – Сталин переворачивает лист и упирается пальцем в строчку. – Вот!.. «Огромный грех, – пишешь, – совершила Россия, и Творец не простит ей это… (*Поднимает глаза на рава Ашлага.*) Пишешь ты, Ашлаг, что мы взяли духовные законы равенства, любви, братства… оторвали их от какого-то духовного корня и захотели воплотить на земле. Что делали это не ради какого-то Творца, а ради себя…

СТАЛИН ПРИСТАЛЬНО РАЗГЛЯДЫВАЕТ РАВА АШЛАГА.
ОТ ТАКОГО ВЗГЛЯДА МНОГИЕ ЕГО МИНИСТРЫ ПАДАЛИ В ОБМОРОК.
РАВ АШЛАГ СПОКОЕН.

– Поэтому, ты пишешь, плохо нам будет… – говорит Сталин. – Так?
Рав Ашлаг. Да.
Сталин. Красиво пишешь… Но неверно… мы думаем, что сами, без Творца, немножко поправим наш народ и сами придем к коммунизму (*не дает ответить раву Ашлагу*). Поправим, поправим!.. Я вот понимаю, что человек – он, по природе своей, – лживый, продажный, завистливый, как ты говоришь – эгоист… На примерах лучших людей я это вижу…

СТАЛИН ВСТАЕТ И НАЧИНАЕТ РАСХАЖИВАТЬ ПО КАБИНЕТУ.

– Помню, когда они были простые рабочие и крестьяне, хотели справедливости…

НА ХОДУ НАБИВАЕТ ТРУБКУ ТАБАКОМ. ПРИКУРИВАЕТ.

– А взяли власть и начали красть. В колхозы не хотят, каждое говно лезет в лидеры, бабы их желают, видишь-ли, одеваться, как в Париже… (*краснеет*). И плевать им всем стало на твое равенство и братство, пусть другие пухнут от голода…

ВДРУГ ОСТАНАВЛИВАЕТСЯ НАПРОТИВ РАВА АШЛАГА.

– А знаешь что, пошли погуляем немножко…

ОНИ ВЫХОДЯТ ВО ДВОР КРЕМЛЯ.

Сталин. Может, человек и рождается эгоистом, как ты говоришь, но мы вылепим из него альтруиста, вот увидишь. И вот увидишь, Ашлаг, будем припеваючи жить в светлом коммунистическом будущем.

•

ПЕРЕД НИМИ РАСКРЫВАЮТСЯ ВОРОТА,
И ОНИ ВЫХОДЯТ НА КРАСНУЮ ПЛОЩАДЬ…
ЗА НИМИ, СПРАВА И СЛЕВА,
БЕСШУМНО ДВИГАЮТСЯ ОХРАННИКИ.
СТАЛИН НЕОЖИДАННО ПОХЛОПЫВАЕТ
РАВА АШЛАГА ПО СПИНЕ.

– Не волнуйся, мы исправим тех, кто не хочет быть равным.
Рав Ашлаг. Вы не сможете их исправить.
Сталин. Почему?
Рав Ашлаг. Сначала надо исправить себя.
Сталин (*усмехается*). Чем я плох?! Говори, не бойся!
Рав Ашлаг. Тем, что не знаешь, что ты плох.

СТАЛИН ОСТАНАВЛИВАЕТСЯ ПОСРЕДИ ПЛОЩАДИ.
РАВ АШЛАГ НАПРОТИВ НЕГО.

Сталин. А я плох?!
Рав Ашлаг. Да.
Сталин. Плох?!
Рав Ашлаг. Есть идеал, Сталин, ты не знаешь, что такое идеал.
Сталин. А кто знает? Ты?..
Рав Ашлаг. Я знаю.
Сталин. Ну… и что такое идеал, по-твоему?
Рав Ашлаг. Закон абсолютной, бесконечной любви…
Сталин. Значит, это и есть идеал?
Рав Ашлаг. Да. Когда ты постигаешь ее, абсолютную любовь, ты постигаешь Творца. Это Он и есть, этот закон.
Сталин. Вот как?.. А я думал, это такой, с бородкой, поплевывает на нас сверху…
Рав Ашлаг (*не отвечая ему*). И только тогда, Сталин, ты можешь привести мир к исправлению. Когда захочешь хотя бы немного приблизиться к этому идеалу. Когда Он станет твоей целью.
Сталин. Но ведь это очень долго ждать надо, чтобы к такому идеалу прийти, а?..
Рав Ашлаг. Надо только захотеть.

СТАЛИН РАЗГЛЯДЫВАЕТ РАВА АШЛАГА С НОГ ДО ГОЛОВЫ.

– Интересный ты человек, – говорит почти удивленно. – Ведь знаешь, что я тебя не услышу, а все равно говоришь мне это… На что ты рассчитываешь?..

Ты такой наивный, или ты идиот?.. Ты что же думаешь, что мы будем ждать?! Пока человек – это животное – станет абсолютной любовью заниматься?.. Нет, мы ждать не будем, а возьмемся и исправим его. По-другому. Убеждением, силой, страхом.

СТАЛИН ПОВОРАЧИВАЕТСЯ И МЕДЛЕННО, ЗАЛОЖИВ РУКИ ЗА СПИНУ, ИДЕТ ВПЕРЕД, К МАВЗОЛЕЮ.
РАВ АШЛАГ – ЗА НИМ.

Сталин. Ты вот, например, страх недооцениваешь, а?.. А ведь это очень сильное оружие в борьбе с эгоизмом…
Рав Ашлаг. Это еще одна твоя большая ошибка, Сталин. Нельзя исправить силой.

СТАЛИН ОБОРАЧИВАЕТСЯ
И ИСКОСА ПОГЛЯДЫВАЕТ НА РАВА АШЛАГА.

Рав Ашлаг. Нельзя Высший закон любви силой внедрить, нельзя… Прольется много крови… Она уже льется вовсю. Посмотри, кого ты убиваешь?! Генералов, ученых… И это противоречит любой логике, потому что происходит перед началом самой страшной войны.
Сталин (*угрюмо*). Они предатели.
Рав Ашлаг. Они несут угрозу для тебя, вот и все. Твой эгоизм кричит: не выпускай их живыми! Они забирают у тебя славу!..

•
ДОКУМЕНТАЛЬНАЯ ХРОНИКА.
ПРОЛЕТАЮТ МИМО ВАГОНЫ, ЗАБИТЫЕ ЗАКЛЮЧЕННЫМИ.
ИДУТ РАССТРЕЛЫ ОСУЖДЕННЫХ.
ИЗМОЖДЕННЫЕ ЛЮДИ РУБЯТ ЗИМНИЙ ЛЕС.
ХОРОНЯТ В ВЕЧНОЙ МЕРЗЛОТЕ СВОИХ ТОВАРИЩЕЙ.

•
КРАСНАЯ ПЛОЩАДЬ.

Рав Ашлаг. Но представь, если бы ты увидел, что вы едины, что вы – братья, что, убивая их, ты убиваешь себя… Что было бы тогда?
Сталин (*останавливается*). Хватит! Можешь не продолжать, я все понял. Я реалист и практик, а ты идеалист и… непонятная личность. Я скажу тебе очень прямо: лес рубят – щепки летят… Я согласен, прольется много невинной крови, зато встанет новое поколение…
Рав Ашлаг. Ни во что не верящих, пустых людей, которые вырастут на разрушении, на крови… на несправедливости…

СТАЛИН МОЛЧИТ.
ОХРАННИКИ ПРИБЛИЖАЮТСЯ,

ПОЧУВСТВОВАВ НАПРЯЖЕНИЕ.
ОН ДВИЖЕНИЕМ ПАЛЬЦА ОТДАЛЯЕТ ИХ.

Сталин (*жестко*). Я тебя слушал, а теперь ты послушай меня… Внимательно. (*Смотрит, не моргая, в глаза рава Ашлага.*) Мы не верим ни в какой Закон. Твой Бог – ваша еврейская выдумка. Где он? Я никогда Его не видел. (*Сталин криво усмехается*). Но даже если Он есть, этот твой Бог, он ведь тоже силой пытается привести нас к себе. Эта абсолютная твоя любовь, смотри, какой мир она нам подстроила – одни страдания, сколько кровушки льется, а сколько ее еще прольется?! Ответь! Вопрос мой интересный, правда?..

РАВ АШЛАГ ПЫТАТЕСЯ СКАЗАТЬ.
НО СТАЛИН РЕЗКО ПРЕРЫВАЕТ ЕГО.

Сталин. Молчи! Не отвечай. Ты все сказал. Я все понял.

ОН ПОВОРАЧИВАЕТСЯ И ИДЕТ ОБРАТНО К КРЕМЛЮ.
РАВ АШЛАГ ЗА НИМ.
РАССТУПАЕТСЯ ОХРАНА.
ОНИ ВХОДЯТ В КРЕМЛЬ.
ОСТАНАВЛИВАЮТСЯ ВОЗЛЕ ВХОДНЫХ ДВЕРЕЙ.

Сталин. Значит, нельзя силой исправить?
Рав Ашлаг. Огромная ошибка.
Сталин. Высший закон, говоришь?..
Рав Ашлаг. Только Он.
Сталин (*вздыхает*). А мы все-таки попробуем (*улыбается прямо в лицо раву Ашлагу*). Не верю ни одному твоему слову. Если бы не знал, что ты действительно раввин, приказал бы тебя расстрелять, как провокатора… Но живи… пока…

ПОДАЕТ РУКУ РАВУ АШЛАГУ.

Сталин. До свидания, Ашлаг.
Рав Ашлаг. Ты прольешь много крови (*смотрит в глаза Сталину, но говорит как бы сам себе*). Как много крови должно пролиться только для того, чтобы люди услышали…

РАВ АШЛАГ ПОВОРАЧИВАЕТСЯ И ИДЕТ К ВЫХОДУ ИЗ КРЕМЛЯ.
СТАЛИН СМОТРИТ ЕМУ ВСЛЕД.
ПРИПОДНИМАЕТ РУКУ И ТУТ ЖЕ К НЕМУ ПОДБЕГАЕТ НАЧАЛЬНИК ОХРАНЫ.

– Возьми его у входа, Власик, – говорит Сталин и исчезает за дверьми.

РАВ АШЛАГ ПОВОРАЧИВАЕТ ЗА УГОЛ.
ОН ПЕРЕСЕКАЕТ ДВОР КРЕМЛЯ.
ВЛАСИК БЕЖИТ К ТЕЛЕФОННОМУ АППАРАТУ.

– Алло, Сидорчук! – кричит он.

ОХРАННИК У ВХОДА В КРЕМЛЬ ПОДНИМАЕТ ТРУБКУ
И ОТЧЕКАНИВАЕТ:

– Слушаюсь, товарищ генерал!

ОН ВЫДВИГАЕТСЯ ВПЕРЕД, РАССТЕГИВАЕТ КОБУРУ
И ОЖИДАЕТ ПОЯВЛЕНИЯ РАВА АШЛАГА…

НО РАВ АШЛАГ НЕ ПОЯВЛЯЕТСЯ.

•

ДОКУМЕНТАЛЬНАЯ ХРОНИКА 1939 ГОДА.
ФАШИСТЫ ЗАХВАТЫВАЮТ ПОЛЬШУ.
СОЗДАЕТСЯ ВАРШАВСКОЕ ГЕТТО.
ЕВРЕИ С ЖЕЛТЫМИ ЗВЕЗДАМИ ИДУТ ПО УЛИЦАМ…
ОБРЕЧЕННОСТЬ И ПОКОРНОСТЬ СУДЬБЕ НА ИХ ЛИЦАХ.
ФАШИСТЫ ВЕДУТ ГРУППУ РЕЛИГИОЗНЫХ ЕВРЕЕВ.
ПОЖИЛЫЕ, ОНИ ЕЛЕ ПЛЕТУТСЯ, ОСТАНАВЛИВАЮТСЯ,
И ТОГДА ИХ ПОДГОНЯЮТ ПРИКЛАДАМИ.
ЗДЕСЬ И РАВ ФЕЛЬДМАН, И РАВ ЗИЛЬБЕР, И РАВ АПШТЕЙН,
И УЧИТЕЛЬ ШМУЭЛЬ, И РЫЖИЙ ВОЗНИЦА.
ИДУТ ИЗМУЧЕННЫЕ, ПОГРУЖЕННЫЕ В СВОИ МЫСЛИ.
ПАДАЕТ РАВ ЗИЛЬБЕР, УЖЕ НЕ МОЖЕТ ИДТИ,
ЕГО ПЫТАЮТСЯ ПОДНЯТЬ, НО ОН НЕ ВСТАЕТ.
ТОГДА КОНВОЙ ОТТАСКИВАЕТ ЕГО В СТОРОНУ К СТЕНЕ.
СЛЫШНЫ ВЫСТРЕЛЫ.
ГОРИТ КНИЖНАЯ ЛАВКА СОЛОМОНА.
ОН, СТАРЫЙ И ВЗЪЕРОШЕННЫЙ, СТОИТ, ПРИЖИМАЯ К ГРУДИ
ЕДИНСТВЕННОЕ, ЧТО СУМЕЛ СПАСТИ – КНИГУ ЗОАР.
КОНВОЙ ЗАГОНЯЕТ ЕГО В ТУ ЖЕ ГРУППУ ЕВРЕЕВ.
РАВ ФЕЛЬДМАН ВИДИТ КНИГУ В РУКАХ СОЛОМОНА.

Соломон (*оживленно, шепотом*). Она с пометками самого Юды Ашлага (*открывает*). Видите?.. Это его рука… а было ему тогда семь лет…

РАВ ФЕЛЬДМАН СТРАДАЛЬЧЕСКИ КАЧАЕТ ГОЛОВОЙ.

Соломон. Большой человек! О-о, какой большой человек, Юда. Никто его не постиг…

HALT!
STOP

Возница (*он топчется за спиной рава Фельдмана*). А мой Моше постиг. Он сразу понял, какой великий мудрец пришел к нам в дом… (*Раву Фельману.*) Он моему сынишке такую же книгу подарил, и тот успел ее прочитать… Рав Ашлаг продлил его жизнь… (*На глаза наворачиваются слезы.*) Говорил мне, поехали вместе… А куда я от Моше своего денусь? Здесь его могилка, здесь и я, думал, рядышком с ним лягу… (*Раву Фельдману.*) Как вы думаете, уважаемый рав, отпустят меня на могилку к сыну или нет?..

ИЗ ДВЕРЕЙ ЗДАНИЯ НА ПРОТИВОПОЛОЖНОЙ СТОРОНЕ
ВЫБРАСЫВАЮТ ЧЕЛОВЕКА.
ОН ПАДАЕТ, ТУТ ЖЕ ВСКАКИВАЕТ И КРИЧИТ:

– Я не еврей!

ОФИЦЕР СМЕЕТСЯ
И БЬЕТ ЕГО НАОТМАШЬ ПЛЕТКОЙ ПО ЩЕКЕ.
КРОВЬ ЗАЛИВАЕТ ЛИЦО ЯНА. ЭТО ОН.

– Скажите им!.. Ну скажите им, кто я такой! – кричит он стоящим тут же его товарищам и красивой польской девушке…

НО ВСЕ МОЛЧАТ.

Ян. Но вы же не можете меня отправить на смерть! Они же убивать ведут! Ванда?!

ДЕВУШКА ПРЯЧЕТ ГЛАЗА.

Один из товарищей. Ты не Ян, а Янкель, ты не поляк, а еврей, и ничего тут не поделаешь…

ЯНА ПОДХВАТЫВАЮТ ДВОЕ НЕМЦЕВ
И ШВЫРЯЮТ В ТОЛПУ ЕВРЕЕВ.
К РАВВИНАМ, К СОЛОМОНУ, К ВОЗНИЦЕ, К УЧИТЕЛЮ, –
НЕСЧАСТНЫМ И МОЛЧАЩИМ.

•
ДОКУМЕНТАЛЬНАЯ ХРОНИКА ВАРШАВСКОГО ГЕТТО.
А ВОТ ИДЕТ СТРОИТЕЛЬСТВО НОВЫХ КОНЦЛАГЕРЕЙ.
БЕЗОСТАНОВОЧНО «БЕГУТ» ПОЕЗДА С ЗАКЛЮЧЕННЫМИ.
И НИКТО НЕ ЗНАЕТ, ЧТО ИХ ЖДЁТ.
НЕКОТОРЫЕ ЕЩЕ УЛЫБАЮТСЯ…
РАЗГРОМЛЕННЫЕ, СОЖЖЕНЫЕ ЕВРЕЙСКИЕ МЕСТЕЧКИ.
ПРАЗДНОВАНИЕ ФАШИСТАМИ НОВОГО 1940 ГОДА В ВАРШАВЕ.

•

ЯФФО. ДОМ РАВА АШЛАГА.
ОН УСТАЛО ПРИБЛИЖАЕТСЯ ПО УЛОЧКЕ К ДОМУ.
У ДОМА ЕГО ЖДЕТ МАЛЬЧИК ЛЕТ 15-ТИ.

Мальчик. Вы рав Ашлаг?
Рав Ашлаг. Да.
Мальчик. Меня зовут Зяма… Я от старого рава Баруха. Он приказал мне, чтобы я пришел к вам и все рассказал.

РАВ АШЛАГ СКЛОНЯЕТСЯ НАД МАЛЬЧИКОМ.

Рав Ашлаг. Он умер?
Мальчик. Нет, он жив.
Рав Ашлаг (*облегченно вздыхает*). Заходи в дом, Зяма.

•

ПОЛЬША. МЕСТЕЧКО.
ДОКУМЕНТАЛЬНЫЕ КАДРЫ ПОГРОМА.
ГОРЯТ ДОМА.
ФАШИСТЫ ВЫТАСКИВАЮТ ИЗ ДВЕРЕЙ МОЛОДУЮ ЖЕНЩИНУ.
ВОЛОКУТ ЕЕ ЗА ВОЛОСЫ ПО ЗЕМЛЕ.
ТУТ ЖЕ ВО ДВОРЕ РАССТРЕЛИВАЮТ ГРУППУ ЕВРЕЕВ.
ПО УЛИЦЕ БЕГУТ ЛЮДИ.
ЗА НИМИ КАТЯТ НА МОТОЦИКЛЕ ГОГОЧУЩИЕ НЕМЦЫ…

Голос Зямы. Мы знали, что только старый Барух спасет нас.

ТОЛПА ЕВРЕЕВ. СТАРИКИ, МОЛОДЫЕ,
ЖЕНЩИНЫ С ДЕТЬМИ НА РУКАХ БЕГУТ К ДОМУ БАРУХА.
БАРУХ, СТАРЫЙ, ОБРОСШИЙ СЕДЫМИ ВОЛОСАМИ,
СТОИТ НА ПОРОГЕ.

Голоса. Спаси нас, Барух! Они жгут наши дома!..
Барух (*резко*). Не стонать!.. Всем в дом!

ЛЮДИ, ТОЛКАЯ ДРУГ ДРУГА, ВБЕГАЮТ В ДОМ.
БАРУХ ОСТАЕТСЯ НА ПОРОГЕ,
ВГЛЯДЫВАЕТСЯ В НЕБО,
В СТРЕМИТЕЛЬНО ПРИБЛИЖАЮЩЕЕСЯ ОБЛАКО.
ОН ВИДИТ В НЕМ ОТРАЖЕНИЕ НЕМЕЦКИХ СОЛДАТ
С ЗАКАТАННЫМИ РУКАВАМИ РУБАШЕК.
ОНИ ИДУТ ПО ГОРЯЩЕМУ ПОЛЮ, ЕДУТ НА МОТОЦИКЛАХ.
СТАРЫЙ БАРУХ СКАЛИТСЯ СВОИМИ ГНИЛЫМИ ЗУБАМИ
И ГРОЗИТ В НЕБО КУЛАКОМ.

Барух. И все равно люблю Тебя!

ЗА НИМ С ТРЕСКОМ ЗАХЛОПЫВАЕТСЯ ДВЕРЬ.
ИСПУГАННЫЕ ЕВРЕИ СГРУДИЛИСЬ ВМЕСТЕ.
ЕЛЕ-ЕЛЕ ПОМЕСТИЛИСЬ В МАЛЕНЬКОМ ДОМЕ БАРУХА.
ОНИ СМОТРЯТ С НАДЕЖДОЙ НА НЕГО.
ЖЕНЩИНЫ ПРИЖИМАЮТ ДЕТЕЙ К ГРУДИ.
ВСЕ МОЛЧАТ.
НЕ ПЛАЧУТ.

Барух. Что, проклинаете Творца?! Молчите!.. Я сейчас говорил с Ним. Все будет хорошо.

•

ЯФФО. ДОМ РАВА АШЛАГА.
В КОМНАТЕ ВНИМАТЕЛЬНО СЛУШАЮТ ЗЯМУ РАВ АШЛАГ И РИВКА.

Зяма. Все сидели тихо-тихо, все знали, что он разговаривает с Творцом. И если уж Творец пообещал, то спасет… (*Смотрит то на Ривку, то на рава Ашлага и говорит, смущаясь.*) А у вас не найдется немножечко поесть?

РИВКА РАСТЕРЯННО РОЕТСЯ В КАРМАНЕ
И ДОСТАЕТ СУХАРИК.

Ривка (*раву*). Приберегла для Рахели, забыла отдать ей…

ЗЯМА ЖАДНО ВГРЫЗАЕТСЯ В СУХАРЬ.

Зяма. Я с корабля и сразу к вам, сначала в Иерусалим, а там мне сказали, что вы в Яффо… А на корабле нас совсем не кормили, а до этого, если рассказать вам, как я добирался, только чудеса и происходили все время… Ну так вот, вдруг я вижу, что он смотрит на меня, Барух. Подходит и говорит мне тихо, чтобы никто не слышал…

•

ПОЛЬША. МЕСТЕЧКО.
ДОМ СТАРОГО БАРУХА.

Барух. Ты поедешь в Иерусалим.
Зяма (*испуганно*). В какой Иерусалим?..
Барух. В столицу мира.
Зяма. В Эрец Исраэль?! Как я доберусь туда?!
Барух (*быстро шепчет*). Ты доберешься до Иерусалима, дорога туда будет гладкой. Найдешь рава Ашлага и расскажешь ему все.

Зяма. Но я не могу! У меня здесь мама и сестры!
Барух. Молчать! Я сказал, что поедешь, значит, поедешь… Я буду с твоей мамой и сестрами.

УЖЕ СЛЫШНО, КАК ЗА ОКНАМИ ПОДКАТЫВАЮТ МОТОЦИКЛЫ,
ФАШИСТЫ ПЬЯНЫ.
ОНИ ЗАГЛЯДЫВАЮТ ВНУТРЬ ДОМА ЧЕРЕЗ ЩЕЛИ МЕЖДУ ДОСКАМИ.
ОНИ ВИДЯТ ЕВРЕЕВ, СБИВШИХСЯ В КУЧУ.
СМЕЮТСЯ. ЛОМЯТСЯ В ДВЕРИ.

•
В ДОМЕ.

Барух (*Зяме*). Эх, если бы знал ты, маленький еврей, с кем ты идешь встречаться!.. (*Вдруг морщится, глаза наполняются слезами.*) Не смотри на меня! Это не передавай ему!.. Нет, передай ему! Плакал, передай, от счастья Барух!

СЛЫШНА НЕМЕЦКАЯ РЕЧЬ.
ЧЕРЕЗ ЩЕЛИ В ОКНАХ ВИДНО,
КАК БЕГУТ К ДОМУ НЕМЦЫ С ГАЛОНАМИ БЕНЗИНА.

•
ЯФФО. ДОМ РАВА АШЛАГА.

Зяма. Он сказал… Я повторял эти слова все время, чтобы не забыть их… Он сказал…

•
МЕСТЕЧКО. ДОМ БАРУХА.
ВОЮТ ОТ СТРАХА ЛЮДИ.
ФАШИСТЫ ПОЛИВАЮТ ДОМ БЕНЗИНОМ.

Барух (*словно и не замечая этого, шепчет Зяме*). Скажи ему, великому Коэну[69] вершине всех вершин, что я, Барух – смешная птица, пьяница и ничто, прошу его простить меня за все и ухожу счастливый, что была у меня возможность быть связанным с великой душой, которую так любит Творец… И еще скажи ему – пусть ничто его не остановит. Книга Зоар должна прийти к несчастным.

•
ЯФФО. ДОМ РАВА АШЛАГА.
ВСЕ МОЛЧАТ.
РИВКА ТИХО ПЛАЧЕТ.

---

69 **Коэн** – здесь, в тексте, имеется в виду человек, обладающий свойством отдачи в полной мере, достигший полной веры и любви к Творцу и творениям.

Зяма. А потом было чудо. Он вытолкнул меня через трубу на крышу. Я сумел спрятаться в кустах, и все видел.

•

МЕСТЕЧКО.
ПЫЛАЕТ ДОМ БАРУХА.

Голос Зямы. Они подожгли дом. Он так пылал!..

•

ЯФФО.

Зяма (*вдруг понизив голос*). И никто в нем не вскрикнул.

РАВ АШЛАГ ВЫПРЯМЛЯЕТСЯ НА СТУЛЕ.

•

МЕСТЕЧКО. ПЫЛАЕТ ДОМ БАРУХА.
СТОЯТ ВОКРУГ ДОМА ИСПУГАННЫЕ НЕМЦЫ.
СЛЫШНА НЕМЕЦКАЯ РЕЧЬ…

– Они там?!
– Ну ты же видел?!
– Почему они не визжат?!
– А черт их знает!
– Не нравится мне это!
Голос Зямы. Ни женщины, ни дети – никто не кричал. Дом уже пылал весь…

ЛИЦО ЗЯМЫ, ВЫГЛЯДЫВАЮЩЕГО ИЗ КУСТОВ.
В ЕГО ГЛАЗАХ ОТРАЖАЮТСЯ ВСПОЛОХИ ОГНЯ.

Голос Зямы. Я видел, как смотрели фашисты…

•

ЯФФО. ДОМ РАВА АШЛАГА.

Зяма (*торжествующе*). Я видел, как они обосрались!

•

МЕСТЕЧКО. ПЫЛАЮЩИЙ ДОМ БАРУХА.
ПАДАЕТ ОДНА СТЕНКА ДОМА, ПОТОМ ДРУГАЯ…
И ВОТ УЖЕ ОБВАЛИВАЕТСЯ КРЫША.

Голос Зямы. Я так хотел убежать, я еле сдерживался от страха… но я не убежал… у меня там оставались мама и пять сестер…

ДОМ ДОГОРАЕТ...

Голос Зямы. Когда дом догорел, я видел, как фашисты подошли ближе... как разглядывали угли...

•

ЯФФО. ДОМ РАВА АШЛАГА.
ГЛАЗА ЗЯМЫ.
ГЛАЗА РАВА АШЛАГА.

Зяма (*шепотом*). Никого там не было. Честное слово... Я потом сам проверил, когда они убежали все. Они все побросали и бежали от этого дома... (*Еле слышно.*) И я еще видел кое-что... (*смолкает*).
Рав Ашлаг. Что?.. Что ты видел?
Зяма (*выдыхает*). Я видел и рава Баруха, и всех наших евреев, и маму, и сестричек моих. Всех... я видел их...
Рав Ашлаг. Где?
Зяма (*торжествующе*). Я видел, клянусь вам, я видел... много белых птиц поднялись над лесом и полетели сюда... в Эрец Исраэль, на Юг...

ГЛАЗА РАВА АШЛАГА.

Голос Зямы. А что, все у нас знали, что старый Барух – каббалист, что он умеет делать чудеса. Вот он и спас их.

РАВ АШЛАГ ВСТАЕТ И НАЧИНАЕТ РАСХАЖИВАТЬ ВДОЛЬ СТЕНЫ.

Голос Ривки. У тебя есть где жить, Зяма?
Зяма. Вот приедет мама с сестрами, и мы снимем квартиру.
Ривка. Пока они приедут, поживи у нас.
Зяма. Спасибо вам.

РАВ АШЛАГ СТОИТ У СТЕНЫ
И СМОТРИТ НА РИВКУ И НА ЗЯМУ.

Ривка (*поднимает на него глаза*). Пусть живет у нас. Прокормили девятерых, прокормим и его... Что ты на меня так смотришь?
Рав. Мы возвращаемся в Иерусалим. Я должен быть там... Спасибо тебе, любимая моя жена.

•

1940 ГОД. ИЕРУСАЛИМ.
ДОКУМЕНТАЛЬНАЯ ХРОНИКА.
БЕН-ГУРИОНА НЕСУТ НА РУКАХ ДЕМОНСТРАНТЫ
НА МИТИНГЕ В ТЕЛЬ-АВИВЕ...

•

ЖАБОТИНСКИЙ ПОТРЯСАЕТ КУЛАКАМИ НА МИТИНГЕ
В НЬЮ-ЙОРКЕ.

•

И ТУТ ЖЕ СТЫКОВКА С ДРУГОЙ ХРОНИКОЙ –
ВАРШАВСКОЕ ГЕТТО.
ТРУПЫ СБРАСЫВАЮТ В ОБЩУЮ ЯМУ…

•

ТЕЛЬ-АВИВ.
СТРАНИЦЫ ГАЗЕТЫ РАБОЧЕЙ ПАРТИИ, ГАЗЕТА
РЕВИЗИОНИСТСКОЙ ПАРТИИ.
СПОРЫ МЕЖДУ ПАРТИЯМИ ВЫЛИВАЮТСЯ НА УЛИЦЫ.
ДЕРУТСЯ ДЕМОНСТРАНТЫ НА УЛИЦАХ ТЕЛЬ-АВИВА.

•

И СНОВА ДРУГИЕ КАДРЫ – ВАРШАВСКОЕ ГЕТТО.
СТРАШНЫЙ ГОЛОД… ИЗМОЖДЕННЫЕ ЛИЦА ДЕТЕЙ,
УМИРАЮЩИХ НА УЛИЦЕ.

•

ИЕРУСАЛИМ. НОЧЬ. КЛАСС.
РАВ АШЛАГ СТУЧИТ ПО СТОЛУ В ОТЧАЯНИИ.
УЧЕНИКИ НЕ ВИДЕЛИ ЕГО ТАКИМ НИКОГДА.

Рав Ашлаг. Пока я пишу книги, пока готовлю их к печати, пока они печатаются, на это уходит столько времени! А сейчас дорога каждая минута…
Хаим. Может быть, разбрасывать листовки на улицах?
Шимон. Должно быть что-то очень легкое, понятное и быстрое.
Барух. Я знаю что (*оглядывает всех*) – газета!

РУКА РАВА АШЛАГА ЗАМИРАЕТ В ВОЗДУХЕ.
ОН СТРЕМИТЕЛЬНО ПЕРЕВОДИТ ВЗГЛЯД НА БАРУХА.

Рав Ашлаг. Газета?.. Ну конечно!.. Газета!.. Можно писать и тут же издавать! Ну конечно, как же я раньше об этом не подумал?! Вопрос, где взять деньги?
Хаим (*уверенно*). Мы найдем деньги, о деньгах не волнуйтесь!

•

НОЧЬ. ДОМ РАВА АШЛАГА.
ОН БЫСТРО ПИШЕТ.
ДЫМЯТСЯ ОКУРКИ В ПЕПЕЛЬНИЦЕ.
РОЖДАЮТСЯ СТРОЧКИ…

«От нашего единства зависит будущее всех тех, кого оставили мы на растерзание там, в Европе...».

•

НОЧЬ. ТОВАРНАЯ СТАНЦИЯ.
АРАБЫ ТАЩАТ НА СЕБЕ МЕШКИ ЦЕМЕНТА.
ЗАГРУЖАЮТ ИМИ ВАГОН ТОВАРНОГО ПОЕЗДА.
ВМЕСТЕ С НИМИ,
СОГНУВШИСЬ В ТРИ ПОГИБЕЛИ ПОД МЕШКАМИ,
С ТРУДОМ ПЕРЕДВИГАЮТСЯ УЧЕНИКИ РАВА АШЛАГА.

•

УТРО.
РАВ АШЛАГ ПИШЕТ.
ГОЛОВА ЕГО НАЧИНАЕТ КЛОНИТЬСЯ К СТОЛУ.
ТУТ ЖЕ ТОНКАЯ РУКА СИДЯЩЕЙ ЗА ЕГО СПИНОЙ ДОЧЕРИ
БАТ-ШЕВЫ КАСАЕТСЯ ЕГО ПЛЕЧА.
ОН ПРОСЫПАЕТСЯ И ПРОДОЛЖАЕТ ПИСАТЬ.

•

ЮВЕЛИРНАЯ ЛАВКА.
ХОЗЯИН-ТУРОК ВЗВЕШИВАЕТ НА ВЕСАХ
ЗОЛОТУЮ ЦЕПОЧКУ СО ЗВЕЗДОЙ ДАВИДА.
НАПРОТИВ НЕГО ПЕРЕМИНАЕТСЯ С НОГИ НА НОГУ ШИМОН.
ТУРОК ОТСЧИТЫВАЕТ ДЕНЬГИ.
ШИМОН ВЫХОДИТ ИЗ ЛАВКИ.
ЗДЕСЬ, НА УЛИЦЕ, ЖДУТ ЕГО ХАИМ И БАРУХ.

•

ДЕНЬ. РАВ АШЛАГ ПИШЕТ.
ГОЛОВА ЕГО ПАДАЕТ НА СТОЛ.
ДВЕРЬ В КОМНАТУ ПРИОТКРЫТА.
РИВКА СТОИТ НАД НИМ.
ОНА ПЫТАЕТСЯ РАЗЖАТЬ ПАЛЬЦЫ ЕГО РУКИ, ДЕРЖАЩИЕ
РУЧКУ, И НЕ МОЖЕТ. ЕЙ ПОМОГАЕТ ДОЧЬ.
ОНИ С ТРУДОМ РАЗЖИМАЮТ ПАЛЕЦ ЗА ПАЛЬЦЕМ.
РИВКА СТАНОВИТСЯ НА КОЛЕНИ
И ВЫТАСКИВАЕТ НОГИ РАВА АШЛАГА
ИЗ ТАЗА С ХОЛОДНОЙ ВОДОЙ.
ОН НЕ ПРОСЫПАЕТСЯ.

•

СТРОИТЕЛЬСТВО ДОРОГИ.
ВМЕСТЕ С АРАБАМИ УКЛАДЫВАЕТ ЖЕЛЕЗНЫЕ ПРУТЬЯ
И БАРУХ-ШАЛОМ.

•

РАВ АШЛАГ ПИШЕТ.

•

ЛОС-АНЖЕЛЕС.
СЪЕМОЧНАЯ ПЛОЩАДКА ФИЛЬМА «ДИКТАТОР».
В СТОРОНЕ С ТЕЛЕФОНОМ В РУКАХ СТОИТ АРОН.

Арон. Сколько не хватает, Хаим?.. Я высылаю деньги телеграфом! Почему не сказали мне раньше! Передай раву, что есть уже группа в Лос-Анжелесе, передай ему (*трясет в руке книгой*), что я издал в Америке книгу, издал!.. Передай, что я люблю его больше жизни! Передай ему, что я здоров!.. Передай ему, что сегодня ночью Чаплин собирает у себя дома всех продюсеров, я буду дарить им книги и рассказывать, рассказывать, передай, что нет выше счастья!.. (*Слышаться гудки, Арон кладет трубку, глаза его блестят.*)

•

ИЕРУСАЛИМ.
ХОЛОДНАЯ ТИПОГРАФИЯ С ВЫБИТЫМИ ОКНАМИ.
ШУМ СТАНКОВ ТАКОЙ, ЧТО НЕ СЛЫШНО НИ СЛОВА.
РАВ АШЛАГ СТОИТ ПЕРЕД ПЕЧАТНЫМ СТАНКОМ.
РЯДОМ С НИМ – БАРУХ.
ПООДАЛЬ ГРЕЕТ РУКИ НАД КОСТРОМ ХАИМ.
ШИМОН ГОТОВИТ ШРИФТ,
ПЕРЕДАЁТ ЕГО РАВУ.
РАВ АШЛАГ РАСКЛАДЫВАЕТ ЕГО ПО ЯЧЕЙКАМ.
ОТПЕЧАТЫВАЕТСЯ ПЕРВЫЙ ЛИСТ.
ЗЯМА ПОДХВАТЫВАЕТ ЕГО И ПРИНОСИТ РАВУ АШЛАГУ.
РАВ ТЩАТЕЛЬНО ПРОВЕРЯЕТ…
РВЕТ ЛИСТ И СНОВА НАЧИНАЕТ РАСКЛАДЫВАТЬ ШРИФТ.

РИВКА ПОДНИМАЕТ ПОРВАННЫЕ ЛИСТЫ ГАЗЕТЫ,
РАЗБРОСАННЫЕ ПО ПОЛУ, КЛАДЕТ ИХ НА СТОЛ
И НА НИХ ВЫКЛАДЫВАЕТ ИЗ КОШЕЛКИ ХЛЕБ,
ЛУКОВИЦЫ И ОЛИВКОВОЕ МАСЛО.
РАВ АШЛАГ СТОИТ У РАЗБИТОГО ОКНА
И ВЫЧИТЫВАЕТ ТЕКСТ С ТОЛЬКО ЧТО ОТПЕЧАТАННОГО ЛИСТКА.

Голос рава Ашлага. …Эта газета родилась в тяжких и жутких родовых схватках. Яд ненависти поразил народы мира…

•

ДОКУМЕНТАЛЬНАЯ ХРОНИКА ВАРШАВСКОГО ГЕТТО.
РАЗДЕВАЮТ ПОЖИЛОГО ЕВРЕЯ.
ВЕДУТ К ВАГОНАМ ДЕТЕЙ…

Голос рава Ашлага. Самые передовые народы преспокойно заперли перед нами двери…

•

ДОКУМЕНТАЛЬНАЯ ХРОНИКА.
ТОВАРНЫЕ ВАГОНЫ, ВЕЗУЩИЕ ЕВРЕЕВ В ЛАГЕРЯ СМЕРТИ.

•

ИЕРУСАЛИМ.
ВЫСКАКИВАЮТ ЛИСТЫ ИЗ ПЕЧАТНОЙ МАШИНЫ…
НА НИХ НАЗВАНИЕ ГАЗЕТЫ «УМА» («НАРОД»).

Голос рава Ашлага. …Чуда не произойдет, если мы не объединимся…

•

ДОКУМЕНТАЛЬНАЯ ХРОНИКА.
СНОВА И СНОВА ПАРТИЙНЫЕ СТЫЧКИ В ЭРЕЦ ИСРАЭЛЬ.
И ТУТ ЖЕ – ПРАЗДНИЧНАЯ ШВЕЙЦАРИЯ,
КАТАНИЕ НА ГОРНЫХ ЛЫЖАХ…
БАЛ У КОРОЛЕВЫ АНГЛИИ…
КОНКУРС НА ОБЖОРСТВО В ТЕХАСЕ…
ДЕТИ, УМИРАЮЩИЕ ОТ ГОЛОДА НА УЛИЦЕ ГЕТТО.

Голос рава Ашлага. …Требуется единство, нерушимое и крепкое, как сталь…

•

ТИПОГРАФИЯ. РУКИ СКЛАДЫВАЮТ ЛИСТЫ К ЛИСТАМ.
СОБИРАЮТСЯ ПАЧКИ ГАЗЕТ.
РАВ АШЛАГ ДЕРЖИТ НА РУКАХ СТОПКУ ГАЗЕТ,
И ЛИЦО ЕГО СИЯЕТ.
ПОДГИБАЮТСЯ ЕГО НОГИ,
БАРУХ УСПЕВАЕТ ПОДХВАТИТЬ ОТЦА И ПОСАДИТЬ НА СТУЛ.

ВДРУГ ШИМОН НАЧИНАЕТ ТАНЦЕВАТЬ ВОСТОЧНЫЙ ТАНЕЦ.
ХАИМ – ХАСИДСКИЙ…
К НИМ ПРИСОЕДИНЯЮТСЯ И ВСЕ ОСТАЛЬНЫЕ.
МОЛЧА ТАНЦУЮТ В ХОЛОДНОЙ ТИПОГРАФИИ
РАВ АШЛАГ И ЕГО УЧЕНИКИ.
УСТАЛОСТЬ И РАДОСТЬ ОДНОВРЕМЕННО НА ИХ ЛИЦАХ.

•

ЛОС-АНДЖЕЛЕС. НОЧЬ.
ФОРД-ФУРГОН МЧИТСЯ ПО НОЧНОЙ УЛИЦЕ.
ВЫХОДИТ НА ШОССЕ ВДОЛЬ МОРЯ.
В ОТКРЫТОЕ ОКНО МАШИНЫ ВРЫВАЕТСЯ ВЕТЕР.

АРОН УЛЫБАЕТСЯ.
НАВСТРЕЧУ БЕГУТ ОГОНЬКИ ВСТРЕЧНЫХ МАШИН.

•

НОЧЬ. ВИЛЛА ЧАРЛИ ЧАПЛИНА.
ЧАРЛИ ВСТРЕЧАЕТ ГОСТЕЙ.
ПОДЪЕЗЖАЮТ ВСЕ НОВЫЕ И НОВЫЕ ШИКАРНЫЕ МАШИНЫ.

•

ТРАССА ВДОЛЬ МОРЯ.
ПО РАДИО ЗВУЧИТ МУЗЫКА ГЕРШВИНА.
АРОН СВОРАЧИВАЕТ К ВИЛЛАМ.
НА ПОВОРОТЕ ЕГО НА МГНОВЕНИЕ ОСЛЕПЛЯЕТ ВСТРЕЧНАЯ МАШИНА.
СЛЫШИТСЯ ВИЗГ ТОРМОЗОВ.
УДАР…

ФУРГОН АРОНА ПЕРЕВОРАЧИВАЕТСЯ ОТ УДАРА И НАЧИНАЕТ КАТИТЬСЯ ПО СКЛОНУ К МОРЮ.
ИЗ НЕГО, КАК ПТИЦЫ, ВЫРЫВАЮТСЯ КНИГИ.
ОНИ ВЗЛЕТАЮТ ВВЕРХ, СВЕРКНУВ ЛИСТАМИ…
И ЛЕТЯТ, ЛЕТЯТ ВСЛЕД ЗА МАШИНОЙ…
ПОКА НЕ РАСТВОРЯЮТСЯ В ТЕМНОТЕ.

•

ИЕРУСАЛИМ. РАВ АШЛАГ СТОИТ НА ЦЕНТРАЛЬНОМ ПЕРЕКРЕСТКЕ ЦЕНТРАЛЬНОЙ ИЕРУСАЛИМСКОЙ УЛИЦЫ.
МИМО НЕГО ДВИГАЮТСЯ ЛЮДИ, ТЕЛЕГИ,
ПРОЕЗЖАЮТ АВТОБУСЫ, МАШИНЫ.
ЛЮДИ С УДИВЛЕНИЕМ СМОТРЯТ НА СТРАННОГО ЕВРЕЯ В ТРАДИЦИОННОЙ ОДЕЖДЕ, РАЗДАЮЩЕГО ГАЗЕТЫ…
БЕРУТ.
ТУТ ЖЕ НАЧИНАЮТ ЧИТАТЬ.

Голоса читающих соединяются вместе. «О-о, если бы мы ощущали эту опасность, каждый на себе лично, тогда бы не задумывались о своей партийной принадлежности! Поскольку беда смесила бы всех нас в одно тесто…»

•

ИЕРУСАЛИМ.
РАВ АШЛАГ ИДЕТ ПО ОЖИВЛЕННОЙ УЛИЦЕ
И САМ, ЛИЧНО, ПЫТАЕТСЯ ВРУЧИТЬ ГАЗЕТЫ ПРОХОЖИМ.
ОН КАК БЫ СКЛОНЯЕТСЯ ПЕРЕД ВСЕМИ В ПРОСЬБЕ.
И ЛЮДИ БЕРУТ.

И ТУТ ЖЕ РАСКРЫВАЮТ, ЧТОБЫ ПОНЯТЬ, ЧТО ЭТО…
РАВ АШЛАГ С БЛАГОДАРНОСТЬЮ СМОТРИТ НА ЧИТАЮЩИХ…

Голоса читающих. «…мы похожи на массу орехов, внешне соединенных в одно тело мешком, который облегает и сдавливает их. Однако такая слитность не превращает их в одно тело. Всё, чего им не достает, – это естественной сплоченности изнутри!»

ВОТ НАПРОТИВ ШИМОНА СТОИТ РЫЖИЙ
УХМЫЛЯЮЩИЙСЯ РЕЛИГИОЗНЫЙ ЕВРЕЙ.
ОН ПОДНИМАЕТ ГАЗЕТУ НА УРОВЕНЬ ЛИЦА
И НАЧИНАЕТ МЕДЛЕННО РВАТЬ ЕЕ НА ГЛАЗАХ У ШИМОНА.
ШИМОН ХВАТАЕТ ЕГО ЗА ЛАЦКАНЫ ПИДЖАКА,
НО ПОДОСПЕВШИЕ ХАИМ И БАРУХ
ОТТАСКИВАЮТ ЕГО ПРОЧЬ.

ДРУГОЙ ЕВРЕЙ, НО УЖЕ СВЕТСКИЙ,
ПОЛУЧАЕТ ГАЗЕТУ ОТ ЗЯМЫ.
ПРОХОДИТ НЕСКОЛЬКО ШАГОВ,
МНЕТ ЕЕ И ЗЛО ШВЫРЯЕТ В УРНУ.
ЗЯМА ВЫТАСКИВАЕТ ГАЗЕТУ ИЗ УРНЫ И ТЩАТЕЛЬНО
РАЗГЛАЖИВАЕТ НА КОЛЕНЯХ.

ЛЮДИ ЧИТАЮТ ГАЗЕТУ НА КАЖДОМ УГЛУ.

Голос пожилой. …Все, чего нам не достает, – это естественной внутренней сплоченности… Нам надо только понять это… понять, что от этого зависят жизни…
Голос молодой…. Почувствовать эту опасность… обращенные к нам глаза наших детей…

РАВ АШЛАГ ИДЕТ ПО УЗКОЙ УЛОЧКЕ.
ОСТАНАВЛИВАЕТСЯ, ЧТОБЫ ПЕРЕВЕСТИ ДУХ.
К НЕМУ ПОДХОДИТ ХАИМ.

Хаим. Рав, у меня плохое известие.

РАВ АШЛАГ УСТАЛО ПОДНИМАЕТ НА НЕГО ГЛАЗА.

Хаим. В Лос-Анджелесе, в автокатастрофе… погиб Арон.

РАВ АШЛАГ МОЛЧИТ. ОН ВИДИТ,
КАК НА ПРОТИВОПОЛОЖНОЙ СТОРОНЕ УЛИЦЫ
МОЛОДОЙ ПАРЕНЬ ЧИТАЕТ ГАЗЕТУ,
КАК РАСКРЫВАЕТ ЕЕ ПОЖИЛОЙ РЕЛИГИОЗНЫЙ ЕВРЕЙ,

КАК ВОЗЧИК НА ТЕЛЕГЕ ПО СЛОГАМ СКЛАДЫВАЕТ СЛОВА,
ЧИТАЯ ЕЕ ВСЛУХ.

РАВ АШЛАГ ПОДНИМАЕТ ПАЧКУ ГАЗЕТ
И НА НЕСГИБАЮЩИХСЯ НОГАХ
НАЧИНАЕТ СПУСКАТЬСЯ ВНИЗ ПО УЛИЦЕ,
ПЫТАЯСЬ ДАТЬ ГАЗЕТУ КАЖДОМУ ВСТРЕЧНОМУ.

•

ПОЗДНО ВЕЧЕРОМ РАВ АШЛАГ ПОДХОДИТ К ДОМУ.
ОТКРЫВАЕТ ДВЕРЬ И ВИДИТ ИСПУГАННОЕ ЛИЦО РИВКИ:

– Юда!

И ТУТ ЖЕ СПРАВА И СЛЕВА ЕГО ПОДХВАТЫВАЮТ
ПОД РУКИ ДВА АНГЛИЙСКИХ СОЛДАТА.
РИВКА ПЫТАЕТСЯ ПРОРВАТЬСЯ К МУЖУ,
НО ЕЕ ОСТАНАВЛИВАЮТ ЕЩЕ ДВОЕ СОЛДАТ.
ПОДНИМАЕТСЯ СО СТУЛА АНГЛИЙСКИЙ ОФИЦЕР.

Офицер. Господин Ашлаг, вы обвиняетесь в коммунистической пропаганде, запрещенной на территории Палестины. Вы арестованы.

•

РАВА АШЛАГА ВЕДУТ ПО УЛИЦЕ.
ВТАЛКИВАЮТ В ЗАКРЫТУЮ МАШИНУ
И ЗАХЛОПЫВАЮТ ДВЕРЬ ПЕРЕД ЕГО ЛИЦОМ.
ОН ВИДИТ РИВКУ НА ПОРОГЕ ДОМА.
ОНА НЕ ПЛАЧЕТ, ПОДНИМАЕТ РУКУ И МАШЕТ ЕМУ…

•

ПОЛИЦЕЙСКОЕ УПРАВЛЕНИЕ. БЕЛАЯ КОМНАТА.
АНГЛИЙСКИЙ ОФИЦЕР СИДИТ
И ЧТО-ТО БЫСТРО ПИШЕТ.
НА СТОЛЕ У НЕГО ЛЕЖИТ НЕСКОЛЬКО
ЭКЗЕМПЛЯРОВ ГАЗЕТЫ «НАРОД».
РАВ АШЛАГ СТОИТ НАПРОТИВ НЕГО.
ОФИЦЕР ПОДНИМАЕТ ГОЛОВУ.

Офицер. Подпишите.

РАВ АШЛАГ ПОДПИСЫВАЕТ.

Офицер. Вы знаете, что вы подписали?
Рав Ашлаг. Это не важно.

Офицер. Хотите знать, кто настоял на вашем аресте?
Рав Ашлаг. Нет.
Офицер. Вам запрещается выпуск газеты и любая политическая деятельность. Вы свободны… пока свободны.

РАВ АШЛАГ ПОВОРАЧИВАЕТСЯ И ИДЕТ К ДВЕРИ.
ГОЛОС ОФИЦЕРА ЗА ЕГО СПИНОЙ:

– Мне очень понравилась ваша газета, господин Ашлаг…

РАВ ОСТАНАВЛИВАЕТСЯ.

Офицер. Как вы там написали… (*находит это место в тексте*): «Узы любви, которые связывают народ, покинули наши сердца, мелькнули, ушли, и нет их… Если мы не вернем прежнее состояние, погибнем мы и погибнет весь мир».

РАВ АШЛАГ СТОИТ У ДВЕРИ И СМОТРИТ НА ОФИЦЕРА.

Офицер. Здесь, в Палестине, я особенно чувствую, как мы все связаны одной веревкой… Вас предали ваши братья…

РАВ АШЛАГ ВЫХОДИТ.

•

ТИПОГРАФИЯ. ОН СТОИТ У РАСПАХНУТЫХ ВОРОТ.
МОЛЧАТ СТАНКИ.
РАЗБРОСАННЫЕ ГРАНКИ ВАЛЯЮТСЯ НА ПОЛУ.
ВЕСЬ ШРИФТ ПЕРЕМЕШАН.
ОСТАВШИЙСЯ ТИРАЖ ГАЗЕТ ДОГОРАЕТ ВО ДВОРЕ.
РАВ АШЛАГ ВЫТАСКИВАЕТ ИЗ ОГНЯ ОБГОРЕВШИЙ ЛИСТОК.
НА НЕМ НАЧАЛО ФРАЗЫ: «ЕСЛИ ЖЕ МЫ УПУСТИМ ВРЕМЯ…»

•

ДОМ РАВА АШЛАГА. БЕЛЫЙ ПОТОЛОК,
НА КОТОРОМ РАСКАЧИВАЮТСЯ ТЕНИ ОТ ВЕТВЕЙ СТАРОГО ДЕРЕВА.
НЕОБЫКНОВЕННАЯ ТИШИНА.
БЛЕДНЫЙ РАВ АШЛАГ ЛЕЖИТ В ПОСТЕЛИ.
ПОД РУКОЙ ЕГО КНИГА.

Из-за двери слышится голос. Это без сомнения инфаркт, и довольно обширный. Я выпишу ему еще одно лекарство, оно успокоит мозг. Дело в том, дорогая моя, что тело его неподвижно, а вот мозг, мозг работает с очень большой интенсивностью…

•

ДОКУМЕНТАЛЬНАЯ ХРОНИКА. 22 ИЮНЯ 41 ГОДА.
ФАШИСТЫ НАЧИНАЮТ ВОЙНУ С СОВЕТСКИМ СОЮЗОМ.
ПЕРВЫЕ БОМБЕЖКИ, ГОРЯЩИЕ ДОМА,
ТОЛПЫ БЕЖЕНЦЕВ НА ДОРОГАХ.
ПОБЕДНАЯ НЕМЕЦКАЯ ХРОНИКА.

•

ИЕРУСАЛИМ. ДОМ РАВА АШЛАГА.
СКРОМНЫЙ УЖИН СЕМЬИ АШЛАГОВ.
ВСЕ ТИХО ЕДЯТ.
РАВ АШЛАГ ВОЗВЫШАЕТСЯ НАД ВСЕМИ НА СВОЕМ ВЫСОКОМ СТУЛЕ.

СТУК В ДВЕРЬ.
РИВКА ИДЕТ ОТКРЫВАТЬ.
НА ПОРОГЕ СТОИТ ТОТ САМЫЙ АНГЛИЙСКИЙ ОФИЦЕР,
КОТОРЫЙ ОТПУСКАЛ РАВА АШЛАГА ПОСЛЕ АРЕСТА.
РИВКА ЗАСЛОНЯЕТ СОБОЙ ДВЕРЬ.

– Он очень сильно болел, – возбужденно говорит она. – У него был инфаркт, он только-только начал восстанавливаться. Вы не имеете права арестовывать больного.
– Не волнуйтесь, я по другому поводу, – отвечает офицер.

РАВ АШЛАГ МЕДЛЕННО ПОДХОДИТ
И СТАНОВИТСЯ ЗА РИВКОЙ.
ОФИЦЕР ПРОТЯГИВАЕТ ЕМУ ПИСЬМО

– Я принес вам письмо, господин Ашлаг, – говорит он. – Мой двоюродный брат – помощник капитана английского корабля. Ему передал это письмо какой-то немецкий моряк, а тому – офицер из Варшавы. Похоже, что оно было отправлено полгода назад. Лежало все время у моего брата, пока я не увидел на нем ваше имя.

РАВ АШЛАГ РАЗВОРАЧИВАЕТ ПИСЬМО.
ГЛАЗА ЕГО БЫСТРО ПРОБЕГАЮТ ПЕРВЫЕ СТРОЧКИ…

«Здравствуй, непризнанный нами, великий рав Ашлаг, – написано в письме. – Мы пишем тебе из боли и пустоты, с края отчаяния.»

•

МЕДЛЕННО ПОЯВЛЯЕТСЯ ДОКУМЕНТАЛЬНАЯ ХРОНИКА
ВАРШАВСКОГО ГЕТТО.
ПОЛУМЕРТВЫЕ ЛЮДИ ЕЛЕ ДВИГАЮТСЯ ПО УЛИЦАМ.

«И не потому, что нам тяжело. Тяжело сейчас всем. А потому, что мы виноваты перед тобой и всем нашим народом. Ты умолял нас услышать тебя, а мы были глухи и полны негодования…»

ВЗГЛЯДЫ ХУДЫХ, ИЗМУЧЕННЫХ РАВВИНОВ.
ОНИ СМОТРЯТ ПРЯМО НА НАС.

«Мы гнали тебя и проклинали, слепые, глухие безумцы. И вот мы здесь, запертые в гетто, бесправные и бездомные. Здесь наши дети, родные, все евреи Польши здесь. И все это происходит из-за нас, наполненных гордыней… преступников. Ты оказался прав… На нас вся ответственность за то, что произойдет с нашим народом, и с этим ощущением невозможно жить…»

•

РАВ АШЛАГ ПО-ПРЕЖНЕМУ СТОИТ НА ПОРОГЕ.
АНГЛИЙСКИЙ ОФИЦЕР МОЛЧА НАПРОТИВ НЕГО.
РАВ АШЛАГ ПОГРУЖЕН В ПИСЬМО И НЕ ЗАМЕЧАЕТ НИКОГО.

•

И СНОВА ДОКУМЕНТАЛЬНАЯ ХРОНИКА.
УБИРАЮТ ТРУПЫ С УЛИЦ ГЕТТО.
БРОСАЮТ ИХ НА ТЕЛЕГИ.

«Мы знаем, что не выйдем отсюда никогда… Если бы только мы услышали тебя тогда! Если бы только услышали!..»

ВДРУГ ПОЯВЛЯЕТСЯ ЛИЦО РАВА ФЕЛЬДМАНА.
ОНО СПОКОЙНО. НО ОН ОЧЕНЬ ИСХУДАЛ.

«Вчера умер рав Фельдман, – написано в письме. – Он просил передать тебе свою огромную любовь и великое преклонение…»

РАВ ФЕЛЬДМАН УЛЫБАЕТСЯ…

«Учителя убили, за то что осмелился заступиться за 10-летнего мальчика, которого избивали у нас на глазах…»

УЛЫБАЕТСЯ РАВУ АШЛАГУ УЧИТЕЛЬ ШМУЭЛЬ.
ВЕЧНЫЙ ЕГО ПРОТИВНИК, СЕЙЧАС ОН УЛЫБАЕТСЯ…

«Рав Зильбер умер от истощения».

РАВ ЗИЛЬБЕР С ТРУДОМ ПОДНИМАЕТ РУКУ…

«Рыжий возница (*он рассказывал нам о знакомстве с тобой*) был расстрелян у стены гетто за попытку побега. Он бежал на могилу своего сына.

ВОЗНИЦА МАШЕТ РУКОЙ РАВУ АШЛАГУ.

«Горе вокруг… горе… , – читает рав Ашлаг, – и, похоже, гетто готовят к уничтожению».

•

РАВ АШЛАГ СТОИТ, НЕ ДВИГАЯСЬ, У ДВЕРИ.
РИВКА ПОДХОДИТ И ИЗ-ЗА СПИНЫ ЗАГЛЯДЫВАЕТ В ПИСЬМО.
БЫСТРО ЧИТАЕТ ЕГО.
ГЛАЗА ЕЕ ВЛАЖНЕЮТ.
ВЗГЛЯД ОСТАНАВЛИВАЕТСЯ НА ПОСЛЕДНИХ СТРОЧКАХ:

«Не оставляй попыток раскрыть нам глаза, великий рав Ашлаг, – читает она. – Приведи нас к Единству, заставь любить друг друга, и, может быть, тогда Творец откроет нам свои объятия… Несчастные, не услышавшие тебя, твои братья…»

•

ПОЛЬША. ДОКУМЕНТАЛЬНЫЕ КАДРЫ
НАЧАЛА УНИЧТОЖЕНИЯ ВАРШАВСКОГО ГЕТТО.
ТОВАРНЫЕ ВАГОНЫ ПОДГОНЯЮТ К СТЕНЕ ГЕТТО.
В НИХ ЗАПИХИВАЮТ ЛЮДЕЙ.

•

РУКА РАВА АШЛАГА, ДЕРЖАЩАЯ ПИСЬМО, ОПУСКАЕТСЯ.

– Их уже нет? – спрашиват Ривка.
– Нет, – слышит она голос рава Ашлага.
– Ты знал, что так всё и будет?

И ВДРУГ ОНА ВИДИТ, – ДРОЖИТ ЕГО РУКА С ПИСЬМОМ.

– Ты сделал всё возможное, – торопливо говорит она.

ОНА ЗАГЛЯДЫВАЕТ В ЛИЦО МУЖУ.
ВИДИТ ГЛАЗА ЕГО, ПОЛНЫЕ ТОСКИ.
И ПРОДОЛЖАЕТ БЫСТРО, БЫСТРО ГОВОРИТЬ:

– Я помню, как ты кричал… как требовал, чтобы ехали все! Я помню! Помню!.. Ты предупреждал их!
– Да, – отвечает он тихо.
– Ты им всё объяснил!

– Не всё… Я не смог им объяснить. Видишь, они остались.
– Ты не можешь себя винить в этом, Юда! – она ищет его взгляд, но он не смотрит на нее. – У тебя был инфаркт! У тебя есть я, семья, твои ученики, мир!.. Который тебя услышит… Юда?..

ОН МОЛЧИТ.
АНГЛИЙСКИЙ ОФИЦЕР ВСЁ ЭТО ВРЕМЯ СТОИТ НАПРОТИВ.
ОН НЕ ПОНИМАЕТ НИ СЛОВА НА ИДИШ[70]. ЖДЕТ.
ДЕТИ ТИХО ВЫГЛЯДЫВАЮТ ИЗ КОМНАТЫ.
РИВКА ГЛАДИТ РУКУ МУЖА.

– Успокойся, Юда, успокойся… – шепчет она.

ЕГО РУКА ПЕРЕСТАЕТ ДРОЖАТЬ.

– Простите, господин Ашлаг, – офицер, наконец, нарушает молчание, – я должен идти… но прежде чем я уйду, я хотел бы приобрести ваши статьи и книги… по каббале.

РАВ АШЛАГ ПОДНИМАЕТ НА НЕГО ГЛАЗА.
ЯВНО НЕ СЛЫШИТ ЕГО.

– Конечно, конечно! – восклицает Ривка. Оборачивается к мужу. – Вот видишь!.. Проходите пожалуйста, – она ведет офицера к полкам с книгами. – Здесь всё. И книги, и статьи. Это стоит совсем недорого.

ОФИЦЕР СНИМАЕТ С ПОЛКИ КНИГУ, ИЗДАННУЮ АРОНОМ.
ПОГРУЖАЕТСЯ В ЧТЕНИЕ. ЧЕРЕЗ МИНУТУ ГОВОРИТ:

– Я возьму всё. Всё, что у вас есть.

•
ИЕРУСАЛИМ. НОЧЬ. КЛАСС.
РАВ АШЛАГ ЗАКУТАН В ПЛЕД, ОН ЕЩЕ СЛАБ.
НО ОН ВЕДЕТ УРОК.

Рав Ашлаг. Существует притча о группе людей, которые заблудились в пустыне и страдали от голода и жажды.

•
ФАШИСТСКАЯ ХРОНИКА.
НА УЛИЦЫ ВЫВОДЯТ, ВЫГОНЯЮТ, ВЫТАСКИВАЮТ ЛЮДЕЙ.
ИХ ГОНЯТ К ВАГОНАМ.

---

70 **Идиш** – язык, на котором говорили евреи, расселившиеся в странах Европы.

Голос рава Ашлага. Один из них нашел обитель, наполненную всеми благами. И вспомнил тогда о своих несчастных собратьях… Стал громко кричать и трубить в рог: может быть, несчастные, голодные товарищи услышат его голос, приблизятся к нему и тоже войдут в эту обитель, полную всех благ…

•

КЛАСС. РАВ АШЛАГ МОРЩИТСЯ ОТ БОЛИ,
ПЛОТНЕЕ ЗАКУТЫВАЕТСЯ В ПЛЕД
И ПОВОРАЧИВАЕТ ГОЛОВУ В СТОРОНУ ОКНА.

ИЗ-ЗА ОКНА СМОТРЯТ НА НЕГО ДЕТИ ГЕТТО.

Голос рава Ашлага. …Мы заблудились в ужасной пустыне вместе со всем человечеством и теперь нашли большую сокровищницу, полную всех благ.

РУКА РАВА АШЛАГА СКОЛЬЗИТ ПО РАСКРЫТОЙ КНИГЕ.

Голос рава Ашлага. Эта книга – вот сокровищница, которую еще оценит мир, – «Книга Зоар»!.. Которая питает наши жаждущие души, наполняет нас живительным нектаром и упоением…

РАВ АШЛАГ ЗАКРЫВАЕТ ГЛАЗА.

Голос Зямы. Там на смерть ведут наших родных и близких, а мы говорим о книгах, никто никогда не поймет нас…

УЧЕНИКИ ПОВОРАЧИВАЮТ ГОЛОВУ К НЕМУ.
РАВ АШЛАГ СМОТРИТ НА ЗЯМУ.

Рав Ашлаг. В этой книге спасение человечества, Зяма (*говорит медленно и спокойно*). Оно не в политических решениях, не в сильных армиях, не в героических поступках, – оно в этой книге (*рука его лежит на книге*). В ней – Свет Любви. Ты открываешь её, и если чисты твои намерения, то ты притягиваешь эту любовь на землю… Через тебя она начинает просачиваться сюда и менять все вокруг.
Зяма (*плачет*). Я верю тебе, но мне очень тяжело, потому что… потому что я знаю – никогда уже не вернутся моя мама и мои сестры…
Рав Ашлаг. Тяжело твоему телу, Зяма, я понимаю тебя. Оно не ощущает тела твоих родных и стонет от горя… Но попробуй прорваться к душе. И ты ощутишь другой мир… Души бессмертны и они радостны, потому что неотделимы друг от друга… и от Творца. Об этом книга Зоар… Настало время раскрыть ее всем…
Зяма. Это сделаешь ты, я знаю. Мне говорил об этом старый Барух.

•

КОМНАТА. РАВ АШЛАГ ПИШЕТ.
НА СТОЛЕ СТОЯТ ЛЕКАРСТВА…
И ЛЕЖИТ РАСКРЫТАЯ КНИГА ЗОАР.

ЛУЧ СВЕТА, НЕИЗВЕСТНО ОТКУДА ВЗЯВШИЙСЯ,
ПОДНИМАЕТСЯ К ПОТОЛКУ
И РИСУЕТ НА НЕМ СВЕТЛЫЕ КРУГИ…

Голос рава Ашлага. Узнайте, собратья, что вся суть науки Каббала – это знания о том, как нисходит любовь с высоты небес до нашей низменности…

РАВ АШЛАГ ПОДНИМАЕТ ГОЛОВУ ПО ЛУЧУ К ПОТОЛКУ.
ВИДИТ СЕБЯ ИДУЩИМ ПО ПУСТЫМ УЛИЦАМ ВАРШАВЫ.
ВИДИТ ВЫБИТЫЕ ОКНА.
ПУХ ОТ РАЗОРВАННЫХ ПОДУШЕК, КАК СНЕГ, ЛЕТИТ ИЗ ОКОН…
ДЕТСКИЙ БОТИНОК ЛЕЖИТ НА ПОРОГЕ ДОМА.
РАЗОРВАННЫЙ МОЛИТВЕННИК ВАЛЯЕТСЯ В ГРЯЗИ…

ОН ЧУВСТВУЕТ ВСЁ, ЧТО ПРОИСХОДИТ ТАМ…

Голос рава Ашлага. И будем искать мы любые средства спасения. И найдем только одно.

РАВ АШЛАГ СЛОВНО ПРОХОДИТ ЧЕРЕЗ ВСЮ СТРАШНУЮ
ХРОНИКУ ВОЙНЫ. ОН ВСЕ ВИДИТ.

Голос рава Ашлага. Книгу Зоар, в которой все добрые пути жизни, все счастье мира здесь…

•

ИЕРУСАЛИМ. КОМНАТА.
РАВ АШЛАГ ПИШЕТ И ПРОГОВАРИВАЕТ НАПИСАННОЕ:

– Я не могу больше сдерживаться. Мною принято решение раскрыть вам книгу Зоар, снять замки с сокровищницы, охраняемой веками. Чтобы, изучая ее, притянули вы Свет в мир… Отныне снята тайна веков…

ОТКРЫВАЕТСЯ ДВЕРЬ, И В КОМНАТУ ВХОДИТ РИВКА.
ОНА ВЗВОЛНОВАНА.

Ривка. Фашисты бомбят Яффо.
Рав Ашлаг. Мы едем в Яффо.
Ривка. Ты не услышал меня, фашисты бомбят Яффо и Тель-Авив.
Рав Ашлаг. Это ты не услышала меня. Собирайся, мы едем в Яффо.

•

ЯФФО. СЛЫШНЫ ВЗРЫВЫ.
ГОРЯТ НЕСКОЛЬКО ДОМОВ.
БОМБЫ РАЗРЫВАЮТСЯ В МОРЕ,
ПОДНИМАЮТ ВОДЯНЫЕ СТОЛБЫ...

И КОГДА ВОДА ОСЕДАЕТ, МЫ ВИДИМ РАВА АШЛАГА,
ВХОДЯЩЕГО В ВОДУ.
ОН ПЛЫВЕТ, СИЛЬНО ТОЛКАЯ ТЕЛО ВПЕРЕД,
БЫСТРО УДАЛЯЕТСЯ ОТ БЕРЕГА.
ТАМ СТОИТ РИВКА И, ПРИЛОЖИВ РУКУ К ГЛАЗАМ,
НЕОТРЫВНО СЛЕДИТ ЗА МУЖЕМ.

ВДРУГ ОНА ВИДИТ НА ГОРИЗОНТЕ ЧЕРНУЮ ТОЧКУ.
ТОЧКА ПРИБЛИЖАЕТСЯ И ПРЕВРАЩАЕТСЯ В САМОЛЕТ.
РИВКА НАЧИНАЕТ КРИЧАТЬ.
МЕЧЕТСЯ ПО БЕРЕГУ, РАЗМАХИВАЕТ РУКАМИ.

РАВ АШЛАГ НАБИРАЕТ СКОРОСТЬ.
ОН КАК ТОРПЕДА РАЗРЕЗАЕТ ВОДУ.
И СКВОЗЬ ПЛЕНКУ ВОДЫ... ОН ВИДИТ
САМОЛЕТ С ЧЕРНЫМИ КРЕСТАМИ,
КОТОРЫЙ НАЧИНАЕТ ПИКИРОВАТЬ НА НЕГО.

САМОЛЕТ ПИКИРУЕТ НА ОДИНОКОГО ЧЕЛОВЕКА В МОРЕ.

Ривка (*кричит*). Юда-а-а!

РАВ АШЛАГ ПЕРЕВОРАЧИВАЕТСЯ НА СПИНУ.
ОН ЛЕЖИТ НА ВОДЕ, РАСКИНУВ РУКИ.
НА НЕГО ПИКИРУЕТ «МЕССЕРШМИДТ».

Ривка (*кричит*). Юда-а!.. Не-е-ет!

РАВ АШЛАГ СПОКОЙНО СМОТРИТ НА ПРИБЛИЖАЮЩИЙСЯ
САМОЛЕТ. ОН ВИДИТ ПИЛОТА.

ПИЛОТ ВЖИМАЕТСЯ В ШТУРВАЛ.
ПРИЦЕЛИВАЕТСЯ.
ГОЛОВА РАВА АШЛАГА КАЧАЕТСЯ В ПРИЦЕЛЕ ПУЛЕМЕТА.
ГЛАЗА РАВА АШЛАГА СМОТРЯТ НА ПИЛОТА.

ГЛАЗА ПИЛОТА.
ГЛАЗА РАВА АШЛАГА.
ГЛАЗА ПИЛОТА...

erkorps, Gruppe 4 (Berlin-Kurmark) Berlin W 35, Großadm
Prinz Heinrichstr.1-
G l e i t f l i e g e r - A u s w e i s:B
Name: Stoy NOFF
Geb.Datum: 12.März 1913
zurzeit: Luftwaffensportverein Jagdfliegerschule Werneuchen
hat am 22.Januar 1939 nach Ablegen der vorgeschrie
5 Flüge auf dem Gelände Werneuchen und
theoretischer Prüfung die
abgelegt. (B-Abz

САМОЛЕТ ВДРУГ ДЕЛАЕТ ВИРАЖ И, НАДСАДНО ГУДЯ,
РЕЗКО УХОДИТ ВВЕРХ.
РАЗВОРАЧИВАЕТСЯ И НАЧИНАЕТ УДАЛЯТЬСЯ ОБРАТНО,
К ГОРИЗОНТУ.

РАВ АШЛАГ ЛЕЖИТ НА ВОДЕ, РАСКИНУВ РУКИ.

НА БЕРЕГУ, ОБЕССИЛЕВШАЯ ОТ КРИКА, СИДИТ РИВКА.

САМОЛЕТ ИСЧЕЗАЕТ.
НАСТУПАЕТ ТИШИНА.
СЛЫШНО ТОЛЬКО, КАК ВОЛНЫ НАКАТЫВАЮТ НА ПЕСОК
И СПОЛЗАЮТ В МОРЕ.

РАВ АШЛАГ РАЗМЕРЕННО ПЛЫВЕТ ОБРАТНО.
ОН ВЫХОДИТ НА БЕРЕГ.
РИВКА НАКРЫВАЕТ ЕГО ПОЛОТЕНЦЕМ, ЗАГЛЯДЫВАЕТ В ГЛАЗА.
ОН ОДЕВАЕТСЯ БЫСТРО И ИДЕТ, СЛОВНО ЕЕ И НЕТ РЯДОМ.
ОНА ТОРОПИТСЯ ЗА НИМ.

Рав Ашлаг. Можно ехать обратно. Они не прилетят больше.

•

ИЕРУСАЛИМ. НОЧЬ. ДОМ РАВА АШЛАГА.
СТРАННЫМ НЕОБЫЧНЫМ СВЕТОМ СВЕТИТСЯ ОКНО.
ВИДЕН ПРОФИЛЬ ПИШУЩЕГО РАВА АШЛАГА.

РИВКА СТОИТ У ДВЕРИ КОМНАТЫ С ПОДНОСОМ,
НА КОТОРОМ ДЫМИТСЯ ЧАШКА КОФЕ
И ЛЕЖИТ КУСОК ЧЕРНОГО ХЛЕБА. ОНА СТУЧИТ В ДВЕРЬ.
ЕЙ НИКТО НЕ ОТКРЫВАЕТ. ОНА ПРИСЛУШИВАЕТСЯ
И СЛЫШИТ ЗВУК ПРИБЛИЖАЮЩЕГОСЯ СНАРЯДА…
ОНА БЫСТРО СТАВИТ ПОДНОС НА ПОЛ
И ВЫБЕГАЕТ ИЗ ДОМА.
ОНА СТОИТ НАПРОТИВ ДОМА
И СМОТРИТ НА ОСВЕЩЕННОЕ ОКНО.
СВЕТ ИЗ НЕГО УХОДИТ В НЕБО, ПРОКЛАДЫВАЯ ТУДА
СВЕТОВУЮ ДОРОЖКУ.

ЗА ОКНОМ ХОДИТ ИЗ УГЛА В УГОЛ РАВ АШЛАГ.

•

КОМНАТА. РАВ АШЛАГ САДИТСЯ.
ЧИТАЕТ НЕСКОЛЬКО СТРОЧЕК ИЗ ЗОАР,
РЕЗКО ВСТАЕТ И ПОДХОДИТ К ОКНУ.

ОТ ОКНА ИДЕТ К СТЕНЕ…
ОТ СТЕНЫ К ДВЕРИ…
СНОВА САДИТСЯ. СНОВА ПРОЧИТЫВАЕТ СТРОЧКУ, ДВЕ…
СНОВА ВСТАЕТ…
И ТАК МНОГО РАЗ ЗА НОЧЬ…

•

КЛАСС. УЧЕНИКИ СИДЯТ НАПРОТИВ НЕГО.
ОН ЧИТАЕТ:

– «И выбрал ты меня принести Свет в пустой мир, и поставил стражников на пути к Тебе…»

•

ВСПЫШКА.
ГОРА. ВНУТРИ ГОРЫ – РАСЩЕЛИНА.
РАВ АШЛАГ ВХОДИТ В НЕЕ.
ВДАЛЕКЕ ЕДВА МЕРЦАЕТ СВЕТ.
ОН УСПЕВАЕТ СДЕЛАТЬ НЕСКОЛЬКО ШАГОВ.
ДОРОГУ ЕМУ ПЕРЕСЕКАЕТ ЧЕЛОВЕК В ЧЕРНОМ[71].
ЧЕЛОВЕК ОСТАНАВЛИВАЕТСЯ НА ПУТИ,
МЕТРАХ В ПЯТИДЕСЯТИ ОТ РАВА АШЛАГА.
ЛИЦА ЕГО НЕ ВИДНО.

– «И сказал Ты мне, – слышится голос рава Ашлага, – «Иди!» – И пошел я…»

ЧЕЛОВЕК В ЧЕРНОМ НАЧИНАЕТ БЕЖАТЬ НАВСТРЕЧУ.

– «И сказал ты: «Пройдешь их – откроешь Свет миру, не пройдешь – закроет мир крыло ворона…»

РАВ АШЛАГ СТОИТ, НЕ ДВИГАЯСЬ С МЕСТА.
ЧЕЛОВЕК СТРЕМИТЕЛЬНО ПРИБЛИЖАЕТСЯ К НЕМУ.

•

КЛАСС.
УЧЕНИКИ СМОТРЯТ НА РАВА АШЛАГА.
ОН МОЛЧИТ, НО СЛЫШЕН ЕГО ГОЛОС.

– Все внутри тебя. Черный человек – твои мысли о себе. Белый человек – мысли о ближнем… Они должны столкнуться.

---

71 **Человек в черном** – огромные эгоистические желания, которые возрастают в преддверии раскрытия человеком высоких духовных ступеней. Борьба с ними – последняя проверка готовности человека войти в Белый город.

РАСЩЕЛИНА.
СТАЛКИВАЕТСЯ ЧЕЛОВЕК С РАВОМ.

– Держись белого.

ОТ УДАРА СОТРЯСАЕТСЯ ТЕЛО РАВА.

– Тогда пройдешь!

ИЗ УСТ ЕГО ВЫРЫВАЕТСЯ КРИК.

•

ИЕРУСАЛИМ. КЛАСС.
ВСЕ СМОТРЯТ НА РАВА АШЛАГА.

– Держа-а-а-ать!.. – кричит он.

•

СНОВА И СНОВА БЬЕТСЯ ЧЕРНЫЙ КОМОК О РАВА АШЛАГА.
ГОЛОС РАВА АШЛАГА.

– Держа-а-а-ать!

•

КЛАСС.

– Держа-а-а-ть! – подхватывают все.

•

ЧЕЛОВЕК СБИВАЕТ РАВА АШЛАГА С НОГ.
НО ОН ТУТ ЖЕ ВСТАЕТ.
ЧЕЛОВЕК ОТСКАКИВАЕТ СНОВА. ПЯТИТСЯ.
ОСТАНАВЛИВАЕТСЯ. СКЛОНЯЕТ ГОЛОВУ,
И ОНА ПРЕВРАЩАЕТСЯ В ОСТРЫЙ НАКОНЕЧНИК ЧЕРНОГО СНАРЯДА.

КРИК РАВА АШЛАГА.

– Держа-а-ать!

•

ИЕРУСАЛИМ. КЛАСС.

Рав Ашлаг. Держа-а-а-ать!
Все. Держа-а-а-ать!

РУКИ РАВА АШЛАГА СЖИМАЮТ СТОЛ ТАК,
ЧТО БЕЛЕЮТ КОСТЯШКИ ПАЛЬЦЕВ.

•

ЧЕРНЫЙ СНАРЯД ЛЕТИТ НАВСТРЕЧУ ЕМУ.
ЗА НИМ НЕСЕТСЯ ШЛЕЙФ ОГНЯ.
СТРЕМИТЕЛЬНО СОКРАЩАЕТСЯ РАССТОЯНИЕ МЕЖДУ НИМИ.

•

ИЕРУСАЛИМ. КЛАСС.
РАВ АШЛАГ ВДРУГ ГОВОРИТ НЕОБЫЧАЙНО СПОКОЙНЫМ ГОЛОСОМ:

– Атака на Творца – это атака на себя. Если сейчас мы придем к одному намерению, одному-единственному – Любить, как Он любит… отдавать, как Он отдает, без остатка!.. Мы победим… Одно простое действие, – держать эту мысль, держать!

•

УДАРЯЕТСЯ ЧЕРНЫЙ СНАРЯД В БЕЛОГО РАВА.
ПЕРЕВОРАЧИВАЕТ ЕГО В ВОЗДУХЕ,
ОТБРАСЫВАЕТ НАЗАД.
НО ТОТ ПРИЗЕМЛЯЕТСЯ НА НОГИ.
ШАТАЕТСЯ И НЕ ПАДАЕТ.
ЧЕЛОВЕК ЖЕ ОТЛЕТАЕТ К СТЕНЕ
И РАСПАДАЕТСЯ НА ДЕСЯТЬ ЧЕРНЫХ ТЕНЕЙ.

МГНОВЕНИЕ…
И ОНИ РАСТВОРЯЮТСЯ В ВОЗДУХЕ.
И СНОВА ОТКРЫВАЕТСЯ РАВУ АШЛАГУ СВЕТ ВПЕРЕДИ.
И ОН ИДЕТ К НЕМУ.

•

ИЕРУСАЛИМ.
ДОМ РАВА АШЛАГА.
КОМНАТУ ПО ДИАГОНАЛИ ПЕРЕСЕКАЕТ ДЛИННЫЙ СТОЛ,
ЗАСТАВЛЕННЫЙ ЕДОЙ.

ЗА СТОЛОМ В ЦЕНТРЕ СИДИТ РАВ АШЛАГ.
ВОКРУГ НЕГО СГРУДИЛИСЬ ЕГО УЧЕНИКИ
И МНОЖЕСТВО ГОСТЕЙ.

Слышен чей-то шепот. Откуда столько еды?
Шепот в ответ. Слышал, что они продали все, что было в доме.
Шепот (*с усмешкой*). Что там было?

Шепот в ответ. Была книга Зоар XVII века.
Шепот в ответ (*полный удивления*). И он её продал?!
Рав Ашлаг. Я закончил этой ночью первую главу комментария к книге Зоар (*оглядывает всех*). Творец позволил мне это сделать. Это означает только одно – в мир начинает спускаться Свет. Его не было долгие века.

РАВ АШЛАГ ВСТАЕТ
И ПОДНИМАЕТ СТАКАН, ДО КРАЕВ НАПОЛНЕННЫЙ ВИНОМ.

Рав Ашлаг. Впереди 125 ступеней великой книги Света, которые мы можем пройти только вместе. Лехаим![72]
Все. Лехаим!
Рав Ашлаг. Великий праздник победы сегодня. Пурим[73].

СЛЫШЕН КАШЕЛЬ ОТКУДА-ТО С ДАЛЬНЕЙ СТОРОНЫ СТОЛА…

Рав Ашлаг (*поворачивает туда голову*). Вы хотите сказать, что я ошибся, что Пурим не сегодня?
Голос. Уважаемый рав Ашлаг, Пурим 22 марта, а сегодня 2 февраля…
Рав Ашлаг. Мы переносим его на сегодня, уважаемый рав Друкер. Лехаим!..

РАВ АШЛАГ ПЬЁТ ИЗ СТАКАНА.

Голос рава Друкера. Уважаемый рав Ашлаг, сегодня ночью вы закончили главу… (*прокашливается*) кхм-кхм!.. И сегодня же ночью фашисты сдались под Сталинградом… Это случайное совпадение?
Рав Ашлаг. Случайное совпадение, рав Друкер, Лехаим!
Все. Лехаим! Лехаим, Бааль Сулам[74], – владелец лестницы.
Шимон. Позволь нам отныне называть тебя Бааль Суламом?!

•
ПОЯВЛЯЕТСЯ ДОКУМЕНТАЛЬНАЯ ХРОНИКА
ВОЕННЫХ ДЕЙСТВИЙ.
ОТСТУПЛЕНИЕ ЗА ОТСТУПЛЕНИЕМ.
ПОКУШЕНИЕ НА ГИТЛЕРА.
АМЕРИКАНЦЫ ОТКРЫВАЮТ ВТОРОЙ ФРОНТ.

---

72 **Лехаим** – ивр. «за жизнь» (от ивр. «хаим» – жизнь).

73 **Пурим** – от ивр. «пур» – жребий. Праздник, установленный в честь избавления от угрозы истребления йудеев от руки Амана, министра персидского царя. В духовном аспекте – чувство полного освобождения от эгоизма, окончательное исправление.

74 **Бааль Сулам** – от ивр. «Бааль» – владелец, «Сулам» – «лестницы». «Сулам» – лестница, так называется комментарий к Зоар, созданный Бааль Суламом. Речь идет о лестнице духовного постижения.

•

ИЕРУСАЛИМ. КЛАСС. ИДЕТ УРОК.
ДВЕРЬ ОТКРЫВАЕТСЯ,
И В КЛАСС ВХОДЯТ СРАЗУ СЕМЬ ЧЕЛОВЕК.
ПЕРВЫМ ВХОДИТ ПАРЕНЬ ЛЕТ ДВАДЦАТИ ПЯТИ – ШЛОМО.

Шломо. Здравствуй, великий Коэн, рав Ашлаг, Бааль Сулам. Мы услышали о тебе от нашего рава. Он сказал нам: «идите к великому Коэну». Он владелец духовной лестницы, упросите его взять и вас с собой. Вот мы и пришли.
Бааль Сулам. Кто ваш рав?
Шломо. Наш рав скончался десять дней назад.
Бааль Сулам. Как его звали?
Шломо. Рав Леви.
Бааль Сулам. Рав Леви скончался?
Шломо. Да. Он сказал нам перед смертью, что нет человека на земле, которого бы он ненавидел больше тебя, но и нет, кого любил бы больше.

•

ДОКУМЕНТАЛЬНАЯ ХРОНИКА.
КОНЦЛАГЕРЯ. ДЫМЯТ ПЕЧИ АУШВИЦА.
В КАДРЕ ОБРЕЧЕННЫЕ ЛИЦА ЕВРЕЕВ
БЕЗ НАДЕЖДЫ В ГЛАЗАХ, БЕЗ ЖИЗНИ.
НОЧНОЙ ФОНАРЬ ОСВЕЩАЕТ РЯДЫ БАРАКОВ.
ПАТРУЛЬНЫЕ НА ВЫШКАХ ДЕЛАЮТ КРУГИ.

ТЕНЬ ЧЕЛОВЕКА В ВЫСОКОЙ ШАПКЕ ДВИЖЕТСЯ
ВДОЛЬ КОЛЮЧЕЙ ПРОВОЛОКИ.
БААЛЬ СУЛАМ ИДЕТ ПО ЛАГЕРЮ.
НАВСТРЕЧУ ИДУТ ДВА ЧАСОВЫХ С СОБАКОЙ.
СОБАКА ХРИПИТ И РВЕТСЯ С ПОВОДКА НА БААЛЬ СУЛАМА
НО ПАТРУЛЬНЫЕ НЕ ВИДЯТ НИКОГО.

•

ИЕРУСАЛИМ.
КЛАСС.

Бааль Сулам. «Сказал раби Йоханан: «Когда увидишь поколение, на которое беды льются рекой, – жди Машиаха.»
Зяма. Где он?.. Если так, то он просто обязан уже быть здесь!
Бааль Сулам. Каким ты представляешь его себе, Зяма?
Зяма. Человеком, который обязан объединить нас всех, а иначе, какой же он Машиах.
Бааль Сулам. Машиах – человек, по-твоему?
Зяма. Не может быть по-другому.
Бааль Сулам. А может быть это сила?

Зяма. Сила?..
Бааль Сулам. Сила. Которая вытаскивает тебя из этого эгоистического мира.
Зяма. И не человек?
Бааль Сулам. А если это страна справедливости, которая будет создана после всех этих страданий? Страна не может быть Машиахом?
Зяма. Но ведь нет же ее.
Бааль Сулам. Будет создана Страна, будет… Но стоит ли это стольких жертв?
Зяма. Нет.
Бааль Сулам. Нет?
Зяма. Я думаю о маме и сестрах… обо всех убитых… и ничего не могу поделать с этим.
Бааль Сулам. Ненавидишь Творца.
Зяма (*пауза*). Честно?.. Иногда… ненавижу.
Шимон (*вскакивает с места*). Что ты говоришь, несчастный!
Бааль Сулам (*перебивает его*). Это хорошо.
Шимон. Что хорошо?! Может так сказать твой ученик, наш друг, – «ненавижу Творца»?!
Рав Ашлаг. Любое отношение к Творцу лучше, чем ничто.
Зяма. Даже если я его ненавижу?..
Бааль Сулам. Ты с Ним уже в диалоге. Обвиняешь – значит, понимаешь, что все от Него. И беды, и счастье… Машиах… это то, что откроет тебе одну единственную истину: что не могут быть беды от Творца. А только добро и любовь. Все остальное – от тебя. От твоего мелкого эгоизма. С ним ты и должен разобраться. И каждый из нас.

•

И ВДРУГ ИСЧЕЗАЕТ КЛАСС.
ПРИБЛИЖАЕТСЯ КОНЕЦ РАСЩЕЛИНЫ.
ВОТ ОН – СВЕТ.
КАК ВДРУГ ПЕРЕСЕКАЕТ ДОРОГУ ЧЕРНАЯ ТЕНЬ[75].
ЗА НЕЙ ЕЩЕ ОДНА…
ЕЩЕ…
ТЕНИ ОБРУШИВАЮТСЯ НА БААЛЬ СУЛАМА…

•

ИЕРУСАЛИМ. КЛАСС.

Бааль Сулам. (*хрипит*) Держа-а-ать!
Все. Держа-а-ать!

---

75 **Черные тени** – это «умирающие» эгоистические свойства самого человека. Они делают последнюю попытку оттолкнуть его от раскрытия Высшего. Но это происходит только для того, чтобы человек ещё больше пожелал этого раскрытия. Впоследствии оказывается, что всё это действия самого Творца, который и отталкивает человека и притягивает его.

Бааль Сулам. Держа-а-ать!
Все. Держа-а-а-ть!

•

УДАР В ЛИЦО ВАЛИТ БААЛЬ СУЛАМА НА ЗЕМЛЮ.
ОН ЗАЩИЩАЕТСЯ, ПОДНИМАЯ РУКУ,
НО ТУТ ЖЕ ПОЛУЧАЕТ НОВЫЙ УДАР.
ТЕНИ СГУЩАЮТСЯ НАД НИМ.
МЕРКНЕТ БЕЛОЕ ПЯТНО ВПЕРЕДИ.

– Держа-а-ать!.. – ослабевает его голос.

НО ВДРУГ ОТЛЕТАЕТ ОДНА ТЕНЬ, ДРУГАЯ, ТРЕТЬЯ...
КАКАЯ-ТО СИЛА ОТРЫВАЕТ БААЛЬ СУЛАМА ОТ ЗЕМЛИ...
И ОН ОКАЗЫВАЕТСЯ НА РУКАХ У БАРУХА И ХАИМА...
БЕГУТ НА ПОМОЩЬ ШИМОН, ЗЯМА...

НО ОГРОМНЫЙ КАМЕНЬ СРЫВАЕТСЯ С ВЕРШИНЫ ГОРЫ
И ПЕРЕКРЫВАЕТ ИМ ДОРОГУ.

•

ДОКУМЕНТАЛЬНАЯ ХРОНИКА.
БОИ В БЕРЛИНЕ.
ПОСЛЕДНИЕ ДНИ ВОЙНЫ...

•

ИЕРУСАЛИМ. ДОМ РАВА АШЛАГА.
ШУМНАЯ ТРАПЕЗА.
ТАНЦУЮТ УЧЕНИКИ, ХАСИДЫ...

Рав Друкер (*через общий шум, смех, пение*). Кхм-кхм... можно спросить Вас, уважаемый рав Ашлаг?
Рав Ашлаг. Спрашивайте, рав Друкер.
Рав Друкер. Сегодня ночью Вы закончили новую главу, уважаемый рав Ашлаг. (*Смолкает шум, все прислушиваются.*) И сегодня же ночью, так получилось, закончилась эта страшная война. (*Пауза.*) Случайно?
Рав Ашлаг. Вы уже спрашивали меня об этом, рав Друкер, и я вам ответил.
Рав Друкер. Я проверял, минута в минуту, когда Вы закончили главу, поставили последнюю точку – я попросил Вашу дочь Бат-Шеву отметить точное время, когда Вы закончите, – так вот, именно в эту минуту было подписан договор о капитуляции фашистской Германии. Кхм-м-м... Совпадение?

ВСЕ ГЛАЗА НАПРАВЛЕНЫ НА РАВА АШЛАГА.
ВСЕ ЖДУТ.
РАВ АШЛАГ ОГЛЯДЫВАЕТ ВСЕХ.

Рав Ашлаг. Совпадение, рав Друкер. Совпадение. Но выпьем за окончание главы… и за окончание войны, и будем помнить, что «нет никого, кроме Творца»! Лехаим!
Все. Лехаим!

•

БЕРЛИН. БУНКЕР ГИТЛЕРА.
ПО КОРИДОРУ БЕГУТ ОФИЦЕРЫ.
ТУТ ЖЕ НА ПОЛУ ЖГУТ КАКИЕ-ТО ДОКУМЕНТЫ.
ЛЕЖИТ В ЛУЖЕ КРОВИ ОФИЦЕР.
ПЬЯНЫЙ ЭСЭСОВЕЦ КРИЧИТ, ПРИЖАВШИСЬ К СТЕНЕ.
БААЛЬ СУЛАМ ИДЕТ ПО КОРИДОРУ.
ЕГО НЕ ЗАМЕЧАЕТ НИКТО.
ОН ПРОХОДИТ МИМО ОХРАННИКОВ, ОТКРЫВАЕТ ТЯЖЕЛУЮ ДВЕРЬ, ЗАХОДИТ В БОЛЬШОЙ ЗАЛ.

ВПЕРЕДИ КРЕСЛО, В КОТОРОМ СИДИТ ЧЕЛОВЕК.
ВИДНА ТОЛЬКО ЕГО БЛЕДНАЯ РУКА,
ВЯЛО ВИСЯЩАЯ НАД КОВРОМ.
БААЛЬ СУЛАМ ПРИБЛИЖАЕТСЯ К ЧЕЛОВЕКУ.
В КРЕСЛЕ СИДИТ ГИТЛЕР.
БААЛЬ СУЛАМ СМОТРИТ НА НЕГО СВЕРХУ.
ГИТЛЕР ВЕДЕТ РУКОЙ.
ГУБЫ ЕГО ЧТО-ТО ШЕПЧУТ, НО НЕ СЛЫШНО НИ СЛОВА.
ГЛАЗА УСТАЛЫЕ, ЛИШЕННЫЕ ЖИЗНИ.
ВДРУГ ОН НАЧИНАЕТ ИСТОШНО КРИЧАТЬ НА БААЛЬ СУЛАМА.
ПЕНА БРЫЗЖЕТ У НЕГО ИЗО РТА.
НО ПО-ПРЕЖНЕМУ – НИ ЗВУКА.

•

ДОКУМЕНТАЛЬНАЯ ХРОНИКА. КОНЕЦ ВОЙНЫ.
ПАРАД ПОБЕДЫ НА КРАСНОЙ ПЛОЩАДИ.
СОЛДАТЫ И ОФИЦЕРЫ ПРОХОДЯТ ШЕРЕНГАМИ ПЕРЕД ТРИБУНОЙ,
НА ТРИБУНЕ СТОИТ СТАЛИН И ВСЕ ПРАВИТЕЛЬСТВО.
БРОСАЮТ НА МОКРУЮ МОСТОВУЮ ФАШИСТСКИЕ ФЛАГИ.
АМЕРИКА ВСТРЕЧАЕТ СВОИХ ВОИНОВ.
ФРАНЦУЗЫ ОБНИМАЮТ СВОИХ…

ИЗ АУШВИЦА ВЫВОДЯТ МАЛЕНЬКИХ ДЕТЕЙ,
ОДЕТЫХ В ПОЛОСАТУЮ АРЕСТАНТСКУЮ ОДЕЖДУ.
ДЕТИ ПОКАЗЫВАЮТ НОМЕРА,
ВЫТАТУИРОВАННЫЕ НА ИХ РУЧКАХ.
ВОЕННАЯ КОМИССИЯ ОБХОДИТ ЛАГЕРЬ.

•

ИЗРАИЛЬ.
БААЛЬ СУЛАМ ПРОХОДИТ ПО ДЛИННОМУ КОРИДОРУ.
ОТКРЫВАЕТ ДВЕРЬ И ОКАЗЫВАЕТСЯ В КАБИНЕТЕ,
В КОТОРОМ СТОИТ ТОЛЬКО ОДИН СТОЛ И ТРИ СТУЛА.
НАВСТРЕЧУ ЕМУ ИЗ-ЗА СТОЛА ВСТАЕТ БЕН-ГУРИОН,
МАЛЕНЬКИЙ, НЕОБЫЧАЙНО ЭНЕРГИЧНЫЙ.

Бен-Гурион. Рав Ашлаг, не сомневайтесь, я помню о нашем разговоре, я постоянно об этом думаю.
Бааль Сулам. Мы на пороге создания государства. Поэтому я попросил вас о встрече.
Бен-Гурион (*садится, предлагает ему сесть напротив*). Киббуцы – вот прототип нашего будущего государства.
Бааль Сулам. Нужно сделать только одну поправку.
Бен-Гурион. Вы говорили о единстве, киббуцы – это единство. О равенстве! В киббуцах – это основа. О любви!.. Киббуцы уже живут по закону «возлюби ближнего, как самого себя…»

•

ХРОНИКА ПЕРВЫХ КИББУЦОВ.
СЧАСТЛИВЫЕ ЛЮДИ, ПОЛНЫЕ ЭНТУЗИАЗМА…

•

КАБИНЕТ БЕН-ГУРИОНА.

Бааль Сулам. Киббуцы не выживут! Не построят они рай здесь на земле, законченные эгоисты.
Бен-Гурион. Мы столько настрадались, что стать равными для нас естественно…
Бааль Сулам. Уважаемый Давид, только одну поправку надо внести в киббуцы – Высшую силу… и все пойдет, как надо.
Бен-Гурион. После этой войны вы не заставите их сделать такую поправку. Они пошлют вас к черту с вашей Высшей силой, они, потерявшие родных, близких, детей, родителей… О чем вы говорите?! О какой Высшей силе вы говорите?!
Бааль Сулам. Я понимаю их, и я готов объяснять, распространять… преподавать каббалу… они все поймут.
Бен-Гурион. Наивный вы человек.
Бааль Сулам. Это не я наивный, нет.
Бен-Гурион. И все-таки мы построим государство для евреев.
Бааль Сулам. Для мира.
Бен-Гурион. Для евреев, гонимых миром…
Бааль Сулам. Для евреев, которые принесут миру Знание о высшем Законе Любви.

Бен-Гурион. Это вы так называете Творца.
Бааль Сулам. Это и есть Творец.
Бен-Гурион (*пауза, смотрит на рава*). Сейчас ко мне должен прийти один человек, мой старинный друг, он прошел весь ад Катастрофы… Вы не представляете, что с ним сделали, с таким живым, огненным, каким он был раньше… Так вот, дорогой мой рав Ашлаг, не заводите его с вашим Высшим Законом… они все такие злые… они разорвут вас.
Бааль Сулам. Через три года, когда вы станете главой государства, вся ответственность будет на вас.
Бен-Гурион. О, вы даже знаете, когда будет создано государство?
Бааль Сулам. Еще раз послушайте меня, – это государство сможет существовать только по духовным законам. Только!

РАЗДАЕТСЯ НЕГРОМКИЙ СТУК В ДВЕРЬ.

Бен-Гурион. Это он. Как всегда точен (*раву*). Я вас предупредил… (*Громко, в сторону двери.*) Да, войдите!

ДВЕРЬ ОТКРЫВАЕТСЯ И ВХОДИТ СТРАШНО ХУДОЙ ЧЕЛОВЕК.
ОЧЕНЬ ТИХИЙ, СГОРБЛЕННЫЙ,
С УСТАЛЫМИ ГЛАЗАМИ И ВЫМУЧЕННОЙ УЛЫБКОЙ…
ОН ИДЕТ НАВСТРЕЧУ БЕН-ГУРИОНУ.
ОНИ ОБНИМАЮТСЯ…
БЕН ГУРИОН ПОМОГАЕТ ЕМУ СЕСТЬ.
ЧЕЛОВЕК МЕДЛЕНО ПОВОРАЧИВАЕТ ГОЛОВУ К БААЛЬ СУЛАМУ.

Бен-Гурион. Познакомься, это рав Ашлаг, большой идеалист…

ЧЕЛОВЕК ПРИСТАЛЬНО СМОТРИТ НА РАВА
И ВДРУГ НАЧИНАЕТ ВСТАВАТЬ.
СЛАБЫЕ НОГИ ОТКАЗЫВАЮТСЯ ДЕРЖАТЬ ЕГО,
ГОЛОВА ДРОЖИТ, И ОН ПРОИЗНОСИТ:

– Ю-ю-да!..
Бааль Сулам. Янкеле…
Янкель. Юдале…

БААЛЬ СУЛАМ ДЕЛАЕТ К НЕМУ ШАГ,
И ЯН ПАДАЕТ ЕМУ НА РУКИ.
ПОВИСАЕТ НА НЕМ И УЖЕ НЕ СДЕРЖИВАЕТ СЛЕЗ
И НЕ СТЕСНЯЕТСЯ ИХ.

Янкель (*рыдая*). Юда-а-але, любимый мой, если бы ты знал, сколько раз я вспоминал тебя там, сколько раз умолял я тебя прийти ко мне, объяснить мне жизнь мою… если бы ты знал, мой любимый брат!?

БЕН-ГУРИОН СМОТРИТ, ПОРАЖЕННЫЙ, НА ЭТУ СЦЕНУ.

Бен-Гурион. Вы… оказывается… знакомы.
Бааль Сулам. Мы знакомы очень давно.

КАБИНЕТ БЕН-ГУРИОНА.
ПРОШЕЛ ЧАС.
ЯНКЕЛЬ СИДИТ В КРЕСЛЕ.
ДЕРЖИТ В СВОИХ РУКАХ РУКИ БААЛЬ СУЛАМА.
РЯДОМ СИДИТ БЕН-ГУРИОН.

Янкель. Ну во-от… потом было гетто и весь этот ужас вокруг… Потом Аушвиц, где я загружал печи телами моих братьев и сестер, потом моя смерть…
Бен-Гурион. Но ты же не умер.
Янкель. Нет, я умер.
Бен-Гурион. Образно говоря…
Янкель. Ты говоришь сейчас с мертвецом.
Бен-Гурион. Ну-у, мы тебя вернем к жизни! (*Хлопает его по плечам.*)Еще столько дел впереди, товарищ!

ЯНКЕЛЬ НЕ ОБРАЩАЕТ НА НЕГО ВНИМАНИЯ,
СМОТРИТ НА РАВА АШЛАГА.

Янкель. Я скажу тебе, когда я понял, что я давно уже мертв… Это было после второго побега. Меня избили и голого бросили в карцер. Там был бетонный пол, и можно было только стоять. Я еле стоял. Я просил смерти. А она не приходила. Несколько раз я терял сознание… Возвращался в этот ужас и снова просил смерти. Не помню, сколько прошло времени, но когда я очнулся в очередной раз… в этой страшной, холодной камере смертников… я вдруг ощутил какое-то тепло… Я ощутил тепло. Словно меня накрыли теплым пледом. Никогда не забуду это ощущение… Я подумал, что схожу с ума, я всегда отличался трезвостью мышления, всегда был логиком, ну, ты же помнишь меня, никогда не верил ни во что, что не могу пощупать… А тут… Я стал оглядываться, я искал причину этого своего состояния…

БААЛЬ СУЛАМ СПОКОЙНО СМОТРИТ НА НЕГО.
ЯНКЕЛЬ СИЛЬНО СЖИМАЕТ ЕГО РУКУ.

Янкель. И я нашел ее. Я буквально почувствовал, как из маленького окошка под потолком струится свет в камеру.
Бен-Гурион. Ты же сказал, что это было ночью.
Янкель. Была ночь. Но струился Свет.
Бен-Гурион. Янкеле…
Янкель (*поднимает руку, останавливая его, говорит, обращаясь к раву Ашлагу*). Но не это самое главеное. Самое главное то, что я ощутил. Я ощутил… я ощутил…

любовь… (*кивает головой*), да, да… это чувство волнами наплывало на меня. Как это объяснить?.. Ну как объяснить это ощущение бесконечной любви… абсолютной защиты… безмерного счастья… Вот, что я ощутил там, в камере… Это было наяву. Я точно помню каждое мгновение. Я понял только одно – что это пришло от этого еле видного свечения из окна… Никогда! никогда в жизни я не испытывал такого… (*ищет слово*) такого ощущения… что живу!.. (*Торопливо, боясь, что его превут и он не успеет это сказать.*)И еще… я подумал… я подумал, что стоило… стоило столько страдать, для того чтобы однажды почувствовать такое…

НАСТУПАЕТ ТИШИНА,
КОТОРУЮ НИКТО НЕ ХОЧЕТ ПРЕРЫВАТЬ.

Бен-Гурион. Ну и что было дальше?
Янкель. Потом все исчезло.
Бен-Гурион. И ты снова оказался в камере, в той же жизни…
Янкель (*к раву Ашлагу*). Я сразу вспомнил о тебе. Я все время вспоминал о тебе, но тут просто начал говорить с тобой, словно ты здесь, рядом, сейчас…
Бааль Сулам. Это очень редкая вещь – то, что ты ощутил… но такое бывает. Это дается человеку после огромных нечеловеческих страданий… Творец дает ему возможность ощутить, что такое самая низкая, самая первая ступень духовного мира. Как награда за страдания это дается.
Бен-Гурион. И для этого надо пройти весь этот ад?..
Бааль Сулам. Нет. Не надо. Не надо! Надо выбрать путь Света, а не страданий. То, что предлагаю сейчас я… А вы меня не слышите. Того же состояния, но постоянного, не мгновения, а постоянного ощущения счастья можно достичь без мук, сейчас, при этой жизни!.. А вы не слышите меня!..
Бен-Гурион. Я?
Бааль Сулам. Ты – глава будущего государства Израиль. Поверь, что если ты выберешь сейчас Свет, то все пойдет по-другому.
Бен-Гурион. Но это все так иллюзорно.
Бааль Сулам. Единственный закон, который тебе надо принять сейчас. Подняться над всей этой логикой, которая привела мир к тому, к чему привела. Подняться над всеми расчетами, которые были у всего мира до войны… И где сейчас эти расчеты?.. Над всем, что кажется нереальным… подняться и сказать: я буду строить страну по духовным законам. Израиль не может быть похож на остальной мир. Здесь нельзя просто существовать без Цели, как живут во всем мире. Израиль – страна Творца.
Бен-Гурион. Что за этими словами?
Бааль Сулам. Только одно – жизнь по закону любви к ближнему… И не просто так, чтобы любить ближнего… А чтобы раскрыть Творца… Для этого!
Бен-Гурион. И ты знаешь, как жить по этому закону?
Бааль Сулам. Знаю.

БЕН-ГУРИОН МГНОВЕНИЕ МОЛЧИТ,
ПОТОМ ВСТАЕТ И ПОДАЕТ РУКУ РАВУ АШЛАГУ.

Бен-Гурион. Спасибо, Рав Ашлаг. У меня еще очень много дел на сегодня (*Янкелю*). Останься, я хотел бы, чтобы ты взял на себя всю работу по киббуцам.

БААЛЬ СУЛАМ ВСТАЕТ И ИДЕТ К ВЫХОДУ.

Янкель (*Бен-Гуриону*). Я сейчас вернусь.

ВЫХОДИТ ВСЛЕД ЗА БААЛЬ СУЛАМОМ.

•

УЗКИЙ КОРИДОР.
ЯНКЕЛЬ СТОИТ НАПРОТИВ БААЛЬ СУЛАМА.

Янкель. Это больше не вернётся?
Бааль Сулам. Нет, это дается человеку только раз. После этого он сам должен принимать решение.
Янкель. Ты хочешь, чтобы я пошел с тобой?
Бааль Сулам. В таких случаях не спрашивают – или идут, или остаются.
Янкель. Я думаю, что я смогу помочь тебе… если буду заниматься киббуцами. Мне нужно немножко окрепнуть… а потом я приду.
Бааль Сулам. Хорошо.
Янкель. Ты не доволен мной?
Бааль Сулам. В духовном нет насилия, Янкеле. Человек идет за сердцем. Твое сердце пока в этом мире. Несмотря ни на что. И ты не можешь через это перешагнуть. Но в тебе уже есть зачатки… Есть. Ты придешь.
Янкель. Я приду.

БААЛЬ СУЛАМ ОБНИМАЕТ ЕГО,
ПОВОРАЧИВАЕТСЯ И ИДЕТ ПО КОРИДОРУ К ВЫХОДУ.
ЯНКЕЛЬ ДОЛГО СМОТРИТ ЕМУ ВСЛЕД.

•

ДОКУМЕНТАЛЬНАЯ ХРОНИКА.
ЗАСЕДАНИЕ ООН.
СЕССИЯ ООН ОБСУЖДАЕТ ВОПРОС О СОЗДАНИИ ГОСУДАРСТВА ИЗРАИЛЬ.

•

ОЖИДАНИЕ РЕШЕНИЯ ООН В ИЗРАИЛЕ.
ООН. ПОДСЧИТЫВАЮТСЯ ГОЛОСА.
ТЕЛЬ-АВИВ.
ЛЮДИ, ПРИНИКШИЕ К РАДИОПРИЕМНИКАМ.

ПЕШЕХОДЫ, ОСТАНОВИВШИЕСЯ У РАДИОТОЧЕК.
ТИШИНА ОЖИДАНИЯ.

•

ООН. ПРИНИМАЕТСЯ РЕШЕНИЕ О СОЗДАНИИ ГОСУДАРСТВА ИЗРАИЛЬ.

•

ВСПЛЕСК ЛИКОВАНИЯ НА УЛИЦАХ.
СЛЕЗЫ РАДОСТИ НА ЛИЦАХ ЛЮДЕЙ.
ВЕЛИКИЙ ПРАЗДНИК В ИЗРАИЛЕ.

•

ОСТРЫЙ ГВОЗДЬ В РУКЕ БААЛЬ СУЛАМА.
ОСТРИЕМ ГВОЗДЯ ОН ВЫРЕЗАЕТ НА ЛЕЗВИИ НОЖА НАДПИСЬ: «ГОСУДАРСТВО ИЗРАИЛЬ».
БААЛЬ СУЛАМ ВЫПРЯМЛЯЕТСЯ,
ПОДНИМАЕТ ПЕРЕД СОБОЙ ЭТОТ НОЖ,
ПОКАЗЫВАЯ ЕГО ДЕТЯМ И УЧЕНИКАМ, СИДЯЩИМ ЗА СТОЛОМ,
И ЭТИМ ЖЕ НОЖОМ ОН НАРЕЗАЕТ ХЛЕБ…

•

БЕН-ГУРИОН В ОКРУЖЕНИИ ДРУЗЕЙ И ОХРАНЫ ИДЕТ ПО КОРИДОРУ.
НАВСТРЕЧУ ЕМУ ИДЕТ БААЛЬ СУЛАМ.
БЕН-ГУРИОН РАЗВОДИТ РУКАМИ.

Бен-Гурион. Я не могу, не могу сегодня с вами встретиться, уважаемый Рав Ашлаг.

БААЛЬ СУЛАМ ПЫТАЕТСЯ ПОДОЙТИ К НЕМУ,
НО ЕГО ОТТЕСНЯЮТ К СТЕНЕ ДВА МОЛОДЫХ ОХРАННИКА.
И ВДРУГ БААЛЬ СУЛАМ НЕОБЫЧАЙНО СПОКОЙНО
И УВЕРЕННО ОТОДВИГАЕТ ИХ В СТОРОНУ
И ДЕЛАЕТ ШАГ К БЕН-ГУРИОНУ.
ОХРАННИКИ СТОЯТ, ПРИЖАТЫЕ К СТЕНЕ,
НЕ В СИЛАХ СДВИНУТЬСЯ С МЕСТА.

Бен-Гурион. Это утопия, понимаете вы это или нет!
Бааль Сулам. Утопия создавать государство Израиль без духовной основы.
Бен-Гурион. Мы введем обязательное преподавание Торы в школах, мы сделаем субботу[76] выходным днем…

---

76 **Суббота** – седьмой день недели, если считать со дня Творения мира. Как сказано в Торе: «а 7-ой день – отдых». В смысле духовной работы человека суббота – чувство подъёма, свободы от себялюбия, чувство любви.

Бааль Сулам. Я говорю не об этом. Я говорю о цели создания государства.
Бен-Гурион. Цель – дом для евреев.
Бааль Сулам. Цель – дом для Творца.
Бен-Гурион. Мне некогда спорить с вами.
Бааль Сулам. Снова прольется кровь.
Бен-Гурион. Рав Ашлаг, 14 мая мы провозгласим независимость еврейского государства. И точка.

БЕН-ГУРИОН ИДЕТ ДАЛЬШЕ.
НЕДОУМЕННЫЕ, ОТЛИПАЮТ ОТ СТЕНЫ МОЛОДЫЕ ОХРАННИКИ, ОГЛЯДЫВАЮТСЯ НА БААЛЬ СУЛАМА.
ОН ОСТАЕТСЯ ОДИН В КОРИДОРЕ.

•

НОЧЬ. УРОК.
ОН СИДИТ В ОКРУЖЕНИИ СВОИХ УЧЕНИКОВ.

Бааль Сулам. 14 мая будет объявлено о создании государства Израиль.

•

ДОКУМЕНТАЛЬНАЯ ХРОНИКА. 14 МАЯ 1948 ГОДА.
БЕН-ГУРИОН СТОИТ НА СЦЕНЕ
В ЗАЛЕ, НАБИТОМ ЛЮДЬМИ.
ПОДНИМАЕТ ДЕРЕВЯННЫЙ МОЛОТОК,
ЗАМИРАЕТ НА МГНОВЕНИЕ И БЬЕТ ИМ ПО СТОЛУ.

Бен-Гурион. Я торжественно объявляю о создании государства Израиль. Государства евреев… Навсегда.

•

СЛЕЗЫ НА ЛИЦАХ ЛЮДЕЙ.
УЛИЦЫ УВЕШАНЫ ФЛАГАМИ. ТАНЦЫ, МУЗЫКА, СМЕХ…
СТРАНА ПРАЗДНУЕТ СВОЕ РОЖДЕНИЕ.
ДЕНЬ СМЕНЯЕТ ВЕЧЕР. ВЕЧЕР – НОЧЬ…

•

КЛАСС.

Бааль Сулам. Но ночью начнется война.

•

И ВДРУГ РАДОСТЬ ПРЕРЫВАЮТ ЗАЛПЫ ОРУДИЙ.
НОЧЬ 14 МАЯ 1948 ГОДА.
БОМБЕЖКА. ПАНИКА.
НАЧАЛО ВОЙНЫ ЗА НЕЗАВИСИМОСТЬ.

•

КЛАСС.

Бааль Сулам. Написано в Зоар: «И в то время пробудятся сыны Ишмаэля, чтобы пойти на Иерусалим… И заключат они союз меж собой, чтобы уничтожить Израиль… И пойдут с семи сторон… И наступит час бедствия Якова»… (*смолкает*).
Зяма. Все?.. Там больше ничего не написано?
Бааль Сулам. «Но не смогут они сломить дом Якова».
Зяма. Значит, не смогут?
Бааль Сулам. В этой войне…

•

ДОКУМЕНТАЛЬНАЯ ХРОНИКА ВОЙНЫ.
ВСПЫХИВАЮТ ВЗРЫВЫ В НОЧИ.

Голос комментатора. Наше молодое государство подверглось коварному нападению семи стран, заключивших преступный договор…
Голос Бен-Гуриона. Нас не сможет сломить ничто!.. (*Шумы в эфире и призыв.*) Все, кто способен носить оружие!..
Вдруг вклиниваются голоса. Где оно, твое оружие…
Крик из рации. Они обходят тебя, Ицик, сзади! Сзади!..

•

Голос Бааль Сулама. Не будет оружия в начале войны. Оно начнет поступать к нам через неделю из России и Чехии…

•

ДОКУМЕНТАЛЬНАЯ ХРОНИКА.
КОРАБЛИ С ОРУЖИЕМ ПРИБЛИЖАЮТСЯ К БЕРЕГАМ ИЗРАИЛЯ.
ВОТ ОНИ РАЗГРУЖАЮТСЯ В ЛОДКИ…
А ВОТ УЖЕ С РУЖЬЯМИ НАПЕРЕВЕС БЕГУТ СОЛДАТЫ…
ПРЫГАЮТ В ОКОПЫ…
ПАДАЮТ, СРАЖЕННЫЕ НАВЫЛЕТ.

•

ИЕРУСАЛИМ. ДОМ РАВА АШЛАГА.
КЛАСС.
ОКРУЖИВ РАВА АШЛАГА, СЛОВНО ЗАЩИЩАЯ ЕГО,
СЛУШАЮТ ПРИТИХШИЕ УЧЕНИКИ…

Рав Ашлаг. Перелом наступит через 21 день, в июле, во время десятидневных боев. Мы возьмем Рамаллу и Лод и соединимся с Иерусалимом…
Зяма. Ты вот-вот закончишь книгу Света, и она принесет в мир избавление…

Бааль Сулам. Сначала будет тьма. Так и должно быть. Чем больше света, тем больше видна грязь… Люди увидят Фараона. Каждый в себе. Захотят ли они вырваться из его власти?!

•

ДОКУМЕНТАЛЬНАЯ ХРОНИКА ОКОНЧАНИЯ ВОЙНЫ.
БРОНЕВИКИ ПРОБИВАЮТСЯ К ИЕРУСАЛИМУ.
НА СИНАЕ ПРОРЫВАЮТСЯ ЕГИПЕТСКИЕ ЗАГРАЖДЕНИЯ…
ПОДНИМАЕТСЯ ИЗРАИЛЬСКИЙ ФЛАГ.
ПОДПИСЫВАЕТСЯ СОГЛАШЕНИЕ О МИРЕ…

Голос Бааль Сулама. Я сразу заявляю, что если вы меня не услышите сейчас, то через 50 лет мы получим государство, уставшее от войн, состоящее из людей, растерявших все идеалы и мечтающих только о том, чтобы как можно быстрее уехать отсюда…

•

ЗАЛ ЗАСЕДАНИЙ, ЗАБИТЫЙ ДО ОТКАЗА ЛЮДЬМИ.
ПЕРЕД НИМИ НА СЦЕНЕ СТОИТ РАВ АШЛАГ.

Голос из зала. Какая глупость! Кто пригласил его сюда?!
Голос. Мы празднуем победу, а не поражение!
Бааль Сулам. Цель создания государства не в том, чтобы создать государство евреев.

СВИСТ ИЗ ЗАЛА.

Бааль Сулам (*перекрывая свист*). Цель – создать государство, которое будет жить по высшим духовным законам!..
Голос. Где были твои высшие законы, когда нас сжигали в Аушвице?!

ГУЛ ГОЛОСОВ, СВИСТ…

Бааль Сулам (*не обращая внимания ни на что*). Мы должны прийти к этому первыми. Здесь. На этой земле. И затем привести к этому весь мир.

СНОВА СВИСТ И КРИКИ:

– Уберите его со сцены!
– Нет всего мира! Есть независимое еврейское государство!
– Мы построим общество равных, рай для евреев, сами, без всяких высших законов!

ЗАЛ РУКОПЛЕЩЕТ.
БААЛЬ СУЛАМ ЖДЕТ, КОГДА УТИХНУТ РУКОПЛЕСКАНИЯ.

НАСТУПАЕТ ТИШИНА.
ОН ОГЛЯДЫВАЕТ ЗАЛ.

Бааль Сулам. Вы не построите рай! Никому не нужно такое государство, ни вам, ни всему миру. В нем нет Творца.

СВИСТ И КРИКИ.

ВДРУГ БААЛЬ СУЛАМ ЗАМОЛКАЕТ. И ВСЕ МОЛЧАТ.
ОН СМОТРИТ КУДА-ТО ПОВЕРХ ГОЛОВ.
НЕСКОЛЬКО ЧЕЛОВЕК В ПЕРВЫХ РЯДАХ ОБОРАЧИВАЮТСЯ,
ПЫТАЯСЬ УВИДЕТЬ, КУДА ОН СМОТРИТ.

Удивленный голос. Ну чего замолчал?..

•

ВСПЫШКА. БААЛЬ СУЛАМ ВЫХОДИТ ИЗ РАСЩЕЛИНЫ К СВЕТУ...
ЗА НИМ ПОЯВЛЯЮТСЯ БАРУХ И ХАИМ.

Шепот Бааль Сулама. Иерушалаим[77].

СВЕТЯТСЯ СЧАСТЬЕМ ЛИЦА ХАИМА И БАРУХА.

ПОЗАДИ НИХ ИЗ ТЕМНОТЫ ПОЯВЛЯЮТСЯ ШИМОН И ЗЯМА...

И ВДРУГ ОНИ СТАЛКИВАЮТСЯ
С НЕВИДИМОЙ ПРОЗРАЧНОЙ СТЕНОЙ.
ЗЯМА КРИЧИТ, БЬЕТСЯ О СТЕНУ.
НА РУКАХ ЕГО ПОЯВЛЯЕТСЯ КРОВЬ...
ШИМОН ОБНИМАЕТ ЕГО, ОСТАНАВЛИВАЯ.
ОНИ МОЛЧА СМОТРЯТ ВСЛЕД СВОИМ
УДАЛЯЮЩИМСЯ ТОВАРИЩАМ...

Голос Шимона. Идите! Мы будем думать о вас!.. Только дойдите!

ЗЯМА БЕЗЗВУЧНО ПЛАЧЕТ,
ПРИЖАВШИСЬ К ШИМОНУ.

---

77 **Иерушалаим** (ивр. транскрипция Иерусалима) – происходит от слов «ира» – трепет, «шалем» – полный. В духовном аспекте это обозначает состояние человека, охваченного трепетом перед величием Творца. Трепетом, сможет ли он отдать Творцу в той же мере, что и Творец отдает ему, сможет ли любить Творца так же, как и Творец любит его. Только такой человек может стать жителем духовного Иерусалима. Еще одно определение Иерусалима – «Ир шлема», «город совершенный», – это свободное от себялюбия сердце человека.

Голос Шимона. Все мысли о них!.. О великих братьях наших!

БААЛЬ СУЛАМ ИДЕТ ВПЕРЕДИ.
К ОТКРЫТЫМ ВОРОТАМ БЕЛОГО ГОРОДА.

Голос. Эй!..

ЭТОТ ВСКРИК ВОЗВРАЩАЕТ БААЛЬ СУЛАМА В ЗАЛ.

•
ЗАЛ.

Бааль Сулам (*стоит напротив замершего зала, говорит тихо, очень тихо*). Поймите… услышьте меня… только захотите… просто захотите… соединиться с Ним… с этим законом… с источником жизни! Поставьте это целью своей… и вы увидите… Весь мир захочет нашего процветания, потому что мы начнем проводить Свет сюда, в этот худший из миров. В это царство тьмы войдет Свет и в мгновение изменит всё. И всех. Все увидят в этом свете, что мир един, мир – одна семья, все мы связанны великой связью…

МОЛЧАНИЕ. ВСЕ СМОТРЯТ НА БААЛЬ СУЛАМА.
ОН СТОИТ, ВЕСЬ УСТРЕМЛЕННЫЙ ВПЕРЕД.

– Любовью.

•
ВСПЫШКА.
БААЛЬ СУЛАМ, БАРУХ И ХАИМ ПРИБЛИЖАЮТСЯ К РАСПАХНУТЫМ НАСТЕЖЬ ВОРОТАМ БЕЛОГО ГОРОДА…
СМОТРЯТ ИМ ВСЛЕД, УПИРАЯСЬ В НЕВИДИМУЮ СТЕКЛЯННУЮ СТЕНУ, ШИМОН И ЗЯМА.
ОНИ НЕ МОГУТ ПРОЙТИ ВПЕРЕД.

БААЛЬ СУЛАМ ВХОДИТ ВНУТРЬ…
УЧЕНИКИ, ПОМЕДЛИВ, ЗА НИМ.

– Они вошли! – слышится позади восторженный шепот Шимона.

ОНИ ИДУТ ПО ГОРОДУ.
КРАСИВЫЕ УЛЫБАЮЩИЕСЯ ЛЮДИ ИДУТ НАВСТРЕЧУ.
ВСЕ РАСЫ ЗДЕСЬ, ВСЕ НАРОДНОСТИ.

Барух. Это не сон.
Голос Бааль Сулама. Это Иерусалим, который в сердце…
Хаим. Господи, как велик Ты!.. Господи, сколько же любви в Тебе!!

ШИМОН ВДРУГ ПЕРЕСТАЕТ ЧУВСТВОВАТЬ ПРЕГРАДУ.
И БОИТСЯ ВЕРИТЬ ЭТОМУ.
ОН ОСТОРОЖНО ПРОТЯГИВАЕТ РУКУ ВПЕРЕД.
РУКА «ПРОХОДИТ» ВНУТРЬ

– Мы делаем шаг вместе, Зяма, – стараясь быть спокойным, говорит Шимон.
– Главное – ни мысли о себе… Ну!..

ОНИ ДЕЛАЮТ ШАГ И ПРОХОДЯТ ПРЕГРАДУ ВМЕСТЕ.
ОНИ ИДУТ К ВОРОТАМ ГОРОДА.
СДЕРЖИВАЮТ СЕБЯ, ЧТОБЫ НЕ БЕЖАТЬ.

И НЕ ОГЛЯДЫВАЮТСЯ, НАПРАВИВ ВЗГЛЯДЫ ВПЕРЕД.
И ВДРУГ В ЭТУ ИДИЛИЮ ВРЫВАЮТСЯ СВИСТ И КРИКИ.

•

ЗАЛ, ЗАБИТЫЙ ЛЮДЬМИ.
НАПРОТИВ БААЛЬ СУЛАМА РЕВУЩАЯ, РАЗЪЯРЕННАЯ ТОЛПА.

Вопль. Доло-о-о-й!

В НЕГО ЛЕТИТ КАКОЙ-ТО ПРЕДМЕТ.
БААЛЬ СУЛАМ И НЕ ПЫТАТЕСЯ УВЕРНУТЬСЯ.
ПОМИДОР ПРОЛЕТАЕТ В САНТИМЕТРЕ ОТ ЕГО ЛИЦА
И РАЗБИВАЕТСЯ О СТЕНУ.
ЗАЛ ДРУЖНО ВЗВЫВАЕТ…
И ИСЧЕЗАЕТ.

•

ВСПЫШКА.
ОНИ ИДУТ ПО БЕЛОМУ ГОРОДУ, УЛЫБАЮЩИЕСЯ И СЧАСТЛИВЫЕ.
БААЛЬ СУЛАМ ВЕДЕТ СВОИХ УЧЕНИКОВ.

Шепот Баруха. Господи, сколько любви!
Шепот Зямы. Господи, сколько любви!

ВДРУГ ПЕРЕСЕКАЮТ ИХ ПУТЬ ЧЕРНЫЕ ТЕНИ…
И ИСЧЕЗАЮТ.

Голос Бааль Сулама. Держа-а-ать!..

СНОВА МЕЛЬКАЕТ ТЕНЬ.
НА ЗЯМУ СТРЕМИТЕЛЬНО ЛЕТИТ ЕГО ДВОЙНИК.

Голос Бааль Сулама. Ни мысли о себе!

И ДВОЙНИК РАССЫПАЕТСЯ В ВОЗДУХЕ.

– И раскроются глаза людей, – произносит Бааль Сулам. – И увидят они, что «были, как во сне». И захотят жить по закону Любви.

•

И ОКАЗЫВАЕТСЯ,
ЧТО СЛОВА ЭТИ ОН ПРОИЗНОСИТ ПЕРЕД ВСЕМ ЗАЛОМ.
В ОТВЕТ СЛЫШИТСЯ ВОЙ ТОЛПЫ.

БААЛЬ СУЛАМ ПОДНИМАЕТ РУКУ.
И ВСЕ СМОЛКАЮТ.

Бааль Сулам (*спокойно*). Я буду говорить, а вы будете молчать.

ЗАЛ МГНОВЕННО СМОЛКАЕТ.
ВСЕ СМОТРЯТ НА БААЛЬ СУЛАМА.
КТО-ТО ПЫТАЕТСЯ ЧТО-ТО КРИКНУТЬ,
НО НЕ МОЖЕТ, СЛОВНО СУДОРОГИ СВОДЯТ ЕГО ЧЕЛЮСТИ.
А ВОТ КТО-ТО ОТКРЫВАЕТ И ЗАКРЫВАЕТ РОТ В ПОЛНОЙ ТИШИНЕ...

Бааль Сулам. Законом государства будет – любовь к ближнему. Потому что это условие раскрытия Творца.

ПОРТРЕТЫ ЛЮДЕЙ, ЗАМЕРШИХ,
СЛУШАЮЩИХ В МОЛЧАНИИ РАВА АШЛАГА.

Бааль Сулам. Государство Израиль[78] примет этот закон. И станет центральной точкой мира.

БЕН-ГУРИОН СЛУШАЕТ,
ПОДПЕРЕВ ГОЛОВУ РУКАМИ.

БААЛЬ СУЛАМ ХОДИТ ПО СЦЕНЕ.
ВЗГЛЯДЫ ВСЕХ ПРИКОВАНЫ К НЕМУ.

Бааль Сулам. Вот принципы общества будущего (*останавливается*). Весь мир – одна семья. Весь мир – один народ, живущий по закону Творца.

---

78 **Государство Израиль** – речь идет о государстве, живущем по духовным законам, где «Израиль» – не название страны, а цель, к которой стремятся все граждане государства. «Исра» (ивр.) – прямо, «Эль» (ивр.) – к Творцу, «Прямо к Творцу».

ПОРТРЕТЫ СМОТРЯЩИХ НА РАВА АШЛАГА ЛЮДЕЙ.

Голос Бааль Сулама. Мир не сможет существовать иначе в эпоху атомной бомбы. И это Творец так устроил. Он дал людям технологии, а они изобрели атомную и водородную бомбу. Не услышите меня сейчас – придут третья и четвертая мировые войны, и бомбы сделают свое дело. У тех же, кто останется после разрушения, не будет иного выхода, и они примут закон Единства.

БААЛЬ СУЛАМ
ОСТАНАВЛИВАЕТСЯ ПОСРЕДИ СЦЕНЫ
И ГОВОРИТ ОЧЕНЬ ОТЧЕТЛИВО.

– «Человек, народ получают только то, что необходимо для их существования; все остальное идет на благо ближнего» … (*Пауза.*) И если сегодня все народы мира согласятся с этим, то не будет войн, нет для них причины, не будет великого кризиса, который стоит на пороге, природа не будет мстить нам засухой, потопами, катастрофами, придет покой и равновесие – только потому, что каждый возлюбит ближнего своего. Вот и все. Все так просто. Думайте об этом. Но у вас мало времени.

•

БААЛЬ СУЛАМ ПОВОРАЧИВАЕТСЯ
И ВЫХОДИТ ИЗ ЗАЛА.
ВСЕ ПРОВОЖАЮТ ЕГО ВЗГЛЯДАМИ…
КОГДА ОН ВЫХОДИТ ИЗ ЗДАНИЯ, ОКНА РАСПАХИВАЮТСЯ,
И ДЕСЯТКИ ГОЛОВ ВЫГЛЯДЫВАЮТ НАРУЖУ И СМОТРЯТ ЕМУ ВСЛЕД.
И ТОЛЬКО КОГДА ОН ОТХОДИТ МЕТРОВ НА ПЯТЬДЕСЯТ,
ЗА ЕГО СПИНОЙ СЛЫШИТСЯ НАРАСТАЮЩИЙ ГУЛ ГОЛОСОВ…
КРИКИ…

ОН ИДЕТ ПО УЛИЦЕ…

СЛЫШНО, КАК ЕГО НАГОНЯЮТ НЕСКОЛЬКО ЧЕЛОВЕК.
ОН НЕ ОБОРАЧИВАЕТСЯ.
ЭТО БЕН-ГУРИОН И ДВОЕ МОЛОДЫХ ПАРНЕЙ ТЕЛОХРАНИТЕЛЕЙ.

Бен-Гурион. Рав Ашлаг!

БААЛЬ СУЛАМ ОСТАНАВЛИВАЕТСЯ.

Бен-Гурион. Вы в это верите?
Бааль Сулам. Я это вижу.

Бен-Гурион. Как там у пророка: «И волк будет жить рядом с агнцем, и тигр будет лежать с козленком, и телец, и молодой лев, и вол будут вместе, и маленький мальчик будет управлять ими».
Бааль Сулам. Нет ни тигров, ни львов, ни тельцов… и маленький мальчик – это не мальчик, а ваше, Давид, желание. Желание жить по закону Справедливости. Чтобы весь мир стал как одно сердце. Вот о чем здесь говорится.
Бен-Гурион. Как Вы живете, не представляю, никем не принимаемый, для всех для них сумасшедший…
Бааль Сулам. Я живу Им. Мне проще, чем вам.

БЕН-ГУРИОН МОЛЧИТ,
СЛОВНО ПОДЫСКИВАЯ СЛОВА.

Бен-Гурион. Знаете, я не хотел вам говорить перед вашим выступлением, – Янкель погиб. В первом же бою. Мне рассказывали, что он просто вот так встал под пулями и пошел… До свидания, Рав Ашлаг. Спасибо вам, что вы такой… полный Света.

БЕН-ГУРИОН ПОВОРАЧИВАЕТСЯ И УХОДИТ.
ЗА НИМ ИДУТ МОЛОДЫЕ ПАРНИ-ТЕЛОХРАНИТЕЛИ.

РАВ АШЛАГ В МОЛЧАНИИ СТОИТ ПОСРЕДИ УЛИЦЫ.

•
НОЧЬ. БААЛЬ СУЛАМ ПИШЕТ.
ЕГО ЗНОБИТ, ОН НАКРЫТ ТЕПЛЫМ ПЛЕДОМ,
НО РУКА ДРОЖИТ И ГЛАЗА ЗАКРЫВАЮТСЯ ОТ УСТАЛОСТИ…

Бааль Сулам. Барух?..

ИЗ ТЕМНОГО УГЛА КОМНАТЫ ПОЯВЛЯЕТСЯ БАРУХ.

Барух. Я здесь, отец.
Бааль Сулам. Мне осталось восемь строчек. Он не дает мне их закончить.
Барух. Отец, я уложу тебя.
Бааль Сулам. Нет, если я лягу, я могу не встать.
Барух. Тогда продиктуй мне их. Я запишу.

БАРУХ БЕРЕТ ПЕРО. СМОТРИТ НА ОТЦА.
БААЛЬ СУЛАМ ЗАКРЫВАЕТ ГЛАЗА.

Бааль Сулам. Я выйду… к людям, трубя в этот рог… я скажу им… (*прерывисто дышит*)… любимые мои… (*с трудом переводит дыхание*) …вот она, великая книга… (*видно, что ему хуже и хуже*) …я получил силу… раскрыть её… для вас… почему же вы… не слышите…

БААЛЬ СУЛАМ ВДРУГ СМОЛКАЕТ.

Барух. Отец!..

БААЛЬ СУЛАМ ЗАКРЫВАЕТ ГЛАЗА…
И СПОЛЗАЕТ СО СТУЛА НА ПОЛ.
БАРУХ СКЛОНЯЕТСЯ НАД НИМ…

БААЛЬ СУЛАМ НЕ МОЖЕТ ПОШЕВЕЛЬНУТЬСЯ.
ТЕЛО ЕГО НЕПОДВИЖНО.

– Отец! Отец!.. – кричит Барух! – Мама!

•

БААЛЬ СУЛАМ ЛЕЖИТ В ПОСТЕЛИ.
НАД НИМ СТОИТ ВРАЧ.
РЯДОМ РИВКА И БАРУХ.

Врач. Я не буду от Вас скрывать, рав Ашлаг, и я говорю это специально, чтобы Вы поняли всю опасность происходящего. У Вас случилось два инфаркта подряд. Нормальное человеческое сердце не выдерживает такого… Никакой работы, вы слышите меня, никакой!.. Никаких переживаний, усилий (*поворачивается к Ривке и Баруху*). Он должен вот так лежать и ни о чем не думать.
Ривка. Это невозможно.
Врач. Ну, тогда он умрет.
Барух. Он еще не закончил пояснение к книге Зоар.
Врач. Ну, и что это значит?
Барух. Он не может умереть.
Врач (*рассерженно*). Ну, знаете!

ВРАЧ РАЗДРАЖЕННО СКЛАДЫВАЕТ СВОИ ИНСТРУМЕНТЫ
И ВЫХОДИТ ИЗ КОМНАТЫ.

•

ИЕРУСАЛИМ.
СТАРАЯ ТИПОГРАФИЯ.
БАРУХ НАБИРАЕТ ШРИФТ.
РЯДОМ С СЫНОМ СИДИТ БААЛЬ СУЛАМ,
УКУТАННЫЙ В ПЛЕД.
ОН ГОВОРИТ, ЗАКРЫВ ГЛАЗА:

Бааль Сулам. Сказано в Зоар: «И тот, кто постигает закон любви, не боится ни высших, ни низших, ни болезней, ни порчей, потому что он связан с Тобой и учится от Тебя каждый день… учится великой любви».

•

ПРАЗДНИК ПУРИМ.
БААЛЬ СУЛАМ СИДИТ ЗА ПРАЗДНИЧНЫМ СТОЛОМ.
В ДОМЕ АШЛАГОВ ВЕСЕЛЬЕ, КАКОГО НЕ БЫЛО ДАВНО.
СКРИПАЧ «ЗАКРУЧИВАЕТ» ЛИХУЮ МЕЛОДИЮ.
ТАНЦУЮТ УЧЕНИКИ В СМЕШНЫХ МАСКАХ,
ДЕТИ В МАСКАРАДНОЙ ОДЕЖДЕ, ВИЗЖАТ ВНУКИ.
БАРУХ ПРОХОДИТ В ТАНЦЕ ПЕРЕД РАВОМ АШЛАГОМ,
ОСТОРОЖНО ДЕРЖА НА ГОЛОВЕ 18 ТОМОВ КНИГ,
НА КОТОРЫХ НАПИСАНО «КНИГА ЗОАР».
КНИГИ КАК ПО ВОЛНАМ ПЕРЕХОДЯТ ИЗ РУК В РУКИ.

МЕЛЬКАЕТ ИСПУГАННОЕ ЛИЦО РИВКИ.
ОНА ВИДИТ, КАК БААЛЬ СУЛАМ ВСТАЕТ СО СТУЛА
И ДЕЛАЕТ НЕСКОЛЬКО ШАГОВ В ТАНЦЕ...
ТУТ ЖЕ СМОЛКАЕТ СКРИПКА.

ВСЕ С ВОСХИЩЕНИЕМ И ТРЕВОГОЙ СМОТРЯТ НА НЕГО.
БААЛЬ СУЛАМ НАХОДИТ ВЗГЛЯДОМ РИВКУ.
ОН УЛЫБАЕТСЯ ЕЙ.
ВСЕ ПРИВЕТСТВУЮТ ЕГО КРИКАМИ РАДОСТИ.
СНОВА ВРЫВАЕТСЯ МУЗЫКА.

БААЛЬ СУЛАМ МЕДЛЕННО ОБХОДИТ ЗАЛ...
КРУЖАТСЯ ЛИЦА УЧЕНИКОВ, БАРУХА, РИВКИ...
КАК ВДРУГ В ЗАЛ ВХОДИТ
ЗАПЫХАВШИЙСЯ РЕЛИГИОЗНЫЙ ЕВРЕЙ.
ОН СРАЗУ ВИДИТ БААЛЬ СУЛАМА И ИДЕТ К НЕМУ.

Еврей. Рав Ашлаг, я только что получил известие из России. Я не занимаюсь каббалой, и мой рав категорически против вас... но я не знаю, что делать?! У меня там все родные, дети мои там...

•

МОСКВА. ЗАГОРОДНАЯ ДАЧА СТАЛИНА.
ПО ДЛИННОМУ КОРИДОРУ НАВСТРЕЧУ НАМ
БЕСШУМНО ИДЕТ СТАЛИН.

Голос еврея. Есть секретный приказ Сталина – отправлять всех евреев в лагеря, они уже построены в Сибири... А потом устроить суд и казнь самых известных...

СТАЛИН ОСТАНАВЛИВАЕТСЯ
И СМОТРИТ ПРЯМО В КАМЕРУ.
СЛЮНЯВИТ ПАЛЕЦ И ПРОТИРАЕТ ОБЪЕКТИВ КАМЕРЫ.

ОКАЗЫВАЕТСЯ, ЧТО ЭТО КАМЕРА ОХРАНЫ.
ОН УГРОЖАЮЩЕ МАШЕТ ПАЛЬЦЕМ
И НАЧИНАЕТ ЗАКРЫВАТЬ ЗАМКИ НА ДВЕРИ.
ПОВОРАЧИВАЕТСЯ И, ОЗИРАЯСЬ,
ВХОДИТ В СВОЮ КОМНАТУ.
НОГА ЕГО СТУПАЕТ НА КРОВАВО-КРАСНЫЙ КОВЕР.

•

ИЕРУСАЛИМ. ДОМ АШЛАГОВ. ПУРИМ.

Бааль Сулам (*еврею*). И ты хочешь?..
Еврей. Чтобы ты остановил его… Мне сказали, что если есть на земле человек, который может это сделать, то это только ты…
Бааль Сулам. Надеешься на чудо?!
Еврей. Мне не на что больше надеяться… я надеюсь на тебя.
Бааль Сулам (*молчание*). Нет чудес в этом мире.
Еврей. И ничего нельзя сделать?..
Бааль Сулам. Сейчас это коснулось тебя, и ты закричал!..
Еврей. Но ведь там мои дети!..
Бааль Сулам. Там гибли миллионы людей. Ты молчал.
Еврей. Я пришел к тебе с горем, а ты?!
Бааль Сулам. Нет никого, кроме Творца. Приходить надо к Нему.
Бааль Сулам (*оглядывая всех*). У нас праздник, друзья! Думайте о мире, а не о своем мирке! Это праздник мира, освободившегося от эгоизма! Будем веселиться. Это праздник победы над злом!.. (*Еврею.*) Присоединяйся к нам.

И СНОВА ЗВУЧИТ МУЗЫКА…
И СНОВА ВСЕ НАЧИНАЮТ ТАНЦЕВАТЬ.
ТОЛЬКО ЕВРЕЙ СТОИТ ПОСРЕДИ КОМНАТЫ
И НЕ ДВИГАЕТСЯ С МЕСТА.
ОН ПЛАЧЕТ.
ПОТОМ РАЗВОРАЧИВАЕТСЯ И ВЫХОДИТ,
ХЛОПНУВ ДВЕРЬЮ…

•

МОСКВА. ЗАГОРОДНАЯ ДАЧА СТАЛИНА.
СТАЛИН, ВЫПУЧИВ ГЛАЗА,
ПОЛЗЕТ ПО КОВРУ КОМНАТЫ.
РУКА ЕГО ТЯНЕТСЯ К ДВЕРНОЙ РУЧКЕ…
НО СОСКАЛЬЗЫВАЕТ С НЕЕ.

•

ИЕРУСАЛИМ.
БААЛЬ СУЛАМ СИДИТ ВО ГЛАВЕ СТОЛА.

СМОЛКАЕТ МУЗЫКА.
ВСЕ ПОВОРАЧИВАЮТСЯ К НЕМУ.

РИВКА ЗАГЛЯДЫВАЕТ ЕМУ В ЛИЦО.

БАРУХ ШАЛОМ СКЛОНЯЕТ ГОЛОВУ РЯДОМ.
ПОДХОДЯТ ВСЕ УЧЕНИКИ,
САДЯТСЯ У ЕГО НОГ.
БААЛЬ СУЛАМ УЛЫБАЕТСЯ ИМ…

•

ВСПЫШКА.
БААЛЬ СУЛАМ СИДИТ У ВОРОТ БЕЛОГО ГОРОДА.

– Как Ты потрясающе все устроил, – вздыхает он. – И какое счастье… Чувствовать Тебя… Быть рядом с Тобой!.. Какое счастье!..

ВОРОТА ОТКРЫТЫ НАСТЕЖЬ.
ИЗ ГОРОДА СЛЫШИТСЯ НЕЖНАЯ МЕЛОДИЯ.
ОНА СОЕДИНЯЕТСЯ СО СЧАСТЛИВЫМ СМЕХОМ…
БААЛЬ СУЛАМ УЛЫБАЕТСЯ.

– Видишь, всё, как Ты хотел. Пришли люди. Они вместе. Они радостны и свободны. И им хорошо с Тобой.

•

ЗАКАНЧИВАЕТСЯ ФИЛЬМ.
УХОДИТ ИЗОБРАЖЕНИЕ…
И ВДРУГ ВОЗНИКАЕТ СНОВА.

•

ДОКУМЕНТАЛЬНЫЕ КАДРЫ ПОДЛИННЫХ
СЕГОДНЯШНИХ ИНТЕРВЬЮ.

•

МОСКВА. ПАРК. НА СКАМЕЙКЕ СИДИТ
КОРОТКО СТРИЖЕНЫЙ ЧЕЛОВЕК.
ОЛЕГ ДЕМИДОВ.

– Я уже отсидел к тому времени 9 лет в лагерях, в Сибири, был человеком, почитаемым в уголовном мире. Был уверен, что это – моя жизнь и моя судьба, и даже успокоился. Сказал себе – другого закона нет, человек человеку – волк… И вот однажды, зимой, начало меня бить так, что не знал, куда мне деться. Водка не помогала, достали мне наркотики – бесполезно… И вот ночью приводят в лагерь новеньких, разговариваю я с одним из них возле барака, а он мне говорит: «А ты что-то слышал о Бааль Суламе?» – Нет, говорю, ничего. «А ты найди книжку его, попробуй, может, поможет тебе… есть хороший русский перевод Михаэля Лайтмана, найди…». Я попросил своих, и мне нашли эту книгу в Новосибирске, привезли. Такая маленькая, белая, зачуханная книжка в простом переплете… Ну, лег я ее читать… и пропал… Так впервые я встретил имя самого дорогого для меня человека в жизни – Бааль Сулама, рава Юду Ашлага… Он раскрыл мне Свет. Он спас меня. Он пришел в мир, помочь всем нам, и я каждое мгновение жизни молюсь за него…

•

НЬЮ-ЙОРК. МАНХЕТТЕН. БРОДВЕЙ.
СЭТ БОГНЕР СТОИТ ПОСРЕДИ МНОГОЛЮДНОЙ УЛИЦЫ:

– Я миллионер. У меня никогда не было проблем с деньгами. Были проблемы с другим – с вопросами, которые не давали жить. И вроде бы всё есть, а ощущение, что ничего нет. Так было, пока я не открыл для себя этого великого человека. Даже называя его имя сейчас, я чувствую, как сжимается моё сердце… Он больше, чем отец, он роднее самого родного, он всё. Доброта, любовь, безопасность – всё. Великий Учитель. Бааль Сулам. Ты можешь довериться ему абсолютно. И он приведет тебя к счастью. Тебя, всех нас, весь мир. К счастью… Бааль Сулам. Я могу говорить о нем бесконечно…

•

АНКАРА. УЛИЦА. ИДУТ ЛЮДИ.
ВОЗЛЕ МЕЧЕТИ СТОИТ МОЛОДОЙ ПАРЕНЬ С БОРОДКОЙ.
ЭТО МУТЛУ:

– Я мусульманин. Вся моя родня – религиозные мусульмане. До 22 лет я жил в Турции, потом в Англии – 2 года, потом в Австралии. Помню, как я плакал, когда читал книги Бааль Сулама. Вот оно – то, что я искал всю жизнь! Смысл рождения, ежесекундной полноценной жизни, раскрытие мира великого, светлого, и все это он, Бааль Сулам, – самый родной человек на свете…

•

БОЛГАРИЯ. СОФИЯ.
ПУСТАЯ ЦЕРКОВЬ. СВЕТЯТСЯ ЛАМПАДКИ.
СВЯЩЕННИК ИВАН МИЛОНОВ:

– Я закончил духовную академию в Софии, стал священником, знал все о христианстве, да еще перечитал горы книг по всем религиям, верованиям, духовным течениям, пока не наткнулся на одну небольшую книжку… Эта была книга Бааль Сулама. В ней было всё, что я искал. В ней было столько света, что я, помню, задохнулся от радости… Я сразу же бросился переводить ее на болгарский, чтобы принести моему народу эту радость, чтобы сказать им: «Смотрите, какое сокровище я нашел!.. Мы сможем построить счастливую жизнь!.. Бааль Сулам – самое великое, самое святое имя… Он рассказал, как нам всем жить в мире, всем-всем, и религиям, и народам… и нам осталась такая малость – нам осталось только услышать его!..»

•

БРЮССЕЛЬ. КАФЕ. СТОЛИКИ НА УЛИЦЕ.
ЗА СТОЛИКОМ СИДИТ ЧЕЛОВЕК СРЕДНИХ ЛЕТ,
У НЕГО ОЧЕНЬ ДОБРОЕ ЛИЦО. ТАРСИ:

– Я кинопродюсер, бельгиец, не еврей совсем, как-то ночью блуждал по интернету и натолкнулся на это имя – Бааль Сулам. Начал читать. Потом оказалось, что прошла ночь, наступило утро, день, я все читал. Я прочитал все, что было на английском. Потом я начал слушать уроки последователя Бааль Сулама – рава Лайтмана. Он не отходил ни на миллиметр от трудов Бааль Сулама, его основной девиз – преподавать только по источникам!.. Это источники жизни – вот к чему я пришел. Комментприй на книгу Зоар Бааль Сулама – это Свет, принесенный в наш мир, книга «Последнее поколение» – это инструкция, как принять этот Свет. Что еще нам надо… всему нашему безумному миру? Только взять это. И все.
Ну а мне лично, я знаю, что мне лично еще надо, – сделать большой фильм о Бааль Суламе. Чтобы все о нем знали, все-все люди земли!

•

ИЕРУСАЛИМ. ЧЕЛОВЕК СТОИТ НАПРОТИВ НЕБОЛЬШОГО
ДВУХЭТАЖНОГО ДОМА.
ЭТО МИХАЭЛЬ ЛАЙТМАН.

– Я ученик старшего сына Бааль Сулама – рава Баруха Ашлага. Об отце он говорил не так, как обычно мы говорим о родителях, почитая их, любя, вспоминая их все время, нет, он говорил о своем отце, как о чуде, которое проявилось в мире. Семь чудес света – ничто по сравнению с этим чудом. Жил рядом с нами человек, который вот так, как я с вами сейчас, разговаривал с Творцом. Он жил в мире будущего и описал нам его. Мир Света, абсолютной любви, мир счастья, который уготовлен всем. Откройте его книги, хотя бы из любопытства, и вы явно ощутите, что в них – Свет…
Свет, который очистит вас. Свет, который остановит все беды мира.

ОТ БААЛЬ СУЛАМА ДО НАШИХ ДНЕЙ

Дело Бааль Сулама продолжил его верный ученик, старший сын – рав Барух Шалом Ашлаг (РАБАШ).

Он достиг духовного слияния с Учителем и стал великим каббалистом наших дней. Он сумел передать в своих статьях самое скрытое: то, что касается намерений человека в духовной работе. Это никогда не было описано до него.

С 1991 года его ученик, рав Михаэль Лайтман, начал создавать современную каббалистическую группу, с одной целью: реализовать все задуманное его великими Учителями.

Группа Бней Барух началась с десяти человек, а сегодня насчитывает миллионы последователей по всему миру. Она стала открытой для всех, в ком пробудился призыв души к Цельности, Единству и Любви.

Рав Михаэль Лайтман сделал доступным для каждого великую науку объединения мира. И тем самым стал выдающимся Учителем поколения.

Он и его группа Бней Барух делают всё возможное, чтобы мир раскрыл Закон Высшего Управления.

Сегодня я вижу, как наяву воплощаются мечты Бааль Сулама и РАБАШа, и это вселяет в меня надежду, что мир услышит их призыв.

Фейга Ашлаг,
вдова и ученица Баруха Шалома Ашлага,
доктор медицинских наук, психолог.

ИСПОЛЬЗУЕМЫЕ ИСТОЧНИКИ

Бааль Сулам:

Комментарии к книге Зоар;
В завершение книги Зоар;
Вступление в книгу Зоар;
Мир;
Мир в мире;
Поручительство;
Свобода воли;
Газета «Народ»;
Предисловие к книге Зоар;
Письма;
Услышанное (записано РАБАШем со слов Бааль Сулама).

Другие источники:

Тора;
Коэлэт;
Теилим.

ОБ АВТОРЕ

Семен Винокур – сценарист, режиссер, писатель, – по его сценариям сделаны 11 игровых фильмов, более чем в 70-ти документальных фильмах он был сценаристом и режиссером.

Он обладатель приза израильской академии кино – «Оскара» – за лучший сценарий игрового фильма и 12-ти международных призов за лучшие документальные фильмы.

С. Винокур ученик и преподаватель Международной академии каббалы под руководством профессора М. Лайтмана. Каббалой он занимается с 1996 года.

С. Винокур ищет и находит способы передачи широкой публике того, что ранее было достоянием единиц…

МЕЖДУНАРОДНАЯ АКАДЕМИЯ КАББАЛЫ

Международная академия каббалы (МАК) основана в 2001 году профессором Михаэлем Лайтманом.
Основная цель организации: изучение и раскрытие законов мироздания, постижение которых приведет к решению как личных проблем каждого человека, так и глобальных проблем всего общества.
Филиалы Академии открыты в 52 странах мира.

ТЕЛЕКАНАЛ «КАББАЛА НАРОДУ» – ПРИСОЕДИНЯЙТЕСЬ К ДОБРУ!

66-й телевизионный канал компаний HOT и YES вещает 24 часа в сутки.
Единственный в мире канал о каббале для русскоязычной аудитории Израиля.
Сквозь века запретов и заблуждений древняя наука входит в каждый дом.
Избранные передачи в переводе с иврита и абсолютно новые программы с учетом пожеланий зрителей.
Вы можете изучать каббалу по первоисточникам, не выходя из дома.
Вы научитесь справляться с жизненными трудностями, поймете, как ладить с окружающими, и забудете, что такое скука.
Канал говорит просто – о важном.
Девиз канала – «Присоединяйся к хорошему».
Полное расписание трансляции вы сможете найти на сайте «Каббала народу» по адресу:
WWW.KAB.CO.IL
или по телефону 1-700-509-209.

САЙТ МЕЖДУНАРОДНОЙ АКАДЕМИИ КАББАЛЫ
WWW.KABBALAH.INFO/RUS

Сайт Международной академии каббалы отмечен энциклопедией «Бриттаника» как один из крупнейших учебно-образовательных интернет-ресурсов по числу посетителей, количеству и информативности материала.
Он доступен пользователям на 30 языках и насчитывает 4.5 миллиона посетителей в месяц.

БЛОГ МИХАЭЛЯ ЛАЙТМАНА
WWW.LAITMAN.RU

По словам автора, каббала стала обретать практические формы, ее уже можно применять всем и каждому, а не только специалистам-каббалистам.
Так ли это – вы можете проверить сами на ежедневно обновляемом блоге.

ONLINE-КУРС «ОСНОВЫ НАУКИ КАББАЛА»

WWW.EDU.KABACADEMY.COM

Дистанционный Onlineкурс курс «Основы науки каббала» – 30 увлекательных уроков в прямом эфире. Обучение и общение, теория и практика. Специальный Onlineкурс «Подготовка к изучению Книги Зоар» – ступень к знакомству с Книгой Зоар – главной книгой науки каббала.

КУРСЫ ДИСТАНЦИОННОГО ОБУЧЕНИЯ

WWW.KABACADEMY.COM

Все материалы сайта находятся в открытом доступе, предусмотрено подключение к лекциям в режиме онлайн и прямое взаимодействие с преподавателем. По окончании обучения студент получает диплом и возможность участия в конгрессах, проводимых академией в разных странах мира.

ОЧНАЯ ФОРМА ОБУЧЕНИЯ

Разные программы обучения «Кампуса каббалы» сочетают академическую учебу с личными чувственными переживаниями. Учеба на кампусе предоставляет широкую и всеобъемлющую информацию о Книге Зоар и науке каббала, знакомит с ее основными положениями, ценностями и особом способе обучения. Учебный материал подается в простой, ясной и понятной форме, от простого к сложному, при использовании материалов источников и статей, написанных великими каббалистами.

Преподавательский состав «кампуса каббалы» – это профессиональные учителя и инструкторы, обладающие богатым опытом в преподавании и развитии уникальных подходов к преподаванию подлинной науки каббала.

Отделения «кампуса каббалы» действуют по всей стране.

Для дополнительной информации:

тел. 1-700-509-209, www.kab.co.il

Адрес: Дом «Каббала народу»,

Жаботинский, 112, Петах Тиква.

АННОТАЦИИ К КНИГАМ

ЗНАКОМСТВО С КАББАЛОЙ

ТОЧКА В СЕРДЦЕ

Когда она пробуждается в сердце человека, ему уже не вернуться к прежней жизни. Ведь это приходит взросление души. И тогда его захватывает это необычное и единственное желание, увлекающее его в новый мир совершенства и любви.

Эта книга содержит избранные отрывки с личного блога и уроков преподавателя каббалы, др. Михаэля Лайтмана, которые ежедневно транслируются в прямом эфире на сайте www.kab.tv/rus.

КАББАЛИСТ

Этот кинороман о Бааль Суламе – величайшем каббалисте всех времен.

Бааль Сулам прошел все 125 ступеней духовного постижения.

И в полной мере ощутил связь с Силой, управляющей миром.

Он жил в XX веке, предвидел всё произошедшее.

Он страстно желал, чтобы человечество избежало будущих бед и страданий.

Поэтому раскрыл для всех книгу Зоар.

Нам видны действия каббалиста.

Проникнуть в его внутренний мир практически невозможно.

Кинороман – попытка передать хотя бы в какой-то мере его ощущения.

Показать, что нет чудес вне человека.

Чудом является изменение его самого.

В ПОИСКАХ СЧАСТЬЯ

Летом 1940 года, когда европейская бойня уже разгоралась, в Иерусалиме произошло событие, значение которого тогда некому было оценить. Впервые каббалист обратился к людям через газету с ясным посланием.

Это был Бааль Сулам – величайший каббалист нашего времени.

Потребовалось целых 67 лет, чтобы его газета «Народ» была продолжена.

Сегодня она выходит под разными названиями во многих странах и на разных языках.

По следам ее публикаций написана эта книга. Она несет послание каббалы и рассказывает о том, без чего миру сегодня не обойтись: об истории, о современности, о будущем, о вечности и совершенстве, и конечно, о счастье.

ПОСТИЖЕНИЕ ВЫСШИХ МИРОВ

Среди книг и рукописей, которыми пользовался мой учитель, рав Барух Ашлаг, была объемистая тетрадь, которую он постоянно держал при себе. В этой тетради были собраны беседы его отца – великого каббалиста Йегуды Ашлага (Бааль Сулама). Он записывал эти беседы слово в слово так, как они были услышаны им.

В настоящей книге я попытался передать некоторые из записей этой тетради, как они прозвучали во мне. Цель книги: дать читателю возможность познания цели творения и помочь сделать первые шаги на пути к ощущению духовных сил.

РАСКРЫТИЕ КАББАЛЫ

Книга «Раскрытие каббалы» расскажет вам, чем на самом деле является эта древняя наука: откуда она взяла свое начало, как развивалась, и как в наши дни служит источником и путеводителем для всех нас, помогая уверенно жить и преуспевать в современном изменчивом мире.

Каббала была скрытой наукой в течении 2000 лет. Причина этого очень проста – она не была востребована. Однако сегодня, как никогда прежде, многие люди чувствуют: то, чем они довольствовались в течении 2000 лет, больше не отвечает их потребностям. Книга раскрывает науку каббала как источник жизненной мудрости. Именно сегодня каббала актуальна как никогда в качестве духовного практического руководства к жизни. Она привнесет больше надежности и комфорта в вашу повседневную жизнь и позволит,тем не менее, бросить мимолетный взгляд на вечность.

ДЛЯ ИЗУЧАЮЩИХ КАББАЛУ

ЗОАР

Древнейший источник знания, основа каббалистической литературы – книга Зоар, написанная метафорическим языком, – была покрыта тайной все 2000 лет своего существования. Истинный смысл скрытого за метафорами текста и ключ к его пониманию веками передавался только от учителя к ученику. Расшифровать тексты книги Зоар пытались мудрецы и мыслители всех времен и народов. Эти попытки не оставляют и современные ученые.

В предлагаемое издание включены фрагменты оригинальных текстов с переводом и пояснениями М. Лайтмана, основанными на исследованиях выдающихся каббалистов и на собственном опыте.

Автор раскрывает широкому кругу читателей тайный код, с помощью которого вы можете сами прикоснуться к информации, зашифрованной древними каббалистами.

КАББАЛА ДЛЯ НАЧИНАЮЩИХ. ТОМ 1, 2

Предлагаем вашему вниманию новое учебное пособие, при создании которого была предпринята попытка системного изложения основных разделов классической каббалы современным научным языком. Книга составлена на основе лекций проф. М. Лайтмана и снабжена чертежами, справочной информацией, ссылками на аудио- и видеоматериалы и печатные классические каббалистические источники.
Использование изложенного здесь научного материала рекомендуется как для самостоятельных занятий, так и в качестве учебного пособия для студентов Международной академии каббалы, и открывает возможность для более углубленного изучения оригинальных трудов великих каббалистов, таких как книга Зоар, «Учение Десяти Сфирот» и других.

НАУКА КАББАЛА

Эта книга – базовый курс для начинающих изучать науку каббала. Великий каббалист XX века Бааль Сулам изложил тексты основных каббалистических источников современным языком.
Главная часть книги – статья «Введение в науку каббала» – приводится с комментариями последователя и наследника школы Бааль Сулама, современного каббалиста Михаэля Лайтмана. Учебный курс включает альбом графиков и чертежей духовных миров, контрольные вопросы и ответы, словарь каббалистических терминов.
Во втором томе приведен текст Бааль Сулама на иврите и словарь. После освоения статьи на языке оригинала читателю станут доступны практически все основные каббалистические источники.

УСЛЫШАННОЕ (ШАМАТИ)

Книга «Шамати» дает вам не только знания, накопленные поколениями каббалистов на протяжении тысячелетий, а прежде всего, подход к изучению каббалистического текста по внутренней работе человека. Читая статьи «Шамати», вы ощутите, что прикасаетесь к вечной истине. Постепенно вы научитесь проникать сквозь буквы и фразы внутрь все глубже и глубже, пока перед вами не раскроется Бесконечность. Книга составлена на основе уроков Михаэля Лайтмана по первым двадцати статьям книги.

ПРИНЦИПЫ РАБОТЫ В ГРУППЕ

В первой части книги приведены избранные статьи Баруха Ашлага, посвященные принципам работы в группе.

Во второй части книги Михаэль Лайтман комментирует статьи Баруха Ашлага и отвечает на вопросы учеников.

КЛАССИЧЕСКАЯ КАББАЛА

СБОРНИК ТРУДОВ БААЛЬ СУЛАМА

Йегуда Ашлаг широко известен мировой общественности под именем Бааль Сулам, которое получил после написания своего комментария на «Книгу Зоар» под названием «Сулам» (лестница – ивр.).

Книга содержит адаптированные для широкой аудитории статьи, впервые публикуемые на русском языке. Оригинальные источники, в большинстве своем рукописи Йегуды Ашлага, оставшиеся нам в наследие, были старательно и скрупулезно переведены, отредактированы и подготовлены к печати научными работниками Международной академии каббалы под руководством профессора Михаэля Лайтмана.

Публикуемые материалы содержат глубокий и захватывающий анализ путей решения различных общественно-политических проблем, являющихся особенно актуальными в наше время, когда все человечество погружается в глобальный кризис, требующий своего радикального решения.

ДУХОВНОЕ ВОЗРОЖДЕНИЕ

Эта книга познакомит вас с трудами Бааль Сулама, каббалиста, жившего на рубеже эпох и предвосхитившего основные тенденции нового времени. Когда волны кризисов прокатываются по «глобальной деревне», в которой мы живем, растет необходимость в грамотном подходе, в правильной формуле построения счастливого человеческого общества. Не зная законов общественного развития, мы сталкиваемся с неразрешимыми проблемами как личного, так и общечеловеческого характера. На этом фоне социальные воззрения Бааль Сулама становятся как никогда актуальными и востребованными.

УСЛЫШАННОЕ (ШАМАТИ)

Статьи, записанные со слов каббалиста Йегуды Ашлага (Бааль Сулама) его сыном и учеником, каббалистом Барухом Ашлагом (РАБАШ). Издание составлено под руководством Михаэля Лайтмана, ученика и ближайшего помощника Баруха Ашлага. Эта книга предназначена для духовного подъема человека и рассказывает о духовных понятиях, вне всякой связи с предметами и явлениями материального мира

УЧЕНИЕ ДЕСЯТИ СФИРОТ

«Учение Десяти Сфирот» – фундаментальный труд, соединяющий глубочайшие знания двух великих каббалистов – АРИ (XVI в.) и Бааль Сулама (XX в.). Это основной учебник по науке каббала, раскрывающий полную картину мироздания.

Материал данной книги основан на курсе, проведенном по Интернету руководителем Международной академии каббалы, каббалистом, профессором Михаэлем Лайтманом. Вы встретите здесь полный перевод оригинального текста первой части «Учения Десяти Сфирот», включая приводимые Бааль Суламом точные определения каббалистических терминов, его всесторонний анализ рассматриваемого материала – в разделе «Внутреннее созерцание», а также понятный нашему современнику комментарий М. Лайтмана с чертежами и ответами на присылаемые вопросы.

ДЛЯ ДЕТЕЙ

ЧУДЕСА БЫВАЮТ. ТОМ 1, 2

Сказки для детей и не только… Новая книга сказок, написанных и иллюстрированных молодыми авторами, станет прекрасным подарком для детей разного возраста и их родителей. Сказочные волшебники и обычные люди попадают в ситуации, которые заставляют их сделать выбор, и только тогда они, а вместе с ними и читатель, понимают, что если ты хочешь чуда для себя, то оно кончается очень быстро. Если ты хочешь чуда для друга, то оно не кончится никогда.

ВОЛШЕБНЫЕ ОЧКИ

Эта книжка сказок открывает новую серию под общим названием «Сказки из будущего». Тема сборника – «Мироощущение».

На первый взгляд может показаться, что это слишком возвышенное понятие для детей. Однако не будем забывать, что на дворе уже XXI-й век.

Наши дети рождаются и растут в безбрежном информационном море, в котором даже взрослому трудно определить ориентиры.

Поэтому так важен диалог родителей и детей о том, что движет человеком, к чему он стремится, как устроен окружающий мир и общество.

Мы надеемся, что сказки, идеалы которых: добро, любовь, дружба, взаимовыручка – помогут наладить этот не простой, но такой важный и необходимый диалог.

ПРОДАВЕЦ УКРОПА
ИЛИ
ПРИКЛЮЧЕНИЯ ВУДИ ФИТЧА

В стране наблюдаются поразительные аномалии. В результате этого возникают проблемы государственного и даже общемирового уровня. Профессор Маркус Беньямини собирает двенадцать детей с необычными способностями в особую школу на Заячьем Острове. Именно им, детям нового поколения, предстоит разрешить все проблемы человечества, раскрыв Главный Закон Природы.

Почему именно дети? Какими способностями они обладают? Какими методами решают поставленные задачи? Почему автор произведения скрывает свое имя? Всё это и многое другое вы узнаете, прочитав эту книгу.

В сопроводительном письме анонимный автор произведения утверждает, что детективные расследования, описанные в книге – реальны. Изменены лишь имена и географические названия…

КНИЖНЫЙ ИНТЕРНЕТ-МАГАЗИН

Вы можете разместить заказ на сайте
или позвонить по телефонам:

Россия
WWW.KBOOKS.RU
8800 1002145 (звонки по России бесплатно)
+7 (495) 649–6210

Израиль
WWW.KBOOKS.CO.IL/RU
+972 (3) 921–7172;
+972 (545) 606–810

Америка
WWW.KABBALAHBOOKS.INFO
+1 (646) 435–0121

Канада
WWW.KABBALAHBOOKS.INFO
+1–866 LAITMAN

Австрия
+43 (676) 844–132–200

Заказ книг и учебных материалов
на английском языке:
+1–866 LAITMAN

СЕМЕН ВИНОКУР

КАББАЛИСТ

Редакторы *Н.Винокур, А.Постернак, Э. Сотникова*
Корректор *П. Квартальнов*
Выпускающий редактор *С. Добродуб*
Художественное оформление *А. Мохин*

ISBN 978-965-7065-89-1

Тираж 2000 экз.

www.ingramcontent.com/pod-product-compliance
Lightning Source LLC
LaVergne TN
LVHW021939220826
846092LV00010B/1178
9785910720293